10,-

Jacques Ellul

Apokalypse

Die Offenbarung des Johannes –
Enthüllung der Wirklichkeit

Neukirchener Verlag

Die Originalausgabe erschien unter dem Titel
»L'Apocalypse – Architecture en Mouvement«
©1975 Desclée et Cie, Editeurs à Paris-Tournai
Im Einvernehmen mit dem Autor ins Deutsche übertragen von Jörg Meuth

© 1981
Neukirchener Verlag des Erziehungsvereins GmbH,
Neukirchen-Vluyn
Alle Rechte der deutschen Ausgabe vorbehalten
Umschlaggestaltung: Kurt Wolff, Düsseldorf
Gesamtherstellung: Breklumer Druckerei Manfred Siegel
Printed in Germany
ISBN 3–7887–0628–7

CIP-Kurztitelaufnahme der Deutschen Bibliothek

Ellul, Jacques:
Apokalypse: d. Offenbarung d. Johannes, Ent-
hüllung d. Wirklichkeit / Jacques Ellul. [Ins
Dt. übertr. v. Jörg Meuth]. – Neukirchen-Vluyn:
Neukirchener Verlag, 1981.
    Einheitssacht.: L'Apocalypse ⟨dt.⟩
    ISBN 3-7887-0628-7

Inhalt

Einführung

Es ist ein ungeheuer ehrgeiziges, gefährliches und unpassendes Unternehmen, wenn einer etwas über die Apokalypse des Johannes schreiben will. Ehrgeizig ist es im Blick auf die zahllosen bereits vorhandenen Kommentare (was könnten wir da noch hinzufügen?) und wissenschaftlichen Untersuchungen, die gerade in den letzten Jahren in großer Zahl vorgelegt worden sind – wobei erschwerend hinzukommt, daß ich kein ›Apokalyptiker‹ bin, die Apokalyptik ist keineswegs mein ausschließliches Fachgebiet.

Gefährlich ist dieses Unterfangen vor allem wegen der am Ende des Buches stehenden Mahnung an den, der »von den Worten dieses Weissagungsbuches etwas wegläßt« oder hinzufügt (22,18f); wie aber sollte man über dieses letzte Buch der Bibel schreiben oder predigen, ohne etwas von dieser Offenbarung zu verändern? Gefährlich ist es auch darum, weil kein Buch mehr Schwärmerei und Unsinn und aller Vernunft hohnsprechende Bewegungen ausgelöst hat, Phantasien, die ohne jeden konkreten Rückbezug auf Jesus Christus waren – wie wenn in diesem Buch die Möglichkeit zu geradezu dämonischer Versuchung bereits angelegt wäre. Befremdlicherweise wurde dieser Text, den die Kirche an den Schluß der biblischen Schriften stellte, immer wieder so ausgelegt, als wäre er die Einleitung zu einem dritten Teil der Bibel, nämlich dem über den Heiligen Geist. Es scheint angebracht, sich vor Augen zu halten, daß sogar durchaus nüchterne Theologen, die auf soliden Grundlagen das Studium der Apokalypse begonnen haben, im Verlauf ihrer Arbeit zunehmend vom rechten Weg abgekommen sind. Und überdies wird in unseren Tagen ein Nachdenken über die Apokalypse als unpassend angesehen, sobald es sich nicht gerade um eine rein exegetische, historische oder formgeschichtliche Untersuchung handelt. Wie mir scheint, begegnen uns in diesem Zusammenhang drei kritische Anfragen.

Die erste fußt auf der Erinnerung an alle die spiritualistischen oder gnostischen Entgleisungen, von denen ich bereits sprach. Mit Recht fürchtet man Symbolismus und die Neigung zu Fehlurteilen und falschen Hoffnungen, die im Kielwasser von schwärmerischen Vorstellungen immer wieder neu entstehen. Auch wenn man einerseits der Überzeugung sein könnte, daß die Entwicklung des wissenschaftlichen Denkens heute symbolisches und gnostisches Denken unmöglich machen sollte, können wir doch nicht umhin, andererseits festzustellen, daß es noch nie so viel Magier, Wahrsager und Astrologen gegeben hat wie heute, noch nie so viel ›Zurück zur Magie‹, das zu allem Überfluß auch noch mit Vorliebe die Apokalypse ausschlachtet.

1

Große Sorgfalt ist also am Platze. Aber heißt das denn, daß wir von vornherein darauf verzichten müßten, nach dem *Sinn* zu fragen, daß wir uns auf die sogenannte wissenschaftliche Arbeit der Exegese beschränken müssen, um nicht in Schwärmerei zu verfallen?

Eine zweite kritische Anfrage bringt einen ernstzunehmenden theologischen Vorbehalt zum Ausdruck, nämlich den, daß die Apokalypse allzu häufig zur Konzentration auf Einzelfragen verführt: Was etwa bedeuten die Tiere, die Zahl 666, der Zeitraum von dreieinhalb Jahren usw.? Das alles ist im Grunde von zweitrangiger Bedeutung, aber es kitzelt unsere Neugier, erregt unsere Phantasie, weckt unseren Geheimnishunger – und verbirgt uns am Ende die zentrale Wahrheit, die durch dieses Buch offenbart werden soll. Und dann ist man leicht versucht, die ganze Sache mit dem Hinweis abzutun, die Wahrheit der Apokalypse sei ja doch keine andere als die der Evangelien – und wendet sich vorsorglich ganz von ihr und ihrer Bilderwelt ab.

Eine dritte Kritik schließlich leitet sich vom augenscheinlichen Pessimismus dieser Offenbarung ab. In modernen christlichen Kreisen bemühen wir uns heute in der Regel darum, die Bedeutung der Geschichte und des menschlichen Wirkens in den Vordergrund zu rücken, die entscheidende Bedeutung der Sünde zu bagatellisieren und in jeder nur möglichen Weise die positiven Seiten menschlichen Handelns in Politik und Technik aufzuzeigen, sowie in der Arbeit (die als Vollendung des Schöpfungswerkes verstanden wird); wir suchen die Härte überkommener christlicher Morallehren, die Vorstellung vom Jüngsten Gericht abzuschwächen; wir vertrauen uns einem optimistischen Fortschrittsglauben an und leben in der Gewißheit, daß wir uns im Laufe der Geschichte immer mehr dem Ideal des Gottesreiches annähern werden, wobei das Reich nicht als ein von Gott geschenkter Abschluß verstanden wird, sondern als das Ergebnis menschlichen Handelns. Nachdem uns der ›Puritanismus‹ eine Theologie des absoluten Nein Gottes über das Werk des Menschen beschert hatte, haben wir nun eine Theologie vom Ja Gottes zur Welt und zum Menschen. Und in die Perspektive einer solchen Theologie ist die Apokalypse mit ihren Plagen und mit dem Gericht, mit ihrem Feuermeer und mit den Katastrophen nicht einzuordnen. Darum entledigt man sich ihrer schnell mit dem Hinweis, daß sie in eine bestimmte, geschichtlich lokalisierbare Strömung hineingehöre, das Ergebnis einer höchst schablonenhaft realisierten Redaktionsarbeit sei, bei der Bilder zusammenkomponiert wurden, die schon seit mindestens zweihundert Jahren vor der Zusammenstellung unseres Textes in allen apokalyptischen Schriften nachweisbar sind. Unter diesen Umständen kann sie als Kulturzeugnis betrachtet werden, das uns Aufschluß gibt über die Denkweise und die Ideologie gewisser christlicher Gruppen um das Ende des ersten Jahrhunderts, über ihre Reaktion auf bestimmte politische Probleme. Also ein kulturelles Dokument, nichts weiter! Kein Gedanke daran, in ihr einen aktuellen Sinn zu finden, eine zeitlos gültige Botschaft. Und man kann schließlich zur Unterstützung dieses Vorbehaltes, dieser vom Zweifel inspirierten Position

2

noch daran erinnern, daß die Apokalypse von allem Anfang an in der Kirche ein Buch am Rande war. Sie wurde nicht so ohne weiteres in den Kanon der neutestamentlichen Schriften aufgenommen, sie wurde nicht von allen Gemeinden anerkannt. Mit dem Jakobusbrief zusammen gilt sie als suspekt. Allenfalls wird ihr in den letzten Jahren eine etwas fragwürdige Rehabilitation zuteil, weil man darauf gekommen ist, daß sie in der damaligen Situation ein politisches Buch war. Das politische Verständnis der Apokalypse paßt gut in den Rahmen unseres aktuellen Denkens. Unter diesem Vorzeichen können wir sie akzeptieren. Aber bitte nur so!

A Das Methodenproblem

Zunächst will ich versuchen, mein Vorhaben abzugrenzen. Ich habe nicht die Absicht, einen erschöpfenden Kommentar zu bieten. Dazu bräuchte es gute zwanzig Bände – und dieses umfangreiche Material liegt (in Form von älteren und modernen Arbeiten zu unserem Text), wie ich schon angedeutet habe, bereits vor. Es geht mir nicht einmal darum, einen Kommentar für die Hand des interessierten Laien vorzulegen: auch solche gibt es bereits in ausgezeichneter Qualität (für den deutschen Sprachraum etwa die von Lohse oder Rissi, die mir keineswegs überholt erscheinen und die darum auch nicht unbedingt ersetzt werden müssen). Noch weniger liegt mir daran, eine wissenschaftliche Arbeit zu schreiben, die zu jedem Textabschnitt die zahlreichen Auslegungsmöglichkeiten aufzählt und Argumente gegeneinander abwägt oder sich um eine historisch-kritische oder formgeschichtliche Betrachtungsweise bemüht.

Mir geht es um die Frage nach dem Sinn. Allerdings werde ich mich nicht auf das Entziffern von Symbolen einlassen, als ginge es dabei um eine Art Geheimschrift, um ein Rätsel- oder Ratespiel. Das bringt uns nicht weiter. Vielmehr will ich versuchen, die Besonderheit der Apokalypse herauszuarbeiten, wobei ich mich bemühen möchte, Wiederholungen nach Möglichkeit zu vermeiden. Ich will es mir ersparen, zu jedem Text jeweils eine Aufstellung aller vorgelegten oder möglichen Interpretationen zu bringen: diese recht häufig angewendete Methode würde uns nur allzusehr wieder auf Einzelheiten fixieren.

Ich bin nämlich der Überzeugung – und werde diese zu erhärten suchen –, daß die Apokalypse als ein Ganzes verstanden werden muß, dessen Teile ihre Bedeutung nur in der Beziehung auf den Gesamtzusammenhang gewinnen. Mit anderen Worten: wenn wir die Apokalypse Vers für Vers zu verstehen suchen, dann verstehen wir sie nicht! Es hat wenig Sinn, etwa die symbolische Bedeutung der beiden Zeugen oder die des Drachen an sich oder auch innerhalb des engeren Kontextes erklären zu wollen, denn jedes dieser Symbole hat seine besondere Aufgabe in bezug auf den Gesamtzusammenhang. Und nur wenn wir diesen ständig im Auge behalten, entziehen wir uns der Faszination der einzelnen Bilder, den Bäumen gleichsam, die den Blick für den Wald verbauen: Jedes dieser Symbole ist wie ein Baum im Wald, aber es geht nun darum, den Wald als Ganzen zu erfassen. Dieser Wald, dieses Ganze ist von einer Bewegung bestimmt. Es geht also nicht sosehr darum, einzelne Abschnitte des Buches zu verstehen, als vielmehr diese Bewegung zu erfassen, die von einem Teil zum anderen überleitet (und die besonders im Ineinandergreifen der einzelnen Abschnitte sichtbar wird). Und darum gilt es, diese Bewegung nachzuzeichnen: Die Apokalypse ist keine architektonische Einheit, die endgültig und unbeweglich dasteht, sie ist vielmehr selbst Bewegung, die von einem Anfang auf ein Ende zuläuft.

Im übrigen weist schon ihr Name darauf hin: Eine Offenbarung ist keine ein für allemal feststehende Tatsache. Es gibt keine Offenbarung, die als Objekt, als Sache verfügbar wäre. Offenbarung ist vielmehr ein Geschehen, und sie ist Offenbarung nur, insofern sie tatsächlich geschieht[1]. Nicht auf die Wirkungen oder Folgen kommt es an, sondern vielmehr auf das Geschehen selbst. Péguy hat auf diesen Irrtum aufmerksam gemacht: »Wenn die Wirkung dahin ist, sucht ihr die Ursache.«[2] Wenn die Apokalypse Offenbarung ist, dann bedeutet das, daß sie ein Handeln Gottes ist, das in den Lauf der Geschichte eingreift. Das Buch der Offenbarung ist – entgegen einer allzu häufig vertretenen Auffassung – nicht die Beschreibung dieses Eingreifens Gottes, aber auch nicht (sowenig wie die ganze übrige Bibel) Darstellung einer *möglichen* Offenbarung, die der Heilige Geist später einmal in Gang setzen wird. Als Offenbarung ist das Buch *selber* vorwärtsgetrieben von einer inneren Bewegung, und diese Bewegung muß wiederentdeckt werden. Darum werde ich das Vorgehen wissenschaftlicher Exegese hier nicht anwenden. Vielmehr will ich die Apokalypse gleichsam ›mit den Augen des Laien‹ lesen, indem ich die Begegnung mit zahlreichen Auslegungen hinter mir lasse und das Ganze aus einer völlig neuen Perspektive in den Blick zu fassen suche. Hüten will ich mich vor allem vor weitschweifiger Ausführlichkeit. Das bedingt freilich, daß ich den Mittelweg finden muß zwischen einer Pauschalaussage und einer Analyse – sei diese Analyse nun Symbolauslegung (die wertlos wird, wenn zu viele Einzelheiten zusammengetragen werden, die keinen direkten Bezug zum zentralen Anliegen des Textes mehr haben), oder sei sie historisch-kritisch (und getragen von

1 Im Blick auf den Begriff Apokalypse lohnt es sich, auf die Zusammenfassung zurückzugreifen, die J. M. Saint (in: Bulletin CPED [»du Centre Protestant d'Etudes et de Documentation«], 1970) formuliert hat: »Der Begriff Apokalypsis im Sinne von Offenbarung erlangt in der christlichen Tradition eine besondere Bedeutung, insofern er eine ganz spezifische Interpretation der konkreten Wirklichkeit bezeichnet. Die Apokalypsis setzt voraus, daß ihre Hörer bereits zum Glauben gekommen sind. Sie beschäftigt sich weder mit dem sachlichen Beziehungsgefüge des Wissens um die Dinge, noch mit der Enthüllung dauerhafter Naturgesetze, vielmehr läßt sie ein Mysterium aufscheinen. Und wie das Wunder entfaltet sie etwas, das auch dann noch Mysterium bleibt, wenn es sich gezeigt hat. Allerdings hat sie nichts Rätselhaftes an sich (da das Mysterium objektiver Wissensbemühung grundsätzlich unzugänglich ist). Wie bei den Wundererzählungen handelt es sich im Grunde um ein Gefüge von Symbolen.«
2 Charles Péguy, »Eve«.

4

der Überzeugung, ein Buch sei dann erklärt, wenn es gelungen ist, es entstehungsgeschichtlich einzuordnen, oder gar, es in Einzelteile zu zerpflükken, die von verschiedenen Quellen oder Autoren herkommen – während solches Wissen doch bestenfalls in der Lage ist, Anlaß und Ursprung, aber keinesfalls den Sinn zu erklären). Auf der anderen Seite aber muß man der Gefahr ausweichen, alles auf eine Pauschalaussage zu reduzieren: Wenn man den Text seiner ganzen dichterischen Fülle beraubt hat, seiner Abschweifungen, seiner Bilder und auch seiner ganz besonderen Struktur, dann kann man freilich behaupten, die Apokalypse sei dazu bestimmt, die Glaubenshoffnung einer christlichen Gemeinde in äußerster Gefahr wiederzuerwecken, oder auch, sie sei ein politisches Buch, das darauf abzielt, die Macht des Kaisers in Frage zu stellen. Unübersehbar wird bei einer Reduktion auf so banale Verallgemeinerungen die ganze Besonderheit des Werkes gründlich verfehlt, all das, was seine eigentliche Größe ausmacht! Jedenfalls bleibt dabei die zentrale Frage unbeantwortet: Wenn es um ein so einfaches Anliegen ging, warum hat der Autor es dann nicht direkt angepackt und einen kurzen Text über die christliche Hoffnung verfaßt? Eine so bis ins letzte durchdachte Komposition, wie wir sie hier vor uns haben, diente sicher nicht nur dazu, irgendwelchen zerstreuten Lesern Lektüre anzubieten oder gar Rätselworte über Banalitäten; vielmehr steckt ein *Sinn* in der Form des Ganzen und im Reichtum der verwendeten Kompositionselemente. Und diesen Sinn verfehlt man gründlich, wenn man nur nach der allgemeinen Leitidee sucht. Nicht, daß es die nicht gäbe! Aber sie gewinnt ihre ganze Gewalt und Größe erst dann, wenn erfaßt wird, welcher Aufwand in ihre Darstellung investiert worden ist.

Um den Aufweis dieser Zusammenhänge will ich mich bemühen. Und ebenso, wie ich in »Politik Gottes – Politik der Menschen«[3] versucht habe, meine dialektische Position gegenüber der Politik aufzuzeigen, die Spannung zwischen den konkreten Fakten moderner politischer Problemstellung und dem Blick auf ein *Beispiel* (nicht etwa eine *Doktrin* – des Alten Testamentes), genauso möchte ich hier nun versuchen, die dialektische Position deutlich zu machen, die ich einzunehmen suche im Blick auf die Gesellschaft, auf das Handeln des Menschen, besonders aber gegenüber der Technik, und zwar auch hier in der Konfrontation der soziologischen Fakten mit einem *Beispiel* – denn die Apokalypse ist das vorzügliche Beispiel (und nicht etwa die Doktrin) für den Sinn – und zugleich den Unsinn – menschlichen Handelns.

Die Apokalypse wurde in einen bestimmten historisch gegebenen Zusammenhang hinein geschrieben (in die eine oder andere große Christenverfolgung des ersten Jahrhunderts; heute verweist man in der Regel auf die Domitianische Verfolgung. Einige neuere Arbeiten gehen sogar so weit, daß sie Zweifel daran anmelden, daß es zur Zeit Neros überhaupt Verfolgungen gegeben hat. Das scheint mir allerdings reichlich übertrieben). Vielfach

---

3   Jacques Ellul, Politique de Dieu, politique des hommes.

wird davon ausgegangen, daß es ein für die Leser der damaligen Zeit leicht verständlicher Text war, entweder unmittelbar oder auch in der Sprache eines allgemein verbreiteten Symbolismus, und auch, insofern er auf einen ganz bestimmten kulturellen und politischen Zusammenhang einging. Ich bin aber keineswegs so sicher, daß die Apokalypse von den Voraussetzungen der zeitgenössischen Apokalyptik her leicht zu verstehen war. Der Sinn, den der Autor seinem Text geben wollte, war nicht einfach darum schon leichter zu verstehen, weil er Symbole und Bilder der geläufigen apokalyptischen Tradition aufnahm: Er hatte nämlich ein völlig anderes Ziel, eine ganz andere Absicht als die normalen Apokalyptiker, und wie mancher andere biblische Autor nutzte er Ideen, dichterische Bilder und Mythenfragmente, um sie etwas völlig anderes aussagen zu lassen, als sie üblicherweise zum Ausdruck brachten. Meine Überzeugung, die ich im folgenden darzutun versuche, ist, daß die Apokalypse des Johannes ein mit höchster Sorgfalt auf eine einzigartige, außerordentlich komplizierte Aussage hin durchkomponierter Text ist, daß darum die einzelnen Kompositionselemente durch die Art und Weise ihrer Einfügung ins Ganze geprägt sind und deshalb unverständlich werden, wenn einfach versucht wird, sie mit formal übereinstimmenden Elementen aus den zahlreichen anderen Apokalypsen zu vergleichen. Damit stehen wir vor der Aufgabe, sowohl diese einzigartige Struktur zu entdecken als auch die Bedeutung, auf die die Gesamtkomposition hinzielt.

Die Apokalypse kann also weder von der bekannten Bilderwelt der Apokalyptik her verstanden werden, noch ausgehend von einer allgemeinen (gnostischen oder christlichen) Grundidee, sondern einzig aufgrund der Bedeutung der Gesamtkomposition. Wenn diese freilich schon für die ersten Leser damals schwer zugänglich war, um wieviel mehr ist sie es für uns heute! Vielleicht könnte man sogar zu der Auffassung gelangen, sie enthalte nichts mehr, was unserem Forschen zugänglich und unser Interesse wert wäre? Auch wenn sie durch die Gewalt ihrer Bilderwelt bis heute die Phantasie zu entfesseln vermag, wäre sie in diesem Fall ein völlig überholter Text. Auch bei solcher Einschätzung allerdings muß zugestanden werden, daß sie immer noch Menschen unmittelbar anzusprechen vermag, durch die Wiedergabe von Visionen, die auch noch beim modernen Menschen auf einen Grundbestand an Archetypen zu antworten scheinen. Und bis heute gibt es das immer wieder, daß religiöse Erneuerung von dieser Bilderwelt ausgeht. Die Apokalypse aber ist nun gerade kein Text, der sich durch unmittelbares Lesen und Aufnehmen erschließen läßt. Jede Begegnung mit dem Text, die auf Vermittlung und Auslegung verzichten will, geht notwendig in die Irre. Die Apokalypse ist ein so überaus kompliziert aufgebautes Werk, daß sie nur auf indirektem Wege erfaßt werden kann: Sie bietet gleichsam Spiegelbilder, wobei die dargestellte Realität nur durch eine Art Vermessung der vorfindlichen umgekehrten Bilder erfaßt werden kann. Darum setzt die Apokalypse voraus, daß sie sozusagen mit einem unbefangenen und einem wissenden Auge zugleich angegangen wird, wobei mit Wissen gemeint ist, daß ein Standpunkt eingenommen wird, der innerhalb des vom Autor aufgebauten Systems liegt. Dieses System kann innerhalb einer strukturalistischen Interpretation erfaßt werden. Allerdings darf diese Methode, auch wenn sie uns hier weiterführt, nicht ausschließlich angewendet werden, zumindest nicht so weit, wie einige ihrer Vertreter sie verwendet wissen wollen, wenn sie der Meinung sind, man müsse vom Sinn ganz absehen und davon ausgehen, daß die zu untersuchende Schrift ein gegebenes Objekt ist, das es als solches zu analysieren gilt, ohne die Frage nach dem Sinn zu stellen. Unser Text ist ja ganz offensichtlich von einem Menschen geschrieben worden, der mit ihm ein Ziel verfolgte, der die Absicht hatte, mit ihm etwas ganz Bestimmtes weiterzugeben. – Nun genügt es sicher nicht, nur herauszufinden, was diese Absicht war, also eine psychologische Studie über den Autor zu erstellen, oder das religionsgeschichtliche Material zusammenzutragen, das ihm vorgelegen haben könnte. Außerdem darf davon ausgegangen werden, daß die Struktur des Textes ihrerseits auch gewisse Gegebenheiten offenbart, die dem Autor selber gar nicht bewußt waren. Trotzdem bleibe ich unerschütterlich dabei: Der Autor ist nicht einfach der Verfasser von ›irgendetwas‹, eines beliebigen Textes, er hatte vielmehr etwas ganz Bestimmtes *zu sagen*. Mehr noch: Durch die Anordnung seines Textes, durch die Art und Weise der Komposition, durch Struktur und Aufbau seines Werkes wollte er etwas Besonderes zum Ausdruck bringen.

Das bedeutet aber, daß es sehr wenig austrägt, wenn man nach der Psychologie des ›Johannes‹ fragt oder nach seinem zentralen Anliegen. Im günstigsten Falle sind wir in der Lage, genau festzustellen, was er gesagt, nicht aber, was zu sagen er beabsichtigt hat. Weil er aber ganz sicher eine Absicht hatte, dürfen wir die Frage nach dem Sinn des Textes keinesfalls beiseite lassen. Es liegt hier ein Reden in einer ganz bestimmten Richtung vor, das eine Aussage zum Ergebnis hat, mit einem genau umrissenen Sinn, der mir wesentlich erscheint und der weder mit dem Hinweis auf den historischen Kontext noch durch die Feststellung der religionsgeschichtlichen Inhalte oder die Entstehungsgeschichte restlos geklärt ist. Gewiß hat der Autor die Ereignisse seiner Zeit in starker Betroffenheit miterlebt. Aber er hat sich nicht darauf beschränkt, sie nur widerzuspiegeln. Der Einsatz von Symbolik und Distanzierung und die Konstruktion von zwei Handlungsebenen beweisen, daß es sich bei der Apokalypse weder um ein Gelegenheitsschreiben noch um eine vordergründige Reaktion auf das Zeitgeschehen handeln kann. Wenn wir so interpretieren, dann darum, weil wir unsere eigenen Gepflogenheiten in den Text hineinlesen. Wir selber würden in der Verfolgungssituation vielleicht fromme Trostbriefe schreiben und dabei zu der Vorsichtsmaßnahme greifen, Deckworte zu benutzen. Haben wir hier aber wirklich nur eine Erbauungsschrift vor uns? Ganz sicher nicht! Vielmehr handelt es sich um einen gewaltigen theologischen Entwurf, der sehr wenig unmittelbar zum ›Herzen‹ spricht. Und darum müssen wir aufpassen, wenn wir ihn, nur weil von Märtyrern die Rede ist, mit den ›Verfolgungen‹ in Verbindung bringen. *Sicher ist das nicht grundverkehrt.* Mehr aber kann vom historischen Standpunkt aus wirklich nicht gesagt werden. Ein Mann wie dieser Autor hatte es gewiß nicht nötig, erst einmal selbst in eine Verfolgungssituation zu geraten, um ermessen zu können, daß Verurteilung und Tod Jesu Grund genug dafür waren, die Leute, die sich offen zu ihm bekannten, als Feinde des römischen Kaisers anzusehen. Das war in der damaligen Situation eine bare Selbstverständlichkeit. Wir können die Beziehung zu einer bestimmten Christenverfolgung annehmen, ohne daß dies für die Deutung einen entscheidenden Beitrag leisten würde. Der scheinbar wissenschaftliche, aber in Wirklichkeit falsche Gedankengang, der einer solchen Annahme zugrunde liegt, ist offensichtlich folgender: Im Text ist von Märtyrern die Rede. Unter Märtyrern wurden in der Urgemeinde diejenigen verstanden, die bei Christenverfolgungen ums Leben kamen. Also wurde der Text während oder nach derartigen Verfolgungen abgefaßt. Und die Absicht, der Grundtenor des Werkes ist dann, die verfolgten Gemeinden zu stärken und zu trösten. Und nun leitet man *von daher* sowohl eine Zweckbestimmung des Buches ab als auch eine Interpretation der unklaren Stellen und entwickelt die Geschichtsphilosophie der Apokalypse, in der bestimmte theologische Positionen *von da aus* erklärt werden. Das aber stört mich gewaltig (sehr viel mehr als das Bemühen, irgendwelche Daten aus dem Text herauszulesen – solche Phantasterei ist ohne großen Belang). Auf diesem Weg kann man dann allerdings auch zu der Behauptung gelangen, der Verfasser stünde Rom und der politischen Gewalt darum ablehnend gegenüber, weil es sich um eine Macht handle, die die Christen verfolgt (und das ist wirklich allzu vordergründig!). Im Grunde wurzelt dies ganze falsche Verstehen im Übersehen der Tatsache, daß in der christlichen Urgemeinde, unmittelbar nach der Entfaltung der paulinischen Theologie, der wahre Zeuge, der Märtyrer, von dem alles andere abhängt, niemand anderes als Jesus Christus ist, und daß für die damaligen Christen der Blick auf ihn genügte, um nicht nur den Stellenwert der politischen Gewalt, sondern auch den wahren Standort der Kirche in der Welt zu erfassen. Darum halte ich es für wissenschaftlich sehr viel besser fundiert, zu behaupten, daß die Apokalypse in ihrer theologischen Absicht überhaupt keine konkrete historische oder kirchliche Situation widerspiegelt. Ihre Abfassung wurde zwar durchaus von konkreten Ereignissen veranlaßt, und sie bezieht sich auch auf sie. Aber sie ist weder nur Antwort auf bestimmte Zeitumstände noch Rechtfertigung für frühere Stellungnahmen; sie nimmt die konkrete Situation auch nicht für sich in Anspruch, noch ist sie der (ungeschickte) Versuch, auf sie zu reagieren oder sie zu erklären. Die geschichtliche Situation ist für den Verfasser der Apokalypse lediglich eine *Gelegenheit*, eine grundlegende Aussage über den Glauben der Kirche zu machen. Die geschichtliche Situation ist also die *höchst bedeutungsvolle Umkleidung* für einen abstrakten Gedankengang. Die konkrete Lebenssituation bietet in der Tat ein ganzes Spektrum von Symbolen, mit denen ein Gedankengang veranschaulicht werden kann. Das bedeutet aber, daß die historischen oder liturgischen Elemente, die Fragen gemeindlichen Lebens, die in den Text verarbeitet sind, lediglich Rohmaterial sind, das verwendet wird, um etwas ganz anderes zum Ausdruck zu bringen, etwas, das in keinem *direkten* Zusammenhang mit dem Gesagten steht. Alles wird in die Ebene des Symbolischen gehoben und distanziert (das ist das eigentliche Werk des Apokalyptikers), so daß das historische Material seine situationsgebundene Besonderheit verliert, um nur noch Mittel zu sein, zufällige Ausdrucksform für einen abstrakten Gedanken. Eine andere Wirklichkeit wird also aufgebaut, die zwar die geschichtlichen Zeitumstände mit einbezieht, aber nicht von ihnen abhängt.

Und damit haben wir nun den Wesenskern des apokalyptischen Werkes vor uns: ein spezifisches Beziehungsgefüge von Wirklichkeit und Wahrheit. Heutzutage ist die Wahrheit – bedingt durch die Wissenschaft – mit der Wirklichkeit vermischt. Im Mittelalter hingegen gab es – um die Dinge etwas vereinfacht darzustellen – einen Gegensatz zwischen Wahrheit und Wirklichkeit (wobei dieser Gegensatz beispielsweise schon beim Evangelisten Johannes aufzuweisen ist als der Gegensatz zwischen der Welt, die für die Wirklichkeit steht, und dem Reich Gottes als der Wahrheit). In der Apokalypse aber besteht eine enge Verbindung zwischen beiden: Die Wirklichkeit bietet der Wahrheit die Möglichkeit, sich Ausdruck zu verschaffen, und die Wahrheit verklärt die Wirklichkeit, indem sie ihr einen Sinn vermittelt, den sie von sich aus offensichtlich nicht hat. Das ist von grundlegender Bedeutung, und wir werden sehen, welche entscheidende Erklärungshilfe uns diese Einsicht bietet.

Eine weitere gängige Tendenz, der wir uns im Zusammenhang mit der Methodenfrage entgegenstellen, ist die der ›Zerstückelung‹ des Textes. Wie schon gesagt, ist es heute üblich, die Texte in Fragmente zu zerspalten, um dann ihre Herkunft zu ermitteln. Das ist durchaus eine interessante Art des Umgangs mit den Texten, aber sie macht selten etwas deutlich. Unbestritten mag der Autor den einen oder anderen bereits vorliegenden Text für sein Werk verwendet haben – aber das Wissen darum bringt uns überhaupt nichts ein. Gegenüber einem solchen analytischen Vorgehen scheint es mir von grundlegender Bedeutung zu sein, daß wir das ganze Buch in seiner *Bewegung* und in seiner *Struktur* ins Auge fassen. Denn darin liegt in der Tat der Sinn, in der Beziehung der einzelnen Teile zueinander, in ihrer Abfolge und in dem in ihr angelegten inneren Fortschritt. Wir müssen also den Text in seinem endgültigen Zustand in den Blick fassen, denn als solcher hat er einen ungleich höheren Wert als seine Teile und Bruchstücke, aus denen er zusammengesetzt ist[4]. Alles hängt freilich von der Absicht ab, mit der

4 Wenn ich von der entscheidenden Bedeutung des Textes und von seinem aus seiner Struktur ablesbaren Sinn rede und wenn ich außerdem fordere, daß der Text in seiner Gesamtheit erfaßt werden muß, so geschieht das nicht, um einem Modetrend nachzugeben oder unter dem Einfluß des Strukturalismus. Diese Forderung habe ich im Zusammenhang mit der Auslegung biblischer Texte schon immer erhoben; schon immer war ich der Überzeugung, daß Auslegung ohne das Verständnis der Struktur unmöglich ist. Sichtbar wird das etwa in meinem Kommentar zum Jonabuch (Paris 1951): Es ist mir klar, daß die vier Kapitel dieses Prophetenbuches ver-

man an den Text herangeht: ob man ihn in seine ursprünglichen Einzelteile zerlegen will, eine Datierung anstrebt oder nach den gesellschaftlichen Zusammenhängen sucht, in denen die Textteile vor ihrer Endredaktion entstanden sein können. All das ist durchaus legitim, aber außerordentlich eng gesehen. Von zwei Seiten nämlich muß solches Bemühen in Frage gestellt werden: Einmal hängt der Sinn nicht vom *Ur-Sprung,* von der Herkunft eines Textes ab. Das Ältere steht nicht einfach seines Alters wegen der Wahrheit näher; und das Ursprüngliche muß nicht unbedingt das Wichtigste sein (ganz unbewußt ordnen wir uns oft diesem Mythos aus der Zeit der Aufklärung unter, dem Bild vom ›guten Wilden‹, bei dem das Ursprüngliche den reinen Wesenskern unverfälschten Menschsein zum Ausdruck bringt). Zum anderen kann zwar ein Text teilweise aus der Kenntnis des kulturellen Gesamtzusammenhanges, dem er entstammt, erhellt werden, allerdings habe ich meine Vorbehalte solcher Erhellung gegenüber bereits angemeldet: Nur selten nämlich kennt man den soziokulturellen Kontext wirklich lückenlos, und außerdem muß ein Text gar nicht immer direkt von dem Milieu, in dem er entstanden ist, abhängen, er kann es vielmehr durchaus auch kritisch reflektieren oder sogar im Widerspruch zu ihm stehen[5]. Damit wird die klassische historisch-kritische Auslegung gewiß nicht unnötig, allerdings trägt sie wenig zur Erhellung der Sinnfrage bei. Bei der Suche nach dem Sinn wird es erforderlich sein, andere, komplexere Wege zu gehen, ohne freilich die Ergebnisse jener Forschungsarbeit, soweit sie genügend gesichert erscheinen, außer acht zu lassen.

Im Blick auf die Abfassungszeit unseres Buches gibt es nur zögernde Auskünfte. Nach einer überkritischen Periode, in der man die Komposition des Werkes nach 150 n. Chr. vermutete und es als ein Puzzle aus unzusammenhängenden Teilen ansah, kommt man heute zu eher klassischen Anschau-

schiedene Abfassungszeiten haben und vielleicht auch verschiedenen Quellen entstammen; der Sinn des Buches wird aber nur dann sichtbar, wenn diese verschiedenen Teile in Beziehung zueinander treten, wenn man sie in gegenseitigen Austausch untereinander bringt und nach dem Warum dieser Komposition sucht (nicht unbedingt nach dem psychologischen Aussageziel des Autors). Das habe ich damals durchzuführen versucht. Kurz gesagt, bin ich ganz einfach überzeugt, daß der Autor kein Schwachkopf ist, sondern mit seinem Werk eine bestimmte Absicht hatte, die er *in* seiner Redaktionsarbeit verwirklicht hat (und diese Absicht bestand nicht einfach darin, einige Texte, die irgendwie zum selben Thema gehören, der Nachwelt zu erhalten, indem er sie hintereinander abschrieb), daß er also mit der Komposition dieser Einheit etwas darstellen wollte und daß darum *nur* der Gesamtzusammenhang die dem Redaktor am Herzen liegende Absicht weitergeben kann, kein vom Zusammenhang losgelöstes Textfragment.

5 Vgl. die Überlegung von Père Le Guillou (Le mystère du Père, Fayard 1973), die zeigt, daß man die Schriften des Neuen Testamentes nicht einfach nur aus der Blickrichtung des jüdischen Denkens auslegen darf (wie es heute allzu häufig geschieht) und daß man im Gegenteil den Beitrag des griechischen Denkens nicht zu gering veranschlagen sollte – und gerade dies spielt für unser Buch eine besondere Rolle. Er hat auch recht, wenn er betont, daß die politische Interpretation, sosehr sie im Bereich des Alten Testamentes ihre Berechtigung hat, durch die christologische Schau überholt ist. Die Apokalypse ist nicht zuerst und allein ein politisches Buch, sondern umgekehrt: »die Politik spielt sich heute gerne als Geschehensfeld der Offenbarung auf«.

ungen zurück. Stilähnlichkeiten zwischen ihm und anderen Texten, die ›Johannes‹ zugeschrieben werden, finden Beachtung; es wird zugegeben, daß dieses Kabinettstück aus der Umgebung des Evangelisten Johannes stammen könnte; zeitlich wird es zwischen 65 und 95 angesetzt. Für das frühere Datum spricht die Erwähnung der sieben Köpfe des Tieres (17,10–11), sofern man diese Stelle als Liste der römischen Kaiser versteht; auch wird mit einer Anspielung auf die Zerstörung des Jerusalemer Tempels gerechnet, der den Menschen dann unendlich viel prächtiger wiedergegeben werden soll. Für das spätere Datum zeugen Irenäus von Lyon und die Begründung des Kaiserkultes durch Domitian – wobei ich allerdings einige Zurückhaltung im Blick auf diesen ›Kult‹ anmelden möchte.

Schließlich muß noch daran erinnert werden, daß die Apokalypse des Johannes (wie bereits erwähnt) Teilstück einer breiten apokalyptischen Tradition ist und daß es seit etwa 180 v. Chr. – möglicherweise aufgrund von persischen Einflüssen – eine ganze ›Literaturgattung‹ von göttlichen Offenbarungen gab. Diese Gattung entstand vermutlich im Umkreis mystischer Sekten und ist an zwei allgemein anerkannten Merkmalen zu erkennen: Die zu ihr gehörenden Werke werden in der Regel als ›Offenbarungen‹ vorgestellt, die von großen Gestalten der Vergangenheit empfangen wurden (vgl. etwa die Moses-Apokalypse), und sie zielen auf historische Ereignisse der Gegenwart ab. Oft nehmen sie Bezug auf ein Jüngstes Gericht. Im übrigen unterscheidet man Volksapokalypsen (die eher nationalistisch und politisch orientiert sind und mehrheitlich aus der Zeit der Makkabäerkriege stammen) und rabbinische Apokalypsen, die sehr stark theologisch geprägt sind, oder schließlich auch ›transzendentale‹ (in denen ein himmlisches Leben in Herrlichkeit der irdischen Niedrigkeit gegenübergestellt wird)[6]. Jüdische Apokalypsen finden sich auch noch im ersten nachchristlichen Jahrhundert. Nur schwer ist der Einfluß dieser Gattung zu ermessen, ob sie weithin Gehör fand oder nur durch bestimmte Gruppen oder Sekten verbreitet wurde. Deutlich ist allerdings, daß sie keinen Eingang in den ›Kanon‹ gefunden hat, offenbar hielt man sie also für fromme, erbauliche oder mahnende Literatur, erkannte sie aber nicht als autoritatives Gotteswort an. Auch die Apokalypsen im Matthäus- oder Markusevangelium (Mt 24; Mk 13) gehören von ihrem Stil her in diese apokalyptische Tradition hinein. Später, zwischen dem zweiten und dem fünften Jahrhundert, tauchen noch weitere christliche Apokalypsen auf, aber sie werden immer phantastischer, und ihre barocke Überladenheit verdient immer weniger Interesse. All das erwähne ich nur kurz, der Vollständigkeit halber. Ausführliche Hinweise fin-

---

6 Joseph Comblin (Théologie de la Ville, Paris 1968) bietet eine interessante Notiz über den Gegensatz zwischen der Apokalypse des Johannes und den anderen, indem er zuerst aufzeigt, daß Johannes die radikalsten Ideen der Apokalyptik seinerseits noch einmal radikalisiert, und dann deutlich macht, daß der Gedanke vom Ende der Geschichte nicht auf den Bereich der Apokalyptik beschränkt ist (damit würde er nur eine bestimmte geistige Strömung bezeichnen), sondern im Gegenteil die notwendige Konsequenz der ganzen Welt- und Geschichtsauffassung in Israel ist, also das Ergebnis einer langen theologiegeschichtlichen Entwicklung in Israel.

den sich in allen Einführungen zur Apokalypse (etwa in der Jerusalemer Bibel oder dem Neuen Testament, übersetzt und kommentiert von U. Wilckens), mehr noch in den speziellen Arbeiten über die Apokalypse[7]. Da ich (wie schon gesagt) nicht die Absicht habe, eine ›Einführung‹ in die Apokalypse vorzulegen, will ich mich mit all diesen Problemen nicht länger aufhalten, zumal ich die meisten oben erwähnten Angaben für allgemein anerkannt halte.

7 An deutschsprachigen Arbeiten ist zu nennen: Wilhelm Bousset, Die Offenbarung Johannis, Göttingen 1966 = 1906² (Meyer). Dort finden sich Hinweise auf die älteren Kommentarwerke. Ernst Lohmeyer, Die Offenbarung des Johannes, Tübingen 1926 (HNT XVI); Wilhelm Hadorn, Die Offenbarung des Johannes, Leipzig 1928 (ThHK XVIII); Charles Brütsch, Die Offenbarung Jesu Christi. Johannes-Apokalypse, Zürich 1955; im übrigen sei auf die beigefügte Literaturliste verwiesen. Eine wertvolle Bibliographie (die 500 Arbeiten über die Apokalypse umfaßt) findet sich in: Otto Böcher, Die Johannes-Apokalypse, Darmstadt 1975.

M.E. bieten zahlreiche Kommentare zur Apokalypse (zumindest die modernen – denn die Fehler der alten liegen auf einer anderen Ebene: Diese verfielen häufig in schwärmerische Gnosis, auf die notwendig eine Gegenreaktion erfolgen mußte – aber das betrifft uns heute nicht mehr) drei gemeinsame Fehler: Zunächst haben sie um der Wissenschaftlichkeit willen die Frage nach dem Hintergrund und nach dem Sinn aufgegeben, um sich ganz auf das Studium der Form, der Komposition, des Stils und der Gattung zu konzentrieren. Es ist aber ein methodischer Fehler, wenn in einem Werk wie der Apokalypse Form und Inhalt getrennt werden: Die Form hat – wie in allen poetischen Werken – eine dienende Funktion, sie hat die Aussage zu begleiten und zu illustrieren. Selbst wenn aber die Form als solche bis ins Unendliche analysiert wird, bringt das kein Stückchen mehr Erkenntnis dessen, was der Autor hat weitergeben wollen und was er über sein Anliegen hinaus zum Ausdruck bringt.

Der zweite Fehler besteht darin, die Apokalypse nur noch zu der geschichtlich gegebenen soziokulturellen Situation in Beziehung zu setzen, sie einfach als historisches Dokument zu werten. Man müht sich nicht mehr damit ab, aus der Apokalypse Hinweise für die Erkenntnis der Zukunft abzuleiten, und das ist gut so; nun aber nutzt man sie nur noch als Quelle für Einsichten über die erste Christenheit, über Bilder, Glaubensinhalte, Formeln, Liturgien und Mythen der Christen des ausgehenden ersten Jahrhunderts, über den gottesdienstlichen Niederschlag ihrer Glaubenspraxis und vielleicht noch über ihre politische Position. All dies ist sicher legitim, es erschöpft aber bei weitem nicht den Inhalt eines Textes, der eine existentielle Infragestellung in sich birgt. Mit anderen Worten: Alle diese Arbeiten beschränken sich auf formelle, äußerliche Fragen, die nicht bis zu dem im vorliegenden Werk bewußt (oder auch unbewußt) angelegten Sinn vordringen, geschweige ihn zu erhellen vermögen. Sosehr es sich um einen historischen, zeitlich recht genau datierbaren Text handelt, so ist er doch nicht nur Quellenmaterial zur Rekonstruktion einer bestimmten Phase der Kirchengeschichte oder des christlichen Denkens. Genau darauf aber beschränkt sich eine ganze Reihe von Auslegungen.

Der dritte Fehler schließlich ist vielleicht noch gravierender, insofern es sich um einen Widerspruch innerhalb der Methode handelt: Allgemein wird anerkannt, daß die Apokalypse vom symbolischen Denken geprägt ist und daß in ihr so etwas wie eine dialektische Bewegung aufweisbar ist. Nachdem das aber erst einmal ganz richtig angekündigt und dargelegt worden ist, wird dem in zahlreichen Arbeiten überhaupt nicht mehr Rechnung getragen. Man zieht den Hut vor einer anerkannten Größe, und dann wird der Text behandelt, als sei er weder dialektisch noch symbolisch. Es wird nicht mehr danach gefragt, *inwiefern* er dialektisch ist (man beläßt es etwa bei der recht globalen Feststellung, daß der Kampf zwischen den Mächten des Guten und des Bösen beschrieben wird) oder wie diese Dialektik in Erscheinung tritt, welche grundlegende dialektische *Bewegung* den Text durchläuft und ihn strukturiert . . Und ebensowenig wird nach den symbolischen Abstraktionsebenen gefragt oder nach der Sinnvielfalt, die vom Symbol notwendig angedeutet und angestrebt wird. Man mißtraut so sehr der Allegorie, daß man nach der Feststellung, daß sich hier Symbole finden, diesem Faktum sogleich mit

12

B Apokalypse und Prophetie[8]

Eine Frage, die allerdings der Erhellung bedarf, ist die nach der Beziehung, dem Gegensatz zwischen der Apokalypse und den Prophetien. Bekanntlich sieht eine etwas oberflächliche Betrachtungsweise Apokalypse und Prophe-

Grauen den Rücken kehrt. Auf der Stelle wird vergessen, daß ein Symbol nicht nur auf *eine* Weise übersetzt werden kann (die Frau bedeutet a, dann kann sie aber nicht b bedeuten . . .), sondern im Gegenteil eine ganze Reihe von Bedeutungsinhalten hat, die alle miteinander in Verbindung stehen. Schlimmer noch, man tut das genaue Gegenteil, indem man den Text in einer Weise auszulegen sucht, als wäre er weder dialektisch noch symbolisch, indem er mit Methoden formalistisch-linearen Denkens angegangen wird. So wird etwa gesagt, »wenn mit der Frau Maria bezeichnet ist, so kann sie nicht zugleich auch die Kirche oder Israel sein«. Man muß sich für eines entscheiden. Und all das wird von der Sorge um die Reinheit exegetischer Methode diktiert. Einem *modernen* historischen Text mag solches Vorgehen vielleicht angemessen sein, einer symbolischen und dialektischen Dichtung wird es aber in keiner Weise gerecht (und nicht einmal den biblischen Geschichtsbüchern!). Hier begegnet uns ein gewaltiger methodologischer Irrtum! Ich möchte behaupten, daß *alle* exegetischen Studien der vergangenen fünfzig Jahre, die in Anwendung dieser sogenannten wissenschaftlichen Methode über die Apokalypse verfaßt worden sind, wissenschaftlich unexakt sind, insofern eine Methode zur Anwendung gelangt ist, die dem Objekt völlig unangemessen ist. Man hat sozusagen versucht, die Brownsche Molekularbewegung mit einem Schülerlineal zu messen.

8 Ebenso wäre ein Studium der Beziehung zwischen Apokalypse, Mythos und Gnosis angebracht, es genügt hier aber der Verweis auf Comblins Arbeit zu diesem Thema (Comblin, Théologie de la Ville): Comblin entwickelt den folgenden Gedanken zum Unterschied zwischen Apokalypse und Mythos: »Man kann davon ausgehen, daß der Mythos die Tendenz hat, den Gott mit seiner Stadt, seinem Lebenskreis und mit den ehrgeizigen Wünschen seiner Könige zu versöhnen . . ., der Mythos bringt also konkrete Situationen in Beziehung zum Absoluten. Er schließt ideologische Elemente in sich, insofern er die gegebenen Verhältnisse rechtfertigt. Im Gegensatz hierzu . . . werden in der Apokalypse mythische Elemente in eine Gesamtschau eingebaut, die über den Mythos hinausgeht. Das bedeutet, daß der Mythos besiegt, überwunden ist . . . Die Mythen sind damit ihrer korrumpierenden Aspekte entledigt. Sie können dazu dienen, den Heilsplan Gottes darzustellen . . .« Was zur Darstellung gelangt, ist in der Tat der Heilsplan Gottes, allerdings durchaus nicht auf einer mythischen Darstellungsebene. Der Mythos wird damit zum Werkzeug, zur Kraftlinie, die für sich allein keinen Sinn vermittelt. Und etwas später fährt Comblin fort: »Der Mythos zielt darauf ab, die Stadt in den Bereich der Natur einzuordnen. Das Phänomen Stadt wird dem Phänomen der Natur gleichgeordnet. Damit aber entzieht sich der Mythos dem Geheimnis der Freiheit. Wenn die Stadt (für den Mythos) ein Kosmos im kleinen ist, dann ist es möglich, ihre Gefährdungen durch Riten, Exorzismen und Beschwörung der Götter abzuwenden . . ., mit Hilfe der Mythen versuchten sich die Menschen selber zu beweisen, daß die Stadt als ein Stück Natur anzusehen war . . . In der Apokalypse dagegen ist die Natur in der Stadt nichts weiter als Materie, die dem Volk Gottes zur Verfügung steht. Die Stadt, das ist das Volk, und zwar kein Volk, das sich geheimnisvollen Gesetzen eines die Stadt umgebenden mysteriösen Wesens unterworfen glaubt, sondern vielmehr ein Volk, das vom Gottesbund her bestimmt ist und in sich selbst Bestand hat. Darum haben die Architekturelemente der Stadt nur noch dekorative, künstlerische Bedeutung, sie haben keine rituelle oder magische Funktion mehr.«

Nun darf aber auch nicht die Möglichkeit außer acht gelassen werden, daß die Apokalypse als eine Art *Reaktion* auf gnostische Tendenzen geschrieben wurde, die sich gleichsam als Fluchtweg in den Mythos, in Mystik und Metaphysik, entwickelten, im Gegenüber zur geschichtlichen Wirklichkeit: Die unheilvollen Ereignisse dieses ersten Jahrhunderts ließen Zweifel an der Wirklichkeit des Eingreifens Gottes in die Geschichte aufkommen, und damit auch im Blick auf die apokalyptischen Verheißungen. Darum bemüht man sich um Weltflucht, um Befrei-

tie in eins, sobald nämlich eine doppelte Fehlinterpretation zugrunde gelegt wird. Ihr zufolge wäre Prophetie die Vorausschau der Zukunft und die Apokalypse dasselbe, mit dem einen Unterschied, daß die Apokalypse nur die Katastrophen vor Augen führt, die die ›letzte Zeit‹ begleiten, die in diesem Fall als Ende der Welt verstanden wird: Wenn ihr all diese Dinge erlebt, von denen die Apokalypse des Johannes spricht, dann . . . usw. Darauf beruhen ja alle schwärmerischen Auslegungen um das Jahr 1000 oder auch aus dem 14. Jahrhundert.

Demgegenüber wurden nun seit einigen Jahren große wissenschaftliche Anstrengungen unternommen, um den Unterschied, den radikalen Gegensatz zwischen Apokalyptik und Prophetie aufzuweisen. Die Prophetie wird dabei in ihrer Grundstruktur als ein dreigliedriges Geschehen angesehen: eine Anknüpfung an die Vergangenheit (das alles hat Gott für euch getan), dann eine gründliche politische Analyse der Gegenwart (so sind die gegenwärtigen Kräfteverhältnisse), und daraus wird nun nicht etwa eine Wahrsagerei für die Zukunft abgeleitet, sondern eher eine Art Schlußfolgerung, die eine Mahnung in sich schließt: Wenn ihr nicht umkehrt, dann wird das und das geschehen, denn dann überläßt euch Gott der Logik der Geschichte; wenn ihr aber Buße tut, so wird er – ebenso wie er euch früher schon gerettet und befreit hat – eingreifen, um euch zum Leben zu führen. Das alles aber ist der Apokalyptik völlig fremd. Die Apokalypse spricht nicht von konkreten politischen Ereignissen, die sich in einer Art vorhersehbarem Ablauf der Geschichte entwickeln können, vielmehr vom brutalen Hereinbrechen von Katastrophen, von denen nirgends gesagt wird, daß sie erst am Ende eintreten werden, die im Gegenteil vielleicht schon gegenwärtig sind. Ja mehr noch: Diese Ereignisse liegen in Wirklichkeit außerhalb des geschichtlichen Zeitablaufs – sie *sind* End-Zeit. Diese aber kann nicht einfach mit den Jahren, die dem Ende der Welt vorausgehen, gleichgesetzt werden, mit der Katastrophe der Zerstörung unseres Planeten oder unseres Milchstraßensystems. Der Unterschied zwischen Apokalypse und Prophetie zeigt sich also im tiefen Gegensatz ihrer Beziehung zur Geschichte. In der Apokalyptik, so wird gewöhnlich gesagt (ich referiere hier nicht meinen eigenen Eindruck, sondern den der Fachleute, die in weitgehender Übereinstimmung in der Apokalypse des Johannes einen Spezialfall der allgemeinen Apokalyptik sehen), besteht ein Gegensatz zwischen einer bösen Gegenwart und einer guten Zukunft, der den Konflikt zwischen einem kosmischen Gut und Böse widerspiegelt (während in der Prophetie fast nie kosmische Mächte vorkommen, die im Himmel miteinander Krieg führen), wobei der Mensch reiner Zuschauer dieser Ereignisse bleibt. In der Prophetie dagegen ist er selbst aktiv, und noch häufiger wird er dazu aufgerufen, aktiv zu werden: Er muß handeln, um das Vorhersehbare abzuwenden, zu verändern.

ung durch Erkenntnis. Die Apokalypse des Johannes wäre demgegenüber die unüberbietbare Bestätigung des Glaubens an dieses Eingreifen Gottes, ein Zurück zur Geschichte und zur Entscheidung innerhalb der Geschichte, wie sie umfassender noch nie geboten worden ist. Vgl. etwa Marc Grant, La Gnose et les origines chrétiennes.

In der Apokalypse dagegen wird im besten Falle dazu geraten, zu fliehen oder sich zu verstecken. Außerdem gibt es aber auch (und darauf wird seltener hingewiesen) einen Unterschied in der Rezeption der Botschaft: Der Apokalyptiker ist vor allem Seher, während der Prophet ein Hörender ist. Freilich, auch der Prophet kann Visionen haben, aber das Wesentliche, das Entscheidende sind die Worte, die ihm gesagt werden. Und natürlich empfängt auch der Apokalyptiker Worte, aber er ist vor allem der, der Personen und Szenen sieht, einen Film ablaufender Ereignisse. Zwischen beiden Weisen des Erkennens stehen im Grunde Welten. In welchem Maße sie verschiedene Lebenshaltungen, zwei völlig unterschiedliche Beziehungen zur Wirklichkeit mit sich bringen, ist bekannt; ich will das nicht weiter entfalten. Der Visionär empfängt die Ankündigung des Endes, so daß die Lösung der dramatischen Ereignisse, der Katastrophen und Sünden außerhalb der Geschichte liegt: Der Himmel oder das himmlische Jerusalem, jedenfalls eine *neue* Welt ist der einzige ›Ort‹, an dem alles gelöst wird; das prophetische Denken dagegen ist darauf gerichtet, in der Geschichte eine Antwort zu erhalten, es verfolgt den Weg des Willens Gottes innerhalb der Geschichte. Das impliziert Dauer und Kontinuität, nicht aber einen Abbruch im Gegenüber zum ›Ganz Anderen‹, zum totalen Neubeginn. Darum gehört die Prophetie immer in einen ganz konkreten Lebenszusammenhang (auch wenn ihr Lehrinhalt letztlich universal ist), während die Apokalypse einen universalen und damit abstrakten, weder zeitlich noch örtlich gebundenen Hintergrund hat. Es geht ihr (zumindest vordergründig) nicht um das Hier und Jetzt. Weitere Unterschiede ergeben sich aus diesem einen, grundlegenden. So bedient sich die Apokalypse des Symbolismus, gebraucht Allegorien und geheime ›Zahlen‹, während all das in der Prophetie praktisch völlig fehlt. Sie ist keine verschlüsselte, geheimnisvolle Botschaft, sie will im Gegenteil völlig klar und deutlich sein. Prophetische Texte sind (in aller Regel) exoterische, während die Apokalypse ein Text für Eingeweihte, eine esoterische Schrift ist. Jene richtet sich an ein gläubiges Volk und an den Glauben dieses Volkes, diese dagegen an beliebige Menschen, die lediglich in die Geheimnisse und die Entzifferung der Symbolsprache eingeweiht sein müssen. Diese Weitergabe von Geheimnissen hat das Ziel, Interpretationshilfen zu liefern, eine Vorwarnung zu geben, während andererseits in der Prophetie das Bemühen um Ermahnung vorherrscht, der Aufruf zur Umkehr. Im einen Fall ist die Ankündigung des Strafgerichtes endgültig und unfehlbar, im anderen geht es nicht um das Unheil an sich, es ist vielmehr von Umkehr oder Verstockung des Menschen abhängig. Auf der anderen Seite gibt es in der Apokalypse geradezu automatisch den notwendig und unfehlbar kommenden Endsieg Gottes, der den Menschen nur zum Unterpfand der Treue verpflichtet, während in der Prophetie das Handeln Gottes immer auf die Rückkehr zum einmal geschlossenen Bund zielt, also auf das Vatersein und das Handeln Gottes weist, weil er sich in die Weltgeschichte hineinbegibt und den Weg des Menschen begleiten will; was die Prophetie darum vom Menschen erwartet, ist seine Umkehr: daß er nun seinerseits in die Geschichte Gottes eintritt, daß er treu bleibt und damit die Aufrechterhaltung des Bundes ermöglicht.

Wir könnten also sagen, daß die Apokalypse eine umfassende Bewegung zur Darstellung bringt, die sowohl den ganzen gegenwärtigen Äon (der unter der Herrschaft der bösen Mächte steht) umfaßt als auch den kommenden Äon (der dann ausschließlich, offensichtlich und widerspruchslos unter der Herrschaft Gottes stehen wird), während sich die Prophetie nur auf den ersten Teil bezieht, der sehr viel weniger einfach und schematisch aussieht, als die Apokalyptiker meinen.

Man könnte versucht sein zu behaupten, die Apokalypse weise eine größere Radikalität auf: totaler Ausschluß aller bösen Mächte, absolute Diskontinuität zwischen dem gegenwärtigen und dem kommenden Äon, Unmöglichkeit irgendeiner Versöhnung zwischen der Welt und Gott (damit wäre allerdings auch das Denken des Evangelisten Johannes im Bereich der Apokalyptik anzusiedeln). Aber sicher kann man dasselbe auch von den Propheten sagen: auch dort gibt es keine Möglichkeit einer Vermittlung zwischen Gott und den Götzen, den falschen Göttern: der Kampf ist ebenso radikal, ebenso endgültig. Aber er vollzieht sich bei ihnen unter Mitwirkung des Menschen, unter seiner Initiative und Teilhabe, während er sich in der Apokalypse über seinen Kopf hinweg ereignet. Dort ist er ausschließlich Sache Gottes (und das macht diese Gattung bei den ›Inkarnationstheologen‹ offensichtlich recht suspekt: Sie gemahnt aus diesem Grunde allzu sehr an orientalische oder hellenistische Weltentstehungsmythen). Aber der eigentliche Gegensatz zwischen Apokalyptik und Prophetie liegt – wir kommen immer wieder auf das Problem der Geschichte zurück – darin, daß der apokalyptische Radikalismus den Bruch zwischen der Weltgeschichte und einem Jenseits der Geschichte betont, während der prophetische Radikalismus seinen Ort in einem sich hier und jetzt ereignenden, Geschichtsmächtigkeit erlangenden Konflikt hat. Die Apokalypse ist, so könnten wir zusammenfassend sagen, ›a-historisch‹.

All das hat nun sicher seine Richtigkeit, stimmt aber doch nicht ganz: denn die Apokalypse kennt keine Entwicklung mit verschiedenen Möglichkeiten, sie legt uns keine Auswahl verschiedener offen vor uns liegender Wege vor, sie bringt vielmehr eine umfassende Erkenntnis zum Ausdruck, ausgehend von einer spezifischen Schau vom Endziel der Weltzeit, wobei diese Schau eine Art unveränderlicher, ›ewiger‹ Vision nicht so sehr von der Ordnung der Dinge, als vielmehr von der Ordnung der Zeit ist. Darum interessiert sich die Apokalypse (im Gegensatz zu einer weitverbreiteten Annahme) überhaupt nicht für die Zukunft (die Apokalypse liefert uns in der Tat *keinerlei* Vorausschau auf die Zukunft!), denn in Wahrheit gibt es gar keine Zukunft mehr. *Alles* ist schon erfüllt und realisiert, alles ist schon abgeschlossen. Das Ablaufen eines Tonbandes im Tonbandgerät ist nicht Zukunft, selbst wenn wir die Gesamtheit der aufgenommenen Töne noch nicht und nicht auf einmal hören können: Genauso ist die Apokalypse gewissermaßen die Zusammenfassung dessen, was Gott auf Band genommen hat.

Unbestreitbar spricht die Apokalypse mit ungeheurer Wucht in die Gegenwart hinein, darum habe ich Mühe, mich vorbehaltlos der Meinung anzuschließen, es handle sich bei unserem Text um eine Art metaphysische oder mystische oder zur Weltflucht ermunternde Schrift: Dieses Buch ist vielmehr im Blick auf ganz bestimmte politische Ereignisse abgefaßt und will auf den Leser, der durchaus der Gegenwart verhaftet ist, einwirken; es möchte ihm den ›verborgenen Reichtum‹ der Gegenwart enthüllen, die unsichtbare Dimension der Welt, in der er sich befindet. Freilich, die Gegenwart, in der er steht, wird nicht einfach als das Ergebnis eines sichtbaren Handelns Gottes dargestellt; es gibt da allerdings eine tieferliegende Wirklichkeit, die wesentlicher ist als diejenige, die wir unmittelbar erkennen können, und diese entscheidende Wirklichkeit kann nur aus der Perspektive der Endzeit erfaßt werden. Ausgehend von der letzten Erfüllung (und nicht etwa von den Erhörungen in der Vergangenheit) können wir diese andere Weise göttlichen Handelns erfassen, diese Wirklichkeit, die zugleich völlig gegenwärtig und völlig verborgen ist. Zwar trifft es zu, daß sich die Apokalypse ausschließlich auf die ›Letzten Dinge‹ bezieht, aber man ist sich heute einig, daß die Letzten Dinge nicht einfach die letzten Augenblicke unseres Weltsystems bedeuten. Gemeint ist vielmehr das, was von letzter, äußerster Bedeutung ist, das Letztgültige im Sinne Tillichs. Diese Letzten Dinge sind gegenwärtig, aktuell, und da sie von nun an ja offenbart und damit erkennbar geworden sind, haben wir unseren konkreten Alltag von ihnen her in den Blick zu fassen. Das bedeutet, daß uns die Prophetie einen konkreten Augenblick der Geschichte beschreiben kann, indem sie sein Eingebettetsein ins Ganze des göttlichen Heilsplanes aufzeigt und uns dazu aufruft, die Geschichte verantwortlich zu gestalten. Die Apokalypse dagegen beschreibt uns keinen einzigen Augenblick der Geschichte, sie offenbart uns vielmehr die immerwährende Tiefe allen geschichtlichen Geschehens: Es geht ihr also sozusagen um die Erkenntnis des Ewigen in der Zeit, des sich ereignenden Endes im Heute, um die Entdeckung des neuen Äons nicht erst am Ende der Zeit, sondern inmitten der Geschichte, um die Entdeckung des Reiches Gottes, das in dieser Welt bereits verborgen gegenwärtig ist; sie macht also auf der einen Seite den entscheidenden Lebensknoten in seiner grundsätzlichen Unauflösbarkeit sichtbar, ruft aber damit nicht etwa zur Passivität, sondern zur besonderen Ausdrucksform des Glaubens: zur Hoffnung. Auf der anderen Seite offenbart sie zugleich die ständige Gegenwart des Endes im doppelten Sinne: Sie zeigt das *Telos*, das heißt das Ziel, das hierin sichtbar wird, und den *Schlußpunkt,* den Abschluß allen Geschichtsgeschehens, der in ihm bereits beschlossen liegt. Indem sie so vom Ende ausgeht, bleibt die Apokalypse dem Grundmuster hebräischen Denkens treu, das immer vom Ende, nicht vom Anfang her ansetzt (Gen 1,5: Es ward Abend, und es ward Morgen: Erster Tag. Die Dunkelheit steht am Anfang, aber erst vom Morgen und vom Licht her, das am Ende steht, kann das Ganze gesehen und verstanden werden). Um es mit einer Formel auszudrücken, die wegen ihrer Bezugnahme auf eine zeitliche Abfolge ungenau ist, aber doch als Denkmodell stimmt, können wir sagen, das Licht, das *nachher* kommt, erhellt, was *vorher* war. Das Licht zeigt also und hilft erst verstehen, daß das Chaos Chaos, die Dunkelheit Dunkelheit und der Abgrund Abgrund war (Gen 1,2). Ebenso läßt uns das Wissen um das Ende erfassen und verstehen, was die Geschichte – und zugleich auch, was die Gegenwart Gottes bedeutet. Aber es handelt sich hier nicht um ein zeitlich irgendwann kommendes Ende: Es geht um das absolute Ende. Von dort aus (und nur von dort, vom absoluten Ende aus) können wir sagen, was Geschichte ist.

Das Heute ist in seinem Wesenskern nicht die automatische Fortsetzung von Gestern und Vorgestern, es wird vielmehr konstituiert durch die Gegenwart des Endes im jeweiligen konkreten Lebensabschnitt. Die Apokalypse verfolgt kein kausales Denken, sie sucht keinen Anfang oder Ursprung; sie liefert keine durch eine Entstehungsgeschichte vermittelte Erklärung, aus der alles übrige folgerichtig abzuleiten wäre. Der Ursprung ist für das jüdische Denken weder Ursache noch Erklärung. Nichts gewinnt hier seine Bedeutung durch irgendeinen äußerlichen Geschehensablauf, von einer ersten Ursache aus. Das Entscheidende ist vielmehr das Ziel, das Ende, der Richtpunkt, auf den man orientiert ist. Und genau das bietet nun die Apokalypse. Und darum ist es durchaus unsere konkrete Gegenwart, die durch das Ende erhellt wird. Sobald das klar geworden ist, wird deutlich, daß der Gegensatz zwischen Apokalypse und Prophetie doch um einiges weniger vordergründig gesehen werden darf, als manche das gerne haben wollen. Man sollte doch wenigstens die Eingangserklärung unseres Textes selber ernst nehmen, in der es in 1,1 heißt »Offenbarung (*Apokalypse*) Jesu Christi«, und wenige Zeilen später »Selig, wer die Worte der *Prophetie* hört«. Natürlich kann man davon ausgehen, daß der Autor eine völlig unscharfe Begrifflichkeit verwendet, daß das Wort Prophetie für ihn im ersten Jahrhundert bereits den Sinn hat, den es erst im Mittelalter bekommen wird, nämlich »Vorhersage der Zukunft«. Das erscheint mir aber bei einem Schriftsteller, der im übrigen eine außerordentliche Präzision in Stil und Vokabular an den Tag legt, äußerst unwahrscheinlich.

Nun könnte man natürlich versucht sein, diese in der Volksfrömmigkeit verbreitete Lesart beizubehalten, weil es in Vers 1 heißt »zeige, was in Bälde geschehen muß«. Es ergäbe sich aber ein Widersinn, wenn man davon ausgehen würde, es ginge hier um die Beschreibung von zukünftigen historischen Ereignissen. Was hier nämlich tatsächlich angekündigt wird, ist, wie Vers 3 deutlich macht (»die Zeit ist nahe«), das Thema der Nähe Gottes. Nicht das »was geschehen muß« ist wesentlich, sondern das »in Bälde«. Denn die Apokalypse ist nichts anderes als das Buch vom Nahegekommensein Gottes, das Buch von der letzten Dringlichkeit, allerdings nicht einer Nähe, die in Tagen gemessen werden kann: Diese Nähe ist kein Zeitraum, in dem sich außerordentliche Ereignisse vollziehen werden, sondern vielmehr die Nähe Gottes *in* der Zeit, das Zusammentreffen von zwei unvergleichlichen, unvereinbaren Dimensionen, nämlich der der Ewigkeit und der Zeit, oder auch des ›Ganz Anderen‹ mit dem Ähnlichen; das Zusammentreffen von Noch Nicht und Schon Jetzt, vom Absoluten mit dem Kontingenten. Was bald kommen muß, das sind nicht irgendwelche Katastrophen, die auf den Arbeitstischen der Historiker und der Chronisten abgebucht werden könnten (denn in diesem Falle wäre der Apokalyptiker nichts als ein Chronist), vielmehr das Auftauchen dessen, was so unendlich tief verborgen ist, daß es nur in vielfacher Brechung, nur in Symbolen erkannt werden kann. Das bedeutet, daß die bereits festgestellten Gegensätze zwischen Prophetie und Apokalypse zwar stimmen, aber doch nicht die ganze Wahrheit sind: Wenn man nämlich vom Stichwort der Dringlichkeit ausgeht, vom Auftauchen, vom Erscheinen Gottes, dann gibt es Apokalypse in aller Prophetie und auch Prophetie in aller Apokalypse, woran die Verbindung von Vers 1 und 3 in Kapitel 1 ausdrücklich erinnert. Darum ist es auch nicht ganz korrekt, wenn wir sagen, die Apokalypse sei a-historisch. Sie wendet lediglich ein anderes historisches Vorgehen an.

Prophetie und Apokalypse treffen sich allerdings genau im Punkt der Hoffnung. Bekanntlich resultiert für Moltmann[9] die Hoffnung aus der spezifischen Bewegung der Prophetie von der Verheißung zur Erfüllung, wobei diese wieder neue Verheißung hervorbringt. Die Hoffnung ist aber auch das zentrale Thema der Apokalypse; wir werden darauf ausführlich zurückzukommen haben, wenn es um das Erfassen der Auswirkungen des Endes in der Gegenwart geht. Wenn nun aber die Hoffnung das zentrale Anliegen des Textes ist, dann ist die Behauptung, der Seher führe seine Leser in die Passivität, einfach falsch. Die Apokalypse ist kein Schauspiel, sondern ein Schlüssel zur Entzifferung des Gegenwartsgeschehens, und wer das versteht, der wird nicht nur zum Durchhalten ermutigt, sondern mehr noch dazu, selbst zum Zeugen dieser Wahrheit zu werden, zum konkreten Zeichen der Gegenwart Gottes in der Welt. Und das bedeutet alles andere als eine passive Zuschauerrolle, nämlich lebendige Teilhabe an der Geschichte unter persönlichem Ernstnehmen des gegenwärtigen Endes. Die Aufgabe des Menschen und der Geschichte wird also in der Apokalypse durchaus ernstgenommen, wenn auch auf eine uns ungewohnte Weise, die mit dem hier vorfindlichen besonderen Verständnis der Zeit zusammenhängt. Die Zeit der Apokalypse ist einerseits die Zwischen-Zeit (zwischen Schöpfung und Neuschöpfung), andererseits End-Zeit. Die Zwischen-Zeit muß gerade in ihrer Abgeschlossenheit gesehen werden – sie bildet trotz aller Wechselfälle und Veränderungen in Politik und Menschenleben eine Einheit. Die Zeit bleibt sich überall gleich, sie ist eine homogene Einheit, der jeglicher innere Fortschritt fehlt: Die Begegnung zwischen der ›Zeit des Himmels‹ (in der das Lamm regiert) und der Zeit der Erde macht jeden echten Fortschritt schlechterdings unmöglich, sie erlaubt nur noch eine Spannung, die man dialektisch nennen könnte, zwischen der Herrschaft Christi und dem Bereich, den der Antichrist in Händen hält. Dabei handelt es sich aber keineswegs um einen ›Kampf‹ zwischen Himmelsmächten und dämonischen Ge-

---

9 Moltmann, Theologie der Hoffnung, Kap. II, bes. § 3.

walten (obwohl dieses Bild zweimal in der Apokalypse vorkommt), sondern vielmehr um eine Krise, die nichts anderes als das Kennzeichen der historischen Zeit des Offenbarwerdens Gottes ist. Und diese Krisis (im etymologischen Sinne des Wortes: Entscheidung) offenbart einen *Ausgang* aus der totalen Geschlossenheit der gegenwärtigen Zeit. Das bedeutet aber, daß die Apokalypse keinesfalls als ein banales Trostbuch angesehen werden darf, das auf ein besseres Jenseits verweist. Mit aller Deutlichkeit muß gesagt werden, daß diese Banalität, auf die die Apokalypse von ihren Kommentatoren häufig reduziert wird (. . . jetzt geht es euch schlecht, aber seid getrost und voller Hoffnung, denn im Himmel – oder im Paradies oder am Ende der Welt oder im Jenseits – wird es euch dann besser gehen), nicht die Banalität der Apokalypse, sondern höchstens die der Herren Kommentatoren, Historiker, Exegeten und Theologen selber ist. Die Apokalypse ist unendlich viel härter und entschiedener: Sie ist nicht weniger als die *Entdeckung des Ausgangs der Geschichte* – und das vermittelt dann zugleich auch die Einsicht in einen möglichen Ausgang für die Gegenwart.

Daher kommt es, daß die Apokalypse sowohl Struktur als auch Bewegung ist. Die Schwierigkeit besteht nun darin, beides zugleich so zu erfassen, wie es in der Apokalypse selbst vorliegt. Die Mehrzahl der vorliegenden Arbeiten nämlich zielt darauf ab, die Struktur der Apokalypse aufzulösen, um die zugrundeliegenden Einheiten sichtbar werden zu lassen. So wird beispielsweise häufig gesagt, die Plagen und Strafen würden innerhalb des Buches (mehr oder weniger übereinstimmend) mehrfach beschrieben: Die Plagen in Kap. 8, die Katastrophen in Kap. 9, die Ernte in Kap. 14, die Zornschalen Kap. 15 und das Gericht über Babylon in Kap. 18 etwa wären untereinander sehr ähnlich, es lägen also Wiederholungen vor; und genauso gäbe es mehrere Zorngerichte Gottes. Wenn das aber stimmt, dann haben wir einen in unendlichen Wiederholungen fortschreitenden Text vor uns (und dann erhebt sich die Frage, warum es nicht zehn oder zwölf Visionen sind, warum die Sache an irgendeiner Stelle abbricht. Selbst wenn der Autor nur aus verschiedenen Quellen stammende Textfragmente zusammengestoppelt hat, muß es doch sicher irgendwo noch ein paar andere Fragmente gegeben haben, die er auch noch hätte anfügen müssen – oder anders gesagt: Diese ›wissenschaftliche‹ Hypothese müßte doch zumindest erklären können, warum dieser Text gerade so aufhört). Außerdem liegt dann ein völlig verworrener Text vor, denn zwischen den sich wiederholenden Stücken bestehen auch noch Widersprüche. Und was noch schlimmer ist: Eine solche Betrachtungsweise legt den Schluß nahe, daß keine innere Entwicklung vorliegen kann. Wir werden demgegenüber zu zeigen haben, daß sehr wohl eine Entwicklung vom Anfang zum Ende des Buches hin aufzuweisen ist (was im übrigen auch eine unvoreingenommene Lektüre des Textes spürbar werden läßt).

Das Fortschreiten von einer Siebenereinheit zur anderen macht gerade diese Entwicklung deutlich: Die Apokalypse bringt durch ihre innere Bewegung zum Ausdruck, daß sie in direktem Zusammenhang mit der Geschichte steht. Dabei spiegelt sie aber nicht einfach die Geschichte wider, sie erzählt sie nicht. Genausowenig ist sie aber geschrieben, um zukünftige Ereignisse zu enthüllen oder um die Erklärung augenblicklicher Ereignisse in ihrer unmittelbaren historischen Bedeutsamkeit zu ermöglichen (auch nicht, um geheimnisvoll-mystische Ereignisse, die sich nur im Himmel vollziehen, zu offenbaren). All das wird höchstens durch ungesunde Neugier des Lesers in den Text eingetragen. Wir sagten bereits, daß die Apokalypse die Geschichte in einem Punkt zusammenfaßt (aber die Geschichte hört darum nicht auf, Geschichte zu sein), sie enthüllt die Geschichte durch einen echten ›Offenbarer‹ (der wie der Entwickler im Photolabor das verborgen Vorhandene sichtbar werden läßt). Diese Enthüllung der Geschichte, die Sichtbarmachung dessen, was ihr grundlegendes Wesen ausmacht, ist selbst schon die Krise, die bereits erwähnt wurde. Indem sie die Offenbarung der geschichtlichen Wirklichkeit in ihrem wirklichen So-Sein verursacht, bewirkt sie die Krisis, das heißt den Bruch.

Damit sehen wir nun klar, worin die Apokalypse mit der Prophetie übereinstimmt und worin sie sich von ihr unterscheidet – anders als durch die weiter oben zitierten Banalitäten. Prophetie und Apokalypse sind ineinander verschränkte Offenbarungen des Handelns Gottes im Blick auf die Menschheitsgeschichte. Nun geht der Text zweispurig vor, um die Kategorie der Zeit in der Berührung mit der Ewigkeit aufzuheben (und zwar in einer fortschreitenden Bewegung und zugleich mit Hilfe der Struktur). Beide Elemente verstärken sich außerdem laufend gegenseitig, insofern sie gleichzeitig in Erscheinung treten, und gerade *darauf* beruht die außerordentliche Schwierigkeit dieses Textes. Auf der einen Seite haben wir die Entdeckung der Bedeutung des geschichtlichen Ereignisses angesichts des Ewigen (was aber nicht heißen soll: die Bedeutung der Zeit gegenüber der Ewigkeit!), auf der anderen Seite die Konfrontation von Strukturen aus dem Bereich der Soziologie (die mit Hilfe eines Codes bezeichnet werden können) mit den Sinnkonstanten (die vom göttlichen Heilsplan, wie er in Jesus Christus offenbart worden ist, ausgehen). Damit ist eine dialektische Spannung zwischen den beiden Wegen (oder Tendenzen) gegeben, und diese Dialektik läßt ermessen, in welchem Maße die Apokalypse ein theologisches Werk ist. Ihr zentrales Thema ist weder die Politik (obwohl sie durchaus *auch*, zusätzlich und nebenbei, ein politisches Buch ist) noch die Frömmigkeit oder der Trost (obwohl sie *auch*, in zweiter Linie, ein Buch ist, das zur Hoffnung ermuntern kann), und noch weniger ist sie ein Buch von Zukunftsvoraussagen. Sonderbarerweise ist sie genau das, was sie sein sollte: ein Buch, das von Gott spricht, vom Handeln Gottes und von seiner Beziehung zur Schöpfung. Die Exegeten nehmen aber nicht ernst, was das Buch, das sie studieren, selber sein will. Sie wollen es in das System ihrer eigenen Kategorien einordnen können. Allerdings behaupte ich demgegenüber, daß es um der wissenschaftlichen Exaktheit willen zunächst einmal erforderlich wäre, davon auszugehen, daß der ins Auge gefaßte Text seiner erklärten Absicht tatsächlich entspricht. Wenn man sich nämlich von diesem Gedanken leiten läßt, entdeckt man einen sehr viel klareren Sinn, der durch die anderen Voraussetzungen von vornherein ausgeschlossen wird. Dabei hätte ich gegen dieses andere Vorgehen gar nichts einzuwenden, wenn es nicht beanspruchte, von der (sogenannten) Auslegung nach historisch-kritischer Methode zum *Sinn* vorzudringen, um dann freilich dem Text einen Sinn zu unterschieben, den es erst von den durchgeführten Untersuchungen ableitet. Wenn wir den Text selber sprechen lassen, so finden wir ein sehr viel komplexeres, feineres, reichhaltigeres Sinngefüge, und es geht einfach nicht an, dies mit dem Hinweis darauf auszuschließen, daß es mit den modernen exegetischen Methoden nicht nachzuweisen ist. Beim Auftauchen von Widersprüchen wäre schlimmstenfalls diese Methode selber in Frage zu stellen. Und damit stehen wir vor der Frage, woher die meisten Irrtümer kommen, denen wir im Zusammenhang mit unserem Text begegnen, besonders im Gegenüber von Apokalypse und Prophetie. Wir sahen bereits, bis zu welchem Grade die Zusammenhänge oft vereinfacht werden und daß man sogar gelegentlich der Apokalypse Aussagen unterstellt, die sie selber nirgends macht. Zur Hauptsache haben diese Irrtümer ihre Ursache m.E. darin, daß man die Apokalypse des Johannes mit anderen Texten, die man für der gleichen Literaturgattung zugehörig hält, in eine Reihe stellt. Der Vorgang ist ungefähr folgender: In einer ganzen Reihe von Texten kommen Visionen, Strafgerichte, Zornschalen, Posaunen, Feuermeere, Engel usw. vor – all das charakterisiert also eine Literaturgattung, eben die Apokalyptik. Das Buch aus Patmos enthält diese und noch zahlreiche weitere Elemente (etwa Stilgleichheiten), die es in die Nähe des einen oder anderen Textes rücken: Also gehört es zu dieser Gattung. Und schon können auf das Werk des ›Johannes‹ allgemeine Kategorien oder Grundsätze, die aus anderen Werken dieser Gattung stammen, angewendet werden. Man konstruiert einen Gegensatz zwischen *der* Prophetie (an sich) und der Apokalyptik, ohne sich darüber klar zu sein, daß die übrigen apokalyptischen Schriften durch Welten von der Apokalypse des Johannes unterschieden sind. Zunächst müßte einmal eingesehen werden, daß hier ein qualitativer Unterschied, aber auch ein Gegensatz in der Zielsetzung besteht. Mag sein, daß die Apokalypsen des ersten vorchristlichen Jahrhunderts Erbauungsschriften sind, die des Johannes aber bringt eine völlige Umwandlung der Gattung. Sie arbeitet nicht mit zwei Zeitphasen oder einer einzigen Zeitebene, sondern mit zwei *Arten* von Zeit, der historischen und der eschatologischen. Keine einzige der in ihrer Gattung üblichen Form einer im *Hier und Jetzt* gültigen Antwort auf historische Probleme nimmt sie auf (etwa in Form von zeitlicher Rückdatierung oder von Decknamen). Sie macht keine einzige Angabe über Daten und Abläufe irgendwelcher Ereignisse, die wir verfolgen könnten, auch nicht über das Kommen des Tages des Herrn (wobei ich mir sehr wohl bewußt bin, daß man sich der Apokalypse zur Ermittlung solcher Daten und Abläufe bedient hat. Aber auch hier handelt es sich um irregeleitete menschliche Neugier, die in die Apokalypse hineinliest, was sich ganz offensichtlich nicht in ihr befindet!).

Der Gattungswandel, der das Werk des Johannes von allen anderen Apokalypsen abhebt und es verbietet, es einfach als ein Stück Apokalyptik zu interpretieren, hängt mit der Tatsache zusammen, daß es auf den ausgerichtet ist, der in den Evangelien als der Messias bezeichnet wird: Damit ist die Apokalypse kein Buch für sich, sondern ein Buch, das auf Jesus Christus bezogen ist. Sie kann also auch nicht für sich (oder für uns) ausgelegt werden, sondern einzig unter ständiger Berücksichtigung der Tatsache, daß sie eine unbekannte Seite dieses Jesus erhellt. Keinesfalls darf sie von *seiner Person* abgelöst betrachtet werden, sonst verliert sie ihren ganzen Sinn. Das bedeutet aber auch, daß sie ein Buch ist, das – genau wie Jesus selber – mitten *in* die Weltgeschichte hineingehört, kein Buch außerhalb der Geschichte. Dabei bringt sie aber durchaus die Zweischichtigkeit der Person Jesu zum Ausdruck. Ihr theologisches Thema ist – kurz gefaßt – die Offenbarung, daß Jesus Christus der Herr der Geschichte ist. Nirgends stellt sie nämlich eine böse Gegenwart in Gegensatz zu einer guten Zukunft, sie offenbart vielmehr das *augenblickliche* Handeln Gottes, sie zeigt den *gegenwärtigen* Sieg Christi. Keinerlei Flucht in den Himmel wird hier empfohlen, keinerlei vordergründige Hoffnung auf ein Wunder Gottes, das uns aus der konkreten historischen Situation herausreißen soll; was vielmehr vor Augen gestellt wird, ist der bereits errungene Sieg. Die neue Weltzeit hat durch die Herrschaft Christi begonnen, aber das Kommen des Reiches wird im Verborgenen Ereignis. Damit bringt die Apokalypse freilich keine Erklärung des objektiven historischen Geschehens, die für jedermann annehmbar wäre. Was sie mitteilt, ist einzig im Glauben an Jesus Christus *faßbar* und *verstehbar*. Insofern sie allerdings deutlich macht, wie Christus herrscht und errettet, welche Fülle seine Herrschaft umfaßt, kann sicher auch Trost und Mut zur Hoffnung aus ihr gewonnen werden, ohne daß sie vordergründig das Ziel oder die Absicht hätte, nur das zu vermitteln. Dies aber wird in der Tatsache sichtbar, daß wir einen streng theologischen Text vor uns haben, mit wenig Raum für menschliches Gefühl und die Unmittelbarkeit religiösen Sehnens. Tatsächlich handelt es sich um eine Schrift ›auf höherer Ebene‹, die nur dann verstanden werden kann, wenn sie mit ihrem ganz besonderen Charakter (der sie außerhalb des unmittelbaren Zusammenhangs mit der Verkündigung von Jesus Christus unannehmbar werden läßt) in das Gesamtmosaik der Schriften über Jesus Christus eingeordnet wird, wobei sie nur dann recht verstanden werden kann, wenn man bereit ist, sich mit einigen schwierigen Aspekten des Inkarnationsgedankens auseinanderzusetzen. Wenn man erfassen will, in welchem Maße es sich um eine theologische Arbeit handelt (und eben nicht einfach um eine Sammlung von ›Visionen‹ oder von Hinweisen auf das Ende der Welt oder gar von politischen Aussagen), braucht man lediglich die entscheidende Bedeutung des ›Ich‹ ins Auge zu fassen. Über den ganzen Text hinweg sind es Jesus Christus als der Herr und der Gott Jesu Christi, die in der ersten Person sprechen, entweder um zu sagen, wer Jesus Christus ist (»Ich bin der Erste und der Letzte«: Mit diesem Verkündigungswort setzt die Apokalypse ein: 1,17), oder auch, um uns zu sagen, was er tut (21,5: »Siehe, ich schaffe alles neu«: Mit diesem Verkündigungswort schließt das Buch). In keinem einzigen Abschnitt des Werkes ist das vordergründig Spektakuläre entscheidend. Das ist nur Beiwerk oder Illustration, Gleichnis oder Allegorie für das, was der Herr *tut* oder *ist*. In den sieben Sendschreiben etwa steht nicht die Kirche im Zentrum des Interesses, sondern der Herr der Kirche, der sie leitet und richtet. Nicht die Wechselfälle der Weltgeschichte sollen hier offenbart werden, sondern daß Gott es ist, der »ins Leben ruft und sterben läßt« (Dtn 32,39). Nicht die Zerstörung aller Macht der Welt ist das Entscheidende, vielmehr die Tatsache, daß Gott mächtiger ist als alle anderen Mächte und Gewalten; nicht das himmlische Jerusalem soll unser Interesse auf sich ziehen, sondern vielmehr die Liebe, die Gott seiner ganzen Schöpfung erweist, indem er sie in diesem himmlischen Jerusalem zu Vollendung und Erfüllung führt. Nur weil wir uns mit unserer ungesunden Neugier und unserem Unverständnis immer wieder vom Spektakulären und Aufregenden in Bann schlagen lassen, interessieren wir uns beim Lesen der Apokalypse in aller Regel viel zu sehr für das, was nur Verpackung ist; und die Kommentatoren, die bei der Auslegung die Methode der Allegorese angewendet haben, hatten gar nicht so ganz unrecht, insofern hier tatsächlich Allegorien vorliegen – sie irrten sich nur, was den Gegenstand der Allegorie angeht: Die ganze Apokalypse ist eine Allegorie Gottes und seines Handelns, nichts anderes!

Wenn wir die Apokalypse als theologische Schrift bezeichnen, so bedeutet das, daß sie bis ins Äußerste durchdacht, geplant und geordnet ist. Wenn wir das Buch verstehen wollen, müssen wir die Vorstellung, eine Sammlung chaotischer, ausschweifender Visionen und Katastrophen oder die Darstellung eines Weltuntergangschaos vor uns zu haben, aufgeben. Auf die allgemeine Verbreitung dieses Irrtums weist schon der umgangssprachliche Gebrauch des Wortes hin: Unter Apokalypse versteht man eine Massierung erschütternder Unglücksfälle. Das ist alles, was man in Erinnerung behalten hat. So redet man etwa im Zusammenhang mit den katastrophalen Folgen unserer technischen Entwicklung von einer ›Apokalypse auf Raten‹[10]. Der Wortsinn ›Offenbarung‹ ist offensichtlich total in Vergessenheit geraten, so daß erschreckende Vorstellungen und chaotische Ereignisse als ›apokalyptisch‹ bezeichnet werden: Erfahrungen, in denen der Mensch sich nicht mehr zurechtfindet, die Angst und Terror bedeuten. Dem allgemeinen Sprachgebrauch ist all das entfallen, was die Apokalypse an Lobpreis und Anbetung enthält, an Heilsverkündigung und Liebe Gottes, all das, was Vollendung und Erfüllung im wunderbaren Aufblühen der neuen Schöpfung bedeutet, all das, was Verheißung und Heilshoffnung umfaßt. Die umgangssprachliche Wortbedeutung zeigt uns klar, was dauernd in Gefahr steht, unterschlagen zu werden, denn objektiv gesehen ist das einfach nicht der Inhalt der Apokalypse. Wenn man sich die Mühe macht, die Verse zusammenzuzählen, die jeweils auf die verschiedenen Themen bezogen sind,

---

10   Vgl. etwa Klaus Klasing in seinem gleichnamigen Buch (München 1971).

dann findet man etwa 150 Verse mit Trost, Anbetung und Hoffnung, etwa 120 Verse, die direkt Gott und den Herrn betreffen, und 150 Verse mit Unglücksfällen und Katastrophen. Wir dürfen die Apokalypse wirklich nicht als das Buch des Unheils und des Gerichts Gottes lesen, weil sein einziges Ziel das ist, durch systematisch aufbauenden Rückgriff auf das bereits Ereignis gewordene Handeln Gottes in einer konsequent durchgeführten Komposition deutlich sichtbar zu machen, was im Laufe der Heilsgeschichte des Alten und Neuen Testamentes von Gott dem Herrn offenbart worden ist.

Die Apokalypse hat einen symmetrischen Aufbau, der dem des paulinischen Denkens vergleichbar ist: Paulus hat das Heilsgeschehen in der Sprache menschlichen Nachdenkens – ich könnte auch sagen der Philosophie – dargestellt (aber in allem spricht er doch von nichts anderem als von Jesus Christus, und zwar von Jesus Christus als dem Gekreuzigten – 1Kor 1,23). Der Autor der Apokalypse bemüht sich nun um eine ähnliche Darstellung, allerdings auf der Ebene der Bilder und Symbole: Nirgends aber steht etwas anderes als Jesus Christus im Zentrum des Interesses, und man darf nicht meinen, das Werk der Apokalypse weise (nur weil es sich hier um Visionen handelt) weniger inneren Zusammenhang auf als die paulinischen Schriften. Es ist ganz im Gegenteil von Meisterhand gestaltet, mit unglaublicher Strenge und Exaktheit, mit Präzision und Folgerichtigkeit, mit dem Bemühen um innere Stimmigkeit der Bilder und mit einem äußerst kunstvollen Aufbau, was hoffentlich im folgenden sichtbar werden wird – wenn nur die Bereitschaft vorhanden ist, die Apokalypse als das zu nehmen, was sie in Wahrheit ist, nämlich als eine theologische Schrift!

Vielleicht sollte noch eine Erklärung zur Interpretationsmethode der apokalyptischen Symbole vorausgeschickt werden. Ich bin überzeugt, daß die Bezugnahme auf verwandte Symbole in chaldäischen, hebräischen oder kabbalistischen Traditionen, die Anwendung von Gematrie oder der Vergleich mit anderen Apokalypsen nicht unnütz ist und nebenbei durchaus zum Verständnis des Textes beitragen kann. Allerdings sind es gerade diese Elemente, die das Nachdenken über unseren Text am meisten in die Irre geleitet haben. Wir dürfen darum nicht vergessen, daß die biblische Überlieferung vom *Wort* beherrscht wird: Der Gott Israels ist ein Gott, der redet. Und wir müssen (ohne daß das hier ausführlich begründet werden kann) klar unterscheiden zwischen den Göttern, die sich *zeigen* (εἴδωλον), und dem Gott, der *redet*. Alle Theophanie im Rahmen biblischer Überlieferung ist suspekt. Und nun sieht es so aus, als laufe die Apokalypse diesem Traditionsstrom völlig zuwider: sie ist ein Buch voller Visionen. Dabei ist freilich zu bedenken, daß die Vision für das biblische Denken in den Umkreis endzeitlichen Geschehens gehört (Joh 20,29: »Weil du mich gesehen hast, glaubst du. Selig sind, die nicht sehen und doch glauben«). Die Zwischenzeit, die Zeit von der Erwählung Israels bis zu Jesus und dann von der Auferstehung Jesu bis zu seiner Wiederkunft, ist eine Zeit des Wortes und des Hörens, nicht des Schauens und des Aufweisens. Die Vision ist ans Schauen gebunden, das uns eröffnet wird, »wenn wir von Angesicht zu Angesicht sehen werden und erkennen, wie wir erkannt sind« (1Kor 13,12). Das bedeutet aber, daß die Darstellung von Visionen immer zum Ausdruck bringen will: all dies hat mit der Endzeit zu tun. Und da die Apokalypse das Buch der Endzeit ist, kann die Vision gewissermaßen als die ihr gemäße Ausdrucksform bezeichnet werden, die in diesem Falle auch vom Gott des Wortes autorisiert wird. In der Tat ist ja verheißen (Joel 3,1; Apg 2,17), »eure Jünglinge sollen Visionen sehen, und eure Alten sollen Träume haben«. Freilich dürfen wir uns dieser Visionen und Symbole nicht einfach bemächtigen, als seien sie selbstverständlicher Bestandteil unserer Welt und damit *unmittelbar* ablesbar und verständlich. Wir selber bleiben ja immer zwischen den Zeiten, wir bleiben in der Welt, in der *einzig* das Wort etwas von Gott übermitteln kann (und vermutlich war genau das der Punkt, an dem den ersten Christen angesichts der Apokalypse unwohl wurde und der dann dazu führte, daß man sie nur zögernd in den Kanon der neutestamentlichen Schriften aufnahm). Darum dürfen wir die Visionen und Symbole nicht an sich, nicht losgelöst vom Zusammenhang zu erklären suchen, auch nicht im Vergleich mit anderen Visionen und Symbolen: einzig das Wort der Schrift kann uns über ihren Sinn aufklären.

Im übrigen muß betont werden, daß die meisten Visionen in der Apokalypse von gesprochenen Erklärungen begleitet sind. Deshalb dürfen die Symbole nicht durch andere Bilder (die wir eintragen) interpretiert werden, sondern vielmehr mittels genauen Hinhörens auf das Wort Gottes, das sich auf sie bezieht. Wir werden also den Weg vom Text zum Symbol zu gehen versuchen und im Symbol nicht mehr vermuten, als der Text selbst hineinlegt: Das Symbol ist nichts anderes als ein Stück Illustration des Textes. Beispielsweise muß genau untersucht werden, was über die beiden Zeugen ausgesagt wird (Vollmacht, Tod, Auferstehung . . .), damit klar wird, wer sie sind, bevor man sich darauf versteift, daß es *zwei* Zeugen gibt. Die Anzahl der Zeugen ist von zweitrangiger Bedeutung. Und ebenso sollte man sich auf das konzentrieren, was vom Handeln, von Weg und Werk der vier Reiter oder der zwei Tiere gesagt wird, statt auf den Inhalt der Vision selber, auf die Farben oder auf die Zahl der Hörner. Auf diesem Wege wird das Symbol durch das Wort erklärt und verständlich. In der Regel wird es dabei selten nur *eine* Lösung, eine einzige Interpretationsmöglichkeit geben. Bedeutet das nun aber, daß die Symbolik völlig unnütz ist, daß man auf sie hätte verzichten können, daß das gesprochene Wort allein völlig ausreichend gewesen wäre, oder daß die Vision lediglich zeit- und umweltbedingte Ausdrucksform ist? Ich bin durchaus nicht dieser Meinung. Denn sobald man sich über das, was der Text selbst über das Symbol aussagt, einer aktuell gültigen (und das heißt für uns notwendig: modernen) Interpretation Klarheit verschafft hat, entdeckt man eine Distanz zwischen dem Symbol und der Wirklichkeit, die es zugleich enthüllt und im Verborgenen läßt. Sagen wir etwa, das erste Tier sei die politische Gewalt, so verstehen wir das als Auslegung dessen, was der Text selbst uns über dieses erste Tier sagt – aber damit ist noch lange nicht alles geklärt. Wir wissen dann zwar, was gemeint ist, zugleich aber haben wir ein Bild vor uns, das seinerseits noch mehr ausdrückt. Zur Erkenntnis dessen, was gemeint ist, zur Definition der Begriffe verhilft uns also einzig und allein das Wort (und darum muß der Text ausschließlich durch den Text selbst interpretiert werden: Das weiße Pferd kann nicht durch außerhalb des Textes vorfindliche Parallelen erklärt werden, sondern einzig durch die Bezugnahme auf die Apokalypse selbst, wenn etwa in ihr ein weiteres weißes Pferd vorkommt). Wenn dann allerdings erst einmal geklärt ist, worum es sich handelt, dann übersteigt das Symbol weit seinen Bedeutungsgehalt: Es wird eine Distanz zwischen dem ›entschlüsselten‹ Symbol und der Realität, auf die es hinweist, sichtbar. Diese Distanz läßt uns eine Wirklichkeit *über* die Realität *hinaus* entdecken, die ihrerseits vom Symbol entschlüsselt wird. So hat das Wort absoluten Vorrang zur Enthüllung der Vision, die Vision allerdings läßt uns eine neue Dimension der Realität erfassen. Wenn wir einen Würfel betrachten, können wir immer nur drei oder vier Seiten zugleich sehen. Das Wort macht uns klar, daß es sich um einen Würfel handelt. Die Vision aber läßt uns die sechs Seiten zugleich erfassen, sie läßt die zwei oder drei Seiten, die unserem natürlichen Auge verborgen sind, erkennbar werden. Dabei ist freilich zu berücksichtigen, daß wir Symbole niemals ganz erfassen können, daß darum unser Vorgehen immer nur Annäherungen an den vollen Symbolgehalt erbringen kann. In diesem Sinne wollen wir auf die apokalyptischen Visionen und Symbole zugehen – ohne uns um jeden Preis auf ihre Entzifferung zu kaprizieren, weil sie ja nie mehr als Illustrationen des einen zentralen Anliegens sind, und wenn etwa die gesicherte Interpretation der Zahl 666 fehlt, so hat das keinerlei Bedeutung im Verhältnis zur Gesamtbotschaft, die allein es in allen ihren Facetten zu erhellen gilt: Auch wenn uns eine der Bedeutungsfacetten fehlen sollte, so wird das Licht doch immer noch genügend reflektiert[11].

11 Abschließend verdient noch ein letzter, sehr wichtiger Aspekt der erforderlichen Einstellung gegenüber einem Text wie dem uns vorliegenden Beachtung: Man kann in der Tat die Anschauung vertreten, die im Text auftauchenden allzu vertrauten Formeln seien einfache ›Rituale‹, es handle sich um Liturgien – was für uns allzu schnell bedeutet: Worte ohne wesentliche Bedeutung. Mir scheint es im Gegenteil erforderlich zu sein, diese fest geprägt scheinenden Sätze als außerordentlich gewichtig zu betrachten – möglicherweise stellen sie sogar den Schlüssel zum Verständnis des Ganzen dar. Das bedeutet, daß etwa die Doxologien eine sorgfältige Analyse verdienen unter Berücksichtigung der Unterschiede, die sie untereinander aufweisen und die keineswegs zufälliger Natur sind. Ebenso auch Worte wie »Es soll keine Zeit mehr bleiben« (10,6), oder »*Es ist geschehen*; die Herrschaft über die Welt gehört unserem Herrn« (11,15), die als Ausgangs- und Richtpunkte für die vorausgehenden und die folgenden Abschnitte angesehen werden müssen. Daraus ergibt sich so etwas wie ein Erkennen der ›Knotenpunkte‹, um die herum sich das Textganze ordnet. Diese Knotenpunkte werden durch Formeln gebildet, die uns vorgegeben oder stilisiert erscheinen mögen, während ihre geprägte Form in Wirklichkeit nichts anderes ist als der Ausdruck der steten Glaubensgewißheit der Kirche.

Kapitel I

Die ›Struktur‹

A Grundlinien einer Dynamik

Architektur in Bewegung

Wir sagten bereits, daß die Apokalypse nicht darum so außerordentlich schwer zu verstehen ist, weil ihre Symbole oder Geheimzeichen zu sehr verschlüsselt wären, sondern deshalb, weil sie die Statik der Geschichte (die auf einen Punkt reduziert wird, wie wir gezeigt haben) und zugleich die Dynamik, die sich aus der Gegenwart des Endes in der Geschichte ergibt, umfaßt. In der Beziehung zwischen diesen beiden Dimensionen (oder sogar Existenzweisen) liegt das ganze Geheimnis der Apokalypse. Und nun macht sie diesen Gegensatz sichtbar, indem sie einerseits ein streng strukturiertes Ganzes ist, eine in Aufbau und Gliederung überwältigende Gesamtkomposition, und andererseits hinter ihrer Komposition eine Bewegung sichtbar macht, die Bewegung vom Ende her in die Gegenwart und von der Gegenwart zum Sinn. Diese beiden Blickrichtungen wollen wir nun hier aufzeigen. Wenn nämlich diese beiden Darstellungsebenen durch ein Verstehen der Gesamtanlage des Werkes (als die zwei Seiten einer einzigen Medaille, die unlösbar zusammengehören) erkannt worden sind, dann folgt daraus alle weitere Erklärung des Textes ohne große Schwierigkeit.

Die Siebenerperioden

Einen ersten Hinweis bieten uns die Gliederungsabschnitte, die sich aus den Siebenereinheiten ergeben: Die geschilderten Ereignisse hängen in ihrer Abfolge ja ganz offensichtlich mit der Öffnung der Siegel, dem Erschallen der Posaunen und dem Ausgießen der Zornschalen zusammen. Und es sind sieben Siegel, sieben Posaunen und sieben Zornschalen. Vielfach wird das in oberflächlicher (und doch angeblich wissenschaftlicher!) Weise zur Kenntnis genommen. Tatsächlich ist das Gliederungsprinzip der Siebenereinheiten durchaus bekannt, es findet sich auch in anderen Schriften als künstlerisches Stilmittel, das – besonders wenn man davon ausgeht, daß der Text aus verschiedenen Einzelstücken zusammenkomponiert wurde – für den Redaktor den Rahmen bildet, durch den die Bruchstücke des Puzzles geordnet werden. Freilich muß ihm darum kein übermäßiges Interesse entgegengebracht werden. Ich bin allerdings sicher, daß es sich im vorliegenden Fall nicht nur um ein künstlerisches Stilmittel handelt. Gewiß wurde der Sinn der Symbole und die Gliederung in Siebenerperioden aus der Tradition übernommen, unser Autor hat sie auch kaum anders verwendet als die anderen apokalyptischen Schriften, aber vielleicht ist es doch angebracht, daß wir uns ihre Bedeutung noch einmal in Erinnerung rufen.

Die Sieben

Am wenigsten Schwierigkeiten macht dabei die Zahl Sieben: Die Vier ist in diesem Zusammenhang die Zahl der Schöpfung; Drei ist die Zahl Gottes. Die sieben wird nun oft als die Zahl der Fülle, der Ganzheit angesehen. Ich bin eher der Meinung, daß in dieser Zahl die Verbindung, ja die Einheit Gottes mit seiner Schöpfung symbolisch zur Darstellung kommt, also die unauflösliche Beziehung zwischen Schöpfung und Schöpfer – und insofern ist sie dann allerdings die Zahl der Ganzheit. Und gerade dies ist in einem Buch wie der Apokalypse von ganz besonderer Bedeutung, denn sie ist ja das Buch von der Neuen Einheit: Schöpfung und Mensch haben sich von Gott getrennt, haben sich von ihm entfernt. Durch das menschliche Streben nach Selbstbestimmung hat sich ein Bruch vollzogen, und nun haben wir hier die Vereinigung, die Versöhnung mit Gott, die »Rekapitulation«[1]; und die Apokalypse offenbart uns nun die Bedingungen für dieses Wieder-Zusammenfinden, die Hindernisse auf dem Weg dazu und ihr Verschwinden, die Überwindung der früheren Situation, das Zerbrechen aller Selbstherrlichkeiten und aller alten Verhärtungen. So ist die Zahl Sieben in diesem Buch außerordentlich bedeutungsvoll, und die Vorstellung fällt dahin, der Verfasser habe diese Zahl nur darum verwendet, weil sie traditionsgemäß in den Bereich der Apokalyptik gehört, daß er sie einfach als Stilmittel gebrauchte, weil sie ihm zupaß kam oder weil er damit bestimmten Erwartungen seiner Umwelt entsprach. In der Tat korrespondiert die Zahl Sieben voll und ganz mit dem Inhalt des Buches, sie stellt genau sein zentrales Thema dar. Damit aber kann die Einteilung in Siebenerperioden keine Nebensächlichkeit oder Stilfrage mehr sein. Wir müssen vielmehr davon ausgehen, daß es sich im Gegenteil um ein gezielt und mit voller Absicht eingesetztes Kompositionselement handelt. Abgesehen davon ist von sieben *Siegeln*, sieben *Posaunen* und sieben *Zornschalen* die Rede. Auch hier bin ich recht überrascht, feststellen zu müssen, daß von zahlreichen Kommentatoren diese Gegenstände überhaupt nicht berücksichtigt werden, daß bestenfalls recht oberflächlich ihre allegorische Bedeutung angegeben wird, ohne daß tiefer nachgefragt würde. Ganz als ob der Verfasser der Apokalypse ebensogut auch sieben Dosen, sieben Lappen und sieben Nadeln hätte nehmen können.

---

1 Vgl. Eph 1,10. Ausgehend von diesem Text hat der Gedanke der ›Recapitulatio‹ in der abendländischen Theologie seit Irenäus eine bedeutende Rolle gespielt, wobei der Gedanke sowohl die Vereinigung, die Zusammenfassung der Menschenwelt in Christus (der ganze Leib wird im Haupt = lat. caput versammelt), als auch die letztgültige Unterstellung der Schöpfung unter seine Herrschaft umfaßt (Christus ist endgültig und für alle das Haupt des Leibes).

Siegel

Daß das Siegel in der Gesellschaft und in der Symbolik eine wesentliche Rolle spielt, ist durchaus bekannt. Das Siegel unterbindet und garantiert zugleich das Wissen um eine Sache: Es verschließt den Brief, der an eine Person gerichtet ist, die dann das ausschließliche Recht hat, die in ihm enthaltene Information zu empfangen, und bestätigt zugleich die Echtheit dieser Information. Das Siegel ist die Schranke, die die Kenntnisnahme für alle außer dem einen, dem Empfänger, unmöglich macht – und für den Adressaten ist es zugleich Garantie dafür, daß er den richtigen Text empfangen hat. Außerdem sichert es die Bewahrung des Geschriebenen: Der versiegelte Brief wird bis zu dem Zeitpunkt aufbewahrt, an dem er eröffnet werden darf. Symbolisch bringt das Siegel das Geheimnis und die Wahrhaftigkeit Gottes zum Ausdruck. Gleichzeitig ist es aber auch Urheberschaftszeichen: Das habe ich geschrieben; ich bezeuge, daß all das, was da geschrieben steht, wahr, mit der Wirklichkeit konform ist. Und zwar als *meine* Wahrheit, denn ich bekenne mich zu ihr, und außerdem gehört mir das, was da gesagt ist. Denn im weiteren Sinne kennzeichnet das Siegel all das, was Eigentum dessen ist, dem das Siegel gehört. Es wird zum äußeren Zeichen, an dem jeder sehen und erkennen kann, daß dieser Gegenstand oder jenes Tier diesem oder jenem Herrn gehört. Der versiegelte Brief bleibt, solange er versiegelt ist, Eigentum dessen, der ihn verschlossen hat. Das Siegel darf einzig von dem gebrochen werden, an den der Brief gerichtet ist, und im Augenblick der Öffnung wird der Adressat zum Eigentümer. Das Geheimnis, das im Brief verschlossen war, wird sein Geheimnis. Er wird sein Eigentümer, und er kann die Information weitergeben, wobei er selber der Garant ihrer Echtheit wird. Das Siegel darf freilich nicht mit der Wirklichkeit selbst verwechselt werden. Es ist nichts als eine Form (auch im Konkreten), ein Symbol. Sobald es allegorisch verwendet wird, liegt also gewissermaßen eine Potenzierung des Symbols vor. Das Geheimnis aber, das versiegelt übermittelt wird, ist auch hier ganz offensichtlich nicht die Person selbst, ist nicht das Geheimnis des *Seins* dieser Person, sondern notwendig eine Information, die sie übermittelt und die außerhalb ihrer selbst liegt. Ebenso, wenn das Siegel ein Besitzverhältnis bezeugt: auch hier geht es nicht um den Besitzer, den Eigentümer *selbst*, sondern vielmehr um seinen Handlungsspielraum, um das, worauf er einwirken, was er benutzen kann; nicht um seinen Innenbereich, sondern um das, was um ihn her existiert. Wenn man also in der Siebenerperiode der Siegel das versiegelte Buch sieht und die Ereignisse, die sich beim Öffnen jedes Siegels ergeben, dann wird damit keine Offenbarung über Gott selbst vermittelt, sondern vielmehr über seinen Herrschaftsbereich, über den Ort, an dem seine Macht wirksam wird. Insofern es sich allerdings um eine versiegelte Botschaft handelt, bezeugt das, daß er allein das Geheimnis dieses Herrschaftsbereiches innehat, und mit der Eröffnung dieser Siegel wird nicht nur ein Wissen, eine Information bezüglich des Geheimnisses dieser Macht übermittelt, sondern zugleich diese Macht selber. Das entspricht aber, wie wir sehen werden, völlig der Bedeutung der

Kapitel 5 bis 7. Es ist also durchaus kein unbedeutender Zufall, der in diesem Zusammenhang zur Wahl des Siegels geführt hat, vielmehr haben wir genau dasjenige Symbol vor uns, das (im Rahmen der Symbolik des ersten Jahrhunderts) an diese Stelle gehört.

Posaune

Wenn wir zur zweiten Siebenerperiode übergehen, so finden wir die gleiche Entsprechung. Hier sind es Posaunen. Die Posaune ist das Instrument, das vor dem König, dem General, den Machthabern geblasen wird. Es ruft und versammelt zugleich, es führt die Kräfte auf einen, den entscheidenden Punkt zusammen. Die Posaune ist das Signal für richtungweisende Aktionen. Im militärischen Bereich versammelt sie die Soldaten und löst die Aktion aus. Auch die Posaune ist also ein Mittel zur Weitergabe von Informationen, freilich völlig anderer Art als das Siegel: Hier werden Aktionen ausgelöst, während es vorher um die Übermittlung von Wissen ging. Schließlich ist die Posaune auch dasjenige Instrument, mit dem Sieg und Herrschaftsvollmacht proklamiert werden. Sie wird geblasen, um den Triumph zu feiern, sie zieht dem Sieger voraus und markiert den guten Ausgang der Schlacht. Nun ist die Siebenerperiode der Posaunen die längste und komplexeste unseres Buches, sie umfaßt die Kapitel 8 bis 14, und beim Lesen kann sich durchaus der Eindruck eines gewissen Mangels an Zusammenhang aufdrängen. Wir werden darauf ausführlich zurückzukommen haben. Fürs erste genügt die Feststellung, daß in der Tat das Ingangkommen gewaltiger Ereignisse geschildert wird, eine Art Konzentration von Mächten und Gewalten, ein entscheidender Kampf (der Frau mit dem Drachen) und die Vereinigung alles dessen, was auf den Bruch mit Gott zielt, aller Mächte, die gegen Gott kämpfen (der Drache und die Tiere), zugleich aber auch die Vereinigung der Mitstreiter Gottes (Michael, Erde und Himmel, die beiden Zeugen), und das Ganze gipfelt in der Herrlichkeit des Lammes. Das bedeutet aber, daß die Posaune hier genau die ihr zukommende Rolle spielt: Es geht um den zentralen Kampf und um den Triumph. Die Posaune ruft zum Kampf und kündet vom Sieg. Und darum ist auch hier die Wahl des Symbols alles andere als zufällig: Sie entspricht genau dem Inhalt und dem angestrebten Ziel des Abschnitts.

Schale

Die dritte Siebenerperiode ist die der Schalen. Damit haben wir ein kultisches Symbol vor uns. Die Schale ist wohlverstanden die Schale beim Festmahl, die von Hand zu Hand geht und die Einheit der zum Mahl Geladenen symbolisiert[2]. Von da aus ist sie für uns natürlich der Kelch beim Abend-

---

2 Im Deutschen wie im Griechischen gibt es verschiedene Begriffe: Becher, Kelch und Schale scheinen verschiedenen Bereichen zugeordnet zu sein (die Schale dem Opfer, der Kelch dem Gemeinschaftsmahl, der Becher gewöhnlichem Trank. Die Zuordnungsbereiche überschneiden sich aber häufig (auch schon in Texten des Alten Testamentes); jedenfalls ist die Symbolbedeutung für alle drei Begriffe gleich, sie meint die Sache, die hinter den Begriffen steht.

mahl. Zugleich aber ist sie – ohne daß das im Widerspruch zum bereits Gesagten steht – die Schale des Trankopfers, die in den Bereich des alttestamentlichen Opferdienstes gehört: Ein Teil des Weines wird als Opfer für die Götter auf den Boden geschüttet. Damit aber ist die Schale (von christlicher Warte aus) Symbol der Teilhabe an einer unannehmbaren Handlung. Was nun hier sichtbar wird, ist die Doppelgesichtigkeit des Heiligen. Der Kelch als heiliges Zeichen des Abendmahls oder eines Opfers ist ein Positivum, aber alles Heilige vermittelt immer sowohl Segen als auch Fluch. In der Tat sind das die beiden Seiten des Heiligen: Es ist gleichzeitig *tremendum* und *fascinans*, schrecklich und begeisternd. Um den Göttern zu begegnen, muß man in den Bereich des Heiligen eintreten, indem man aber das tut, wird man den anderen Menschen zum Fluch.

So ist der Becher, der Kelch zugleich der der Abendmahlsgemeinschaft und der der Verwerfung (Judas flieht im Augenblick des Mahles), Zeichen des Segens und des Fluchs, Kelch der Versöhnung und des Zornes. Und der Wein im Kelch weist in die gleiche Richtung. Außerdem ist der Wein im Alten Testament bekanntlich ein Symbol des Lebens, es bleibt also nicht einfach bei der Zweigesichtigkeit des Heiligen. Im Alten Testament finden wir nebeneinander die Aufnahme und die Veränderung kanaanäischer Heiligkeitsvorstellung, was wesentlich mit dem nicht-zyklischen, vielmehr geschichtlichen Denken der Israeliten zusammenhängt, mit ihrer Grundanschauung von Leben und Welt. Je nach Belieben kann man diese Denkstruktur historisch oder dialektisch nennen. Jedenfalls handelt es sich um ein Denken, das nicht in erstarrten Formen, im ewig gleichen Kreislauf verhaftet bleibt. Gott, der Israel erwählt hat, eröffnet einen Weg, ein unwiederholbares Geschehen. Das erwähnte zweigesichtige Heilige allerdings bleibt als Struktur bestehen: Das Heilige *ist* so, dabei bleibt es. Im hebräischen Denken gibt es nun notwendig einen Ausgang, einen Ausweg, einen Punkt totaler Veränderung, an dem die Dinge nicht so bleiben, wie sie sind. So wird das statische Gleichgewicht der Ambivalenz des Heiligen aufgebrochen durch ein Geschehen, durch eine neue Wirklichkeit, die alles verändert. Und genau das finden wir in den Kapiteln 15 bis 22. Die Kelche, die Schalen sind in der Tat gleichzeitig die Kelche der Gemeinschaft mit Gott und mit den Dämonen. Sie werden so zu Kelchen des Zornes Gottes, und dieser Zorn ist um so radikaler und endgültiger, als er sich auf das richtet, was eigentlich die Erfüllung der Gnade Gottes zum Heil des Menschen hätte sein sollen, dargestellt im Kelch des Herrenmahles, dem Zeugnis für das verheißene Leben. Damit ist auch das Symbol des Kelches in völliger Übereinstimmung mit der Bedeutung der letzten Kapitel unseres Buches, die das Gericht und die neue Schöpfung betreffen.

Siebenereinheiten außerhalb der Perioden

Bevor wir weiterfahren, noch eine Bemerkung nebenbei: Die Zahl Sieben kommt auch noch an anderen Stellen der Apokalypse vor. Etwa in 10,4 bei den sieben Donnern. Verschiedene Autoren finden diese Zahl auch noch im

Zusammennehmen der drei Wehe und der vier Engel Kap. 11. Auch wenn die Zahlen Sieben, Drei und Vier in diesen Fällen ihre volle symbolische Bedeutung haben, muß doch festgehalten werden, daß kein Vergleich mit den Siebenerperioden möglich ist, weil bei diesen nicht nur die symbolische Zahl im Vordergrund steht, sondern zugleich ein Prozeß, eine Abfolge von Ereignissen, die Gliederung eines Geschehensablaufes. Eine Siebenerperiode entsprechend denen von Siegel, Posaunen und Kelchen würde beispielsweise bei den sieben Donnern dann vorliegen, wenn es heißen würde: Beim ersten Donner geschieht . . . usw., das ist aber nicht der Fall. Die sieben Siegel, Posaunen und Kelche sind also durch diese Periodisierung von allen anderen Fällen unterschieden, in denen die Zahl Sieben erscheint.

Symbol und Struktur

Wenn nun also in jedem dieser drei Abschnitte eine Entsprechung zwischen dem Symbol und dem Inhalt der von der Siebenerperiode umfaßten Kapitel festzustellen ist, so heißt das, daß jedes Symbol seine eigene, besondere Bedeutung hat: Die Posaune hat ihre ganz spezifische Bedeutung und macht die Grundrichtung des Textes erkennbar, der in seiner Entfaltung dem Symbol der Posaune genau entspricht. Diese einfache Feststellung hat allerdings zwei entscheidende Konsequenzen. Zunächst die, daß die verschiedenen Sequenzen der Apokalypse sich nicht gegenseitig spiegeln oder wiederholen. Mir ist bekannt, daß bestimmte Ausleger, die der Ansicht sind, Parallelismen zwischen den verschiedenen Teilen des Buches aufweisen zu können, keine innere Entwicklung annehmen wollen (auch die Aufeinanderfolge der Visionen wäre dann nur ein literarischer Kunstgriff): In dieser Betrachtungsweise hätten wir immer die gleiche Botschaft vor uns, die – wenn auch mit wechselnden Bildern und Symbolen – mehrfach dargestellt würde. Nun stimme ich durchaus der Überzeugung zu, daß es in der Apokalypse nur eine einzige Botschaft gibt. Diese Botschaft aber wird nirgends wiederholt: Die Gesamtanlage des Buches mit seiner unverwechselbaren Struktur vermittelt uns diese Botschaft, niemals aber nur einer seiner Abschnitte. Ich meinerseits möchte nun keinesfalls behaupten, die Abfolge der Visionen im Bericht gäbe eine tatsächliche zeitliche Reihenfolge wieder. Diese Aufeinanderfolge weist durchaus auf eine *Entwicklung*, eine Bewegung *innerhalb des Textes*. Es wird nicht dieselbe Botschaft wiederholt, vielmehr gibt es tatsächlich einen Grund dafür, daß von einem ›zuerst‹ und einem ›dann‹ die Rede ist – aber dabei ist keine zeitliche Reihenfolge, sondern eine bestimmte Ordnung des Offenbarungsganzen im Blick.

Die zweite Konsequenz aus der Tatsache, daß Symbol und Textinhalt der Siebenerperioden miteinander übereinstimmen ist die, daß diese Siebenerperioden offensichtlich die Komposition, den Text selber sinnvoll gliedern, daß sie also nicht nur Beiwerk oder Zierat sind. Damit müssen die Siebenerperioden aber als wesentliche Bestandteile des Textes verstanden werden. Heute würden wir freilich das, was hier gemeint ist, nicht mehr genauso ausdrücken. »Ich sah die sieben Engel . . . und sieben Posaunen wurden ihnen gegeben« (8,2) würde etwa heißen: »Erscheinung der Herrlichkeit Gottes«. Heute würde man auch nicht »und der erste Engel blies« (8,7) formulieren, sondern »Paragraph 1, erste Erscheinung«.

Die Sendschreiben

Bisher haben wir nur von den drei Siebenerperioden gesprochen, die gewöhnlich genannt werden; erstaunlicherweise wird praktisch nirgends darauf hingewiesen, daß ihnen eine weitere Siebenerperiode voraufgeht, nämlich die Briefe an die sieben Gemeinden (in Kapitel 1 bis 3). Gewiß gibt es einen Unterschied: in den Siebenerperioden erscheint ein Ereignis, ein Geschehen, das durch einen Engel bewirkt wird, außerdem haben wir den Anschein einer zeitlichen Abfolge in der Reihe der Engel oder der Posaunen, während hier nur die Tatsache vorliegt, daß Johannes unter dem Diktat des Herrn nacheinander an die sieben Gemeinden schreibt. Dennoch meine ich, daß hier tatsächlich eine Siebenerperiode vorliegt, die den anderen entspricht, und zwar nicht allein wegen der Zahl Sieben, die als Ordnungsschema dieses ersten Teils ins Auge fällt, sondern vor allem, weil die innere Struktur dieses Abschnitts (wie wir noch sehen werden) mit der der anderen übereinstimmt.

Die neue Schöpfung

Weniger offensichtlich ist allerdings, daß der Schluß des Buches, von Kapitel 19 an, ebenfalls als Siebenerperiode aufgebaut ist. Hier freilich stehen nicht Symbole im Vordergrund, denn die neue Schöpfung ist selbst symbolisch dargestellt, und außerdem gibt es kein geläufiges apokalyptisches Symbol, das hier passen würde. Die Gliederung in sieben Unterteilungen aber ist klar gekennzeichnet durch die siebenmalige Wiederholung von »und ich sah« (beginnend mit 19,11 und wiederholt in 19,17; 20,1; 20,4; 20,11; 21,1; 21,11: Und er zeigte mir). Das bedeutet, daß auch dieser Teil wie die anderen aufgebaut ist, mehr noch, daß er dem ersten Teil genau entspricht: Beide Abschnitte setzen mit dem an Johannes ergehenden Auftrag ein, zu *schreiben* (1,19 und 19,9), und außerdem finden sich alle Bezeichnungen, alle Titel des Menschensohnes vom ersten Teil im letzten genau wieder. Die Gliederung dieser letzten Siebenerperiode werden wir noch genauer zu betrachten haben. Im Augenblick kann jedenfalls festgehalten werden, daß die Apokalypse aus fünf Teilen aufgebaut ist, die durch die Siebenerperioden gekennzeichnet sind.

Der Aufbau der Perioden

Seine Bestätigung findet dies in der leicht nachprüfbaren Tatsache, daß der Aufbau aller fünf Teile gleich ist. Jedesmal haben wir eine Einleitung, die die Vision einer Person enthält: die Vision des Menschensohnes (1,13), eines mächtigen Engels (5,2), des Engels mit der Räucherpfanne (8,3), des Lammes (14,1) und die Vision des Engels, der den Auftrag zum Schreiben erteilt (19,9–10). Dann kommt in jedem der fünf Teile nach der *visionären*

Einleitung der jeweilige Hauptteil: die sieben Briefe, Siegel, Posaunen, Kelche, Visionen, und am Ende jedes Abschnittes steht eine Hymne zur Verherrlichung Gottes, eine Doxologie, ein Lob- und Danklied: 4,8–11; 7,10–17; 14,1–5; 19,1–8. Gliederung und Abgrenzung der fünf Abschnitte sind also völlig klar und leicht erkennbar, wenn auch betont werden muß, daß diese fünf Teile nicht gänzlich voneinander getrennt sind: wir haben keine so scharf voneinander abgesetzten Einheiten vor uns, wie es uns bei den Kapiteln einer modernen Monographie geläufig ist, vielmehr fügt sich jede Bewegung der vorhergehenden organisch an, ist ihr unmittelbar verbunden. Am deutlichsten wird das bei den mittleren drei Abschnitten, die die Verschachtelung der einzelnen Teile klar erkennen lassen: der siebente Handlungsschritt bringt das zum Vorschein, was das Geschehen des nächsten Abschnitts in Gang setzt. Sechs Siegel werden geöffnet (6,1–12), dann kommt die Doxologie (7,1–17), und mit der Öffnung des siebenten Siegels (8,1–6) vollzieht sich etwas, was sich vom Geschehen bei der Öffnung der vorherigen Siegel völlig unterscheidet. Die Öffnung dieses siebenten Siegels führt zur Vision, die den nächsten Abschnitt eröffnet: »Und als er das siebente Siegel öffnete, ward Schweigen im Himmel . . ., und ich sah . . .« (8,1.2). Nichts hängt direkt mit der Öffnung des siebten Siegels zusammen, außer der Eröffnung der Posaunenreihe. Und bei dieser ist es genauso (11,15ff): Die siebente Posaune eröffnet einen langen Geschehensablauf, in dem das Mysterium der Wirklichkeit enthüllt wird. Es ist wie ein geheimnisvolles Zwischenspiel, in dem sich alles konzentriert und das direkt zu den sieben Schalen hinführt. Genauso führt der siebente Kelch zu Vernichtung und Gericht, aber das erscheint wie ein notwendiger Übergang zum letzten Teil, dem von der neuen Schöpfung. Das scheint mit ein Hinweis darauf zu sein, daß keiner dieser Unterabschnitte von den anderen getrennt werden darf. Und die Genialität dieses Aufbaus liegt (ebenso wie ihre Schwierigkeit) gerade darin, daß jeder dieser Abschnitte eine vollkommene Einheit bildet mit Einleitung, Hauptteil und Schluß, während er zugleich in den vorhergehenden gleichsam eingepflanzt, sozusagen durch einen Ableger mit ihm verbunden ist. Alles, was sich in der jeweils neuen Einheit vollzieht, ist bestimmt durch das Geschehen in der vorhergehenden und dient seinerseits als Grundlage für den folgenden Abschnitt. Kein Teil darf also ohne den anderen interpretiert werden, es verbietet sich sogar, eine logische Folge annehmen zu wollen. Diese bemerkenswerte Methode der Ineinanderschachtelung will vielmehr andeuten, daß eine Art ontologischer, grundlegender Verbindung von einem zum anderen Abschnitt vorliegt. Die Verbundenheit der einzelnen Teile untereinander ist jedenfalls unübersehbar von wesentlicher Bedeutung: Jedes Zeichen löst ein Ereignis aus, und das siebte Zeichen führt zur Auslösung der Reihe von Geschehnissen, die die nächste Gliederungseinheit bildet. Zusätzlich wird die Sache allerdings noch dadurch kompliziert, daß die siebte Posaune alles das hervorruft, was die vierte und fünfte Siebenerperiode ausmacht, und der siebte Kelch das, was die Erscheinung der Ereignisse des fünften Teiles möglich und notwendig macht. Die Beziehung zwischen den fünf Teilen ist also nicht allein in der linearen Abfolge zu sehen, vielmehr werden wirklich alle Einzelelemente durchdrungen[3].

Die Verknüpfung

Hinzu kommt noch ein Vorgehen, das wir im Augenblick nur kurz erwähnen, das uns aber in der vorliegenden Arbeit immer wieder begegnen wird und das wir als ›vorbereitende Andeutung‹ bezeichnen. Gegen Ende jedes Hauptteils findet sich ein Vers, der sich nicht auf das bezieht, was im betreffenden Abschnitt vermittelt wird, der vielmehr eine Art Zusammenfassung des folgenden Abschnitts bietet: er ist in den vorhergehenden Abschnitt fast wie eine Art Ankerpunkt für die weiterführende Entwicklung eingebaut. So weist nicht nur das formale Element der Verschachtelung der einzelnen Teile, sondern auch die Verwendung dieser vorbereitenden Andeutungen innerhalb des Textes konsequent auf die Einheit des Ganzen hin und versucht aufzuzeigen, wie das Geschehen von einer Entwicklung zur nächsten fortschreitet. Kapitel 19,7.8 etwa ist der Ankerpunkt für die Kapitel 21–22.

Die Gesamtanlage

Nun muß allerdings die Gesamtstruktur des Werkes ins Auge gefaßt werden, die höchst bedeutungsvolle Anordnung der fünf Hauptteile. Um Ein-

---

3 Bei der Siebenerperiode des vierten Teils taucht ein besonderes Problem auf: Sie ist gedoppelt. 14,6–20 haben wir eine erste Siebenerperiode von Engeln, auf die die sieben Schalen folgen. Damit stellt sich die Frage, ob nicht eine neue Unterteilung eingefügt werden soll: eine besondere Siebenerperiode für diese 14 Verse. Ich lehne dies aus folgendem Grund ab: Dieser Abschnitt wäre dann nicht wie die anderen aufgebaut. Er hätte zwar eine Einleitungsvision (14,1–5), aber keine Doxologie; umgekehrt hätte dann die Periode der sieben Schalen zwar eine Doxologie, aber keine Einleitungsvision, denn sie würde dann unvermittelt mit 15,1 einsetzen: »Sieben Engel hatten die letzten sieben Plagen.« Außerdem hat 14,6–20 zwar eine Vision, aber überhaupt kein Symbol. Nun befinden wir uns in dieser Reihe auf der Beziehungsebene von Symbol und Geschehen, und gerade hier fehlt das Geschehen, dafür haben wir Ankündigungen (auch Vers 16 »die Erde wurde abgeerntet« und 19 »er erntete den Weinstock ab« sind Ankündigungen, keine Handlungsvollzüge!). Meines Erachtens muß also die Einheit dieser Kapitel 14 bis 19 aufrechterhalten werden. Liegt dann aber nicht doch eine Doppelung vor – sind die Verse 6 bis 20 von Kapitel 20 nicht einfach eine Wiederholung der sieben Schalen? Kommt das Zorngericht und die Vernichtung nicht zweimal vor, lediglich mit anderen Bildern? Auch dies halte ich für unzutreffend. Allerdings haben wir hier ein Schlüsselproblem der Auslegung der Apokalypse vor uns: Gerade weil es sich um ›Offenbarung‹ handelt, enthüllt sie uns *gleichzeitig* das, was im Himmel, und was auf der Erde geschieht (zumindest in den Kapiteln 8 bis 14 und 14 bis 19). Es liegt hier das ungewöhnliche Bemühen vor, eine Verbindung zwischen Erde und Himmel, zwischen Zeit und Ewigkeit herzustellen. Und so erleben wir hier (wie im Prolog zum Hiobbuch) eine Art ›Ratschluß‹ im Himmel, bevor das Ereignis auf der Erde Wirklichkeit wird. Damit sind die Verse 6–20, die Darstellung der *Entscheidung* zum Jüngsten Gericht, von einem erstaunlichen Aufbau: Wir haben drei Engel (V. 6–13), den Menschensohn (V. 14) und dann nochmals drei Engel (V. 15–20). Diese sieben Gestalten bilden gleichsam den ›himmlischen Gerichtshof‹. In der näheren Betrachtung werden wir sehen, warum er hier erscheint. Was dieser Gerichtshof entscheidet, das wird beim Ausgießen der Zornschalen auf die Erde Wirklichkeit: Damit bilden aber die beiden Siebenerperioden im vierten Hauptteil gleichsam die Innen- und die Außenseite des gleichen Geschehens.

sicht in die Bedeutsamkeit dieser Ordnung zu gewinnen, mußte zunächst erkannt werden, wie die fünf Teile ineinander verzahnt sind. Schon bei flüchtiger Betrachtung wird deutlich, daß der erste Hauptteil dem Wort des Herrn an seine Kirche gewidmet ist. Das muß nicht sonderlich hervorgehoben werden, es liegt klar zutage. Ebenso deutlich ist, daß der fünfte Teil die neue Schöpfung betrifft, das himmlische Jerusalem, das Reich Gottes. Und nun wird zugleich erkennbar, daß es eine gewisse Beziehung zwischen diesen beiden Teilen gibt: der eine macht uns den Leib Christi auf Erden mit seinen Fehlern, seiner Gespaltenheit und Vielfalt sichtbar, der andere offenbart uns die zukünftige Fülle des Leibes Christi. Im einen zeigt sich also eine mittelbare Beziehung zwischen dem Herrn und seiner Kirche, im zweiten eine unmittelbare Verbundenheit. Der Anfangsteil enthält Verheißungen, der letzte ihre Erfüllung; jener zeigt die Problematik des Eingefügtseins in die Weltgeschichte, dieser die Endgültigkeit des Gottesreiches; im ersten wird die kleine Herde vorausgesetzt, im letzten die umfassende Einheit der Schöpfung. Der erste Abschnitt steht unter dem Zeichen des ›Schon – und Noch nicht‹, der letzte unter dem ›Ja und Amen‹. Alle Einzelheiten aber entsprechen sich vom einen zum anderen Teil, und es ist deutlich, daß der Kirche auf Erden im ersten Teil das Gottesvolk im Himmel im letzten genau entspricht.

Auch der zweite Hauptteil wird von den Kommentatoren weitgehend übereinstimmend interpretiert: Er umfaßt (in Kap. 6 und 7) die vier Pferde, die Gebete der Märtyrer, die Entwicklung vorübergehender Plagen und die Existenz der Kirche, offensichtlich ebenfalls in ihrem irdischen Rahmen. All dies aber charakterisiert recht deutlich die Menschheitsgeschichte, wie sie in der Bibel gesehen wird. Wir gehen wohl nicht fehl, wenn wir diesen Abschnitt als der Geschichte der Menschheit auf Erden zugeordnet ansehen. In Kapitel III werden wir das ausführlich zu begründen haben. Wir wenden uns nun einem weiteren Abschnitt zu, dessen Sinn offensichtlich ist, dem vierten Hauptteil. Hier haben wir das ›Ende der Welt‹ vor uns, das ›Jüngste Gericht‹ – um bei den geläufigen Begriffen zu bleiben, also das (wie wir in der Fußnote 3 auf S. 36 gezeigt haben) gleichzeitig jenseitige und diesseitige Geschehen, mit dem Gott die Geschichte abschließt. Mit anderen Worten: noch einmal haben wir zwei symmetrische Teile, den zweiten, der die Geschichte, und den vierten, der das Ende der Geschichte zur Darstellung bringt – nicht allerdings ihre Vollendung, ihre Krönung, sondern gewissermaßen ihr Abbrechen. Im zweiten Teil gab es bereits ›Vorzeichen‹, Vorahnungen dieses Endes: die Gebete der Märtyrer, die verschiedenen Katastrophen, die Existenz eines ausgesonderten Gottesvolkes. Aber die Gegenwart des Endes im Lauf der Ereignisse ist Teil der Geschichte, während wir im vierten Teil einen Abschluß, ein unumkehrbares Endgeschehen vor uns haben. Die Zeitlichkeit wird ein für allemal aufgehoben. Das bedeutet also, daß der erste und der zweite Hauptteil in die Zeitlichkeit gehören, in die Welt der Mittelbarkeit, der vierte und der fünfte dagegen in den Bereich außerhalb der Zeitlichkeit, in die Unmittelbarkeit Gottes. Wenn sich nun aber Teil 1 und 5 und Teil 2 und 4 entsprechen, so bedeutet das, daß wir einen symmetrischen Aufbau vor uns haben, in dem dann der dritte Hauptteil die Achse des Ganzen bildet, den Schnittpunkt, an dem sich Zeitlichkeit und Ewigkeit begegnen, das Vorläufige und die Unmittelbarkeit Gottes. Nun haben wir ein ›christliches‹ Buch vor uns, von einem ›Theologen‹ verfaßt. Was ist für ihn die Achse aller Dinge? Natürlich kann das nur Jesus Christus sein. Allerdings gilt es hier, Vorsicht walten zu lassen, denn schon der Anfang unseres Textes will Christus als den Herrn der Kirche und der Geschichte bezeugen, und das Ende des Buches betont, daß in ihm alles neu geschaffen ist. Im Mittelpunkt aber ist vom Herrn nicht mehr die Rede: Was den Bruch zwischen Geschichte und Gericht ausmacht, zwischen der Kirche und dem Reich, den Bruch und zugleich die Verbindung; das, was das Hereinbrechen des Endes aller Zeit in diese Zeitlichkeit, das Aufbrechen des Eschaton in der Wirklichkeit ausmacht, was mit sich bringt, daß »das Reich Gottes nahe herbeigekommen« ist, daß es »mitten unter euch« (Mk 1,15) ist, das ist nicht das Herrsein Christi, sondern vielmehr die Inkarnation, die Fleischwerdung, Tod und Auferstehung, also die Historizität Christi, das Einssein Jesu mit dem Christus. Das allein ist die Achse, die Mitte, auf die hin alles andere Ereignis wird. Darum ist die Apokalypse auf die Inkarnation hin angeordnet (Kap. 11 und 12). Dabei stoßen wir aber auf ein neues Problem: Offensichtlich ist der Verfasser auf Patmos Seher. Was er wiedergibt, ist ein Gefüge von Visionen, nicht etwa ein dem geschichtlichen Ablauf folgender Bericht. Geburt, Leben und Sterben Jesu haben sich auf Erden ereignet. Dieses irdische Leben Jesu wird von den Evangelien reflektiert. ›Johannes‹ nun berichtet nicht von diesem Leben, er schreibt kein fünftes Evangelium, das etwa den Anspruch erheben würde, weitere Ereignisse aus dem Leben Jesu zu bieten. Aber wenn Jesus wirklich der Messias ist, der Sohn Gottes, ja Gott selber, dann muß man doch ganz selbstverständlich davon ausgehen, daß die Ereignisse des irdischen Lebens Jesu ihre Entsprechung, ihren Widerhall im ›Himmel‹[4] haben.

Die Wirklichkeit Gottes

Wir finden gelegentlich Hinweise auf diese uns verborgene Ebene. Etwa die Finsternis, die beim Tod Jesu über die Erde kommt (Mk 15,33), oder die Gräber, die sich öffnen und die Toten entlassen (Joh 5,28); deutlicher noch bei Paulus (Kol 2,14.15), wenn er vom Triumph Christi redet, in dem alle Mächte, Throne und Gewalten entmachtet und öffentlich zur Schau gestellt sind, oder von der Entscheidung, in der der Schuldschein, der uns zunichte

---

4 Der Einfachheit halber behalten wir das Wort ›Himmel‹ bei, obwohl klar ist, daß in biblischem Sinne (und besonders, wenn im Alten Testament vom »Himmel der Himmel« die Rede ist) nicht der »gestirnte Himmel über uns«, der ›Äther‹ o.ä. gemeint ist, sondern der Bereich Gottes, die ›Nicht-Welt‹, in der Gott alles in allem ist, das ›Ganz Andere‹, das ›Jenseits‹, das nicht Schöpfung ist, in dem aber alle Schöpfung ihren Ort hat, wobei das Wort ›in‹ schon wieder unangemessen ist, weil es ein Raumverhältnis ausdrückt und nur als ein Versuch bildlicher Ausdrucksweise verstanden werden darf.

machte, ans Kreuz geheftet worden ist. Das sind Hinweise auf diese tiefe Wirklichkeit, die nicht sichtbar ist, nicht dem Bereich der Geschichtlichkeit zugehört, sondern das göttliche Mysterium des irdischen Lebens und Handelns Jesu ausmacht. Darauf nun ist die Apokalypse ausschließlich ausgerichtet. Nur in Andeutungen spricht sie vom irdischen Leben Jesu; Thema der Offenbarung ist das göttliche Geheimnis. Damit ergibt sich übrigens ein völlig neuer Gesichtspunkt im Blick auf die Frage nach dem Unterschied zwischen unserer und den übrigen Apokalypsen. Wir haben hier keine Visionen von dem, was später einmal auf Erden geschehen wird, es handelt sich auch nicht um apokalyptische Ereignisse, die im Himmel geschehen, wie sie in unzähligen theosophischen und mythologischen Schriften dargestellt werden; vielmehr liegt eine Beziehung vor zwischen dem, was auf Erden mit und um Jesus von Nazareth geschehen ist, und dem himmlischen Bereich, der Welt der Mächte und Throne und Gewalten, der Engel und Dämonen, vor allem allerdings dem Geheimnis Gottes. Die Kapitel 9–14 machen nämlich unübersehbar deutlich, daß in Wirklichkeit *das Geschehen auf Erden das himmlische Geschehen in Gang bringt.* Was im göttlichen Bereich geschieht, wird hervorgerufen und bestimmt, umgrenzt vom Erleben Jesu auf Erden. Es heißt nirgends, daß aufgrund einer willkürlichen Entscheidung Gottes, die vor Ewigkeit durch Gott den Vater getroffen worden wäre – als letztlich unbedeutende Folge dieser Entscheidung –, Kreuzigung und Auferstehung auf Erden Ereignis werden. Es heißt auch nicht, die Inkarnation sei das Ereignis einer Art innergöttlicher Beratung. Freilich kommen wir damit auf eines der unauslotbarsten Probleme theologischen Nachdenkens. Ist der Sohn von Ewigkeit her der Sohn? Selbst wenn man die Frage mit Ja beantwortet – heißt das dann, daß der Mensch Jesus von Nazareth von Ewigkeit her dieser Sohn war? Ist die Jungfrauengeburt die Geburt eines Gottes? Oder aber ist Jesus der Sohn, den der Vater *erwählt* hat (etwa im Augenblick der Taufe, vgl. die adoptianische Konzeption des Markus). Hier müssen wir freilich nicht unergründliche Geheimnisse zu entschlüsseln versuchen, sondern einzig die Art und Weise betrachten, in der die Apokalypse von ihnen spricht. Und sie offenbart uns ganz klar, wie alles von der auf Erden geschehenden Kreuzigung und der sich ebenfalls auf Erden vollziehenden Auferstehung her geordnet wird. Jesus von Nazareth bestimmt durch sein Leben, wie es von den Evangelien gespiegelt wird, was in der Welt Gottes geschieht. Jesus ist also alles andere als eine Marionette in den Händen Gottes. Er ist die Freiheit selber, und was er auf Erden entscheidet, das läuft dann im Himmel ab. Er schafft das göttliche Ereignis. Das bedeutet freilich keineswegs, daß Gott nicht existiert! Aber der Gott, der die Liebe selber ist, hat sich selbst in Jesus hingegeben, hat nichts von seiner Macht für sich selbst bewahrt, so daß in einer unfaßbaren Zerbrechlichkeit im Leben und in der Person Jesu wirklich alles auf dem Spiele stand. Alles, die Allmacht Gottes eingeschlossen! Was da im Himmel geschieht, ist kein fiktives Ereignis, sondern in Tat und Wahrheit Kampf und Sieg Jesu. Dieser aber vollzieht sich einzig auf der Erde! Und die Apokalypse enthüllt uns unter anderem, daß die Inkarnation in der himmlischen Welt erst nach der Kreuzigung sichtbar wird. ›Nach‹ bedeutet dabei nichts, weil es sich ja um den Bereich jenseits aller Zeit handelt; aber wir, die wir in der Zeit leben, müssen sehr wohl in den Kategorien von ›vorher‹ und ›nachher‹ denken (ebenso, wie wir durch das Leben im Raum begrenzt und bedingt sind). Was nun die Inkarnation betrifft, ist in Kapitel 12 beschrieben, während das Geschehen um die Kreuzigung in Kapitel 11 dargestellt ist. Im Himmel gibt es kein Vorher und Nachher, aber für uns bedeutet das, daß wir Weihnachten im Grunde im Lichte des Karfreitags sehen müssen. Das kleine Kind, das an Weihnachten geboren wird, *ist* der Gekreuzigte. Und so dürfen wir das Leben Jesu nicht wie den Ablauf eines normalen Menschenlebens betrachten, das mit der Geburt einsetzt und mit dem Tod aufhört: Die Apokalypse zeigt uns, daß ›im Himmel‹ die Kreuzigung zuerst kommt und die Inkarnation nur durch sie Wirklichkeit wird. Am Kreuz ist wirklich *alles* vollbracht, sogar die Inkarnation wird am Kreuz Ereignis, ebenso wie die ganze Fülle der Liebe Gottes zu seinem eingeborenen Sohn.

Das ›religiöse‹ Denkschema

Hier wird freilich eine entscheidende Bemerkung erforderlich: Diese Beschreibung der himmlischen Ereignisse in der Apokalypse bietet uns ein Denkschema, das dem in allen anderen Religionen diametral zuwiderläuft. Denn ob es sich um chaldäische oder ägyptische Religion handelt, oder um die des klassischen Griechenland, überall finden wir das gleiche: Die Welt der Götter ist voller Erlebnisse der Götter; sie lieben, sie sind eifersüchtig, bekämpfen sich, verbünden sich, haben Angst, sind zornig und so weiter, und diese göttlichen Abenteuer finden auf Erden ihren Widerhall, ihren ›Niederschlag‹ in mehr oder weniger unbedeutenden Ereignissen in der Menschenwelt: Da wird ein Held von einem Gott begünstigt, den eine Göttin verachtet, und nun sorgt die Göttin dafür, daß der Held eine Fülle von Problemen hat, nur um dessen Gott zu ärgern . . . – die Ereignisse der Menschheitsgeschichte sind die Reflexe göttlicher Zwischenfälle. Israel nun hatte diese Beziehung total aufgelöst, einerseits durch das Reden von der Schöpfung, andererseits durch die Entdeckung, daß Gott den freien Menschen will. Gott offenbart sich als der Befreiende, und die Schöpfung ist als Gegenstand der *Liebe* Gottes kein von Gott vorprogrammierter Automat. Die Apokalypse führt nun diese Tendenz einen entscheidenden Schritt weiter und kehrt die von den klassischen Religionen beschriebene Situation total um: nun ist es das Geschehen auf Erden, im Raum menschlicher Geschichtlichkeit, das zur Quelle dessen wird, was im Himmel vorgeht, in der Welt der Mächte und der Engel. Für Israel war die Geschichte zur Aufgabe für den Menschen geworden (auch wenn ein Mysterium der Geschichte übrigblieb, von dem die Apokalypse handelt). Die Apokalypse vollendet damit die Umkehrung, die schon mit dem Buch Genesis begonnen hat: ›Die Geschichte Gottes‹ hat sich auf Erden vollzogen. Die Apokalypse schließt nun ab, was die Genesis eröffnet hatte; es gibt keine weiteren möglichen Schritte mehr. Die Vorstellung, die Apokalypse mache uns geheimnisvolle, unfaßbare Angaben über Gott, ist also völlig verfehlt. Unser Text sagt nichts über ›Gott ad intra‹, denn darüber *kann* nichts gesagt werden. Er ist bemerkenswert zurückhaltend im Blick auf Aussagen über den, »der auf dem Thron ist« (4,2 und zehn weitere Stellen). Wir wissen nichts über ihn. Die Apokalypse bezieht sich nur auf den, der auf Erden war, und zeigt, wie die Sphäre des Göttlichen durch die Kreuzigung, die eine Beziehung zwischen Himmel und Erde geschaffen hat, völlig verändert und geprägt worden ist, wobei diese Beziehung derjenigen bei allen anderen Religionen und Mythologien genau zuwiderläuft. Das ist auch der Grund, weshalb die Apokalypse sowohl von den allegorischen Dichtungen und phantastischen Vorstellungen *aller anderen* Apokalypsen, die aus unzusammenhängenden Visionen und Phantasien zusammengestellt sind, als auch von allen Sagen und Erzählungen aus dem Bereich der Mythologie total unterschieden ist: *Die Apokalypse hat mit dem Bereich des Mythos nichts zu tun, weil sie sich einem klar umgrenzten geschichtlichen Ereignis unterordnet.* Sie zeigt sogar, wie etwa ein Element aus den Evangelien, das als mythisch angesehen werden könnte (nämlich die Jungfrauengeburt), vom geschichtlichen Faktum des Kreuzes abhängt und infolgedessen nicht mehr als Mythos verstanden werden kann.

Zusammenfassung: Die Struktur
So können wir nun die Struktur der Apokalypse kurz zusammenfassen: Zentrale Achse ist die Kreuzigung Christi (Kap. 11), um die herum im Mittelteil (dem dritten Hauptteil) die Trennung von Schöpfer und Schöpfung (Kap. 8–9) und die Verkündigung des Evangeliums (Kap. 10) und dann die Inkarnation (Kap. 12) und die Entfesselung der Mächte als Folge des Heilswerkes Christi (Kap. 13) angeordnet sind.
Um diesen mittleren Hauptteil herum sind symmetrisch ein erster Hauptteil, der die Kirche zum Thema hat, und ihm gegenüber am Ende ein fünfter Hauptteil über die Neue Schöpfung angeordnet, dann ein zweiter Hauptteil über die Geschichte, dem der vierte Hauptteil über das Gericht, die Vernichtung des Bösen und der widergöttlichen Mächte symmetrisch gegenübersteht. Noch einmal sei betont, daß damit keine zeitliche Abfolge zur Darstellung kommt. Wir haben fünf Themen, die einander zugeordnet sind, untereinander verbunden durch eine grundlegende Beziehung, aber nicht durch eine Folge, sei sie nun logisch oder geschichtlich verstanden. Wenn in unserem Text das Gericht nach der Geschichte kommt, so bedeutet das – wie schon gesagt – keineswegs, daß es sich erst am Ende aller Geschichte vollzieht. Wir werden ihm vielmehr immer wieder begegnen, weil das Gericht in der Geschichte fortwährend gegenwärtig ist. Daß die neue Schöpfung nach dem Gericht kommt, bringt keine zeitliche Folge zum Ausdruck, sondern einzig dies, daß Tod und Vernichtung nicht das letzte Wort behalten: Die *Wahrheit* ist nicht die des Nichts, sondern das Leben, die Welt der Verbundenheit mit Gott, die Überwindung des Todes. Wohl aber bringt die Anordnung des Ganzen zum Ausdruck, daß die Kirche am Anfang steht und

dem Menschen seine Verantwortlichkeit vor Augen führt; und daß die Vollendung im Reich Gottes erst durch das Mysterium Jesu Christi im Himmel Ereignis wird. Ebenso müssen wir erst im Lichte der Offenbarung gezeigt bekommen, was in Wahrheit die Geschichte ist, bevor sich uns das Gericht über sie offenbart. Sobald wir aber dieses Gericht vom Kreuz her sehen, kann es nicht mehr auf einzelne Individuen gerichtet sein. Die ganze Geschichte wird in den Kapiteln 5 bis 8 – in ihren tiefsten Grundlinien durchschaubar gemacht – durch das Prisma des Lebensschicksals Jesu gesehen, und von da aus wird schlaglichtartig ihr einzig denkbarer irdischer Ausgang sichtbar: Unheil, Zusammenbruch und Tod. Freilich muß beachtet werden, daß wir das einzig durch den Tod Jesu entdecken, und das bedeutet, daß das ganze Werk des Todes am Kreuz zur Erfüllung und Vollendung gekommen ist: Das Weltgericht ist nichts anderes als das Gericht über Jesus selbst! Darum konnte von diesem Gericht nicht gesprochen werden, bevor das Mysterium Jesu Christi im Himmel behandelt war.

Der innere Zusammenhang

Wenn nun die Beziehung der einzelnen Hauptteile untereinander in vollkommener Weise die Gliederung unseres Textes erklärt, so gilt aber auch, daß jeder von ihnen die anderen mit umfaßt und voraussetzt. Wenn wir etwa die Aussagen über die Kirche lesen und mit denen über die Geschichte in Verbindung zu bringen suchen, so führt uns das notwendig zum Gedanken der Inkarnation. Der Herr der Kirche, der zugleich der Herr der Geschichte ist, ist alles andere als ein ferner, unzugänglicher, unbegreiflicher Gott: Er spricht zu seiner Kirche, er ist durch sein Volk in der Geschichte gegenwärtig, er muß also der Gott sein, der die Bedingtheit menschlicher Existenz angenommen hat. Und genauso, wenn wir den zweiten und den dritten Hauptteil miteinander in Verbindung bringen, die Geschichte und die Offenbarung des verborgenen Mysteriums der Inkarnation: das führt uns notwendig zum Gedanken des Gerichtes, da die Geschichte mit ihrer schillernden Vielfalt (auf die wir doch zum Teil nicht anders als mit Erschütterung oder Verzweiflung reagieren können, in der ›das Gute‹ nur im Gebet der Märtyrer gegenwärtig ist und in einer Kirche, die ihrem Herrn zugewandt lebt – 8,2–3) nur in der Katastrophe enden kann. Es gibt aber keine andere Katastrophe (abgesehen von den Plagen, die in der Natur selbst begründet liegen) als *Gottes Gericht* über *Gott*. Darum können wir es – ohne das Gefühl totalen Scheiterns – ertragen, daß all das, was die Macht und die Größe des Menschen ausmacht, zerstört wird – oder besser gesagt all das, wovon der Mensch glaubte, darin läge sein Reichtum und seine Herrlichkeit. Wenn wir erfaßt haben, daß in Christus alle Mächte besiegt und überwunden sind, dann können wir die Ankündigung des Gerichts hinnehmen, weil dann deutlich ist, daß es nicht um unsere Verdammung geht, zu unserem Verderben, sondern im Gegenteil um die Hilfe, hier und jetzt schon zu verstehen, daß das Böse und der Tod ein für allemal besiegt sind. Wenn wir schließlich den dritten und den vierten Hauptteil in Verbindung miteinander sehen, den über die Inkarnation und den über das Gericht, so kommen wir zwangsläufig zum Gedanken der Neuen Schöpfung und dem Himmlischen Jerusalem, da die Inkarnation ja die Gegenwart Gottes bei den Menschen bedeutet, das nämlich, daß in und durch Jesus eine neue Welt – die der Versöhnung – Gegenwart geworden ist. Was ist die Inkarnation anderes als die totale und endgültige Versöhnung Gottes mit dem Menschen, des Menschen mit Gott, des Menschen mit den anderen Menschen und der Menschheit mit der Schöpfung? Das bedeutet aber doch auch, daß es im Zusammenhang von Gericht und Verdammung nicht beim Zerbrechen und Zersplittern, bei Zerstreuung und Zerstörung bleiben kann: Durch allen Niedergang hindurch muß die Inkarnation zur endgültigen Erfüllung der Versöhnung führen. In der Übersicht wird damit deutlich, wie jeder Teil durch die beiden vorausgehenden Hauptabschnitte bestimmt wird. Er ist die Folgerung aus ihnen und bringt nicht etwa die Erfüllung des unmittelbar vorausgehenden, sondern des davor liegenden Hauptteils. Der erste Teil über die Kirche erfüllt sich also im dritten, durch den zweiten hindurch. Der zweite Teil erklärt und erfüllt sich durch den dritten im vierten; und der dritte Hauptteil wird – durch den vierten hindurch – im fünften erklärt und erfüllt. Die Verschachtelung des Textes, von der wir bereits sprachen, soll dieses Ineinandergreifen sichtbar machen. Das erklärt übrigens auch die Erscheinung, die häufig mit dem Stichwort ›Wiederholungen‹ oder ›Dubletten‹ bezeichnet wird. Jeder der Hauptteile weist ständig auf sein Verbundensein mit dem anderen hin, indem bestimmte Aspekte des bereits Gesagten wieder aufgenommen werden. Diese Wiederaufnahme (die im übrigen niemals wörtlich wiederholt wird!) ist keine Doppelung, keine Redundanz, sondern tatsächlich eine Neuaktualisierung des Textes durch den Text selbst. Alles andere als ein Ausdruck von Nachlässigkeit, zeigt sich hier im Gegenteil höchstes kompositorisches Geschick. Wenn überhaupt, dann wäre eher den Exegeten Nachlässigkeit vorzuwerfen! Jedenfalls ist klar, daß die Apokalypse weder als unzusammenhängende noch als in logischer Konsequenz fortschreitende Reihe von Visionen angesehen werden darf, daß sie vielmehr eine von Grund auf dialektische Bewegung darstellt. Zugleich ist sie (wie schon gesagt) ein kompositorisches Stück Architektur (fünf Teile in symmetrischer Anordnung), eine in ganz besonderer Weise fortschreitende Struktur, ein dialektischer Prozeß.

Dialektische Struktur

Auch in den Einzelheiten wird diese dialektische Struktur der Apokalypse erkennbar. Fortwährend begegnen uns widersprüchliche Formulierungen, deren Widerspruch nur von der dialektischen Bewegung her aufgelöst werden kann. Etwa in 5,6 »stand ein Lamm, wie erwürget«: es ist gleichzeitig erwürgt (tot) und steht (wie ein Sieger). Diese Form der gemeinsamen Darstellung zweier widersprüchlicher Wirklichkeiten kommt in unserem Buch ständig vor, umgekehrt aber auch die Aufspaltung einer einzigen Wirklichkeit in zwei Bestandteile, die den dialektischen Prozeß ermöglichen (so verstehe ich die *zwei* Zeugen 11,3, wo offensichtlich nur einer gemeint sein kann – wir werden noch darauf zurückkommen). Auch auf höherer Ebene begegnen wir immer wieder der dialektischen Bewegung in der Aufteilung der zusammenwirkenden Kräfte. Die Passage von den vier Pferden (Kap. 6) wollen wir unter diesem Aspekt besonders betrachten: Zunächst zeigt sich ein Gegensatz zwischen dem ersten, dem weißen Pferd, und den drei anderen. Nun werden wir zu untersuchen haben, inwiefern das weiße Pferd von den drei anderen unterschieden ist. Mir scheint dabei der Gegensatz zwischen dem ersten, das Sieger ist und den Sieg davontragen wird, und den anderen, die ausdrücklich nur eine begrenzte Macht haben und niemals siegen werden, das entscheidende Moment zu sein. Ebenso haben wir eine dialektische Beziehung im Geschehen der Geschichte zwischen den handelnden Mächten (den vier Pferden) und dem Gebet oder dem Zeugnis (was wieder dem fünften Siegel entspricht: Das Gebet der Zeugen ist ein Faktor der Geschichte, der die Geduld Gottes auf den Plan ruft). Und genauso ist das Gottesvolk, das in der Geschichte gegenwärtig ist (7,4–9), aus zwei komplementären, widersprüchlichen Elementen zusammengesetzt, aus dem Volk Israel, dessen Zahl feststeht (also vollkommen und begrenzt zugleich), und der Menge der Heidenvölker (deren Zahl unbegrenzt und ungeordnet ist). Auch hier ist alle irdische und spirituelle Wirklichkeit um zwei widersprüchliche Pole herum angeordnet, und durch sie wird eine Entwicklung innerhalb der Geschichte, also Geschichte als Prozeß möglich. Praktisch könnten wir jeden Abschnitt der Apokalypse vornehmen und in ihm die gleiche dialektische Struktur aufweisen. Allerdings möchte ich betonen, daß ich diesen Begriff nicht darum verwende, weil er gerade in aller Munde ist, vielmehr bin ich davon überzeugt, daß das jüdische – und darauf fußend auch das christliche Denken (wie vor allem die Schriften des Paulus klar beweisen) von Anfang an dialektisch war – und gar *nicht anders sein kann!* Hier – und nicht etwa bei den Griechen – wurzelt das dialektische Denken, und ein biblischer Text kann nur dann verstanden werden, wenn er im Geflecht der Widersprüchlichkeiten, der Krisen und der historischen Lösung der Krise gesehen wird.

B Die Apokalypse und ihr Inhalt

Suche nach dem Thema
Zahlreiche Forscher fassen unser Buch in eine Aussage zusammen, die ungefähr folgende fünf Punkte umfaßt[5]:
– Zunächst: Gottes Handeln ist zum Ziel gekommen, Christus triumphiert, sein Reich ist aufgerichtet. Jesus ist der einzige Heiland und Herr. Und wir leben in der Endzeit, im Vorspiel zum Gericht.

---

5 Vgl. etwa »Das Buch der Bücher, Neues Testament«, Hg. Gerhard Iber, S. 430–454, oder auch die Einleitung zur Apokalypse in Ulrich Wilckens' Übersetzung des Neuen Testamentes.

– Sodann: Angesichts dieser Wirklichkeit, in unserer konkreten Situation, spalten sich die Menschen in zwei Lager: Die einen erkennen Christus an und bilden in ihm das Volk Gottes, und die anderen erkennen ihn nicht und bleiben so unter der Herrschaft Satans, wie er dem Verderben geweiht.

– Der dritte Punkt betrifft die Kirche: Sie gehört zu ihrem Herrn; als seine erwählte, durch sein Blut freigekaufte Gemeinschaft richtet sie das Reich auf.

– Dann kommt all das, was die Verbindung von Christus und der Kirche ausmacht: Christus war Prophet und Zeuge (und die Kirche ist nun die heilige Gemeinschaft, die in seiner Nachfolge das Amt des Propheten und des Zeugen ausübt). Christus hat sein Zeugnis bis in die Passion hinein gelebt, er bekam den Widerstand der Welt zu spüren (und darum begegnet der Kirche auf dem Weg der Nachfolge Kampf und Martyrium). Christus aber ist Sieger, er ist auferstanden (und die Kirche hat jetzt schon teil an diesem Sieg, sie kennt hier und jetzt schon die Zeichen des Neuen Lebens). Und Christus ist verherrlicht, er ist der Herr (und die Kirche ist das priesterliche Reich, schon jetzt erlebt sie im Gottesdienst die Wirklichkeit seiner Himmelsherrschaft). So lebt die Kirche in der Gegenwart die verschiedenen Aspekte des Martyriums Christi.

– Schließlich können aus dieser grundlegenden Wirklichkeit der Kirche verschiedene ethische und spirituelle Konsequenzen abgeleitet werden. Die Kirche muß Zeugnis ablegen in einer Welt, die Gott nicht anerkennt, sie muß also in Treue ihren Auftrag leben. Sie leidet Verfolgung als Prüfung ihrer Treue, hat aber die Zusicherung der Herrlichkeit, und das hilft ihr, in Treue auszuharren. Sie lebt im Exodus (nicht nur im Exil!), sie geht dem Himmlischen Jerusalem entgegen und lebt darum im Stand der Hoffnung.

Das sind die fünf Themen, die viele übereinstimmend in der Apokalypse aufzeigen, im Gegenüber zu gewissen esoterischen oder schwärmerischen Interpretationen. Und offensichtlich trifft diese Analyse sehr viel Richtiges. Zugleich wird aber auch deutlich, daß mit ihr nur ein kleiner Teil der Apokalypse wiedergegeben ist: im wesentlichen die sieben Sendschreiben an die Gemeinden. Abgesehen davon ist diese beruhigende, orthodoxe Betrachtung reichlich banal. Hatte der Verfasser der Apokalypse nur diese wohlbekannten Wahrheiten (mit denen man genauso auch die paulinischen Schriften zusammenfassen könnte) weiterzugeben? Darf dieser gewaltige Aufmarsch von Gestalten und Szenen, diese höchst subtile Komposition, das fein differenzierte Spiel dieser sich gegenseitig spiegelnden Bilder, die Vielschichtigkeit der Handlungsebenen, auf denen der Text entfaltet wird, in diese paar etwas sterilen und abstrakten Aussagen zusammengefaßt werden? Dabei ist mir nicht allein die immer wieder begegnende Übersetzung in dogmatische, intellektualistische Begriffe fragwürdig, mehr noch beunruhigt mich die Blässe und Statik dieser Aussagen. Gewiß ist all das Genannte in der Apokalypse aufzuweisen, aber ist das wirklich alles, was der Verfasser hat weitergeben wollen? Liegt hier nicht das Produkt der Betrachtung durch die orthodoxeste aller möglichen Brillen vor, und wird da nicht gleichsam etwas seziert, was nur in der Bewegung, in schillernder, mehrdeutiger Vielschichtigkeit lebendig und wirklich ist? In all diesen Analysen fehlt mir in der Tat die Bewegung, und sie ist vermutlich das wesentlichste Moment dieses Textes. Das heißt nun gerade nicht, daß irgendeine andere Zusammenfassung oder Inhaltsangabe besser wäre: eher ist es so, daß gerade die Vorstellung, man könnte den Inhalt der Apokalypse in einer Reihe von Kernsätzen zusammenfassen, in die falsche Richtung geht. Die Apokalypse kann einfach nicht auf ein paar einfache Katechismuswahrheiten verkürzt werden. Das ist keine Frage des Umfangs oder von Genauigkeit oder Ungenauigkeit, vielmehr bringt jede Verkürzung des Textes diesen selber total um seine Existenz. Er *ist* einfach nicht mehr. Nur Banalitäten können dann noch übrigbleiben.

Suche nach dem Ziel
Wenn die Apokalypse nun schon keinen kurz anzugebenden Inhalt hat, hat sie dann wenigstens ein zentrales Thema, ein wesentliches Ziel? Manche möchten es im Zeugnis von der unbeschränkten Herrschaft Jesu Christi sehen, das in unserem Buch sicher eine zentrale Rolle spielt. Aber wenn dieses Thema genannt ist, dann bleibt noch alles zu sagen – etwa wie die Herrschaft Christi gegen allen Augenschein erfahrbar wird, worin sie auf Erden (aber auch im Himmel) besteht, worin ihr Ziel, ihre Bedeutung liegt, und hundert andere Fragen mehr, auf die die Apokalypse nicht einfach nur eine logische und theologische Antwort zu geben versucht, die sie vielmehr gleich konkret vor Augen stellen und ins Leben einbeziehen will. Nichts bestimmt dieses Buch so sehr wie seine Vitalität, sein Temperament, sein Eingewurzeltsein in die menschliche Existenz, und all das geht bei der Reduktion auf ein bestimmtes Thema verloren. Gewiß steht die Herrschaft Christi im Zentrum unseres Buches, aber mit dieser Feststellung ist noch gar nichts gesagt, denn alles liegt im Wie, im Mysterium.

Die Frage nach der Hoffnung
Für andere, deren Zahl heute sehr im Wachsen begriffen ist, gilt die Apokalypse als das große Buch der christlichen Hoffnung. Auch diese Feststellung ist ohne Zweifel richtig, wenn Hoffnung als das Bestimmtwerden aus der Zukunft Gottes verstanden und nicht mit menschlicher Zukunftserwartung oder einer theologischen Formel verwechselt wird[6]. Was freilich die meisten Kommentatoren in die Apokalypse hineinlesen, ist nicht Hoffnung, sondern eine menschliche Zukunftserwartung. In groben Zügen sieht das so aus: Augenblicklich geht es euch schlecht, aber seid nur unbesorgt, morgen

6 Vgl. Kol 1,5. Die französische Sprache differenziert zwischen espérance = Heilshoffnung und espoir = menschliche Zukunftserwartung. Das kann im Deutschen nur mangelhaft wiedergegeben werden. Ellul bringt noch eine weitere Differenzierung ein, indem er Espérance (mit großem Anfangsbuchstaben) schreibt und damit zum Ausdruck bringt, daß Gott es ist, der die Kraft zur Hoffnung verleiht, daß die Hoffnung göttlichen Ursprungs ist (denn nur Göttliches wird groß geschrieben) (Anm. d. Übers.).

sieht dann alles anders aus. Unseren Text auf diesen banalen ›Trost‹ zu reduzieren ist nichts anderes als fundamentaler Verrat. In der Apokalypse
finden wir nicht die Spur einer Erwartung, daß die Dinge sich zum Besseren
wenden werden, nicht das geringste Vertrauen in die Zukunft als solche,
überhaupt keinen Trost, der unmittelbar aus einem zukünftigen Sieg abgeleitet würde. Dieser Gegensatz zwischen einer bösen Gegenwart und dem
herrlichen, sorgenfreien Morgen ist die vereinfachende Erfindung von Exegeten, die gegenüber der Größe eines solchen Entwurfes, der nirgends auf
die kleinen Schwierigkeiten (und auch Verfolgungen sind hier kleine
Schwierigkeiten!) Bezug nimmt, die den Christen in ihrem Alltag begegnen
können, mit Blindheit geschlagen sind. Eine solche Darstellung überklei-
stert im Grunde den konzentriertesten Ausdruck christlicher Hoffnung mit
einer etwas einfältigen Zukunftserwartung. Ebenso muß auch der andere
mögliche Irrtum vermieden werden, der die christliche Hoffnung lediglich
als eine Art theologischer Rüstung des Glaubens, als Frucht und Ergebnis
des Glaubens versteht: Wir *glauben* an die Vergebung, an die Auferstehung
Jesu Christi und an seine Wiederkunft und ebenso an die Wirklichkeit des
Reiches Gottes. Und weil wir glauben, *darum* haben wir auch Hoffnung.
Eine solche Hoffnung wäre entweder nur das Rechnen damit, daß sich das
Geglaubte auch wirklich erfüllt (also eine völlig passive Erwartung), oder
strenggenommen lediglich ein »ich hoffe sehr, daß sich alles so verhält« –
und wäre damit identisch mit dem Glauben. Mit dem Bekenntnis zum
Glauben an die Auferstehung bekennen wir uns zu der Hoffnung, daß wir
selber auferstehen werden: So verstanden ist die Hoffnung keine eigene
Größe. Freilich ist der Satz nicht verkehrt: Weil Jesus Christus auferstanden ist, hoffen wir auf unsere Auferstehung; oder auch: Wir glauben an die
Verheißungen Gottes, und infolgedessen hoffen wir. Allerdings möchte ich
behaupten, daß bei diesem Sprachgebrauch ›Hoffnung‹ nur ein ›locus theo-
logicus‹ ist, und ich stelle die Frage, was diese Hoffnung denn Neues bringt.
Nun kann die christliche Hoffnung niemals Gegenstand einer einfachen
theologischen Analyse sein, weil sie niemals objektiv, neutral feststellbar
ist. Hoffnung *ist*, oder sie ist nicht. Wenn sie nicht existentiell erfahren
wird, so ist sie absolut unerfaßbar, unverständlich, denn letztlich ist sie
immer ganz *anders* als alles, was man erwartet hätte. Alle theologischen
Aussagen über sie sind ohne Zweifel zutreffend, aber auch in ihrer Gesamtheit machen sie doch noch nicht wirkliche, lebendige Hoffnung aus! Darin
nun liegt eine der Schwierigkeiten der Apokalypse: Sie bedient sich mytho-
logischer, mystischer, bildhafter Sprache, um etwas unglaublich Bewegtes
in Worte und Bilder zu fassen, das rational-logischem Denken schlechthin
unzugänglich ist, das nur erfaßt werden kann, indem man es selber praktiziert.

Hoffnung zwischen Verheißung und Erfüllung
Die entscheidende Bedeutung der Hoffnung liegt darin, daß sie etwas vermittelt, was eben nichts anderes zu vermitteln vermag: weder der Glaube

noch die Ethik, noch irgendeine Interpretation der Ereignisse, noch irgendein irrationales Vertrauen in die Menschen oder in die Zukunft. Wann aber bedarf es christlicher Hoffnung als des Ganz Anderen gegenüber allen vergleichbaren menschlichen Haltungen oder spirituellen Gewißheiten, wann ist sie der Ort des Alles oder Nichts? Wann kann sie durch nichts anderes ersetzt werden? Grundsätzlich scheint es mir da zwei (miteinander verbundene) Situationen[7] zu geben: Überall dort, wo die menschliche Situation ausweglos ist, wo es nach menschlichem Ermessen keine Lösungsmöglichkeit und aller vernünftigen Voraussicht nach keinen sinnvollen Fortgang mehr geben kann, wo offensichtlich keine Geschichte mehr möglich ist, wo keine einzige wie immer geartete Möglichkeit mehr offensteht, dort ist die christliche Hoffnung der Ausdruck des ›Trotz allem‹, etwa im Angesicht des Todes, der totale Bedrohung des Menschen ist, ohne Illusion oder Trost, ohne die Vorstellung vom Weiterleben oder von der Unsterblichkeit der Seele: Hier ist Hoffnung die absurde Behauptung der Auferstehungswirklichkeit. Sie ist das Wagnis eines totalen Risikos, der Schritt ins Leere, der Schritt der Männer, die die Bundeslade über den Jordan tragen. Hoffnung heißt Geschichte gestalten, wenn nach unseren Begriffen Geschichte gar nicht mehr möglich ist. Sie gehört in den Akt der Revolte, in der der Mensch Nein sagt gegenüber der Unmöglichkeit von Geschichte (nicht allerdings in den Akt der Revolution, wie wir im Widerspruch zu den Vätern der ›Theologie der Revolution‹ betonen müssen, die weder über die Hoffnung noch über die Revolution genügend nachgedacht haben!). Zweitens hat die christliche Hofnung ihren Ort überall da, wo Gott schweigt oder »sein Angesicht abgewendet hat (Ps 10,11), wo »das Wort Gottes teuer geworden ist« (Am 8,12), wo es uns tot scheint. Solange das Wort Gottes lebendig ist, solange es verkündigt und gehört und geglaubt und ernstgenommen wird, so lange braucht es keine Hoffnung, weil da Glaube herrscht. Darum hat Moltmann recht, wenn er sie im Spannungsfeld zwischen Verheißung und Erfüllung angesiedelt sieht: sie existiert genau *in diesem Zwischenraum.* Das Wort Gottes ist ergangen und hat eine Verheißung gebracht. Damit beginnt aber eine mehr oder weniger lange Zeit, in der wir mit dieser aus der Vergangenheit stammenden Verheißung leben müssen, wobei unser Glaube die Verheißung immer wieder aktualisiert und Gott diese Verheißung nicht unbedingt erneuert. Die Hoffnung lebt nun in der dauernden Bekräftigung, daß gerade in dieser Wüste, in diesem langen Schweigen Gottes die Verheißung *bereits* Erfüllung ist, daß *Wort* und *Handeln* Gottes eins sind, auch wenn wir das nicht sehen können. Christliche Hoffnung füllt den Raum zwischen dem, was wir einmal als Verheißung empfangen haben und dem, was wir als Erfüllung dereinst erwarten. Wenn wir aber alles haben, nämlich den Zugang zur vollen Gemeinschaft mit Gott, dann brauchen wir nichts mehr: die Hoffnung hat dann keinen Raum mehr. Nur in der Spannung zwischen ›Jetzt-Schon‹ und ›Noch-Nicht‹ hat Hoffnung ihren Ort, in jenem Zwi-

---

7   Weitere Ausführungen zum Folgenden in J. Ellul, L'Espérance oubliée, Paris 1974.

schenraum, den man als das Schweigen Gottes, als Durst- und Wüstenstrecke erleben kann, wenn es so schwer zu werden scheint, weiterhin zu glauben. Die beiden zentralen Worte der Hoffnung sind jenes von Ijob, der das Eingeständnis der Unannehmbarkeit seiner Lage abschließt mit dem Bekenntnis »Ich weiß, daß mein Erlöser lebt« (Ijob 19,25), und das Wort Jesu am Kreuz »Mein Gott, mein Gott, warum hast du mich verlassen« (Mk 15,34), wobei der Ton auf »Mein Gott« liegt: Trotz allem bist du *mein* Gott, du kannst nicht der Gott sein, der schweigt und verläßt. Das ist die Behauptung der Hoffnung. Und damit ist die Hoffnung das genaue Gegenteil aller Resignation, aller passiven Ergebung in das Schweigen, das Verborgensein, das Alleinlassen Gottes. Sie ist die Forderung an Gott, er solle sich neu als der offenbaren, als der er sich selbst bezeichnet hat.

Hoffnung als Lebenspraxis
Es lag mir daran, diese wenigen Grundlinien zum Thema Hoffnung aufzuzeigen, um die Beziehung unseres Textes zur Hoffnung sichtbar werden zu lassen (und zwar jenseits des einfältigen Denkschemas von »zur Zeit geht es euch schlecht, aber bald schon wird auch euch die Sonne wieder scheinen«). Hoffnung ist die Haltung des Christen in letzter Unausweichlichkeit und Ausweglosigkeit, wenn aller Fortgang der Geschichte undenkbar geworden scheint. Wenn Gott schweigt, stehen wir vor dem Letztgültigen (dem Eschaton), das die Apokalypse meint. Hoffnung im Sinne der Apokalypse bedeutet die totale Verwerfung einer Haltung, die das Reich Gottes mit irgendeinem politisch-sozialen System verwechselt. Unser Buch zeigt klar die völlige Unvereinbarkeit des Gottesreiches mit irgendwelchen weltlichen Systemen; darin liegt wohl seine umwälzendste These. Allerdings spricht die Hoffnung umgekehrt das Ja Gottes über eine Welt, die aus sich heraus nur Verdammung, Zerstörung und Tod verdienen würde. Sicher ist es nicht das Ja über *diese* Welt (als ob sie dieses Ja von sich aus verdienen würde), vielmehr das Ja zu einer Welt, die völlig unannehmbar, radikal böse ist, und die doch nur so, wie sie ist, von Gott angenommen werden kann, wenn anders sie aus ihrer Gefangenschaft befreit werden soll. Dieses Ja Gottes muß nun, wie die Apokalypse zu zeigen nicht müde wird, bekräftigt werden, wenn Gott sich abwendet, wenn er schweigt, wenn er trotz seiner indirekten Gegenwart, die gerade durch die Vermittlung der Engel zum Ausdruck kommt, der Große Abwesende ist. Der Träger der Hoffnung spricht das Ja im Namen Gottes, er nimmt das unglaubliche Risiko auf sich, zu reden, wenn Gott schweigt (und gewiß ist auch das einer der Gründe, warum über die Apokalypse so viel Unsinn gesagt worden ist!). Der Zeuge verpflichtet damit (ebenso wie der Seher) in der Tat Gott selber – nach Seiner Verheißung. Und es geht dabei nicht um ein Ja, das alles einfach bekräftigt und für gültig erklärt, so wie es ist, es ist vielmehr das Ja gegenüber aller Zerstörung, gegenüber allem Fehlen von Möglichkeiten oder von Geschichte, von Auswegen. Hoffnung kämpft gegen alle Illusion und alles Sichsinkenlassen und Sicheinkapseln, in das der Mensch immer wieder verfällt, und ist zu-

gleich das *Zeugnis*, daß Gott selbst alles Werk der Chaosmächte und des Menschen an die Hand nimmt und so zu Werken des Lebens werden läßt (damit werden die ›Plagen‹, die ›Zorngerichte‹ erkennbar als Infragestellung und Zerstörung alles dessen, was den Menschen vernichtet und versklavt, nicht aber als Zerstörung der Größe des Menschen, noch weniger als Zerstörung des Menschen selbst).

Die Letzten Dinge
Außerdem geht die Apokalypse – wie schon gesagt – genauso wie die Hoffnung vom Ende aus. Schematisch verkürzt könnten wir sagen, daß der Hoffnung immer die noch nicht konkret erfüllte Wirklichkeit zugrunde liegt, während der Glaube von dem ausgeht, was Gott bereits vollbracht hat (Gedenke, Israel . . .). Die Hoffnung ist die Bezeugung der Letzten Dinge im konkreten Augenblick, wie die Apokalypse die Aktualisierung dieser Letzten Dinge ist. Von da aus ist die Hoffnung genau das, was die Apokalypse uns vor Augen führen will: die Bestätigung einer Gegen-Wirklichkeit, einer Gegenwirklichkeit freilich, die (weder idealistisch noch futurisch verstanden werden darf, sondern) in der Gegenwart verborgen ist und deren Anzeichen sie allerdings zu erkennen und zu deuten versteht – Anzeichen, die niemals von der einfachen Feststellung einer beobachtbaren Realität ableitbar sind. Das bedeutet aber zugleich, daß die Hoffnung selber ein Zeichen für das Ausstehen des Reiches ist (wenn das Reich Gottes aufgerichtet ist, dann bedarf es keiner Hoffnung mehr). Hoffnung, wie sie in der Apokalypse sichtbar wird, ist also diejenige Erkenntnis, die im Blick auf die Gegenwart immer wieder erklärt: »Nein, das ist weder das Reich Gottes noch die Herrschaft Christi«, und die doch zugleich vom Christen fordert, die Gegenwart im Blick auf dieses Reich zu leben. So ist die Hoffnung konkretes Handeln angesichts der allzu deutlichen Abwesenheit Gottes, die von der Hoffnung ermessen und erkannt, ja sogar anerkannt wird (im Schritt vom Glauben zur Hoffnung). Damit ist aber die Beziehung zwischen der Hoffnung und der Apokalypse von grundlegender Bedeutung, freilich in einem ganz anderen Sinne als dem einfältigen, den vielleicht mancher zunächst vor Augen haben würde.

Hoffnung und Apokalyptik
Aus der apokalyptischen Betrachtung der Geschichte kann keine Hoffnung abgeleitet werden; der Vorgang ist vielmehr genau umgekehrt der, daß die apokalyptische Schau der Geschichte aus der Aneignung der Hoffnung, aus dem Leben in der Hoffnung folgt, deren gedanklich verdichteter Ausdruck sie ist. Ebenso ist es total verkehrt (und Ausweis einer recht naiven Psychologie) zu behaupten, die Apokalypse sei geschrieben worden, um in den verfolgten Christen Hoffnung zu erwecken. Ganz im Gegenteil: Weil starke Hoffnung in dieser ersten Christengemeinde lebendig war, darum fand diese ihren lebhaften Niederschlag in der Apokalypse. Unser Buch ist also Herausforderungs- und Streitschrift im Gegenüber zur Welt, nicht etwa

Trostschreiben für arme Christen, die die Orientierung verloren haben. Die Hoffnung bestätigt das Unmögliche als Wirklichkeit in einer Situation, die den Menschen unmöglich erscheint. Freilich ist hier Vorsicht am Platze: Was ist da unmöglich? Weil in der Apokalypse von Verfolgungen und von Märtyrern die Rede ist, haben wir den Eindruck, die Situation der Christen damals liege dem Verfasser am Herzen. Dieser hat aber keineswegs einen so engen Horizont. Er sieht die ganze Schöpfung, wie sie von der Bewegung auf die neue Schöpfung zu erfaßt ist. Die Offenbarung kümmert sich nicht darum, was aus den Christen wird, noch nicht einmal um Gottes Handeln zu ihren Gunsten, sie hat einzig den Herrn im Blick, der allem *Sinn* verleiht, den Verfolgungen und der Treue der Christen ebenso wie der Menschheitsgeschichte im ganzen und dem Werk der Menschenwelt in allen seinen Dimensionen. Nur eine erstaunlich ichbezogene und oberflächliche Betrachtungsweise kann zu der Behauptung führen, diese unermeßlich weite Perspektive sei lediglich zur Ermutigung der Christen entworfen worden! Die Vision des ganzen Werkes fußt nicht etwa auf der offensichtlichen Unmöglichkeit einer Zukunft für die Kirche oder für die Christen, vielmehr auf der offensichtlichen Unmöglichkeit einer Zukunft für die ganze Menschheit. Weil diese Menschheit fern von Gott ist, aber auch darum, weil sie sich in einer als schwerwiegend empfundenen politischen Krise befand: in der Krise der Völker, die von Rom besiegt und unterworfen waren, und zugleich in derjenigen, die man in Rom selbst im Blick auf die Zukunft empfand. Bekanntlich entwickelten sich im ersten Jahrhundert politische und philosophische Schulen, nach deren Anschauung das Imperium einem unentrinnbaren Niedergang entgegensteuerte, und vielfach habe ich mich schon gefragt, ob die Verfasser gewisser Texte des Neuen Testamentes (etwa der Petrusbriefe oder der Apokalypse) nicht über diese Lehren und Voraussagen im Bilde waren. Tatsächlich entfaltet sich doch der Gedankengang der Apokalypse *im Gegenüber* zu der Überzeugung, die Zukunft sei entweder unmöglich oder aber katastrophal. Allein dieses Problem – nicht etwa das der Verfolgung – ist Gegenstand dieser grandiosen Komposition (wobei ich bewußt ›Gegenstand‹ sage, nicht etwa Thema oder Ziel, noch weniger Zentrum oder Achse). Freilich setzt die Hoffnung (die die Christen für alle zu leben haben) den Durchgang durch das Gericht und die Vernichtung der Mächte der Verführung oder der Verwirrung voraus. Wer nun diese Vision eines radikalen Gerichts ablehnt, eines Zerfalls der Welt um ihrer eigenen Erfüllung, um ihrer Neuschöpfung willen (freilich Neuschöpfung *dieser* Welt), zur Rekapitulation der Geschichte und des menschlichen Handelns, wer diese negative Phase ablehnt, der drückt damit das Nichtvorhandensein von Hoffnung aus: Die dialektische Bewegung kann nicht zum Ziel kommen, ohne daß sie durch die von der entscheidenden Negation provozierte Krise hindurchgeht. Die Negation kann aber nur dann entscheidend sein, wenn sie zu radikaler Zerstörung führt, wenn sie von einem absoluten Negator bestimmt ist. Ohne den Weg durch diese Entscheidung gibt es keine Möglichkeit der Rekapitulation, der Erfüllung, und also auch keine

Hoffnung. Von hier aus wird einsichtig, daß die Bewegung der Hoffnung in der Apokalypse nicht das geringste mit positiven Gefühlen, mit Frömmigkeit oder einer gewissen Haltung der Geduld zu tun hat, mit einer Einstellung, aus der heraus etwa gesagt werden könnte: »Aber nein, es gibt doch so viele wunderschöne Dinge in unserer Welt, daß Gott sie sicher bestehen lassen wird«, oder auch »Gott ist doch Liebe, darum kann er sich doch gar nicht zu solcher Zerstörung hergeben«, oder schließlich »die Stadt der Menschen ist der Anfang der Stadt Gottes, und der Übergang wird sich in harmonischer Entwicklung vollziehen, in Kontinuität, wie es Teilhard oder Mounier gesehen haben«. All das bedeutet in Tat und Wahrheit Ausschluß der Hoffnung zugunsten eines reichlich mittelmäßigen Trostes, eines Quentchens positiver Gefühle. Die Vorstellung, daß die Geschichte schicksalhaft und ganz selbstverständlich in das Reich Gottes einmündet, sei es nun durch technischen Fortschritt oder durch politische Revolutionen, der Standpunkt, Gott handle mittels der menschlichen Politik, sei es nun auf revolutionärem oder auf konservativem Wege inmitten der menschlichen Geschichte, ist das genaue Gegenteil von Hoffnung. Hier liegt übrigens auch der Irrtum Moltmanns, der in seinen Arbeiten über die politischen Konsequenzen der Theologie der Hoffnung sichtbar wird[8]. Ich wage diese Behauptung, weil trotz aller positiven Gefühle immer wieder Zeiten kommen, in denen in aller Deutlichkeit erkennbar wird, daß die Menschen, die Nationen, die Völker keinen einzigen Schritt mehr weiterkommen, wo also die totale Unmöglichkeit jeglicher Weiterentwicklung spürbar wird, wo alles Suchen nach neuen Wegen die Sache nur noch schlimmer macht, weil die Zukunft der Menschenwelt einfach völlig blockiert ist: In solchen Zeiten vermag keine Theorie von der Kontinuität der Geschichte Antwort zu geben auf irgendeines der anstehenden Probleme, oder sonst irgendwie zu befriedigen. Und gerade hier tritt die Hoffnung auf den Plan. Genau in diese Situation hinein bringt die Apokalypse ihre wahre Botschaft: Ja, die Zukunft ist wirklich blockiert; ja, es gibt wirklich keine mögliche Zukunft mehr, und trotz allem: hier ist die wahre Zukunft, hier ist der Sinn, hier ist die Bresche. Überraschenderweise wird aus dieser Perspektive sichtbar, wie unsere Revolutionstheologen, die gegenwärtig die Phalanx derer anführen, die die Apokalypse ablehnen (insofern sie sie einfach in eine politische Schrift umdeuten), mit ihrer Ablehnung *dieser* Hoffnung, die sich vom ›Jüngsten‹ Gericht herleitet, den Herrn der Geschichte in einen Götzen verwandeln. Die fortschrittlichen Theologen haben gegen ›Gott als Lückenbüßer‹ Front gemacht, der beliebig eingesetzt wurde, um (wenigstens scheinbar) auf alle unlösbaren Fragen Antwort zu geben, aber sie selber sind keinen Deut besser: ihr Gott ist tatsächlich der dekorative Götze, den man in die Ecke stellt und dem man sagt: »Laß uns unsere Geschichte, unsere Revolutionen selber machen, wir nehmen das alleine auf den Buckel, bleibe du nur brav in deiner Ecke, denn wir rechnen ja gar nicht damit, daß du eingreifst. Was wir

8 Moltmann, Umkehr zur Zukunft, 1970, und ders., Aktionen der Hoffnung, 1971.

schaffen, das ist dann im übrigen dein Werk . . .«. Genau besehen wiederholt sich hier Babel: »Wir wollen uns einen Namen machen . . .« (Gen 11,4). Und diese Haltung steht in genauem Gegensatz zu derjenigen, die in der Apokalypse im Vordergrund steht, wo es Gott ist, der das Werk des Menschen vollzieht, vollendet und verherrlicht. Offensichtlich bietet die Apokalypse das Gegenteil einer Götzen-›Theologie‹: Weder durch Revolutionen noch auch durch die Wissenschaft kann der Mensch der Geschichte Sinn verleihen oder sie weiterführen. Damit aber ist die Apokalypse das große Buch von der unentwegten Behauptung der Freiheit Gottes und entspricht damit dem Buch Genesis (womit wir schon zum zweiten Mal dieser Entsprechung, dieser Wiederaufnahme begegnen). In beiden Büchern ist Gott als der Schöpfer und als der Rekapitulator in souveräner Weise frei; begrenzt ist seine Freiheit einzig durch seine Liebe. Darum muß durch die ganze Apokalypse hindurch nicht sosehr die schreckenerregende Macht und Majestät des lebendigen Gottes ins Auge gefaßt oder seine metaphysische Besonderheit zu ergründen gesucht werden, sondern nur die immer neue Bezeugung seiner Freiheit, die mit den Doxologien der ersten vier Hauptteile umschrieben und verdeutlicht wird. Die Hoffnung ist nämlich genau dasjenige menschliche Handeln, das den lebendigen Gott dazu bringt, zu kommen und sich in seiner Herrlichkeit zu offenbaren. Die Hoffnung ist tatsächlich der Kontrapunkt des Menschen gegenüber der Freiheit Gottes. Sie ist die einzig mögliche Bestätigung, der einzig lebendige, konkrete Ausdruck der Freiheit des Menschen. Die Apokalypse muß darum als das Gewebe aus der Freiheit Gottes und der Hoffnung des Menschen (sie allein ist die Freiheit des Menschen) verstanden werden: Das ist ihre einzig mögliche Bedeutung. Wenn Gott nicht frei wäre, wie es die Apokalypse zeigt, dann könnte sich der Mensch auf nichts verlassen, dann wären Zufall und Schicksal Meister. Wenn der Mensch seine Hoffnung nicht auf die Herrlichkeit Gottes setzt, dann unterwirft er sich notwendig dem Schicksal. Gott existiert nicht ohne die volle Freiheit des Menschen, außerdem wäre ohne sie alles Schöpfungshandeln Gottes am Anfang vergebens gewesen, weil es ohne sie keine Zukunft hätte. Diesen beiden Ängsten gegenüber bringt die Apokalypse die triumphierende Offenbarung, und wir erkennen, in welcher Tiefe die christliche Hoffnung mit der Apokalypse verbunden ist, ohne allerdings ihr Thema, noch auch ihr Ziel zu sein.

Kapitel II

Der Schlußstein

Offb 8,1–14,5

8 1 Und als es (das Lamm) das *siebente* Siegel öffnete, ward Schweigen im Himmel, etwa eine halbe Stunde.

2 Dann sah ich die sieben Engel, die vor Gottes Angesicht stehen, und sieben Posaunen wurden ihnen gegeben.

3 Und ein anderer Engel kam und trat an den Altar, eine goldene Räucherschale in der Hand. Und viel Rauchwerk wurde ihm gegeben, das sollte er für die Gebete aller Heiligen auf den goldenen Altar vor den Thron bringen.

4 Und der Rauch des Räucherwerks stieg empor aus der Hand des Engels für die Gebete der Heiligen vor Gott.

5 Und der Engel nahm die Räucherschale, füllte sie mit Feuer vom Altar und warf es auf die Erde. Da geschahen Donner und Getöse, Blitze und Erdbeben.

6 Und die sieben Engel, die die sieben Posaunen hielten, rüsteten sich zu blasen.

7 Und der *erste* blies: Da gab es Hagel und Feuer, mit Blut gemischt, und wurde zur Erde geworfen. Und ein Drittel der Erde verbrannte; ein Drittel aller Bäume verbrannte, und alles grüne Gras brannte ab.

8 Und der *zweite* Engel blies: Da – wie ein riesiger Feuerberg, lichterloh, wurde ins Meer geschleudert! Und ein Drittel des Meeres wurde zu Blut,

9 es starb ein Drittel aller lebendigen Geschöpfe im Meer; ein Drittel aller Schiffe zerbarst.

10 Und der *dritte* Engel blies: Da stürzte ein großer, wie eine Fackel brennender Stern aus dem Himmel herab und fiel auf ein Drittel aller Flüsse und auf alle Wasserquellen.

11 Und der Name des Sternes heißt »Wermut«. Da wurde ein Drittel allen Wassers zu Wermut, und viele Menschen starben von dem Wasser, weil es bitter geworden war.

12 Und der *vierte* Engel blies: Da wurde ein Drittel der Sonne abgeschlagen und ein Drittel des Mondes und ein Drittel der Sterne, so daß sich ein Drittel von ihnen verfinsterte, und ein Drittel des Tageslichtes schwand und auch ein Drittel der Nacht.

13 Und ich schaute: Und ich hörte einen Adler am höchsten Punkt des Himmelsgewölbes fliegen und mit gewaltiger Stimme schreien: »Wehe, wehe, wehe über die Erdenbewohner, wenn erst die drei letzten Engel sich anschicken, ihre Posaunen zu blasen!«

9 1 Und der *fünfte* Engel blies: Und ich sah einen Stern, vom Himmel herabgestürzt auf die Erde. Ihm wurde der Schlüssel zum Brunnen des Abgrunds gegeben,

2 und er öffnete den Brunnen des Abgrunds: Da quoll Rauch aus dem Brunnen

heraus wie Rauch aus einem riesigen Ofen, und die Sonne und die Luft wurden verfinstert von dem Rauch aus dem Brunnen.

3 Und aus dem Rauch kamen Heuschrecken hervor auf die Erde, und es wurde ihnen Macht gegeben, wie sie die Skorpione der Erde haben.

4 Und es wurde ihnen verboten, dem Gras der Erde Schaden zuzufügen, keinem Grün und keinem Baum – nur den Menschen, die nicht das Siegel Gottes auf der Stirne tragen.

5 Und sie empfingen Weisung, sie nicht zu töten, sondern zu quälen fünf Monate lang. Und ihre Qual sollte sein, wie Skorpione peinigen, wenn sie einen Menschen stechen.

6 In jenen Tagen werden die Menschen den Tod suchen und ihn nicht finden; sie werden sich sehnen, sterben zu dürfen – aber der Tod wird vor ihnen fliehen.

7 Und die heuschreckengleichen Wesen waren wie Rosse, zur Schlacht bereit. Auf ihren Köpfen hatten sie etwas wie golden scheinende Kronen, und ihre Gesichter waren wie Menschengesichter.

8 Ihr Haar war wie Frauenhaar und ihre Zähne wie Löwenzähne,

9 Brustschilde hatten sie wie Eisenpanzer, und das Rauschen ihrer Flügel war wie das Rasseln von Wagen und vielen Rossen, die zur Schlacht rennen,

10 Schwänze hatten sie wie Skorpione mit Stacheln; und in ihren Schwänzen ihre Macht, über die Menschen Unheil zu bringen fünf Monate lang.

11 Zum König, der sie regiert, haben sie den Engel des Abgrunds; auf Hebräisch heißt sein Name Abbadon und auf Griechisch Apollyon (der Verderber).

12 Das erste Wehe ist vorüber – doch siehe, nun folgen noch zwei weitere Wehe!

13 Und der *sechste* Engel blies: Da hörte ich eine Stimme von den vier Hörnern des goldenen Altars her, der vor Gott steht;

14 die sagte zu dem sechsten Engel, der die Posaune hatte: »Laß los die vier Engel, die am großen Euphratfluß gebunden liegen«.

15 Da wurden die vier Engel losgelassen, bereit für die Stunde und den Tag und den Monat und das Jahr, zu töten ein Drittel der Menschen.

16 Und die Zahl der Reiterheere betrug zweitausend mal tausend; ich hörte ihre Zahl.

17 Und so sah ich die Rosse und die Reiter in meiner Vision: Feuerrote, rauchblaue und schwefelgelbe Panzer hatten sie. Und die Köpfe der Rosse waren wie Löwenköpfe, und aus ihren Mäulern quillt Feuer, Rauch und Schwefel hervor.

18 Durch diese drei Plagen findet ein Drittel der Menschen den Tod: von dem Feuer und dem Rauch und dem Schwefel, der aus ihren Mäulern hervorquillt.

19 Denn die Macht der Pferde ist in ihrem Maul und in ihren Schwänzen. Die Schwänze sind nämlich Schlangen gleich und haben Köpfe, mit denen sie Unheil anrichten.

20 Der Rest der Menschen, die durch diese Schläge nicht den Tod gefunden haben, bekehrte sich aber auch jetzt nicht von den Werken ihrer Hände, um davon zu lassen, die Dämonen anzubeten und die goldenen, silbernen, ehernen, steinernen und hölzernen Götterbilder, die nicht sehen, nicht hören und gehen können.

21 Und sie bekehrten sich nicht von ihren Mordtaten, nicht von ihrer Magie, ihrer Hurerei und ihren Dieberein.

1 Und ich sah einen anderen starken Engel aus dem Himmel herabkommen, angetan mit einer Wolke. Über seinem Haupte stand der Regenbogen, und sein Angesicht war wie die Sonne und seine Füße wie Feuersäulen. 10

2 Der hielt ein aufgeschlagenes Buch in seiner Hand. Und er setzte seinen rechten Fuß auf das Meer und seinen linken auf die Erde

3 und schrie mit starker Stimme, wie ein Löwe brüllt. Und als er geschrien hatte, erhoben die sieben Donner ihre Stimme.

4 Als aber die sieben Donner geredet hatten, wollte ich es aufschreiben. Da hörte ich eine Stimme aus dem Himmel sagen: »Versiegle, was die sieben Donner gesagt haben, und schreibe es nicht auf!«

5 Und der Engel, den ich auf dem Meer und der Erde hatte stehen sehen, erhob seine rechte Hand zum Himmel

6 und schwor bei dem, der für alle Zeiten lebt, der den Himmel erschaffen hat samt dem, was in ihm ist, die Erde samt dem, was in ihr ist, und das Meer samt dem, was in ihm ist: »Es vergeht keine Zeit mehr, sondern

7 in den Tagen, da der siebente Engel zu hören ist, wenn er ansetzt, die Posaune zu blasen, ist das Geheimnis Gottes vollendet, wie er es seinen Knechten, den Propheten, verkündigt hat.«

8 Und die Stimme, die ich vorher aus dem Himmel hatte reden hören, sprach abermals zu mir und sagte: »Geh! Nimm das aufgeschlagene Buch aus der Hand des Engels, der da auf dem Meer und auf der Erde steht!«

9 Da ging ich zu dem Engel hin und sagte ihm, er möge mir das Buch geben. Er sagte zu mir: »Nimm und iß es! Bitter wird es deinen Leib machen, aber honigsüß in deinem Munde sein.«

10 Da nahm ich das Buch aus der Hand des Engels und aß es: Und honigsüß war es in meinem Munde; doch als ich es gegessen hatte, wurde mein Leib davon verbrannt.

11 Da sagten sie zu mir: »Noch einmal mußt du weissagen gegen Völker und Nationen, Sprachen und viele Könige!«

11 1 Und es wurde mir ein Rohrstock gegeben gleich einem Meßstab. Er sagte: »Auf, vermiß den Tempel Gottes und den Altar samt allen, die dort anbeten!

2 Den äußeren Vorhof des Tempels aber laß aus und vermiß ihn nicht; denn er ist den Nationen gegeben; die werden die Heilige Stadt zertreten zweiundvierzig Monate lang.

3 Und meinen beiden Zeugen werde ich eingeben, als Propheten zu reden zwölfhundertsechzig Tage, angetan mit Säcken.

4 Das sind die beiden Ölbäume und die beiden Leuchter, die vor dem Herrn der Erde stehen.

5 Und wenn einer ihnen Böses antun will, so soll Feuer aus ihrem Munde fahren und ihre Feinde fressen. Ja, wenn einer ihnen Böses antun will, so muß er sterben!

6 Diese beiden haben die Macht, den Himmel zu verschließen, daß kein Regen fällt, solange sie als Propheten reden. Sie haben auch die Macht, das Wasser in Blut zu verwandeln und die Erde mit jeglichen Plagen zu schlagen, wann immer sie wollen.

7 Und wenn sie ihr Zeugnis vollbracht haben, dann wird das Tier aus dem Abgrund hervorkommen und Krieg führen gegen sie und sie besiegen und töten.

8 Und ihr Leichnam wird auf der Gasse der großen Stadt liegen, die in der Sprache des Geistes ›Sodom‹ heißt und ›Ägypten‹; dort wurde auch ihr Herr gekreuzigt.

9 Und von den Völkern und Stämmen, Sprachen und Nationen werden viele ihren Leichnam liegen sehen, dreieinhalb Tage, und werden nicht zulassen, daß ihre Leichen in eine Grabstätte gelegt werden.

10 Und die Erdenbewohner freuen sich darüber und triumphieren und schicken einander Geschenke zu, weil es ja diese beiden Propheten gewesen waren, die die Erdenbewohner gepeinigt hatten.

11 Doch nach dreieinhalb Tagen kehrte der Lebensgeist von Gott her in sie zurück, und sie stellten sich auf ihre Füße, und ein großer Schrecken fiel auf die, die sie sahen.

12 Und sie hörten eine gewaltige Stimme aus dem Himmel ihnen zurufen: ›Kommt hier herauf!‹ Da stiegen sie in einer Wolke zum Himmel auf, und ihre Feinde sahen sie.

13 Zur selben Stunde geschah ein großes Erdbeben; ein Zehntel der Stadt stürzte ein, und siebentausend Personen kamen durch das Erdbeben zu Tode. Die übrigen befiel ein Schrecken, und sie gaben dem Gott des Himmels die Ehre.«

14 Das zweite Wehe ist vorüber: Siehe, das dritte Wehe kommt schnell!

15 Und der *siebente* Engel blies. Da erscholl ein Chor vieler Stimmen im Himmel: »Es ist geschehen: Die Herrschaft über die Welt gehört unserem Herrn und seinem Christus, und herrschen wird er für alle Zeiten.«

16 Und die vierundzwanzig Ältesten, die vor Gott auf ihren Thronen sitzen, fielen auf ihr Angesicht und huldigten Gott

17 und beteten:
»Wir danken dir, Herr Gott, Allmächtiger, der da ist und der da war,
daß du deine gewaltige Macht genommen und König gewesen bist.

18 Die Völker gerieten in Zorn:
Da kam dein Zorn über sie,
und der Augenblick des Gerichts über die Toten,
und der Belohnung deiner Knechte, der Propheten samt den Heiligen und allen,
die deinen Namen fürchten,
der Kleinen und Großen,
zugleich aber der Vernichtung aller, die die Erde vernichten wollten.«

19 Da tat sich der Tempel Gottes im Himmel auf, und die Lade seines Bundes wurde in seinem Tempel sichtbar. Und es geschahen Blitze und Getöse, Donner und Erdbeben und gewaltiger Hagel.

1 Da erschien ein großes Zeichen im Himmel: Eine Frau, die die Sonne zu ihrem 12 Kleide hat und unter ihren Füßen den Mond, auf ihrem Haupte eine Krone von zwölf Sternen.

2 Schwanger ist sie und schreit in ihren Wehen, gepeinigt von den Schmerzen der Geburt.

3 Und ein anderes Zeichen erschien im Himmel: Da – ein riesiger Drache, feuerrot! Sieben Häupter hat er und zehn Hörner und auf seinen Häuptern sieben Diademe.

4 Und sein Schweif fegte ein Drittel der Sterne des Himmels hinweg und schleuderte sie hinab zur Erde. Und der Drache stellte sich vor die Frau, die gebären sollte; er wollte ihr Kind verschlingen, sowie sie es geboren hatte.

5 Und sie gebar bald ein männliches Kind: Der Sohn, der alle Völker mit eisernem Stabe weiden soll. Da ward ihr Kind zu Gott und seinem Thron hinweggerafft.

6 Die Frau aber floh in die Wüste an den Ort, den Gott ihr bereitet hatte, um sie dort zu versorgen zwölfhundertsechzig Tage.

7 Da brach ein Krieg aus im Himmel, Michael und seine Engel traten an gegen den Drachen. Auch der Drache begann den Kampf zusammen mit seinen Engeln,

8 doch er konnte sich nicht behaupten; so gab es keinen Platz mehr für sie im Himmel.

9 Da wurde der gewaltige Drache gestürzt, die alte Schlange, genannt »Teufel« und »Satan«, der die ganze Welt verführt – hinabgestürzt zur Erde, und seine Engel wurden mit ihm hinabgestoßen.

10 Und ich hörte eine gewaltige Stimme im Himmel rufen:
»Jetzt ist das Heil angebrochen,
die Macht und Herrschaft unseres Gottes
und die Gewalt seines Christus!
Denn gestürzt ist der Ankläger unserer Brüder,
der sie anklagte vor unserem Gott Tag und Nacht.

11 Sie haben den Sieg über ihn errungen
durch das Blut des Lammes
und durch die Verkündigung dessen,
was sie zu bezeugen hatten:
Und sie haben ihr Leben nicht geliebt, bis zum Tode:

12 Darum jauchzet, ihr Himmel
und alle, die darin wohnen!
Wehe über Erde und Meer:
Denn zu euch ist der Teufel hinabgestürzt,
voll gewaltigen Grimmes,
weil er weiß, daß er nur noch kurze Frist hat.«

13 Und als der Drache sah, daß er auf die Erde hinabgestürzt war, jagte er der Frau nach, die den Knaben geboren hatte.

14 Da wurden der Frau die Flügel des großen Adlers gegeben, um damit in die Wüste zu fliegen an ihre Stätte, wo sie Nahrung findet für eine Zeit, zwei Zeiten und eine halbe Zeit, verborgen vor der Schlange.

15 Da stieß die Schlange aus ihrem Maul Wasser wie einen Strom aus hinter der Frau her, um sie hinwegzuströmen.

16 Doch die Erde half der Frau, sie tat ihren Schlund auf und schlang den Strom hinab, den der Drache aus seinem Munde ausgespien hatte.

17 Da ergrimmte der Drache gegen die Frau und ging von dannen, um die Übriggebliebenen von ihren Kindern mit Krieg zu überziehen, die die Gebote Gottes bewahren und das Zeugnis Jesu haben.

18 Und er bezog Stellung am Ufer des Meeres.

13 1 Und ich sah aus dem *Meer* ein Tier aufsteigen, das hatte zehn Hörner und sieben Köpfe. Auf seinen Hörnern trug es zehn Diademe und auf seinen Köpfen gotteslästerliche Namen.

2 Und das Tier, das ich sah, war einem Panther ähnlich, doch seine Füße waren wie die Pranken eines Bären und sein Rachen wie ein Löwenrachen. Und der Drache hatte ihm seine Macht, seinen Thron und seine ganze Gewalt übertragen.

3 Und einer seiner Köpfe war wie zu Tode getroffen, doch seine tödliche Wunde wurde geheilt. Und die ganze Erde lief dem Tier voller Bewunderung nach,

4 und sie huldigten dem Drachen, weil er dem Tier seine Gewalt übertragen hatte, und huldigten dem Tier und sagten: »Wer ist dem Tier gleich? Wer hat die Macht, mit ihm den Kampf aufzunehmen?«

5 Und ihm wurde ein Maul gegeben, das große Worte und lästerliche Reden führte. Und für zweiundvierzig Monate wurde ihm Handlungsfreiheit gegeben.

6 Da öffnete es sein Maul zu Lästerungen gegen Gott und verlästerte seinen Namen, seine Wohnung und die Himmelsbewohner.

7 Und es wurde ihm erlaubt, gegen die Heiligen Krieg zu führen und sie zu besiegen. Und es erhielt die Gewalt über alle Stämme, Völker, Sprachen und Nationen.

8 Und alle Erdenbewohner werden ihm huldigen – alle, deren Namen nicht von der Weltschöpfung an im Lebensbuch des geschlachteten Lammes geschrieben stehen.

9 Wenn jemand Ohren hat, so höre er!

10 Gerät einer in Gefangenschaft, so gehe er ins Gefängnis; soll einer mit dem Schwert getötet werden, so lasse er sich mit dem Schwert töten! Von solcher Bedeutung ist Ausharren und Glaubenstreue der Heiligen!

11 Und ein anderes Tier sah ich aus der *Erde* aufsteigen, das hatte zwei Hörner wie ein Lamm und redete wie ein Drache.

12 Und alle Gewalt des ersten Tieres übt es vor ihm aus. Es bringt die Erde und die Erdenbewohner dazu, dem ersten Tier zu huldigen, dessen tödliche Wunde geheilt worden ist.

13 Und große Zeichen vollbringt es: Sogar Feuer läßt es vor den Menschen aus dem Himmel auf die Erde herabfahren.

14 Und es verführt die Erdenbewohner durch die Zeichen, die ihm vor den Augen des Tieres zu vollbringen gegeben sind. Es befiehlt den Erdenbewohnern, dem Tier, das durch das Schwert verwundet, aber wieder zum Leben gekommen ist, ein Standbild zu errichten.

15 Und es wurde ihm verliehen, daß es dem Bilde Odem eingeben konnte: So fing auch das Abbild des Tieres an zu reden und brachte den Tod über alle, die dem Abbild des Tieres nicht huldigen wollten.

16 Und alle, Kleine wie Große, Reiche wie Arme, Freie wie Sklaven, so befiehlt es, sollen sich auf ihre rechte Hand oder auf ihre Stirn ein Mal einbrennen lassen.

17 Und keiner soll kaufen oder verkaufen dürfen, der nicht dieses Mal angenommen hat: Den Namen des Tieres oder seine Namenszahl.

18 Von solcher Bedeutung ist die Weisheit: Wer Verstand hat, errechne die Zahl des Tieres: Es ist nämlich eine Menschenzahl, und die Zahl ist sechshundertsechsundsechzig.

1 Und ich schaute: Siehe, da stand das Lamm auf dem Berg Zion und in seinem Gefolge Hundertvierundvierzigtausend, die seinen Namen und den seines Vaters auf ihrer Stirn geschrieben tragen. 14

2 Und ich hörte eine Stimme aus dem Himmel wie das Rauschen großer Wassermassen und wie das Dröhnen von gewaltigem Donner. Und die Stimme, die ich hörte, war wie von Zitherspielern, die auf ihren Zithern spielen.

3 Und sie singen ein neues Lied vor dem Thron und vor den vier Wesen und den Ältesten. Niemand konnte ihren Gesang verstehen als allein die Hundertvierundvierzigtausend, die von der Erde freigekauft sind.

4 Das sind die, die sich mit Weibern nicht befleckt haben, weil sie jungfräulich geblieben sind. Sie sind es, die dem Lamm nachfolgen, wohin es auch geht. Sie sind von den Menschen freigekauft als Erstlingsgabe für Gott und das Lamm;

5 und aus ihrem Munde ist nie eine Lüge zu hören gewesen, ohne Tadel sind sie.

Der Ausgangspunkt

Wenn wir uns in der Suche nach der Grundstruktur der Apokalypse nicht völlig geirrt haben, so muß in der Betrachtung nun vom Herzstück, von der Achse ausgegangen werden, von der Mitte, um die herum alles andere angeordnet ist.

Zunächst finden wir in diesen sechs Kapiteln in der Tat den Bezug des Ganzen auf die Endzeit. Auch erweist sich hier die Behauptung aus den ersten zwei Abschnitten als legitimiert, Jesus Christus sei der Herr der Kirche und der Herr der Menschheitsgeschichte (es wird gesagt, worin diese Herrschaft besteht und wie sie möglich ist); und schließlich wird hier der Grund zu allem weiteren gelegt, insbesondere für das Gericht. Gericht und Weltende können erst verstanden und erfaßt werden aufgrund desjenigen Gerichtes, das über den Sohn Gottes ergeht. Was in der endgültigen Vernichtung der Verdammung anheimfällt, das sind nicht die Menschen, sondern die aufrührerischen Mächte, die in diesem zentralen Hauptteil beschrieben werden. Die Menschen sind von ihnen abhängig, vertreten sie aber nur äußerlich. In der ganzen Apokalypse bringt immer nur das Handeln dieser satanischen Mächte Tod und Verderben, niemals das direkte Handeln Gottes dem Menschen gegenüber. Gott zerstört die satanische Macht, und das kann freilich auch menschliches Leid mit sich bringen, insofern der Mensch der satanischen Macht zutiefst verbunden und stark von ihr geprägt ist. Wir werden hierauf ausführlich zurückzukommen haben.

Die Posaunen

Die Periode der Posaunen macht allgemein den Eindruck, außerordentlich schwer zugänglich zu sein, und zwar wegen ihrer bemerkenswerten Vielschichtigkeit. Häufig wurde sie als die Periode der Zorngerichte Gottes interpretiert. Allerdings mußte bei dieser Auslegung zugegeben werden, daß sich in Kapitel 15 eine Dublette hierzu befindet, da wir dort nämlich *das* Gericht Gottes vor uns haben. Darum wurde dieser Abschnitt gelegentlich auf die Beschreibung von Gottesgerichten innerhalb der Geschichte hin gedeutet: Nach der Beschreibung der Geschichte käme hier nun das Eingreifen der Gerichte Gottes in diese Geschichte. Eine solche Deutung verbietet sich allerdings, weil die betreffenden Texte offensichtlich symbolischer oder allegorischer Natur sind und sich keineswegs auf Vorgänge der Menschheitsgeschichte beziehen. Weiter hat man gemeint, sie als *gegenwärtige*, zeitliche Gerichte erklären zu können, die dann lediglich eine Prophetie, eine Ankündigung des Jüngsten Gerichts wären. Aber das hätte in einer Apokalypse gar keinen Sinn (weil in ihr aktuelle Ereignisse, wenn überhaupt auf sie Bezug genommen wird, nur Anlaß für überzeitliche, grundlegende Offenbarungen sind).

Innerhalb einer Apokalypse kann es keine Prophetie im Blick auf das geben, was später noch *berichtet* wird. Und schließlich halte ich auch diejenige Erklärung für unbrauchbar, die hier die von Gott selbst vollzogene Entfesselung der bösen Mächte, der Mächte des Abgrunds sehen will. Sicher liegt das hier auch vor, aber nicht an sich, und vor allem nicht als zentrale Aussage. Außerdem brächte diese Interpretation neue Schwierigkeiten: Schon in Kapitel 7 kam das Eingreifen der Mächte und Gewalten vor, und abgesehen davon können die Kapitel 10 bis 14 nicht unter diesem Thema zusammengefaßt werden: Es geht hier um etwas völlig anderes!

Fehlen entscheidende Aussagen?

Der Kern all dieser Schwierigkeiten, die Wurzel des Problems scheint mir darin zu liegen, daß das Buch der Offenbarung – trotz seiner großen Proklamationen im Blick auf Jesus, trotz seiner Visionen vom Menschensohn – im Grunde kaum als von christlichem Glauben geprägt bezeichnet werden darf, wenn sich erweist, daß – auch wenn vom verherrlichten Christus die Rede ist – nirgends die Fleischwerdung vorkommt. Außerdem bedeutet es wenig, wenn zwar viel vom Gericht über die Menschen gesagt wird, kein Wort aber über die Kreuzigung Christi (in der sich das Gericht über die Menschheit doch in Wahrheit vollzieht, wobei Gott es freilich zugleich ganz auf sich nimmt). Zwei so entscheidende Auslassungen wären schwer zu begreifen. Man kann auch nicht einfach darauf verweisen, daß der Verfasser diese beiden Aspekte ausgelassen hat, um sich auf die Herrschaft und die Herrlichkeit zu konzentrieren: Beides gehört doch untrennbar zusammen. Die Unvorstellbarkeit einer derartigen Auslassung brachte mich dazu, diese Kapitel noch einmal von Inkarnation und Kreuzigung her zu überdenken. Freilich kommt man zum gleichen Ergebnis, wenn man die Gesamtheit der Ereignisse betrachtet, die uns in diesen Kapiteln geschildert werden. Wir finden acht Ereignisse: Die Serie der kosmischen Katastrophen (die bildlich, symbolisch oder allegorisch dargestellt werden: Kap. 8,6–13); die Serie der die Menschheit betreffenden Katastrophen, die ihr massenhaftes Sterben bringen (aber auch das muß sehr wohl allegorisch oder symbolisch verstanden werden! Kap. 9); die Offenbarung des Hier und Jetzt, die durch ein Buch erfolgt (Kap. 10); der offensichtliche Sieg der Menschen über den Zeugen Gottes (Kap. 11); die Erfüllung der Weissagung Jesajas (Jes 9,5–6): Das kleine Kind besiegt den Drachen (Kap. 12); das Aufsteigen der zwei Tiere, die die neue Macht und Versuchung in der Menschenwelt sind (Kap. 13); und schließlich folgt der Sieg dessen, der allein das Lamm ist (Kap. 14,1–5), wobei dieser Sieg nach dem Ertönen der siebenten Posaune in das ›Jüngste Gericht‹ übergeht.

Der verborgene Gott

Wenn man so die acht genannten Elemente zusammenfaßt, ohne etwas auszulassen, dann erkennt man deutlich, wenn auch hintergründig, Person, Leben und Werk Jesu Christi. Und das ist um so interessanter, als im ersten und im zweiten Abschnitt Jesus Christus ausführlich beschrieben wird als der Menschensohn, als der Löwe von Juda usw. (wirklich als derjenige, der die Offenbarungen und die Ereignisse bestimmt und hervorruft), und ebenso finden wir ihn ausdrücklich in den Abschnitten 4 und 5 (in Kapitel 14 und 22). Im Gegensatz dazu verschwindet er in diesem zentralen Abschnitt – außer in Kap. 14, das aber lediglich die Vollendung der vorausgehenden Entwicklungen darstellt: Während also Christus in allen anderen Teilen die bestimmende Gestalt ist, scheint er hier zu fehlen. Wenn allerdings das ganze Werk eine Einheit ist und inneren Zusammenhang hat, dann muß notwendig unterstellt werden, daß Jesus hier einfach *anders* dargestellt wird: Er ist hier nicht der Herr aller Herren, das Haupt der Kirche, der Herr der Geschichte. Er ist der Gott, der sich seiner Gottheit begibt, und darum ist es nun nicht mehr möglich, hier unmittelbar vom Herrn, von Gott zu reden. In der Tat ist es höchst interessant festzustellen, daß in diesen sechs Kapiteln gerade nicht mehr wie sonst überall vom Thron Gottes die Rede ist, von dem, der auf dem Thron sitzt, oder von seiner Umgebung. Es fehlt da etwas – und zwar gerade in dem Augenblick, in dem uns angekündigt wird, daß beim Ertönen der siebenten Posaune das Geheimnis Gottes vollendet wird (10,7). Was aber ist dies Geheimnis Gottes? Beim Blasen der siebenten Posaune erscheint die himmlische Bundeslade, die Frau und das Kind (11,19). Wir werden dazu geführt, das alles als die Illustration – fast könnte man sagen, als die kosmische Bilderwelt – zu verstehen, die zu Fleischwerdung, Tod und Auferstehung Jesu Christi gehört. Was anläßlich dieser Ereignisse im Himmel als geistliches Geschehen, aber auch im Kosmos abgelaufen ist, das ist ein Gleichnis für die eigentliche Wirklichkeit Jesu Christi, ein Bild für all das, was durch diese irdischen Ereignisse in der Welt und im Himmel verändert, umgewandelt worden ist. Es geht hier um den Bruch zwischen den Mächten und der Geschichte. Wir werden noch genauer zu sehen haben, daß die Öffnung des siebenten Siegels und alles, was mit ihr zusammenhängt, auf entscheidende Weise doppeldeutig ist. Die dargestellte doppelseitige Tatsache (das Gericht Gottes über die Menschheit und zugleich die Erscheinung des Heils) ereignet sich gerade in der Zweischneidigkeit von Inkarnation, Tod und Auferstehung des Gottessohnes. Und die allgemeine Verwirrung, die uns in Form von kosmischen Katastrophen vor Augen geführt wird, ist die Allegorie für das Durcheinander in der Welt, für diejenige Verwirrung, in die die Welt durch die Verwirklichung dieses unerträglichen Geheimnisses Gottes gestürzt wird. Es ist unerträglich, unmöglich, daß Gott sich selber preisgibt, daß er aufhört, Gott zu sein, daß er Mensch wird, aus seiner ganzen Fülle heraus. Es ist untragbar und unmöglich, daß Gott in Jesus stirbt. Und es ist untragbar und unmöglich, daß ein Mensch, der wirklich tot ist, aufersteht, daß der Tod besiegt wird: Und diese dreifache Unmöglichkeit bringt die völlige Verwirrung der ganzen Schöpfung und der himmlischen Mächte mit sich.

Wenn wir nur einen Augenblick das unglaubliche Geheimnis der Inkarnation ernst nehmen könnten, die Umwälzung, die das bedeutet: Gott ist nicht mehr Gott, er hat sich selber preisgegeben, er hat sich dahingegeben, hat sich selbst entäußert, sich in die menschliche Bedingtheit hineinbegeben – dann würden uns die in den Kapiteln 8 und 9 beschriebenen Umwälzungen demgegenüber eher harmlos erscheinen. Sie sind in der Tat die Allegorie dieses unvergleichlichen, unermeßlichen Ereignisses, und wir erkennen durch sie den Sinn dieser unfaßbaren Entscheidung Gottes für die ganze Schöpfung: Wenn der Schöpfer nicht mehr da ist, um die Mächte in Schach zu halten, dann sind sie entfesselt. Und genau das beschreibt doch unser Text. Wenn Gott nicht mehr da ist, um die Ordnung aufrechtzuerhalten, dann herrschen Unordnung und Chaos, dann ist das der Abgrund, die Gefahr einer Vernichtung der Schöpfung. Das beschreibt uns auch Kapitel 8, auf das wir noch zurückkommen werden. Wenn Gott nicht mehr da ist, um den Menschen zu schützen, dann sind die Todesritter entfesselt, wie in Kapitel 9. Und dann wird auch verständlich, was die drei »Wehe« (9,12) zu bedeuten haben: Das sind nicht die Bedrängnisse an sich. Was für ein Unheil könnte es denn geben, das größer wäre als der Tod Gottes? Ich rede dabei nicht von den Theologien vom Tod Gottes oder von der schwülstigen, eitlen, kleinkarierten Erklärung des Menschen: ›Gott ist tot‹. Hier geht es vielmehr um die wirkliche Entscheidung Gottes, sich dem Geschehen des Todes auszuliefern. Das ist sehr wohl ein Unheil, *das* absolute Unheil, das dreifältige, vollkommene Unheil, das, insofern es *dreifältig* ist, tatsächlich Gott betrifft. Die übliche Interpretation der drei Wehe (als Plagen für die Menschheit) ist unmöglich, denn es gipfelt alles im dritten Wehe, das darin besteht, daß die Frau ein Kind gebiert, das alle Nationen weiden soll, und zugleich im Bemühen und im *Scheitern* des Drachen. Inwiefern aber ist das ein Wehe (denn es ist ja durchaus als solches bezeichnet: 11,14 und 12,12)? Wenn man von diesem »Wehe« aus zu den beiden ersten zurückgeht, dann versteht man, daß diese drei Wehe auf Gottes Verzicht auf seine absolute, unantastbare Schöpfermacht gerichtet sind, auf Fleischwerdung und Tod des Gottessohnes.

Das siebente Siegel

Das Ganze beginnt (8,1) mit dem siebenten Siegel, dem letzten der Reihe, die das Buch der Menschheitsgeschichte verschließt (auf diese Interpretation werden wir in Kapitel IV zurückkommen). Das siebente, nachdem die sechs ersten Siegel bereits geöffnet sind! Also dasjenige Siegel, das zugleich die Geschichte *vollendet,* ihr Ende markiert, und auch die Eröffnung des Buches erlaubt (ob es sich dabei um eine Rolle oder um Tafeln handelt, bleibt sich gleich). Solange das siebente Siegel noch intakt ist, nützt die Öffnung der übrigen sechs noch nichts. Erst wenn das siebente erbrochen ist, kann das Buch gelesen werden, erst dann wird erfaßbar, was darin steht, – mit anderen Worten: Von hier aus muß die Bedeutung des übrigen ins Auge gefaßt werden. Das bedeutet, daß allein von Inkarnation, Tod und Auferstehung Jesu Christi aus die Menschheitsgeschichte verstehbar wird. Und ebenso, wie die Serie der Posaunen in Kap. 8 bis 14 durch das siebente Siegel bestimmt ist, beginnen wir unsere Auslegung mit Fleischwerdung, Tod und Auferstehung Jesu. Das siebente Siegel löst ja in der Tat die sieben Posaunen aus: Dadurch wird es möglich, die folgenden Abschnitte (die sich auf das Gericht und die Neue Schöpfung beziehen) von *der Erscheinungsweise her* zu verstehen, die Gott für sein Gegenwärtigsein in der Welt gewählt hat. Was allerdings das siebente Siegel außerdem charakterisiert, ist das Schweigen im Himmel von einer halben Stunde Dauer (8,1). Man ist sich weitgehend einig, daß die halben Zahlen in der Sprache der Bibel Krisen bezeichnen. Hier nun ist es ein Schweigen von einer halben Stunde. In der apokalyptischen Literatur ist das Schweigen recht häufig ein Zeichen des Endes oder der Erfüllung. In der Bibel dagegen gehört das Schweigen immer zur Gegenwart des allmächtigen Herrn (z.B. Hab 2,20; Sach 2,17). Damit hat das Schweigen dreierlei Sinndeutungen, die sich überschneiden: Krise – Endzeit – Gegenwart des Allmächtigen. Alle drei Deutungen lassen sich m.E. sehr gut mit dem Tod Jesu Christi verbinden.

Die symbolischen Ereignisse haben in der Apokalypse so gut wie immer eine doppelte Bedeutung. Wir sehen das etwa bei den Posaunen, die (wie schon gesagt) Zeichen für die Ankündigung der göttlichen Gerichte sind (für den Tag des Herrn, des Zornes), zugleich aber auch der Ruf zur triumphalen Versammlung der Erwählten und zu ihrer Befreiung. Ebenso zerstören die Posaunen von Jericho die Stadt (die Welt!) *und* eröffnen zugleich den Eingang des erwählten Volkes in das verheißene Land.

Der Engel mit der Räucherschale
Auch das Handeln des Engels (8,3–5) ist aus zwei widersprüchlichen Elementen zusammengesetzt: Zuerst wird das Räucherwerk dargeboten. Das Opfer am Altar symbolisiert zugleich Reinigung und Mittlerschaft; es gehört an einen sehr heiligen Ort (Ex 30,6–7; Hebr 9,3–4), der die Weihe des Hohenpriesters voraussetzt, denn nur der kann zu dem Ort herzutreten, an dem Gott dem das absolute Opfer darbringenden Menschen begegnet. Was aber hier im Symbol des Weihrauchs dargebracht wird, ist das Gebet der Heiligen. Diese Spiritualisierung birgt den folgenden Sinn: einzig das Gebet der Heiligen und der Zeugen vollbringt die Reinigung, die Vermittlung vor Gott. Zugleich werden wir daran erinnert, daß es nur einen einzigen Heiligen gibt, Jesus Christus allein, durch den und in dem alle anderen geheiligt werden. So verbindet die Darbringung des Weihrauchs durch den Engel das Handeln des Menschen vollkommen mit dem Handeln Gottes.
Andererseits aber wirft der Engel die Glut vom Altar auf die Erde: Wo das, was absolut heilig ist, was vom Ganz Anderen kommt, mit der Menschenwelt verbunden wird, da entsteht Unheil (Ps 97,5). Nun ist die glühende Kohle allerdings zugleich die der Reinigung. Das Tun des Engels erinnert unmittelbar an den Seraphen (Jes 6,6f), der die glühende Kohle vom Altar Gottes nimmt, um die Lippen des Jesaja zu reinigen. Diese Reinigung bedeutet freilich auch absolute Infragestellung, darum löst sie die Ankündigung (Donner, Blitz, Erdbeben) von Katastrophen aus. Die beiden scheinbar widersprüchlichen Handlungen des Engels, von denen eine auf Gott, die andere auf die Menschen gerichtet ist, sind in Wirklichkeit eine vollkommene Einheit; sein Handeln bedeutet die Verbindung zwischen dem ›Jenseits‹ und der Schöpfung, die Reinigung – und das darin liegende Risiko der Zerstö-

rung, die Nähe Gottes – und die Erschütterung der Welt ob dieser Nähe; und zugleich bedeutet es noch sehr viel tiefer den Schritt Gottes, der absolute Verherrlichung verdient und doch mitten hineingeht in die Menschenwelt. Möglicherweise kann diese Szene mit derjenigen verglichen werden, in der (Lk 1,8ff) der Priester Zacharias in den Tempel geht, um das Räucherwerk darzubringen, während die Volksmenge draußen wartet und betet, und zwar in genau dem Augenblick, in dem die Fleischwerdung dessen einsetzt, der sagt, »ein Feuer auf die Erde zu bringen, bin ich gekommen« (Lk 12,49). Das Tun des Engels kündigt die große Prüfung Gottes an, das absolute Risiko der Schöpfung, das Geschehen Gottes inmitten der Menschenwelt, und darum muß es natürlich auch beide Seiten umfassen, beide Aspekte dieses unglaublichen Wunders.

Vom Sinn des Leidens

Bevor wir nun die »Plagen« unter dem bereits genannten Blickwinkel ins Auge fassen können, müssen noch zwei Gedanken vorausgeschickt werden. Zunächst der, daß jedes Handeln Gottes in Jesus Christus für die Menschen, die in der Welt leben – und zwar in Solidarität mit der Welt, getrennt von Gott, in Konflikt mit ihm – den Eindruck des Katastrophenhaften in sich schließt. Der Mensch ist so weitgehend Spielball der Mächte und ihrem Wirken verbunden, er nutzt sie so sehr zu seinen Gunsten aus und genießt nach Möglichkeit alles, was sie ihm bieten können, er plant sein Leben so weitgehend ohne den Gedanken an Gott, daß alles Nahen Gottes, alles konkrete Eingreifen Gottes ihm wie unannehmbare Verwirrung erscheinen muß, letztlich wie ein Angriff gegen ihn. Wenn Gott kommt, um den Menschen zu befreien, so wird er seiner Freiheit gar nicht gewahr, er protestiert vielmehr gegen das Zerbrechen der wunderschönen Dinge, die seine Ketten und Kerkertüren sind, die angebeteten Fesseln seiner Knechtschaft. Das ist die Situation des Menschen. Wir müssen uns klarmachen, daß alles Befreiungshandeln in der Tat Zerstörung der schlechten Umgebung bedeutet – wobei der Mensch das, was seine Befreiung bringt, als schrecklichen persönlichen Angriff empfindet. »Wie kann Gott, der doch ein Gott der Liebe ist, es zulassen . . . usw.« Indem er diesen Satz so häufig spricht (sei es polemisch oder traurig, je nachdem, ob er glaubt oder nicht), sieht der Mensch keinen Augenblick lang, daß das betreffende Unglück sehr häufig Frucht derjenigen Freiheit ist, die Gott dem Menschen eingeräumt hat, und zugleich Frucht der Unabhängigkeit und Autonomie, die sich der Mensch Gott gegenüber erkämpft hat. Der Mensch ist verantwortlich für das, was geschieht (und er wollte es sein), aber er protestiert gegen Gott, wenn es geschieht. Im Grunde würde er am liebsten von Gott verlangen, er solle ihn zum Automaten, zur Marionette machen, ihm seine Freiheit entziehen. Zudem hat er Mühe zu erkennen, daß das Schlechte in der Welt auch durch das Wirken spiritueller Mächte hervorgerufen wird, die in der Welt und in der Gesellschaft am Werk sind und auf die wir noch ausführlich zurückkommen werden. Was dem Menschen Schmerz bereitet, kann also durchaus das Tun Gottes sein, das ihm allerdings *Befreiung* schaffen soll. Diese Befreiung aber verursacht Leiden. Ich weiß dafür keinen besseren Vergleich als den mit einer Operation. Der Chirurg, der eine Krebsgeschwulst entfernt, zerstört zum Besten des lebendigen Organismus die tödliche Bedrohung. Freilich muß er etwas aus diesem Organismus herausschneiden, was »Fleisch von seinem Fleisch« geworden war; er amputiert ein Stück des Organismus selbst. Und der Operierte, der nicht weiß, was da getan wurde und wovon man ihn befreit hat, könnte das durchaus als schreckliche Plage auslegen, als einen unerlaubten Eingriff, weil ihm ja nur der Schmerz nach Abschluß der Operation bewußt ist.

In dieser Weise müssen auch die meisten der »Plagen« verstanden werden, die in der Apokalypse auf die Menschen kommen. In der ersten Serie, die mit den ersten sechs Posaunen zusammenhängt, ist allerdings nicht von dieser Art Schmerz die Rede, sondern (wie bereits erwähnt) von der Erschütterung der Schöpfung in Verbindung mit dem Ereignis der Inkarnation.

Der erste und der zweite Adam

Der zweite Gedanke ist der, daß, insofern Jesus Christus die ganze Menschheit inkarniert (»Sehet den Menschen!« Joh 19,5; oder Paulus: »Wie nun durch *eines* Menschen Sünde die Verdammnis über alle Menschen gekommen ist, so ist auch durch *eines* Gerechtigkeit die Rechtfertigung zum Leben für alle Menschen gekommen« Röm 5,12; 1Kor 15,22), alles, was ihm widerfährt, in Wirklichkeit eine Katastrophe für die ganze Menschenwelt ist, und die Unheilsereignisse sind eine Art Gegenstück, eine Antwort auf das Leiden Christi. Zugleich gilt auch das Umgekehrte: Alles, was der Menschheit widerfährt, ist in Wirklichkeit etwas, das auf Christi Schultern drückt und sich auf seine Person konzentriert. Darum dürfen wir die Plagen und Zorngerichte der Apokalypse niemals ohne den Blick auf die vollkommene, absolute, unauflösliche Verbindung zwischen Christus und den Menschen (und zwar allen Menschen!) zu verstehen suchen: den Menschen der Vergangenheit und der Zukunft, den Menschen aller Rassen und Religionen, also nicht ohne die Verbindung zwischen Christus und dem einen Adam, der aus den Händen des Vaters hervorgegangen ist und der Milliarden von Einzelentfaltungsmöglichkeiten hat – unsere Milliarden von persönlichen Gesichtern!

Die fünf ersten Posaunen (8,7–9,12)

Die Inkarnation Gottes in Jesus Christus bedeutet die Umwälzung der Weltordnung, die absolute Infragestellung der Schöpfung, denn das Undenkbare geschieht: Gott *verbindet sich* mit seiner Schöpfung! Er ist von ihr nicht mehr getrennt und unterschieden, er unterwirft sich seinem eigenen Gesetz! Unvorstellbar. Und die fünf Posaunen sind die protokollgerechte Ankündigung der vollkommenen Majestät durch die Herolde, daß sie naht, daß sie angekommen ist, und zwar unmittelbarer und direkter, als das je vorstellbar gewesen ist, denn bald wird man ihn von seiner Schöpfung, von einem Menschenwesen gar nicht mehr unterscheiden können, so daß die Posaunen genaugenommen vor niemandem erschallen und die ausgelösten Katastrophen umsonst zu sein scheinen.

Gott hat sich der Welt genaht. Aber nicht im Triumphzug hinter seinen Posaunen her. Er kommt im Geheimen und Verborgenen, nicht als das verzehrende Feuer oder als der Donner, den Elia hörte, vielmehr als die Stille eines ersterbenden Windhauchs ... Ja, und dennoch ist es Gott. Und für die himmlischen Mächte, für die ganze Schöpfung beginnt die Umwälzung gerade in dem Augenblick, in dem der absolut Mächtige, der ›spricht, und die Dinge sind‹ (Gen 1,3), auf seine Macht verzichtet und den Weg der Niedrigkeit auf sich nimmt: Da sind die Säulen der Welt sehr viel stärker erschüttert, als wenn er mit seiner Gewalt und Herrlichkeit einherkäme. In diesem Augenblick würden (nach Psalm 97) die Berge schmelzen, die Erde vergehen, die Abgründe aufgefüllt, aber das alles wäre ganz in der Ordnung der Dinge. Gott, der auf seine eigene Macht verzichtet, das ist unendlich viel schrecklicher: Die ganze Schöpfungsordnung gerät ins Wanken.

Alle Kommentatoren stellen übereinstimmend fest, daß wir in diesen Versen (8,7–9,3) eine Erinnerung an die »ägyptischen Plagen« vor uns haben (V. 7 Hagel; V. 8 Wasser in Blut verwandelt; V. 12 Dunkelheit, und V. 9,3 Heuschrecken – obwohl diese hier andere sind als die ägyptischen Flugheuschrecken Ex 10,12). Zugleich haben wir aber – was selten erkannt worden ist – eine Art Schöpfungszerfall, eine Umkehrung der Schöpfung, wobei zuerst (8,7.8) die Werke des dritten Tages (das Gras und das Kraut und die Wasser) in Frage gestellt werden, dann (8,12) die des vierten Tages (die Lichter): eine echte Gegen-Schöpfung ist hier am Werk (bis zu dem Augenblick, in dem der Prozeß der Neuschöpfung in Jesus in Gang kommt). Es beginnt also eine Art Triumph des Todes (8,9), Triumph des Wahnsinns und des Rausches, der alle Vernunft und Gerechtigkeit in Irrsinn verwandelt (Klgl 3,15; Am 5,7 und 6,12) – darin scheint mir der Sinn des Wermuts (8,11) zu liegen. Zugleich ist das das Ende des Lichtes: die Umkehrung des Wunders der Erscheinung Christi – das Wunder Satans, das die Dunkelheit in dem Augenblick hervorbringt, in dem das Wort Fleisch wird.

In Kapitel 9 schließlich kommt die Entfesselung des Abgrundes, die Rückkehr zum Chaos, das Zurücktauchen ins Nichts. Abbadon (9,11) ist die absolute Zerstörung, die Umkehrung der Schöpfung, der Triumph des Tohu wa Bohu, das Zurück zu dem, was da war, bevor der Geist Gottes Ordnung in der Unordnung schuf: Die Scheol siegt. Wir haben hier also das Gegenstück zum Schöpfungshandeln Gottes vor uns.

Das erste Wehe

Dies kann nach zwei Richtungen hin verstanden werden. Einerseits in der Sichtweise der jüdischen Tradition: Der Schöpfer ist nicht nur der, der vor allem Anfang da war, sondern zugleich der, durch dessen Macht die Kräfte der Zerstörung und des Abgrundes in Zaum gehalten werden; weil Gott dem Meer seinen Platz eingeräumt hat, ist dieses nicht mehr totale Untergangsbedrohung; weil er den ›Brunnen‹ des Abgrundes wohl verschlossen hält, kann dieser nicht mehr überlaufen. Wenn aber Gott damit aufhört . . .

Andererseits kann diese Auflösung der Schöpfung aber auch im Horizont christlicher Theologie verstanden werden: Wenn Gott es durch seine Fleischwerdung unternimmt, die Menschheit zu retten, wenn er der Immanuel wird, so bedeutet das doch, daß Alles neu beginnt, dann heißt das Neue Schöpfung, und dann muß in gewisser Weise neu von der Situation des Chaos ausgegangen werden, von einem spirituellen Chaos, das sich übrigens darauf beschränkt, die traurige und schreckliche Realität, zu der Gottes Schöpfung für ihn selbst geworden ist, zu offenbaren. Darum entwickelt sich hier eine Art Gegenstück zur Sintflut oder auch zu den Plagen von Ägypten: Zweimal will Gott alles neu beginnen. Er läßt in der Sintflut einen Menschensproß davonkommen, und das wird sehr bald von neuem Verderbnis bringen, oder er erwählt sich ein Volk, er heiligt es, damit es durch ein Heilshandeln sein Wort und seinen Willen unter die Menschen bringt, aber auch hier führt der Weg in den Verrat. Und im Grunde ist das Heil, das in der Inkarnation beschlossen liegt, eine ebenso totale Infragestellung wie die Sintflut oder die Plagen von Ägypten: Es ist genaugenommen ein völliger Neuanfang, mehr noch als alle vorangehenden. Dabei geht es keineswegs darum, die ganze Menschheit zu vernichten, um ganz konkret eine andere Welt zu schaffen, Ziel ist vielmehr eine Art spiritueller Vernichtung (darum müssen diese Plagen unbedingt als spirituelles Geschehen verstanden werden, was im übrigen durch die Tatsache der ›Verwirrung‹ der Menschen angedeutet wird) im Blick auf eine spirituelle Neuschöpfung. Gott inkarniert sich in einen Menschen, und das bedeutet, daß alles frühere ›spirituelle‹ Bemühen des Menschen, alles Religiöse, seine ganze Welt des Heiligen, alle Mystik vernichtet ist! Was der Mensch selbst als Licht, als Meisterung der Schöpfung zu besitzen meinte, das ist vernichtet. Seine spirituelle Welt wird aufgehoben. Das ist mit dem Wermut höchstwahrscheinlich auch gemeint, sicher mit den Flugheuschrecken. Denn was diese Heuschrecken auszeichnet (9,8) ist doch dies: ein Menschenantlitz, Frauenhaar und Goldkrone, Löwenzähne, Brustschilde und Flügel aus Eisen. Mit anderen Worten: Ihr bestimmendes Merkmal ist *Vermischtheit*. Außerdem verursachen sie das Schlimme, das sie anrichten, *von hinten*, wie der Skorpion. Anders ausgedrückt: Sie handeln durch die Macht der Lüge. Lüge ist das Furchtbare von etwas, das an sich gar nicht furchtbar ist, das Verführerische an etwas, das selber gar nicht verführerisch ist; etwas *wie* Gold (»etwas *wie* golden scheinende Kronen« 9,7). Die Heuschrecken stellen die tödliche und todbringende Wirklichkeit dar, die selbst verborgen bleibt. Einige Ausleger sehen hierin die Macht der Lüge. Das ist nicht verkehrt, aber das ist nicht alles: Ihr König ist Abbadon (Verderben), der auf griechisch Apollyon (Verderber) heißt (mit dem wortspielerischen Anklang an Apollon, worin sicher eine polemische Pointe gegen die Griechen liegt). Es geht also nicht nur um die Lüge und ihre Macht, sondern tatsächlich um die Gefahr totalen Verderbens. Das ist durch die ›Vermischtheit‹ ihrer Merkmale zum Ausdruck gebracht, insofern für die Juden des Alten Testamentes Vermischtheit hervorstechendes Kennzeichen von Unordnung, von Gegen-Schöpfung ist. Die Schöpfung ist gekennzeichnet durch Trennung (Gott trennt Licht und Finsternis, Meer und Festland, Trockenes und Wasser). Wo Vermischungen erscheinen, da ist ein gegen die Schöpfung gerichtetes Handeln am Werk (das erklärt übrigens alle Gesetze des Pentateuch, die Vermischtes verbieten). Die Heuschrecken sind also der Schrecken der entfesselten Gegen-Schöpfung (ganz abgesehen von der Infragestellung der zahlreichen chaldäischen, ägyptischen und griechischen Götter und Halbgötter, die durch Vermischung gekennzeichnet sind: geflügelte Stiere, Kentauren, Sphinx usw.). Darum ist das Werk der Heuschrecken der spirituelle Tod der Menschen: die wahrhaftige, abgrundtiefe Folter – Angst, Hoffnungslosigkeit, Schizophrenie, totale Depression, Delirium; und die Menschen wollen dann sterben, aber sie finden nicht den Tod (9,6), denn das Grauen liegt gerade darin, daß der spirituelle Tod über dem Tod steht . . . Die Heuschrecken haben nur einen Zeitraum von fünf Monaten (9,5), in dem sie wirken dürfen. Diese Zahl ist Zeichen einer Grenze, sie will ausdrücken, daß die Macht des Abgrundes beschränkt bleibt: Nicht alles darf zerstört werden, die Vernichtung kann nicht vollkommen sein. Fünf Monate, das ist ein Jahr abzüglich der sieben Monate der Gnade, sagt Augustinus. Die Entscheidung Gottes für die Inkarnation stellt die sieben Monate dar, die Vollkommenheit der Gnade. Das übrige ist die Entfesselung der Chaosmächte. Und das Ganze ist nichts anderes als der Ausdruck der Inkarnation, der offenbar macht, wie gewaltig die Realität des Bösen war. Freilich bleibt der unendliche Unterschied zwischen Fünf und Sieben.

Das zweite Wehe (9,13–11,14)

Das zweite Wehe entspricht nun der Offenbarung der Inkarnation in Dienst, Tod und Auferstehung Jesu Christi. Während dieses Geschehensablaufes tauchen immer wieder die zweiundvierzig Monate oder 1260 Tage auf. Dieser Zeitraum entspricht dreieinhalb Jahren, und für diese Zahl liegen zahlreiche Deutungsversuche vor; ausgehend von ihrem Vorkommen im Buch Daniel (Dan 8,14; 12,7) wird sie etwa herangezogen, um die Dauer der von Antiochus Epiphanes organisierten Verfolgung zu erklären. Von dort aus wird zugegeben, daß diese Zahl die eschatologische Bewährungsprobe oder auch die Zeit der Kirche auf Erden bedeuten kann. Ich bin mir aber nicht sicher, ob das wirklich ihr Sinn ist. Diese Zeitspanne von dreieinhalb Jahren scheint ja auch dem zu entsprechen, was vielfach in der ersten Christenheit als Zeitdauer des Dienstes Jesu auf Erden angesehen wurde (während man heute zwischen einem oder drei Jahren, in Wirklichkeit etwas mehr als drei Jahren, schwankt). Es sieht nun in der Tat so aus, als sei das Kapitel 10 so etwas wie die Proklamation des Evangeliums auf Erden, eines universalen Evangeliums allerdings (der Engel steht mit einem Fuß auf dem Meer, mit dem anderen auf der Erde 10,2); und dann (in Kapitel 11) werden klar der Tod und die Auferstehung dargestellt. Freilich gilt es, eine komplexe Bilderwelt zu erhellen. Da sind zunächst die Reiter (9,16–21). Sie haben fast die gleichen Merkmale wie die Heuschrecken. Annäherungsweise kann man sie gleich interpretieren, obwohl sich zwei bedeutende Unterschiede zeigen: Einmal haben die Heuschrecken Verwirrung gestiftet, ohne zugrunde zu richten (das ist die spirituelle Zerstörung), während die Reiter ein Drittel der Menschen töten können (auch hier allerdings die Vorstellung von einer Beschränkung ihrer Macht, der wir noch öfter begegnen werden). Zum anderen haben die Menschen bei den Heuschrecken keinen Ausweg: Sie suchen selber den Tod, sie gehen den Weg in den Suizid. Bei den Reitern wird der Mensch vor eine Entscheidung gestellt, wie uns Vers 20 andeutet: Die Menschen bekehren sich nicht von den Werken ihrer Hände, sie fahren fort, Dämonen und Götzenbilder anzubeten, sie bekehren sich nicht von Mord und Zauberei, von Diebstahl und aller Art von Sünde. Damit sind wir aber auf eine neue Ebene gelangt: Die Menschen sind in die Enge getrieben und müssen sich entscheiden. Da ist auf der einen Seite der Ruf zur Buße, zur Umkehr (und wir denken dabei zwangsläufig an Johannes den Täufer, der genau vor dem Beginn des Dienstes Jesu auftritt), und auf der anderen der Ruf zur Bekehrung (zur Verwerfung aller falschen Religion), zur Erkenntnis Jesu Christi.

Mit den entfesselten Reitern haben wir also die Kehrseite der Heuschrecken vor uns: Spirituelle Vernichtung und der Ruf zur Bekehrung stehen sich hier gegenüber, wobei die Heuschrecken das erste »Wehe« der Umkehrung der Schöpfung *vollenden,* während die Reiter das zweite »Wehe« der Inkarnation *eröffnen.* Die Reiter entsprechen also dem Feuer, das Jesus kommt, auf die Erde zu bringen, dem Schwert, das den Menschen mit sich selbst entzweit (Mt 10,34).

Der Engel mit dem Buch (10,1–3)

Dann erscheint der Engel mit dem Buch. Freilich handelt es sich dabei nicht um das große Buch (der Geschichte), das mit sieben Siegeln verschlossen ist, sondern um ein kleines, offenes Buch. Es ist also direkt und für alle lesbar. Seine Botschaft ist derjenigen der sieben Donner (10,3) gerade entgegengesetzt. Diese verkünden in eindrucksvoller Weise ein Mysterium, das nicht weitergegeben, nicht bekanntwerden darf. Der Seher darf es nicht aufschreiben (10,4); nachdem er es gehört hat, muß er vielmehr das Geheimnis bewahren. Das bezeichnet nichts anderes als das Mysterium des Wortes Gottes oder das Mysterium Gottes selbst, das nicht enthüllt werden kann und dessen Bekanntsein den Menschen im übrigen gar keinen Nutzen brächte. Denn wir dürfen nicht vergessen, daß das offenbarte Wort nur so weit offenbart wird, wie das für den Menschen fruchtbar ist. Der Unterschied zwischen der Stimme der sieben Donner und dem kleinen offenen Buch erinnert uns daran, daß – im Gegensatz zur Überzeugung gewisser moderner Theologen – nicht der ›ganze Gott‹ im Evangelium offenbart ist. Das kleine offene Buch ist ganz offensichtlich das Evangelium. »Es vergeht keine Zeit mehr« (10,6): *Jetzt* erfüllt sich der große Plan Gottes, die Inkarnation – denn sie ist diese Erfüllung – wird Wirklichkeit. Damit haben wir nun in der Tat das Evangelium vor uns. Allerdings, das Buch, das sich der Zeuge zu eigen macht, das er zu einem Stück seiner selbst machen und sich einverleiben soll, als würde er es essen, dieses Buch ist »honigsüß für den Mund und bitter für den Leib« (10,9).

Unzählige Erklärungen für diese doppelte Eigenschaft liegen vor, und alle beziehen sie sich ohne Zögern auf das Wort Gottes: Süße, das Wort zu empfangen, Bitternis, das prophetische Amt zu tragen; Süße der Heilsankündigung, Bitternis der Voraussage von Verfolgungen. Ich würde freilich eher vermuten: Süße, (in diesem Evangelium) das Zeugnis von der unermeßlichen Liebe Gottes zu empfangen, und Bitternis der Schwierigkeit, unser Leben in jene Richtung zu orientieren, in die uns das ›Kleine Buch‹ führen will. Denn wirklich muß ja der Zeuge im unmittelbaren Anschluß an dies Ereignis Prophetie bieten (10,11), wobei Prophetie im Sinne des Neuen Testamentes gemeint ist, also Ansage und Verkündigung Jesu Christi, Bezeichnung des Wesens Christi und seines Geheimnisses. Abgesehen davon ist das kleine Buch die genaue Einführung in das, was folgen wird. Denn unmittelbar anschließend kommt der Bericht von den beiden Zeugen, und wenn man davon ausgeht, daß es sich dabei (wie wir zeigen werden) um Jesus Christus handelt, dann ist dieser Bericht präzise der Inhalt des betreffenden Buches: süß für den Mund und bitter für den Leib. Daran schließt sich als entscheidendes Geschehen, in das der Zeuge einbezogen wird, das Ausmessen des Tempels und des Altars mit einem Rohr gleich einem Meßstab (11,1). Bei der Aufforderung zum Essen des Buches haben wir ganz deutlich eine Aufnahme von Ez 3 vor uns, aber der prophetische Sinn ist nicht der gleiche. Wir dürfen doch nicht vergessen, daß für diese Christengeneration (die zur Zeit der Zerstörung des Tempels von Jerusalem lebte) Jesus Christus der wahre Tempel auf Erden ist. Und hier ist nicht vom Tempel im Himmel die Rede. Die Tatsache, daß der Prophet, der Seher, ausmessen soll, was ihm gezeigt wird, bedeutet Kenntnisnahme, Bewußtwerdung und klare Erkenntnis. Christus ist dabei als der Tempel dargestellt, weil er (wie der kurz vor der Apokalypse entstandene Hebräerbrief zeigt) der Opfernde, das Opfer und der Retter zugleich ist. All dies ist in der Inkarnation umfaßt und umschlossen. Alles, was im Tempel und auf dem Altar zur Erfüllung kommt, wird also voll und ganz aufgenommen und zusammengefaßt in Jesus Christus. Die Unterscheidung zwischen dem Tempel selbst und dem äußeren Vorhof (11,2) bedeutet allerdings, daß Jesus für die Welt noch nicht als der Christus sichtbar wird. Der äußere Vorhof war im Tempel Salomos eine symbolische Darstellung der Welt: Der irdische Jesus kann nur mit jenem Bereich des Tempels identifiziert werden, in dem die *Gläubigen* ihren Herrn erkennen und hören. Der äußere Vorhof, das Bekanntwerden Jesu bei den Völkern der Welt, ist in der Zeit der Inkarnation noch nicht möglich – sogar im Gegenteil: Die Zeit der Inkarnation fällt mit dem Sieg der Ungläubigen ineins; die Welt wird der Selbstbestimmung des Menschen gehören, die nun gerade dadurch ermöglicht und erreicht wird, daß es Gott gefallen hat, zur Rettung des Menschen den Weg der Machtlosigkeit zu gehen, den Weg des Inkognito, der Niedrigkeit, des völligen Verzichts auf seine Macht, um nur noch Liebe zu sein.

Die beiden Zeugen

Wir gelangen nun in das Zentrum der Offenbarung. Die erste Vision ist hier die von den zwei Zeugen (11,3). Was wird uns von ihnen gesagt? Sie haben eine außerordentliche Macht: Durch ihr Wort lassen sie Feuer auf die Menschen fallen (11,5), sie beherrschen die Natur (sie können den Regen abstellen, das Wasser in Blut verwandeln. Es wird aber in 11,6 nur gesagt, daß sie die *Macht* dazu haben, nicht jedoch, daß sie es auch ausführen). Sie werden durch den Tod besiegt (11,7); in Jerusalem wird ihr Leichnam den Blicken der Völker dargeboten (11,8.9), man verweigert ihnen das Begräbnis, und die Bewohner der Erde freuen sich über ihren Tod, weil sie vielfache Pein über die Menschen gebracht haben (11,10). Nach dreieinhalb Tagen aber werden sie durch den Geist Gottes wieder auferweckt (11,11). Sie steigen auf zum Himmel, um bei Gott zu thronen (11,12). – Das ist das Grundgerüst – es ist wohl schwer, klarer den Weg Jesu auf Erden zu beschreiben (und wir wollen die Vision doch von dem her zu verstehen suchen, was dargestellt wird, ohne uns von Nebensächlichkeiten, etwa der Zahl zwei, den Blick verstellen zu lassen). Denn in der Tat steht uns hier eine genaue Darstellung des Heilswerkes Jesu vor Augen. Die zwei Zeugen stellen mit Sicherheit die beiden Dimensionen Jesu Christi dar. Denken wir doch allein an den doppelten Namen: Jesus ist der Menschensohn, zugleich der Sohn Gottes. Die Doppelheit der beiden Personen, die im Text offensichtlich ein einziges Wesen sind (denn *alles* ist für beide gleich, es gibt nicht die Spur eines Unterschiedes in ihrem Lebensschicksal, und das ist doch recht ungewöhnlich!) erinnert uns an das, was die klassische Theologie die »zwei Naturen« Jesu genannt hat. Andererseits darf aber nicht aus dem Blick verloren werden, daß Jesus keine isolierte, einsame Gestalt ist: Er stammt aus dem erwählten Gottesvolk und verkörpert die ganze Familie Davids. Zugleich ist er der Herr der Kirche, die Kirche ist sein Leib. Und damit vereinigen sich in ihm die beiden Zeugen Gottes: Israel und die Kirche. Und schließlich (wir wissen bereits, daß Symbole zwangsläufig immer mehrfache Verstehensebenen aufweisen) steht Jesus hier, genau in der Mitte der Apokalypse, im Angelpunkt zwischen dem ersten Teil, der das Geschichtliche umgreift (Kirche und Menschheitsgeschichte), und dem zweiten Teil, der über-geschichtlich, meta-historisch ist (Gericht und Neuschöpfung): Es gibt also zwei Seiten, zwei Gesichter dieses Zeugen, von denen das eine zum Geschichtlichen, das andere zum Übergeschichtlichen hingewendet ist. So ist der eine Jesus Christus (dessen Namens-Doppelheit, die uns schon so geläufig ist, daß sie uns nichts mehr bedeutet, bereits darauf hinweist) in sich selbst der doppelte Zeuge, der doppelte Märtyrer, der Blut-Zeuge des Herrn. So ist er auch mit den Zeugen des Vaters verbunden, zugleich aber sind die beiden Zeugen auch Israel und die Kirche. Wenn diese Analyse stimmt, dann folgt daraus unmittelbar, daß alles Geschehen, das die Zeugen betrifft, auch auf Israel und die Kirche bezogen ist. Ihre Inkarnation ist zugleich die göttliche Inkarnation inmitten von Israel und Kirche. Sie vereinigen in sich Israel (auch die großen ›spirituellen Führer‹ Israels – Elia, der den Regen verschlossen hat – 1Kön 17,1, Mose, an den mit dem in Blut verwandelten Wasser aus Ex 7,17 erinnert wird) und zugleich die Kirche, die ihr Leib ist. Von daher haben Israel und die Kirche ihre Macht und können mit dieser Macht selbst im Bereich des Zeugendienstes handeln. Sie können ein Feuer auf Erden anzünden, in allem aber haben sie dem Schicksal ihres Herrn zu folgen. Israel und die Kirche können nicht damit rechnen, besser behandelt zu werden als Jesus – damit aber verwandelt sich Jerusalem in das Gegenteil dessen, was es ist: in Sodom und Ägypten, in den Ort des absoluten Ungehorsams des Menschen gegenüber Gott. Der Sieg des Todes gegen Israel und die Kirche ist für die Menschen immer ein Augenblick des Festes und der Befreiung, weil sie sich durch Israel und die Kirche unterdrückt fühlen. In der Tat ist das Feuer, das aus ihrem Munde kommt, die totale Infragestellung, das In-die-Enge-Getriebenwerden der Menschen durch die Verkündigung des Evangeliums, das absolut unerträglich ist. (Wenn ich in der Blickrichtung unseres Bibeltextes von Israel und der Kirche rede, dann habe ich freilich das treue Israel und die Kirche als Leib Christi im Blick, nicht etwa die Institution und das weltliche Herrschaftsgebiet, das sich Israel und die Kirche zu ihrer eigenen Ehre schaffen.)

Was Jesus geschehen ist, das muß ebenso Israel und der Kirche widerfahren, den beiden Zeugen des Gottes Jesu Christi. Denn selbst wenn Israel Christus nicht anerkennt, so kann es doch gar nicht anders, als Zeuge jenes Gottes zu sein, den Jesus als seinen Gott bekannt hat. Zudem folgen die beiden Zeugen ihrem Herrn in allem, sie ertragen also wie er Verfolgung und Tod und erfahren die Auferstehung. Diese ist dann die Auferstehung des ganzen Leibes Christi, und es sei hier in aller Deutlichkeit betont, daß unsere individuelle Auferstehung nur geschieht, insofern wie Glieder des Auferstehenden sind, Glieder also am Leibe Christi.

Bemerkenswerterweise ist die Folge der Auferstehung am Ende dieser Vision kein neues Stück Geschichte, sondern die Himmelfahrt, das Gericht über Jerusalem, das Babylon gleich geworden ist, und die endgültige Bekehrung der Menschheit (11,12–13). All dies wird an dieser Stelle nur ganz kurz erwähnt, einfach um anzukündigen, was in den letzten beiden Hauptteilen des Buches ausführliche Darstellung finden wird.

Das ist meines Erachtens der Sinn dieser Vision. Wir dürfen uns dabei nicht wundern, wenn das gleiche Symbol (die beiden Zeugen) hier in mehreren Dimensionen, mehreren Bedeutungen erfaßt werden muß, also zunächst als Jesus Christus, dann als Israel und die Kirche. Wie ich meine, macht gerade dies das Wesen des Symbols aus: Symbole dürfen niemals einfach mit lexikalischen Entsprechungen interpretiert werden, im Stil von ›x = y‹. Das Symbol ist immer mehrdeutig, und infolge seiner Vielschichtigkeit nimmt es Elemente all der Wirklichkeitsebenen auf, die es berührt. Mir scheint nun allerdings, daß das Symbol der zwei Zeugen zwar durch den Bericht der Evangelien hinreichend identifiziert werden kann, dennoch aber mehrere Wirklichkeitsebenen in sich vereinigt. Diese Fülle läßt die Tiefe der Beziehung zwischen Gott und dem Sohn, zwischen dem Volk und der Kirche spürbar werden.

Der Bund

Die zentrale Offenbarung setzt also mit dem Hinweis auf Jesu Dienst auf Erden, seinen Tod und seine Auferstehung ein, und erst von da aus, erst daraufhin geht die Darstellung zum Ereignis der Inkarnation über, sagen wir zur Inkarnation, wie sie im Himmel erlebt wird. Sie wird (unter Absehung von allen Dramen und Kämpfen) entscheidend als *Bund* dargestellt: Der himmlische Tempel Gottes öffnet sich, und die Lade des Bundes wird sichtbar. Besser könnte der neue Bund gar nicht beschrieben werden, denn hier wird tatsächlich die Identifikation Gottes mit den Menschen Wirklichkeit, ein *ewiger* Bund, weil diese Lade nicht mehr wie die des Mose oder des David auf Erden ist. Sie ist vielmehr jener Bund, der durch die Verbindung des ganzen Menschen mit der Ganzheit Gottes in der Person Jesu Christi geschlossen wird. Darum müssen wir hier keine komplizierten Erklärungen suchen (daß etwa die Bundeslade des Mose die irdische Nachbildung einer himmlischen Lade wäre, oder auch, daß die Bundeslade am Ende der Zeiten wiederentdeckt und sichtbar werden würde – all das ist bedeutungslos gegenüber dem zentralen Mysterium der Entscheidung Gottes für den Menschen!).

Die Enthüllung des absoluten Mysteriums des Willens Gottes wird durch eine sehr wesentliche Aussage markiert: Die vierundzwanzig Ältesten, die Gott anbeten, nennen Gott den »Allmächtigen, der da ist und der da war . . .« (11,17). Im Augenblick des Neuen Bundes ist in der Tat nicht mehr die Rede von dem, der *da kommt* oder der da sein wird, denn die Fülle ist in diesem gegenwärtigen Augenblick im Himmel und auf Erden schon da. Es gibt keine Zu-kunft mehr, denn nichts anderes, nichts Neues kann sich mehr über diesen Bund hinaus ereignen. Der Herr, »der da war«, erfüllt die Gesamtheit seines Wollens in diesem Augenblick. Er kann nicht mehr als der, »der da kommt«, bezeichnet werden, denn er ist ja in der Inkarnation bereits da. Diese Gebetsformel bestätigt damit, daß es sich nicht nur um die Darstellung der Inkarnation, sondern zugleich um die der Endzeit handelt. Die Inkarnation ist nach unserem Text hier (11,15–19) tatsächlich der Augenblick des Weltgerichts und der Herrschaft Christi. Weil Christus bereit war, in Jesus Mensch zu werden, hat er die Herrschaft über die Welt. Darum löst der siebente Engel durch das Blasen seiner Posaune ganz folgerichtig die Verkündigung aus: Die Herrschaft über die Welt gehört *jetzt* unserem Herrn und seinem Christus.

Dieser Vers steht nun genau im Angelpunkt zwischen der Vision von den zwei Zeugen und der von der Frau und dem Drachen. Das bedeutet, daß von dem Augenblick an, in dem Gott den Weg der Machtlosigkeit und des Todes gewählt hat, und seit der Auferstehung das Reich der Welt wirklich Jesus Christus zugehört, zugleich aber auch dem Vater, der nun nicht mehr kraft seiner Allmacht und Schöpferkraft (an die Vers 17 erinnert) herrscht. All das ist zwar immer noch vorhanden, aber doch herrscht er nur noch kraft seiner Liebe und seines Opfers. Der Vater hat dem Sohn die Herrschaft übergeben, der Sohn aber hat seinerseits im Gehorsam die Königsherrschaft dem Vater zurückgegeben; darum ist es nicht weiter verwunderlich, daß diese Proklamation am Ende des Erlebens von Verkündigung, Tod und Auferstehung Jesu und am Anfang der Schilderung des Inkarnationsgeschehens steht: Beide sind nämlich in gleicher Weise betroffen. Zugleich aber wird durch beides die Zeit des Gerichts angesagt, weil diese Entscheidung Gottes die Menschen und die Völker zwingt, vor dem Angesicht des sich offenbarenden Gottes Stellung zu beziehen und zu zeigen, wer sie wirklich sind. Nun ist es nicht mehr möglich, zu meinen, Gott sei im Himmel und er habe dort zu bleiben, damit auch wir unsere Ruhe haben. Gott ist nun unwiderleglich mitten unter uns gegenwärtig. Es ist nun auch nicht mehr möglich, sich gegen einen Gott aufzulehnen, der nur Macht ist, eine anonyme Größe, abstrakter, reiner Wille usw. ; eine Auflehnung, die von der Freiheit des Menschen zeugen würde, von der Würde des Menschen einem Tyrannen gegenüber, von seiner Größe gegenüber dem, der ihn beherrschen, unterjochen will. Gerade dieser allmächtige Gott ist der schwächste unter allen Menschen geworden, er hat darauf verzichtet, durch Zwang zu wirken, und hat die Absolutheit seiner Liebe sichtbar werden lassen: Und angesichts dieser Machtlosigkeit Gottes, angesichts dieser seiner Liebe offenbart der Mensch tatsächlich, wer er ist. Solange er sich gegen einen Unterdrücker auflehnte, hatte er die vorteilhaftere Rolle. Jetzt aber beantwortet er Liebe mit Haß, Machtlosigkeit mit der Entfesselung seiner Macht, Gnade mit dem Triumph des Geldes, das Geschenk mit Raub, den Bund mit Krieg – der Mensch zeigt also tatsächlich, wer er ist – und *das* ist sein Gericht. Denn Zentrum des Gerichts ist die Offenbarung. Der Offenbarung Gottes in Jesus Christus entspricht die Offenbarung der Wirklichkeit des Menschen gegen Jesus Christus: Und darin liegt das *ganze* Gericht. Es geht dabei um das Gericht über die Toten (11,18), das heißt über die, die das Leben in Gott verweigern, dasjenige Leben, das im Neuen Bund gänzlich erfüllt ist. Gericht heißt Zerstörung derer, die zerstören, ob sich dies nun auf die Schöpfung bezieht, auf andere Menschen oder auch auf das Reich Gottes. Zerstörung gebiert ihrerseits wieder Zerstörung, letztlich läuft sie auf Selbstzerstörung hinaus. Und damit sind wir beim zweiten Aspekt des Gerichts: es ist im Grunde die Frucht des menschlichen Handelns selber. Zugleich ist es der Ausdruck des Zornes Gottes als Antwort auf den Zorn des Menschen: Nach dem Bund und der Ablehnung des Bundes bleibt nur noch die Möglichkeit des Zorns. *Allerdings* muß unterstrichen werden, daß es sich hier um den Zorn gegen die Nationen handelt, keineswegs unbedingt gegen die Menschen allgemein. Wir werden auf diese Frage, gegen wen sich das Endgericht wendet, ausführlich zurückzukommen haben.

Die Inkarnation ist nun also *im Himmel* diese Herrschaft, dieser Bund und das Gericht, wobei freilich keines von ihnen auf Erden sichtbar wird. Diese verborgene Wesensbestimmung des Christusgeschehens erlaubt die Behauptung, daß alles Folgende auf das Geschehen der Inkarnation im Himmel bezogen ist. Dort ist die Inkarnation in ihrer vollen Wahrheit und zugleich auch in ihrer himmlischen Wirklichkeit dargestellt. Damit aber kommen wir zum Mysterium der Frau mit dem Drachen.

Die Frau und der Drache

Die Frau führt uns ein weiteres Mal zur Bedeutungsvielfalt der Symbole. Zunächst ist sie ganz offensichtlich *die* Frau, das himmlische Gegenstück zu Eva, was uns die Erfüllung der Verheißung aus der Schöpfungserzählung von der Feindschaft zwischen Eva und der Schlange, vom Sieg ihrer Nachkommenschaft über die Schlange und dem Fall der Schlange (Gen 3,15; Offb 12,9) bestätigt. Weiterhin ist die Frau aber gewiß auch Zion und Israel, die den Messias und die Glaubenden hervorbringen. Ebenso offensichtlich ist sie außerdem Maria (oder das himmliche Gegenstück zu Maria), die Mutter des Kindes. Dafür halte ich es allerdings für unmöglich, neben diesen Deutungen noch die von der Kirche zu stellen (diese Bedeutung wird in der Tat von zahlreichen Kommentatoren der Frau beigelegt), denn es geht ganz klar um die Geburt des Messias als solchem, um die Geburt dessen, der die Prophetien erfüllt und den Sieg davonträgt: Die Kirche aber bringt nicht selbst das Kind hervor, sie stammt im Gegenteil von ihm ab.

Nun scheint mir allerdings, es gäbe noch eine weitere Dimension des Symbols, die bei den klassischen Interpretationen, an die ich hier erinnert habe, nicht im Blick ist: Wir dürfen nicht vergessen, daß wir uns hier (12,7.9) auf der Ebene des Kosmischen[1] befinden, angesichts der Betroffenheit des ganzen Himmels (Michael und seine Engel) wie der Hölle (Teufel und Satan), zugleich aber auch auf der Ebene der himmlischen Darstellung irdischer Wirklichkeit und auf der des Meta-Verständlichen. Außerdem darf nicht unberücksichtigt bleiben, daß die Inkarnation die völlige Einheit des *ganzen* Menschen mit Gott in seiner *Fülle* bedeutet. So gesehen scheint mir die Frau das Bild für die ganze Schöpfung (von Himmel und Erde) zu sein, die gewissermaßen ins Dasein gerufen wurde, um die Frucht der innigsten und entscheidendsten Verbindung Gottes mit seiner Schöpfung hervorzubringen. Hiernach kann es keinen Widerstand, keinen Bruch mehr geben. Die Geburt des Kindes ist dann wirklich das Ergebnis der Vereinigung von Schöpfung und Schöpfer. Damit wird (wenn man von der dialektischen Denkweise ausgeht, die ja auch beim zur Krisis der Welt führenden Auftreten der zwei Zeugen vorausgesetzt ist) das In-Erscheinung-Treten einer Neuen Schöpfung zum Ausdruck gebracht. Es gibt jetzt einen neuen Anfang, etwas

---

1 Ohne daß das auch nur im entferntesten mit mythischen oder gnostischen Kosmologien gleichgestellt oder auch nur verglichen werden könnte. Hier ist der kosmologische Horizont Träger einer tieferen Wahrheit – er hat keine Bedeutung an sich. Er ist lediglich ein Ausdrucksmittel, das etwas ganz anderes bezeichnet.

absolut Neues – denn bisher konnte nichts von dem, was *im* Bereich der Welt abläuft, wirklich neu sein. Das einzig mögliche Neue ist das Auftauchen eines Ausgangspunktes, der radikal anders ist als alles, was bisher dagewesen ist: Bisher gab es nur die Beziehung Schöpfer – Schöpfung; nun erscheint eine unvergleichliche, unermeßlich andere Beziehung: Vater – Sohn, Bräutigam – Braut, bei der sich die Gegensätze vereinigen, bis sie sich in einer neuen Identität verlieren. Wenn nun aber ein so unvorstellbar anderer und neuer Ausgangspunkt gegeben wird, dann bedeutet das nicht nur, daß alle alten Bezugspunkte aufgehoben sind, ihre Gültigkeit verloren haben (das scheint mir der Sinn der Aussage 12,5 zu sein, daß das Kind alle Völker mit eisernem Stabe weiden soll), sondern zugleich auch, daß die allzu bekannten logischen Entwicklungslinien, die mit der Macht der Schlange gegeben sind und die alle auf den Tod hinauslaufen, ebenfalls umgekehrt sind: Die Entwicklung geht nun dem Leben entgegen. Die Schöpfung hat das Gotteskind hervorgebracht, den Lebendigen selber, und so kann sie nun nicht mehr dem Tod, dem Untergang geweiht sein. Der Tod ist in diesem Augenblick tatsächlich bereits überwunden, denn das absolute Leben (Gott, der Ewige, der Lebendige) hat sich bis zur Selbstaufgabe aufs innigste mit seiner Schöpfung, seinem Geschöpf verbunden.

Nun ist noch besser zu verstehen, warum die Ereignisse nicht dem Faden des geschichtlichen Ablaufs folgend dargestellt werden konnten: Zuerst mußte (11,11) von der Auferstehung geredet werden, damit im Anschluß daran offenbart werden konnte, daß sich das Wunder des Sieges über den Tod bereits im Augenblick der Geburt ereignet hatte.

Das bedeutet aber zugleich, daß Chaos und Tod ihrer Macht beraubt sind. Darum diese Entfesselung im Augenblick der Geburt. Dem Drachen, der alten Schlange muß es gelingen, die Inkarnation vollkommen zu verhindern. Wenn sie nämlich Wirklichkeit wird, dann ist für Chaos und Tod alles verloren. Dann sind sie genausowenig in der Lage, die Schöpfung zu vernichten, den Menschen zu zerstören, wie sie es im Angesicht des allmächtigen Herrn könnten. Damit rechtfertigt die Entscheidung zur Inkarnation das Erscheinen des Drachen und ruft es hervor (nicht aber das Auftauchen von Reminiszenzen an ungezählte kosmische Kämpfe zwischen den Mächten des Guten und des Bösen in der Vorstellungswelt eines etwas konformistischen Redaktors irgendeiner Apokalypse . . . – zwar bedient sich unser Text geläufiger Bilder, erhebt sich aber weit über diese Art von Banalitäten). Bis jetzt gab es einen Ort (sogar mehrere) für die Macht des Todes und des Chaos. Den Zwischenraum nämlich, den Abstand, den Gegensatz zwischen dem Schöpfer und seiner Schöpfung. In *diesem* Zwischenraum wirken die Mächte, die in Vers 9 umfassend bezeichnet und ineins gesetzt sind: der Drache, der am Grunde der Meere ist und die Chaosmacht darstellt, sodann die Schlange, die Versucherin, die immer wieder die Frage stellt, durch die der Mensch jedesmal neu entdeckt, daß Gott sich anders zeigt, als er in Wahrheit ist. Diese Schlange schafft eine einzige Realität: den Zweifel – damit ist sie die Mutter der Lüge. Drittens sehen wir den Teufel, den Diabolos, den, der trennt, der den Bruch hervorruft (nicht nur den Bruch zwischen Gott und den Menschen, sondern auch alle anderen, alle Spaltung und Trennung, allen Krieg und Haß), der sich wie ein Keil in alle Beziehungen, Bindungen und Gemeinschaften schiebt, um Trennung und Spaltung unter die Menschen zu bringen. Die Gegenkraft der Liebe ist das – sehr viel differenzierter als der Haß! Schließlich der Satan, der Ankläger, der das Werk des Diabolos vollendet, indem er die Anklage auslöst, sei es vor Gott, um die Menschen anzuklagen, oder auch zwischen den Menschen. Alle Anklage ist Werk des Satans.

Wenn uns nun unser Text eine außerordentlich starke Reaktion der Mächte zeigt, die im Drachen vereinigt sind, so darf man deshalb nicht einfach zu dem Schluß kommen, es gäbe diese Reaktion, weil hier Gott am Werk wäre (wie das in zahlreichen Mythen der Fall ist, wo dann alles auf einen Kampf zwischen Gut und Böse hinausläuft, wobei dieser in den buntesten Farben – die hier im übrigen außerordentlich beherrscht und bescheiden auftauchen – gemalt ist. Von alldem kann hier keine Rede sein). In Wirklichkeit sind die Mächte vom eigentlichen Geschehen der Inkarnation, von der vollkommenen Vereinigung zwischen Gott und den Menschen ausgeschlossen. Wenn dieses Geschehen zustande kommt, dann haben sie überhaupt keinen Ort mehr, denn von da an verfügt die Schöpfung sogar über das Leben Gottes: Sie besitzt dann die sichere Erkenntnis der Wahrheit (es kann also keinen Zweifel mehr geben), und die Verbundenheit, die Einheit zwischen Gott und Mensch ist so vollkommen, daß kein Raum mehr bleibt für irgendeinen Bruch; auch kann dann niemand mehr den anderen anklagen – weil die Liebe in der endgültigen, absoluten Einheit triumphiert. In dieser makellosen Einheit haben die Zerstörungsmächte keinen Handlungsspielraum mehr, sie sind schlicht und einfach ausgeschlossen. Nun vollzieht sich dieser Ausschluß im Leben Jesu in drei Phasen: in Geburt, Versuchung und Kreuzigung, und mir scheint, diese drei Ereignisse seien bei dem himmlischen Kampf (12,7–9) im Blick. Was den Drachen aus dem Himmel und die Mächte von ihren Positionen stürzt, ist gerade das, daß die Liebe Gottes in Jesus *in* der Niedrigkeit, *in* der vollkommenen Ohnmacht den totalen Sieg erringt. Genau in dem Maße, in dem der Mensch Jesus in vollkommenem und andauerndem Einklang mit dem Willen des Vaters ist – wobei es nicht um knechtischen Gehorsam gegenüber einem Gesetz, sondern um die vollkommene Antwort der Liebe auf die geschenkte Liebe geht –, insofern Jesus jederzeit frei ist dazu, anders als Gott zu sein, und dennoch unentwegt freiwilliger Ausdruck des Willens Gottes bleibt, gibt es für die Mächte nun keinen Platz, keine Aufgabe mehr. Der Drache ist wirklich ausgeschaltet, das Chaos kann nicht mehr herrschen (darum heißt es wohl auch, in Christus sei die Welt *geschaffen*). Es kann nun keine Anklage vor Gott, auch keine Trennung zwischen den Menschen und Gott mehr geben (und darum wird Jesus als der Retter, der Heiland bezeichnet).

Allerdings sind diese Mächte nicht vernichtet. Sie haben einzig ihre entscheidende Fähigkeit verloren, die Macht zu gewinnen und endgültig Chaos oder Trennung zu schaffen. Übrigens muß in diesem Zusammenhang im Auge behalten werden, daß eine Trennung *von Gott aus*, die Tatsache also, daß Gott seinerseits die Menschheit verwerfen würde, nichts anderes hieße als das, daß er sie von sich aus verurteilt – das aber würde ebenfalls Sieg für die Chaosmächte bedeuten! Wenn man etwas leichtfertig vom Gericht Gottes spricht und dabei an die Verurteilung und Verdammung bestimmter Menschen denkt (für gewisse Theologen wäre das ja die riesige Mehrzahl aller Menschen), so vergißt man völlig, daß dies nicht etwa Ausdruck der Gerechtigkeit Gottes, sondern vielmehr ein Erfolg für die Höllenmächte wäre. Wenn Gott verdammt, so tut er genau das, was Satan anempfiehlt. Wenn er den Menschen dem Tod ausliefert, so ist das genau das, was der Drache will. Wenn Gott die Schöpfung der Zerstörung anheimgibt, so bedeutet das, daß der Diabolos endlich sein Ziel erreicht hat, die Beziehung zwischen dem Schöpfer und seinem Geschöpf auf immer zu zerbrechen. Damit aber wäre das ›apokalyptische‹ Gericht, wie es allzu häufig beschrieben wird, keineswegs Verwirklichung der Gerechtigkeit Gottes, sondern vielmehr der Sieg der höllischen Mächte. Beiläufig sei dazu noch bemerkt, daß die Gerechtigkeit, von der behauptet wird, sie verlange dieses Gericht Gottes, in Wirklichkeit einem juridischen Konzept aus dem römischen Recht entstammt. Das aber hat nicht das geringste mit dem zu tun, was das Alte Testament Gerechtigkeit nennt, geschweige denn mit dem, was uns Jesus als die Gerechtigkeit des Vaters darstellt (etwa mit den Arbeitern der elften Stunde Mt 20 oder im Gleichnis von den anvertrauten Pfunden Lk 19). Durch das Faktum der Inkarnation sind also die Mächte auf die Erde zurückgeworfen. Die Inkarnation ist ja noch nicht alles, sie ist nur der Ausgangspunkt, der Ursprung, der neue Anfang. Und es handelt sich wirklich nur um den Anfang. Die Fortsetzung, die auf der Erde erfolgen muß, bleibt noch zu schaffen, und sie schließt nicht nur den Sieg Gottes über die Mächte, sondern zugleich auch den Sieg des Menschen über alle diese Kräfte in sich. Darum sind sie auch auf Erden, nicht im Himmel. Im Augenblick der Inkarnation haben sie ihre ewige Macht verloren (»Du bist gekommen, um uns zu vernichten« Lk 4,34). Durch die Entscheidung Gottes können sie nun nicht mehr gewinnen. Immerhin bleibt ihnen noch ein beachtlicher Einfluß unter den Menschen. Sie können Menschen zu Tode bringen (12,11), sie können auf Erden anklagen und zerstören (12,12).

Warum aber bleibt ihnen noch eine Frist? Warum dieser Vorbehalt; warum gibt es keinen unmittelbaren und totalen Sieg Gottes? Zwei Elemente einer Antwort bieten sich uns an. Zunächst wäre der totale Sieg ein neuerliches Mal Ausdruck der absoluten, unbegrenzten Macht Gottes. Wieder würde es um einen Kampf der Mächte und Gewalten gehen, und diese Explosion der Macht ist genau derjenige Weg, den der Versucher vorschlägt. Er fordert unentwegt Gott zum Kampf heraus. Wenn es aber dazu kommt, dann ist Gott nicht mehr die Liebe. Der Weg, zu dem sich Gott in der Inkarnation entschlossen hat, ist der Triumph der Liebe, und zwar derjenigen Liebe, die sich schenkt, sich hingibt, sich preisgibt, nicht aber tötet. Die Mächte sind nicht darum gestürzt, weil die Macht Gottes triumphiert, vielmehr sind sie von dort verdrängt, wo diese Liebe den Sieg errungen hat. Und dieses ›dort wo‹ ist nichts anderes als der Himmel. Die Machtlosigkeit der Liebe geht sogar so weit, daß in dem Augenblick, in dem ein Machthandeln erforderlich wird, dies nicht von Gott vollzogen wird: Wir sehen mit Staunen (12,16), wie die Schöpfung einspringt, um das Kind zu retten (wenn die Menschen schweigen, müssen die Steine schreien Lk 19,40). Der Drache speit einen Strom von Wasser aus (12,15): die satanische Wiederholung der Sintflut. Zwar hat Gott erkannt, daß die Sintflut zu nichts geführt hat. Er hat entschieden, daß der Mensch ihr nie mehr unterworfen sein soll. Der Drache aber sucht durch die Sintflut nun nicht die Menschen zu töten (die ungehorsam, Sünder sind), im Gegenteil: Er will den einen töten, in dem Gehorsam und Liebe triumphiert haben. Und er verwendet die Wasser, weil er auf dem Grund der Meere wohnt, weil er der Herr über das Wüten der Wasser ist. Gott muß nun keinen Damm schaffen oder die Wasser eingrenzen, um das Kind zu schützen, die Erde greift ein und handelt nach Gottes Plan.

Der andere Aspekt dieser Frist, so zeigt uns unser Text, ist der, daß es sich um die Zeit der Erprobung für den Menschen, für die Menschen, die Menschheit handelt: Die Zeit der Wüste (die in Vers 6 und dann noch einmal Vers 14 erwähnt wird). Die Zeit der Wüste ist tatsächlich die Zeit der Prüfung. Es geht hier mit anderen Worten um die Frage, ob der Mensch Jesus folgen wird, ob er bereit ist, seinen Platz im Plan Gottes einzunehmen, das Einssein mit Gott zu akzeptieren.

Schon mehrfach haben wir betont, daß wir hier den Neuanfang vor uns haben. Das trifft zu — was aber wird nun die Folge dieses Neuanfangs sein? Nichts anderes als die Wiederaufnahme der Geschichte Adams: So hoch achtet Gott die Freiheit des Menschen, daß er ihn von neuem frei macht. Damit aber wird dieser Mensch befähigt, noch einmal die ganze Liebe Gottes abzulehnen. Die Zeit der Wüste ist jene Zeit, in der der Mensch all seiner natürlichen Hilfsmittel beraubt ist, all seiner Möglichkeiten, aller Schutzmechanismen der Kultur. In der Wüste ist der Mensch wahrhaft ›entfesselt‹, freilich mit allen Gefahren und Risiken, die das in sich birgt. In der Zeit der Wüste hat der Mensch keine andere Stütze, keine andere Sicherheit als die Gnade Gottes. So kommen die Frau und das Kind also in die Wüste: Im Geschehen der Inkarnation hat Jesus nicht die geringste menschliche Zuflucht, keine Macht, die ihm Sicherheit verleihen könnte. Er ist nackt und bloß allen Gewalten ausgeliefert. Seine einzige Zuflucht ist die Gnade Gottes. Die Zeit der Wüste beginnt nun aber in diesem Augenblick zugleich auch für die Menschen (darum ist mit dem Kommen Christi ein Moment der Auflösung, des Zerfalls in alle Kulturen und Gesellschaften eingepflanzt. Die Gesellschaft, in der das Evangelium verkündigt wird, wird damit in ihrem Wesen geschichtlich verändert: Der Mensch tritt ein in die Wüste), denn in diesem Augenblick wird die neue Beziehung zu Gott eröffnet, mit aller Unsicherheit und Ungewißheit, mit aller Unbestimmtheit, die das zugleich bedeutet, kurz: mit aller Freiheit, die das mit sich bringt. Die

Freiheit aber, in die Gott selbst den Menschen entläßt, gibt den Mächten wieder einen Ort, an dem sie wirken können, und darum bezieht der Drache Stellung am Ufer des Meeres (12,18), an der Grenze zwischen seinem Reich und der beginnenden Neuen Schöpfung, an der Nahtstelle zwischen der Grenzenlosigkeit des Ozeans und der Grenzenlosigkeit des Neuen Anfangs auf Erden – und zwar nur da! (Denn für alles andere ist die Versöhnung errungen!) Und trotzdem hat das Wirken des Drachen auf Erden noch gewaltigen Erfolg!

Der Kampf gegen die Kirche

Der Drache beginnt also den Kampf gegen die Übriggebliebenen von den Kindern der Frau, »die die Gebote Gottes bewahren und das Zeugnis haben« (12,17), gegen die Kirche. Nun finden wir an dieser Stelle eine bemerkenswerte Anspielung auf den Auszug aus Ägypten, und zwar in der Transposition auf eine neue Ebene: Zunächst wirkt die Überschwemmung gegen Jesus wie ein Bild von der Sintflut; wenn man sie aber auf die Kirche bezieht (und wir müssen daran denken, daß diese Texte bewußt mehrdeutig, vielschichtig sind, denn die Kirche ist ja der Leib Christi), dann handelt es sich um das Bild, das Symbol von den Wassern des Schilfmeers – allerdings in der Umkehrung, denn die Wasser, die die Ägypter verschlungen haben, sind nun dazu bestimmt, die Kirche zu vernichten. Zugleich ist auch an das zu erinnern, was wir über die den ägyptischen Plagen vergleichbaren Katastrophen gesagt haben. Bezeichnend ist auch die Hinführung in die Wüste, und schließlich die beiden Flügel des großen Adlers, die der Frau zur Flucht gegeben werden: Genau die gleiche Darstellung gibt uns die Sinaioffenbarung vom Auszug aus Ägypten (Ex 19,4): »Ihr habt gesehen, was ich mit den Ägyptern getan habe, und wie ich euch getragen habe auf Adlerflügeln und euch zu mir gebracht«. Das ist keineswegs zufällig. Der Auszug aus Ägypten war Frucht eines Bundes Gottes mit seiner Schöpfung, er war der erste Versuch zur Befreiung des Menschen, war die Erwählung des Volkes, das Gottes Volk auf Erden und unter den Menschen sein sollte. Wenn das nun hier in Erinnerung gerufen wird, so sicher, um deutlich zu machen, daß die Inkarnation die Wiederaufnahme dieses ganzen Geschehens ist, ihre Erfüllung und Frucht. Zugleich ist diese Anspielung eine weitere Bestätigung dessen, daß es sich bei all dem, was hier geschildert wird, um nichts anderes als um die Inkarnation handeln kann.

Die beiden Tiere

Ausgehend von der Offenbarung dessen, was die Inkarnation im Himmel bedeutet, gelangen wir nun zu einer neuen Dimension (einer neuen Vision), dem Auftauchen der beiden Tiere, von denen das eine aus dem Meer, das andere aus der Erde aufsteigt (13,1.11). Offensichtlich handelt es sich um die Konsequenzen der Inkarnation. Da es aber heißt, der Drache sei auf die Erde gestürzt worden (»ich sah Satan vom Himmel fallen wie einen Blitz« Lk 10,18), er habe am Ufer des Meeres Stellung bezogen (12,18), muß das bedeuten, daß wir hier auf Erden wirkende Mächte vor uns haben, daß also ein Aspekt der Geschichte enthüllt wird. Die Beziehung zur ›Offenbarung im Himmel‹ besteht darin, daß es sich, auch wenn sich die Ereignisse nicht mehr im Himmel abspielen, bei dem Dargestellten um die auf Erden geschehende Kehrseite dieser Offenbarung handelt. Was der Leser für einen einfachen Handlungsablauf hält, das ist in Wirklichkeit Deckmantel für eine geheime Macht, für eine Persönlichkeit mit einer bestimmten Absicht, einem Ziel. Wir sind hier nicht im Bereich des einfach naturhaften Geschehens, sondern in dem einer tieferliegenden Wirklichkeit, die das Ereignis nur zufällig in dieser Weise sichtbar macht.

In der Regel werden die beiden Tiere als die römische Staatsmacht (man kommt immer wieder auf die beherrschende Bedeutung der Verfolgungen zurück) und als der falsche Prophet verstanden. Allerdings ist dann zu fragen: Prophet wovon? Das wird nie gesagt, abgesehen von der Erwähnung der Propaganda für den Kaiserkult. Gewöhnlich wird die Verbindung zwischen den beiden Tieren nicht gesehen, obwohl sie im Text deutlich hervortritt (13,12.14.15). Im übrigen frage ich mich, wie man den Niveauunterschied übersehen kann, der zwischen der Inkarnation und dem damit zusammenhängenden kosmischen Geschehen einerseits, und dann plötzlich andererseits der Bezugnahme auf das Augenblicksgeschehen des Römischen Reiches besteht, denn obwohl Rom zur Zeit der Abfassung gewiß ein besonderes Gewicht hatte, war seine Begrenztheit doch unverkennbar. Wenn wir uns auf die Ebene begeben, die der Autor der Apokalypse von Anfang an entschlossen einnimmt (wir sahen ja bereits und werden es bei den Briefen an die sieben Gemeinden nochmals in aller Deutlichkeit erkennen, daß das Augenblicksgeschehen für ihn nur Anlaß und Gelegenheit ist, eine tiefere, grundlegende, universale Wirklichkeit darzustellen), dann müssen wir erkennen, daß sich die Symbolik des ersten Tieres, auch wenn es im konkreten geschichtlichen Augenblick im Römischen Staat Fleisch und Blut angenommen hat, doch keineswegs in dieser banalen Allegorie erschöpft. Es geht vielmehr um eine Macht, die sich als souveräne Herrschaftsmacht aufspielt und der das zweite Tier auf dem Gebiet religiöser oder psychischer Einflußnahme in die Hand arbeitet. Ich scheue mich nicht zu behaupten, das erste Tier bezeichne die *Macht*, die politische Gewalt im allgemeinen und universellen Sinne. Das zweite Tier dagegen ist die *Propaganda*, also die Einrichtung einer bevorrechtigten, exemplarischen, über alle Kritik erhabenen Beziehung zwischen der Macht und dem Menschen. Das mag überraschen, und ich verwende hier absichtlich moderne, unserer Kultur entstammende Begriffe. Wir werden allerdings sehen, daß sie tatsächlich den von unserem Text aufgezeigten Wesenseigenheiten am ehesten entsprechen.

Die Macht

Das erste Tier hat zehn Hörner und sieben Köpfe (13,1). Ohne Frage kann hier herausgelesen werden: Sieben Hügel und zehn Kaiser – wenn man sich

auf Rom bezieht. Das ist nicht ausgeschlossen, wir werden darauf im sechsten Kapitel zurückkommen. Aber das ist außerordentlich beschränkt.
Denn das Horn ist schließlich in der ganzen Bibel und darüber hinaus in un-
gezählten weiteren Schriften aus dem Vorderen Orient das der Tradition
entstammende, unmittelbar einleuchtende, völlig verständliche Symbol der
Macht. Das zehnfach multiplizierte Horn ist die ins Absolute gesteigerte
Macht. Der Kopf ist in ähnlichem Sinne Zeichen der Führung, der Befehlsgewalt und des bewußten Handelns, und er wird durch die Zahl sieben ins
Universale erhoben. Außerdem wohnt dieser Befehlsgewalt, dieser Füh-
rungsmacht eine blasphemische Zielsetzung inne (»Auf seinen Köpfen trägt
es gotteslästerliche Namen«), was darauf hinweisen will, daß diese Herrschaftsmacht Anspruch auf Gottes Macht erhebt.
Schließlich haben wir – die Sache wird überdeutlich gemacht, indem sich die
Autoritätssymbole häufen – auch noch die Diademe auf den Hörnern: Zeichen der Königsmacht. Im Blick auf die Absicht dieses Symbols kann es
wohl kaum einen Zweifel geben. Die Tatsache allerdings, daß eine Pluralität
(sieben, zehn) dargestellt ist, deutet bereits darauf hin, daß nicht *eine* bestimmte Macht gemeint sein kann. Es geht um eine sehr viel allgemeinere,
fortwährende Machtstruktur. Nicht Rom ist im Blick, sondern das, was
Rom in seinem politischen Expansionsstreben, in seiner Organisation zum
Ausdruck brachte; das, was Rom in eine praktisch niemals übertroffene
Höhe brachte, nämlich die politische Macht *abstrakt gesehen* (die von Rom
erstmals voll realisiert wurde), die absolute Macht des Politischen[2]. Dann
folgt die Beschreibung der Wirkung dieser Macht (13,2): Eine tödliche
Wunde wird ihr beigefügt, aber sie wird geheilt. Damit kommt zur Darstellung, daß die politische Macht ständig in Frage gestellt, verletzt, sogar (in
einzelnen Erscheinungsweisen) zerstört wird, daß sie aber dennoch dauernd
neu ersteht, ihre Kraft, ihren Einfluß erweitert, sogar durch jede Krise hindurch. Jedesmal, wenn die politische Macht angegriffen wird, aber dann
wieder zu sich kommt, ist das Volk ›verzaubert‹ und vertraut ihr noch mehr.
Militärischer Sieg oder Sieg der Revolution – beide bewirken eine zuneh-
mende und völlig unbestrittene Macht des Staates. Außerdem hat sie alle
Herrschaftsgewalt in der Hand (13,7), und da es sich um Verfügungsgewalt
über »alle Stämme, Völker, Sprachen und Nationen« handelt, muß es offensichtlich um eine allumfassende, totale politische Macht gehen: Das ist
nicht allein die Erscheinungsweise des Römischen Reiches, sondern die ei-

---

2   Darum kann ich die üblichen Auslegungen dieses Abschnitts nicht akzeptieren: Die Hinweise auf Bären, Löwen usw. in Vers 2 sind einfach andere Zeichen für die Macht, und das hat
mit den vier Tieren von Daniel 7 nicht das geringste zu tun. Weder die Symbolik selber noch
der Kontext erlauben diese Kombination. Freilich ist eine solche Zusammenschau für alle diejenigen verlockend, die im Bild der vier Tiere von Daniel (die dann vier verschiedene Reiche
sind) das Römische Reich sehen wollen. Genausowenig ist es statthaft, in Vers 3 aus der Verwendung des gleichen Begriffes beim Reden vom Opferlamm und von der Verwundung des einen Kopfes schließen zu wollen, es handle sich hier um eine Nachbildung von Tod und Auferstehung Jesu.

ner anderen, abstrakteren Macht, der nichts entgeht – denn auch hier gilt es, die Begriffe ernst zu nehmen: Wenn es heißt, daß eine Macht im Blick ist, die über *alle* Stämme, Völker und Nationen herrscht, dann muß man doch wissen, daß dem Verfasser absolut klar sein mußte, daß diese Aussage für das Römische Reich einfach nicht stimmt. In Kleinasien zu Hause, wohnt er am idealen Ort, um zu wissen, daß das Römische Reich keine grenzenlose Macht hat: An seinen Grenzen ist es bedroht, und zwar ganz besonders an diesen Grenzen im Osten. Dort ist sehr wohl bekannt, daß zahlreiche Nationen der Autorität des Römischen Reiches nicht unterworfen sind. Die modernen Historiker entdecken immer mehr, in welchem Maße man unter den Völkerschaften des Reiches ein Gefühl für die Beschränktheit dieses Reiches hatte. Selbst wenn also Rom als aktuelles Beispiel genommen wird, so ist doch weit über die Gegebenheiten des Römischen Reiches hinaus eine politische Macht gemeint, die alle Völker umgreift. Nicht irgendeine Organisation, irgendein Reich, das etwa umfassender wäre als das von Rom, sondern vielmehr die Macht selbst in ihrer politischen Gestalt (heute würde man sagen: der Staat). Diese Macht hat das Schwert und tötet, sie entscheidet über Gefangenschaft und setzt gefangen (13,10). Außerdem aber – und besonders im Blick auf die Kirche und die Christen – hat sie die Macht, zu siegen, und zwar auf der Ebene des Materiellen *und* des Spirituellen (13,7), denn der Staat ist nicht nur Gewalt und Macht, sondern ebenso ist er die Verführung und trägt die Anlage in sich, sich selber vergöttern zu lassen. Dabei ist übrigens keineswegs nur der Anspruch des Kaisers auf Anbetung im Blick (die vereinfachenden Behauptungen über den Kaiserkult, denen ich in zahlreichen Kommentaren begegnet bin, wären sehr zu differenzieren, zumal der Kaiserkult in Rom erst sehr viel später aufkam, als gemeinhin angenommen wird), sondern vielmehr die Tendenz der Menschen selbst zur Vergötterung politischer Macht[3].

Es gibt Staatsreligion, aber ebenso Religion, die auf den Staat gerichtet ist, und schließlich das, was Raymond Aron ›säkulare Religion‹ genannt hat. Auf der einen Seite stellt sich (wie unser Text ins Bewußtsein heben will) die politische Macht in Konkurrenz der Macht Gottes gegenüber (13,5–6): Sie lästert und bekämpft Gott (und das gilt von staatlicher Gewalt, die das Prädikat ›christlich‹ für sich in Anspruch nimmt, etwa Ludwig XIV., ebenso wie von antichristlichen Machthabern). Auf der anderen Seite aber ist sie es keineswegs immer selbst, die verführt und verlangt, vergöttert zu werden. Der Text sagt ganz deutlich, daß es die Menschen selber sind, die zu ihr kommen und sie anbeten; Erdenbewohner (13,8), also Menschen, die an die irdischen Dinge gebunden sind, die aus eigener Kraft keine höhere Gottheit finden und erkennen als den Staat und in ihn ihren ganzen Glauben und ihre ganze Hoffnung setzen. Diese Macht ist dem Staat nun durch den Drachen *gegeben* (der Drache hat dem Tier diese Gewalt übertragen V. 4, und V. 5 und 7: »Ihm wurde gegeben«); diese Macht des Staates ist also nicht einfach

---

3 Vgl. Jacques Ellul, Les nouveaux possédés.

natürlicher oder soziologischer Art, sie kommt vielmehr von der Chaosmacht, vom Zerstörer. So bewundernswert also ihre organisatorischen und
Ordnung durchsetzenden Möglichkeiten sein mögen, sie bringt doch immer
nur das Tohu wa Bohu zum Ausdruck. Je mehr staatliche Ordnung
herrscht, um so tiefer greift die Unordnung des Drachen um sich. Das ist die
Botschaft der Apokalypse über den Staat. Und genau darum, weil er seine
spirituelle Macht zum Ausdruck bringt, wird er von den Menschen, die das
sehr wohl spüren, vergöttert.

Die Propaganda
Das zweite Tier wird in den klassischen Kommentaren entweder als der falsche Prophet oder, vom historischen Standpunkt aus, als der Propagandist
des Kaiserkultes bezeichnet. Auch hier bin ich überzeugt, daß uns der Text
selbst zu einer umfassenderen Schau verpflichtet, und zugleich dazu, eine
Verbindung zwischen dem ersten und dem zweiten Tier zu knüpfen, ohne
daß dabei allerdings der historisch-aktuelle Aspekt ganz aus den Augen verloren wird: Wir sollten immer auf den zentralen Gedanken zurückkommen,
daß der Seher von Patmos die gegenwärtige Geschichte als Bühne und
Sprungbrett, als Zeichen und Mittel verwendet, um eine universale Wahrheit zum Ausdruck zu bringen. Dieses zweite Tier stellt sich in der Gestalt
eines Lammes dar (13,11), es redet aber wie ein Drache. Das ist das Grundlegende: Es *imitiert* die Gewaltlosigkeit (besitzt aber im Unterschied zum
Lamm zwei Hörner!); auf den ersten Blick ist es harmlos, es stellt das Gute,
die Sanftheit, die Fülle aller Werte, die Unterordnung dar. Sein Wort aber
ist das des Drachen, also Zerstörung, Nichts, Bruch und Lästerung. Und es
handelt *durch sein Wort.* Es imitiert Gott also auch in der Methode seines
Wirkens. Es handelt nicht sosehr auf Befehl des ersten Tieres, als vielmehr
vor seinen Augen – also in einer gewissen Unabhängigkeit, aber unter seiner Kontrolle. Sein Ziel ist es, die Menschen zur Anbetung des Staates zu
bringen, indem es die Wunder, die großartigen Werke der Macht (13,12)
ins rechte Licht setzt (redet man nicht auch vom deutschen Wirtschafts-
wunder, vom japanischen Wunder usw.?). Es verführt die Menschen durch
die großen Zeichen, die es selber wirken kann (13,13f): Es kann Feuer aus
dem Himmel auf die Erde herabfahren lassen . . . Hier müssen wir uns bei
Aussagen über die Art dieses Wunders zurückhalten; wir sind allzusehr
versucht, es im Blick auf moderne Gegebenheiten zu interpretieren (da habe
ich doch irgendwo gelesen, es handle sich hierbei um die dämonische Erfindung der Elektrizität!). Vielleicht geht es um den Anspruch der Macht, ein
endgültiges Gericht auf Erden zu vollziehen, das Feuer des Himmels auf die
herabzuholen, die sie verdammt: In diesem Falle hätten wir hier eine Parallele zum Vorschlag der Jünger (Lk 9,51–56), das Feuer des Himmels auf jene
Dörfer herabfahren zu lassen, die Jesus nicht angenommen haben, denn Jesus sagt zu den Jüngern an dieser Stelle in der Tat: »Ihr wißt nicht, welchen
Geistes ihr seid!« Es ist hier also keineswegs ein äußerlich-juridisches Gericht gemeint, vielmehr der Wunsch, das Innerste, den Grundbestand des

Wesens selbst zu richten, der Anspruch, letztgültig zu verdammen. Außerdem bringt dieses Tier die Menschen dazu, ein Bild des anderen Tieres aufzurichten (13,14), ein Abbild des Staates. Es selbst belebt (13,15) dieses Standbild und verleiht ihm *Sprache*. Noch einmal ist die große Waffe des zweiten Tieres das Wort. Es legt seine Worte dem Staat in den Mund (13,16–17), durch dies zweite Tier läßt sich der Staat also *erkennen, bezeichnen und gehorchen*. Wir haben damit die erstaunliche Tatsache vor uns, daß eine tote Struktur, eine sterile Organisation belebt wird, daß ein Machtmechanismus lebendige, vitale Gegenwart wird. Was nun aber all das in der Tat bewirkt, was wir gerade beschrieben haben, das ist die Propaganda, genau gesagt: Nicht etwa religiöse Propaganda oder eine, die auf religiöse Themen ausgerichtet ist, vielmehr die politische Propaganda (die sehr wohl gelegentlich religiöse Gestalt annehmen kann). Durch eine geradezu geniale Situationsanalyse gelangt ›Johannes‹ zur Unterscheidung zwischen der Machtorganisation des Staates und der Belebung dieser Struktur durch das Wort der Propaganda. Auf der einen Seite das Schwert, auf der anderen das Wort. Auf der einen die Härte, auf der anderen die Überzeugungskraft. Und es ist doch in der Tat die Propaganda, die zum Anspruch führt, die innersten Überzeugungen des Menschen kennen und beurteilen zu wollen. Gehorsam und Loyalität allein genügen nicht, Liebe und vollkommene Hingabe wird verlangt. Und das Feuer des Himmels fällt auf alle, die sich nicht beugen, die nicht mit dazugehören wollen. Ein Urteil also über ein verabsolutiertes Gut und Böse. Damit hört das Werk des zweiten Tieres aber noch nicht auf: Es brennt außerdem ein Malzeichen auf die rechte Hand oder auf die Stirn (13,16). Das Brandmal ist Zeichen der Zugehörigkeit: Die Propaganda bewirkt, daß die Menschen der politischen Macht *zugehören* (der Macht, die nicht allein der *Rahmen* ihres Lebensalltags ist . . .). Die rechte Hand ist Symbol des Handelns: Die Menschen sollen in Übereinstimmung mit der Ordnung des Staates handeln (in meinem Buch über die Propaganda habe ich das ›Orthopraxie‹ genannt). Die Stirn ist Symbol der Intelligenz: Die Menschen sollen ihr Denken mit dem Staatsgedanken in Übereinstimmung bringen. Es geht also um die Schaffung der Ideologie des politischen Denkens, um die Vergötterung nicht nur des Staates, sondern sogar der Politik *an sich,* um die Erkenntnis und die Anerkenntnis, daß alles Politik ist, oder auch, daß die Politik vor allem anderen Vorrang hat. An diesem Punkt kann es meiner Meinung nach keinen Zweifel geben. Was die Apokalypse im Bild von den beiden Tieren beschreibt, das ist nicht einfach *ein* Staat, sondern durchaus *der Staat* und nicht irgendeine spezielle Politik (der Rechten oder der Linken o.ä.), sondern die Vorherrschaft der Politik überhaupt.

Wenn wir nun auf das zweite Tier zurückkommen, so bedeutet das Mal auf der rechten Hand oder auf der Stirn die Unterwerfung unter eine Herrschaft, das Einbezogensein in eine bestimmte Gesellschaft, die Ausrichtung des Denkens und Handelns auf den vom Staat vorgezeichneten Lebensentwurf, eine vorbehaltlose Eingliederung in die gemeinsame Strömung (die von der augenblicklichen Politik repräsentiert wird), letztlich also völlige Anpassung[4]. Und diese Macht übt sie unterschiedslos auf »Kleine wie Große, Reiche wie Arme, Freie wie Sklaven« aus. Das Mal bezeichnet also einen Raum, in dem sich alle zusammenfinden, mit anderen Worten: Die Gemeinschaft, die durch das Malzeichen des Tieres gebildet wird, ist letztlich die Gegen-Kirche. Was die Beziehung zwischen der Macht und der Gesellschaft angeht, so finden wir in 13,17 einen erschütternden Hinweis: Keiner kann kaufen oder verkaufen, wenn er nicht das Zeichen des Tieres trägt. Dabei geht es nicht allein um das Problem des Geldes (obwohl das möglicherweise mit eingeschlossen ist), vielmehr um das Zeichen der Zugehörigkeit zur Gesellschaft: Wer sich weigert, sich in die allgemeine Strömung mit hineinzubegeben, wer die politische Gewalt dieser Organisation und Macht nicht anerkennt, wer sich nicht anpaßt, der wird aus der Gesellschaft ausgestoßen und kann keinerlei Funktion mehr übernehmen, nicht einmal die zum Leben unabdingbarste, die grundlegende Tätigkeit des Kaufens oder Verkaufens. Natürlich könnte man von diesem ›Kaufen und Verkaufen‹ aus zur Ansicht kommen, das zweite Tier sei das Geld. Allerdings entsprechen die zahlreichen Einzelzüge, die in den Versen 11 bis 15 vorkommen, einer solchen Deutung nicht; die Symbolik meint eine sehr viel umfassendere psychologische und ideologische Machtentfaltung, als sie dem Geld innewohnt.

Imitation Gottes

Zwei Punkte bleiben noch zu untersuchen. Zunächst der Ursprung der beiden Tiere, von denen das eine aus dem Meer, das andere aus der Erde steigt. Diese Angabe ist nicht leicht zu erfassen. Häufig wird darauf verwiesen, der Herkunftshinweis vom Meer deute auf den Weg, auf dem die Römer ins Land gekommen sind. Das erklärt aber überhaupt nicht, was es bedeuten soll, daß das zweite Tier aus der Erde gekommen ist. Möglicherweise soll das zeigen, wie die ganze Erde, alle Elemente, alle beiden großen Bereiche (der Engel mit dem Buch in 10,2 hatte einen Fuß auf der Erde und den anderen auf dem Meer), die ganze sichtbare Schöpfung in die Bewegung der beiden Tiere einbegriffen ist. Ich habe aber nicht den Eindruck, daß das auch nur entfernt den möglichen Sinn ausschöpft.

Was die mögliche Bedeutung von 666, der Zahl des Tieres, betrifft, so ist bekannt, daß die Entzifferung dieser Zahl, insbesondere durch die gematrische Methode, unzählige phantastische Ergebnisse erbracht hat, von Neo-

---

4 Was die Bedeutung der Politik und die Versuchung der Vorherrschaft der Politik zur Abfassungszeit der Apokalypse angeht, so scheinen verschiedene Exegeten der Meinung zu sein, es habe im Römischen Reich in dieser Zeit überhaupt kein ›politisches Leben‹ mehr gegeben. Alle Historiker, die sich mit Institutionen befassen, wissen freilich, daß das Gegenteil zutrifft. Einige in diesem Zusammenhang wichtige Tatsachen habe ich in meiner Studie »Les chrétiens et la politique« in: Contrepoint 1973 aufgezeigt, auch in dem Sammelband »Les chrétiens et l'État« 1973.

Caesar bis Hitler[5]. Die korrekte Antwort scheint mir die bereits bekannte Lösung zu sein, die vom Gegensatz zwischen 6 und 7 ausgeht, wobei 7 die Zahl der Vollkommenheit ist, 6 dagegen die Zahl der Unvollkommenheit[6]. Warum allerdings eine solche Anhäufung von ›6‹? Mir scheint, damit ist nicht sosehr die Zahl des Menschlichen, der Unvollkommenheit zum Ausdruck gebracht, wie oft gesagt wird, eher die Zahl der Größe, die Unvollkommenheiten anhäuft und die auf diesem Wege schließlich die 7 erreichen will, indem sie eine sechs an die andere reiht. Sie sucht also Vollkommenheit zu erreichen, sie will kurz gesagt für Gott gehalten werden. Und gerade der, der Gott imitiert, enthüllt damit seine eigene Unvollkommenheit. Es handelt sich hier also nicht um einen Gegensatz zwischen ›menschlich und göttlich‹, sondern um eine Bewegung zwischen Gott und dem, was zu ihm in Konkurrenz treten will, das imitiert, was Jesus selbst getan hat, und sich selbst zum Gott auf Erden macht. Das ist der eigentliche Sinn der Zahl 666, wobei sie nicht nur alle politische Macht meint, sondern darüber hinaus alles, was durch Propaganda darauf hinwirkt, daß man es vergöttert.

Die aktuelle Bedeutung

Schließlich finden wir in diesem Text (13,18) noch die Mahnung: »Von solcher Bedeutung ist die Weisheit!« Im Gegensatz zu dem, was man vielleicht erwarten würde, wird die Weisheit, die Unterscheidungsfähigkeit nun aber nicht auf die Entschlüsselung der Zahl 666 bezogen, vielmehr geht es um die Fähigkeit zur Erkenntnis und zur Unterscheidung dessen, was um uns her geschieht. Ganz konkret bedeutet diese Mahnung: Schaut euch nun um, worauf bezieht sich *heute* diese Zahl? (Ich bin überzeugt, daß damit die ›historisierende‹ Haltung gegenüber der Apokalypse verworfen wird, durch die das Buch gleichsam festzementiert wird in die Verhältnisse des Römischen Weltreichs im ersten und zweiten Jahrhundert). Wer ist *so*? Wer ist *heute* Nachahmer Gottes, indem er sich als Retter oder Vater aller Völker aufspielt? Welche politische Macht nimmt Propaganda zu Hilfe, um Einmütigkeit zu schaffen, um zu erreichen, daß sie vergöttert und angebetet wird, um sich unfehlbare Gefolgschaft zu sichern? Auch wenn der Eigenname der nach diesen Kriterien gefundenen Macht nicht mit der gematrischen Entschlüsselung der Zahl 666 übereinstimmen sollte: Wenn die Eigenschaften stimmen, dann ist das heute das Tier. Und es muß entdeckt, es muß erkannt werden, wo in der Welt sich die einander ablösenden Inkarnationen dieses Tieres befinden – sie sind das Gegenstück zur Inkarnation unseres Herrn.

Der innere Zusammenhang

Wenn wir nun zusammenfassen, was wir hier beschrieben haben, so entdecken wir in all dem einen vollkommenen Zusammenhang in logischer Ab-

---

5 Außerdem ist bekannt, daß die Zahl gelegentlich auf 616 verkürzt wurde, um das erstrebte Ergebnis zu erhalten.

6 Vielleicht muß auch das noch mit in Erwägung gezogen werden, daß die Zahl 6 in gewissen heidnischen (z.B. chaldäischen) Kulten von besonderer Bedeutung war.

folge: Die Eröffnung des siebenten Siegels, die das Erkennen und Verstehen der Geschichte ermöglicht, löst die Siebenerperiode der Posaunen aus, die die Herolde, die Ankündigung der Gegenwart Gottes bei den Menschen sind. Die ersten sechs Posaunen beschreiben die Erschütterung der Schöpfung bei der Entscheidung des Schöpfers, sich ohne jeden Unterschied mit ihr zu vereinen (8,6–9,21). Dann wird dem Seher das kleine Buch des Evangeliums gegeben, damit er von dieser Entscheidung Kenntnis nehmen kann (10,1–11). Und es folgt nichts anderes als der Inhalt dieses kleinen Buches, »die zwei Zeugen«, also Jesus Christus, der durch Zeugnis, Tod und Auferstehung in die Herrlichkeit eingegangen ist (11,1–14). Die siebente Posaune nach diesem Evangelium läßt dann den vollkommenen Gottesbund erscheinen (11,15–19), die Inkarnation Gottes in einem Menschen. Diese kommt konkret in der wunderbaren Geburt des kleinen Kindes zum Ausdruck (12,1–6) (wobei diese erst *nach* Tod und Auferstehung dargestellt wird: Das macht sichtbar, daß die Weihnachtsgeschichte nicht *historisch* verstanden werden darf, daß Jesus aber gar nicht anders auf die Welt kommen *konnte*, wenn Gott wirklich die Absicht hatte, mit seiner Schöpfung völlig eins zu werden). Und nun wird die Verbindung des Menschen (der die ganze Schöpfung repräsentiert) mit Gott so vollkommen und so intensiv, daß kein Raum mehr für den Teufel bleibt. Dieser ist also gestürzt (12,7–17). Zwischen der Inkarnation und ihrer Erfüllung in der sichtbaren Welt bleibt aber noch eine Zwischenzeit. In ihr suchen die entmachteten Gewalten dies Werk Gottes zu vernichten (13,1–18), und das Ganze gipfelt in der Vision des Lammes, das geopfert ist und triumphiert.

Das ist der Zusammenhang, die perfekte Folgerichtigkeit dieses Textes, der auf den ersten Blick so unzusammenhängend scheint! Schließlich ist er noch akzentuiert durch die drei Wehe: Das erste Wehe ist die Infragestellung der ganzen Schöpfung in dem Augenblick, in dem sich der Schöpfer selbst in Frage stellt, um den Weg der Gewaltlosigkeit zu gehen, den Weg des Gerichtes, das auf ihn selber fällt (Kap. 9). Das zweite Wehe ist der Tod Gottes in Jesus Christus (Kap. 11), und das dritte Wehe ist die Verwirklichung der Absicht Gottes in seiner Inkarnation im schwächsten, hilflosesten Geschöpf (Kap. 12).

Kapitel III

Das Opferlamm – der Himmelsherrscher

Offb 1, 5, 14, 19, 22

1 4 Johannes an die sieben Gemeinden in Asien. Gnade und Friede komme zu euch von dem, der da ist und der da war und der da kommt, sowie von den sieben Geistern, die vor seinem Thron sind,

5 und von Jesus Christus, dem getreuen Zeugen,
dem Erstgeborenen von den Toten
und Herrscher über die Könige der Erde.
Ihm, der uns liebt und uns erlöst hat
aus unseren Sünden durch sein Blut

6 und uns zu seinem Königreich gemacht hat,
zu Priestern für Gott, seinen Vater:
Sein ist die Herrlichkeit und die Herrschaftsgewalt
für alle Zeiten. Amen.

7 Siehe: Er kommt auf den Wolken!
Und sehen wird ihn jegliches Auge
und alle, die ihn durchbohrt haben;
an die Brust schlagen werden sich seinetwegen alle Völker der Erde.
Ja, Amen!

8 Ich bin das A und das O, spricht Gott der Herr, der da ist und der da war und der da kommt, der Allmächtige.

9 Ich, Johannes, euer Bruder, der mit euch teilhat an der Drangsal, am Königreich und am Ausharren in Jesu Gemeinschaft, ich war auf der Insel mit Namen Patmos, um des Wortes Gottes und des Zeugnisses Jesu willen.

10 Da kam der Geist über mich am Tage des Herrn, und ich hörte hinter mir eine Stimme, gewaltig wie eine Posaune,

11 die sprach: »Was du siehst, schreibe in ein Buch und sende es zu den sieben Gemeinden: Nach Ephesus, nach Smyrna, nach Pergamon, nach Thyatira, nach Sardes, nach Philadelphia und nach Laodizea.«

12 Ich wandte mich um, die Stimme zu sehen, die mit mir sprach. Und wie ich mich umwandte, sah ich sieben goldene Leuchter

13 und inmitten der Leuchter einen, gleich wie ein Menschensohn, bekleidet mit einem Gewand bis zum Fuß, und um seine Brust mit goldenem Gürtel gegürtet.

14 Sein Haupt und seine Haare waren weiß wie weiße Wolle, wie Schnee, und seine Augen wie Feuerflammen;

15 seine Füße gleich Golderz, das im Ofen glüht, und seine Stimme war wie das Rauschen großer Wassermassen.

16 In seiner rechten Hand hielt er sieben Sterne, und aus seinem Munde fuhr ein Schwert, zweischneidig-scharf, und sein Antlitz war wie die Sonne scheint in ihrer Kraft.

17 Wie ich ihn sah, fiel ich zu seinen Füßen wie tot. Doch er legte seine Rechte auf mich und sagte: Fürchte dich nicht! Ich bin der Erste und der Letzte
18 und der Lebendige. Ich war tot, und siehe: Ich bin lebendig für alle Zeiten und habe den Schlüssel zu Tod und Totenreich.
19 Schreib auf, was du gesehen hast: Was ist und was danach geschehen soll,
20 das Geheimnis der sieben Sterne, die du in meiner Rechten gesehen hast, und die sieben Leuchter von Gold. Die sieben Sterne sind die Engel der sieben Gemeinden, und die sieben Leuchter die sieben Gemeinden.«

6 Und ich sah: Inmitten des Thrones und der vier Wesen und der Ältesten *stand* 5 ein Lamm, wie *geschlachtet.* Es hatte sieben Hörner und sieben Augen, das sind die sieben Geister Gottes, die überallhin auf die Erde gesandt sind.
7 Und es trat heran und empfing das Buch aus der Rechten dessen, der auf dem Thron saß.

1 Und ich schaute: Siehe, da stand das Lamm auf dem Berg Zion und in seinem Ge- 14 folge Hundertvierundvierzigtausend, die seinen Namen und den seines Vaters auf ihrer Stirn geschrieben tragen.
2 Und ich hörte eine Stimme aus dem Himmel wie das Rauschen großer Wassermassen und wie das Dröhnen von gewaltigem Donner. Und die Stimme, die ich hörte, war wie von Zitherspielern, die auf ihren Zithern spielen.
3 Und sie singen ein neues Lied vor dem Thron und vor den vier Wesen und den Ältesten. Niemand konnte ihren Gesang verstehen als allein die Hundertvierundvierzigtausend, die von der Erde freigekauft sind.
4 Das sind die, die sich mit Weibern nicht befleckt haben, weil sie jungfräulich geblieben sind. Sie sind es, die dem Lamm nachfolgen, wohin es auch geht. Sie sind von den Menschen freigekauft als Erstlingsgabe für Gott und das Lamm;
5 und aus ihrem Munde ist nie eine Lüge zu hören gewesen, ohne Tadel sind sie.
14 Und ich schaute da: Eine weiße Wolke, und auf der Wolke thront einer, der einem Menschensohn gleicht, der hatte auf seinem Haupt einen goldenen Siegerkranz und in seiner Hand eine scharfe Sichel.

9 Da rief (der Engel) mir zu: »Schreibe: Selig sind, die zum Hochzeitsmahl des 19 Lammes geladen sind!« Und er sagte zu mir: »Dies sind die wahrhaftigen Worte Gottes.«
10 Und ich warf mich zu seinen Füßen, um ihm zu huldigen. Doch er sprach: »Nicht doch! Ich bin dein Mitsklave und der deiner Brüder, die das Zeugnis Jesu haben. Gott sollst du huldigen!« Das Zeugnis Jesu nämlich ist der Geist prophetischer Weissagung.
11 Und ich sah den Himmel geöffnet, und da: Ein weißes Pferd! Und der Reiter darauf heißt »Treu« und »Wahrhaftig«; er richtet und kämpft mit Gerechtigkeit.
12 Seine Augen sind wie eine Feuerflamme, und auf seinem Haupt trägt er viele Diademe. Und einen Namen trägt er geschrieben, den niemand weiß als er allein;
13 mit blutgetränktem Mantel ist er gekleidet; und sein Name heißt: Das Wort Gottes.
14 Die himmlischen Heere folgen ihm auf weißen Pferden, angetan mit weißer reiner Leinwand.
15 Aus seinem Mund fährt ein scharfes Schwert, auf daß er damit alle Völker schla-

ge: Und er wird sie mit eisernem Stabe weiden. Und er wird die Kelter treten, in der der Wein des gewaltigen Zornes Gottes, des Allmächtigen, schäumt.

16 Und auf seinem Gewand und auf seiner Hüfte trägt er den Namen geschrieben: König der Könige und Herr der Herren.

22 6 Und er (der Engel) sprach zu mir: »Diese Worte sind treu und wahrhaftig. Gott, der Herr der Propheten, hat seinen Engel gesandt, um seinen Dienern zu zeigen, was in Kürze geschehen muß.

7 Siehe, ich komme bald! Selig, wer die Worte der Weissagung in diesem Buch bewahrt!«

8 Ich, Johannes, bin es, der dies geschaut und gehört hat. Und als ich es vernahm und sah, warf ich mich zu Boden, um dem Engel zu huldigen, der es mir zeigte.

9 Doch der sprach zu mir: »Nicht doch! Ich bin dein Mitsklave und der deiner Brüder, der Propheten, und derer, die die Worte dieses Buches bewahren! Gott sollst du huldigen!«

10 Und er befahl mir: »Versiegle die Worte der Weissagung in diesem Buche nicht! Denn die Zeit ist nahe.

11 Wer frevelt, frevle jetzt nur weiter. Wer schmutzig ist, beschmutze sich weiter. Wer gerecht ist, tue weiter, was recht ist; und wer heilig ist, halte sich weiterhin heilig!

12 Siehe, ich komme bald und bringe meinen Lohn mit, um jedem zu geben nach seinem Werk.

13 Ich bin das A und das O, der Erste und der Letzte, der Anfang und das Ende.

14 Selig sind, die ihre Kleider waschen, damit sie Anrecht bekommen an dem Baum des Lebens und durch die Tore in die Stadt eingehen dürfen!

15 Draußen bleiben die Hunde und die Giftmischer, die Huren, Mörder und Götzendiener und alle, die die Lüge lieben und tun!

16 Ich, Jesus, habe meinen Engel gesandt, um euch dies für eure Gemeindeversammlungen zu bezeugen. Ich bin die Wurzel Davids und sein Geschlecht, der hell strahlende Morgenstern.«

Christus, das Lamm

In jedem der fünf Hauptabschnitte finden wir eine Vision von Christus. Überraschenderweise variieren diese Visionen je nach dem Thema des Abschnitts sehr. Im ersten Teil haben wir die Vision vom allmächtigen Herrn (1,9–20); im zweiten das Opferlamm (5,6–7); im dritten haben wir keine spezielle Vision, dafür aber die zwei Zeugen und das Kind, von denen wir bereits gesprochen haben; im vierten Teil ist es zugleich das Lamm (14,1) und der Menschensohn (14,14); und im fünften Teil schließlich ist es zugleich das Wort Gottes (19,11–17) und der allmächtige Herr (22,6–21). Wir ersehen aus dieser einfachen Aufzählung bereits einiges Wichtige: Zunächst eine Bestätigung der symmetrischen Struktur. Im ersten wie im fünften Teil ist Jesus Christus der Herr; im zweiten wie im vierten ist er das Lamm. Das ist völlig klar und zeigt, mit welcher Sorgfalt und Genauigkeit die Apokalypse konzipiert ist.

Zugleich beobachten wir aber auch eine innere Entwicklung von den Anfangs- zu den Schlußteilen hin. Es zeigt sich ein Fortschritt, insofern in den letzten beiden Abschnitten das Bild von Christus verdoppelt ist. Im vierten Hauptteil ist er das Lamm und *zugleich* Menschensohn (zweiter und dritter

Teil werden hier also zur Synthese gebracht); im fünften ist er *zugleich* Wort Gottes und der allmächtige Herr (wir haben also die Verbindung von erstem und zweitem Teil). Des weiteren sehen wir die Übereinstimmung zwischen den Visionen und dem Thema jedes dieser Abschnitte: Christus wird zunächst als der Herr angesehen, wobei sich diese Schau nur auf die Kirche bezieht: Nur für sie und in Verbindung mit ihr ist Christus in unserer Zeit (im gegenwärtigen ›Äon‹) der Herr.

Wenn dagegen von der Weltgeschichte die Rede ist, von der Welt in ihrer Ganzheit (und von der Gesamtheit aller Menschen) während unserer Weltzeit, dann ist er das Opferlamm: Er hat keine andere Macht, keine andere Wirksamkeit als die, die sich von seinem Sterben herleitet.

Aber sobald wir zu den beiden das ›Jenseitige‹ betreffenden Abschnitten übergehen, wird die Vision mehrschichtig. Im Zusammenhang mit dem Gericht erscheint noch einmal das Lamm – denn Jesus ist es, auf den das Gericht abgewälzt wird – aber zugleich auch der Menschensohn inmitten der Engel, der zur Ernte ausgeht. Denn in Wirklichkeit vollzieht er das Gericht nicht als absoluter Herrscher oder als unzugänglicher Gott, sondern als Mensch: Eines der tiefsten Geheimnisse der Offenbarung liegt doch darin, daß sich in Jesus Christus der Mensch letztlich selber richtet.

Und dort schließlich, wo es um die neue Schöpfung geht, um das Himmlische Jerusalem, um das Kommen des Reiches Gottes, um die Rekapitulation, sehen wir ihn als Wort Gottes, das die Lüge auslöscht, und noch einmal als den allmächtigen Herrn, »in dem, für den und durch den alle Dinge« sind (Röm 11,36). So sind die ›Visionen‹ des Johannes ein Muster an vollkommener theologischer Folgerichtigkeit, und zugleich decken sie die ganze Breite dessen, was der Mensch im Blick auf Jesus Christus erfassen kann.

Der Kommende

Der allmächtige Herr in der Kirche (1,4–7): Die Vision von Jesus als dem Herrn gehört von Anfang an in ein klares trinitarisches Konzept, was übrigens die Feststellung erlaubt, daß – auch wenn es zu dieser Zeit noch keine entfaltete trinitarische Theologie oder Dogmatik gab – ohne Frage die trinitarische Deutung des göttlichen Mysteriums geläufig gewesen sein muß. »Gnade und Friede komme über euch, von dem, *der da war, der da ist und der da kommt*«. Gott der Vater wird hier als das Leben, das Sein bezeichnet. Er ist der einzige, der in vollem Sinne *ist*, in und jenseits unserer Zeitbedingtheit. Er ist derjenige, der in Beziehung zum Menschen tritt. Er kommt, aber zugleich umfaßt er alles, die Gesamtheit aller Zeiten und aller Ereignisse. Die Zukunft ist nicht zeitleerer, unbestimmter und unbekannter Raum, sie *ist* vielmehr der, der *kommt*, sie ist (wie unsere Vergangenheit) erfüllt von der Gegenwart, vom Handeln dessen, der vom Ende aller Zeiten her durch diese Zukunft *zu uns* kommt.

Die Fülle des Geistes

Und *von den sieben Geistern,* die vor seinem Throne sind (1,4): Die sieben

Geister sind die Fülle des Geistes. Sie stehen also für den Heiligen Geist. Es gibt keinen Geist außer in Gott. Es gibt nur *einen* Geist, der im Auftrag Gottes handelt, vor dem Thron seiner Herrlichkeit. Alles, was Geist ist, hängt von Gott ab, und dieser Geist ist gekennzeichnet durch Vielfalt, durch die Verschiedenartigkeit seines Handelns, seines Eingreifens, und zugleich durch die Verbindung zwischen Schöpfer und Geschöpf, die er gewährleistet und die in der Zahl Sieben mit ausgesagt ist.

Das Heilswerk

Und *von Jesus Christus* (1,5): Er ist bezeichnet als der getreue Zeuge, das heißt als der Märtyrer, der Blut-Zeuge, der in den Tod geht, um ein letztgültiges, unumstößliches, unzerstörbares Zeugnis von Gott abzulegen, und der zugleich der in Herrlichkeit Auferstandene ist. Er ist König über die Könige der Erde: In diesen Bezeichnungen Jesu wird uns der ganze Ablauf der Apokalypse angekündigt.

Im Anschluß daran gibt uns der Verfasser eine zusammenfassende Darstellung vom Heilswerk Christi (1,5–7): Er liebt uns, er hat uns befreit (Heil bedeutet Eintreten in den Bereich der Freiheit), er macht aus uns ein Reich. Damit wird zum Ausdruck gebracht, daß wir nicht selbst zu Mächtigen werden, sondern vielmehr diejenigen, über denen der Herr seine Herrschaft ausübt; wir sind ganz einfach darum ein Reich, weil wir dem König zugehören. Und es ist ein Königreich von Priestern: Seit Christus hat der Begriff ›Priester‹ eine ganz besondere Prägung. Denn Jesus ist, wie schon betont, derjenige Priester, der sich selbst geopfert hat. Und nun werden wir dazu aufgerufen, *zu herrschen wie er,* nicht also, indem wir irgendwelche äußerlichen Opfer bringen, sondern indem wir uns selber opfern. Alles dies ist aus Römer 12 und aus den Petrusbriefen wohl vertraut – nur ist es schlimm, immer wieder Christen erleben zu müssen, die in Eroberer- und Herrscherhaltung daherkommen.

Das ist das durch Jesus vollbrachte Heilswerk. In der Folge (1,7–8) wird nun entfaltet, was er tun wird. Er kommt (präsentisch), was wirklich nur im Glauben erfahren werden kann, aber offenbar werden wird: Diejenigen, die ihn zu Tode gebracht haben, werden erkennen, wer er war; er wird sich allen Menschen offenbaren als der, der er ist: als der Retter und der Herr. Und alle Völker der Erde werden dann in Bestürzung und Schmerz verfallen. *Alle* Völker – das erinnert uns daran, daß es niemanden gibt, dem man die Verantwortung für den Tod Jesu unterschieben könnte: weder die Juden noch die Römer. Insofern Jesus der getreue Zeuge war, ist er aufgrund der Sünde *aller* Menschen gestorben, das heißt, durch die Hand aller und zugleich (diese beiden Aussagen gehören unlösbar zusammen) *für* alle. Angesichts der Letzten Offenbarung werden also alle Völker Leid tragen, nicht aus Furcht vor dem Herrn, sondern in Reue über ihre unbedingte Schuld.

Jede der beiden Aussagen über das, was Jesus getan hat und über das, was er tun wird, schließt mit dem Ausruf »Amen«, das heißt: »Das ist gewiß wahr«. Hier verbindet sich der Glaube mit der Bestätigung, der Verkündigung, wer Gott ist. Und das Ganze schließt in Vers 8 mit der Aussage von der Einheit Gottes, denn nun wird Christus genau das zugesprochen, was kurz vorher von Gott dem Vater gesagt war (»Ich bin Alpha und Omega, der, der da ist und der da war und der da kommt«).

Der Zeuge

Das Alpha und das Omega, die Bezeichnung von Anfang und Ende: Jesus Christus steht am Anfang aller Zeit, und er beschließt die Geschichte. Er hält den ganzen Lauf der Weltgeschichte zwischen seinen beiden Händen, wie in einer Parenthese, innerhalb deren der Faden der Geschichte des Menschen abrollt. Und auch hier ist er der Zeuge Gottes für den Menschen und der Zeuge der Menschheit für Gott. Diese Eingangserklärung ist das Glaubensbekenntnis, das »Ich, Johannes«, das ich als Mensch sprechen kann und muß.

Der Mensch

Und nach dem Wort des Menschen über Gott, das das Wesen Gottes betrifft, wird nun das Wort Gottes an den Menschen laut. Als Menschenwort: »Ich, Johannes« (1,9). Es ist verkehrt, in der Heiligen Schrift den Anteil der Initiative des Menschen unterschlagen zu wollen. Der Mensch bekennt seinen Glauben, er verbürgt sich für diese Wahrheit; er ist es, der sich nach dem vollkommen Zeugen selbst auch zum Zeugen erklärt und Antwort gibt auf Christi Zeugenschaft. Der Mensch gibt in der Einleitung zum eigentlichen Wort des Herrn seinen Entschluß kund, den Herrn zu bekennen: Ohne dieses Menschenwort gibt es kein Gotteswort. Das Wort Gottes fällt ins Leere, wenn da kein Ohr ist, es zu hören. Und der Herr ruft dieses Ohr, er erweckt den Menschen, der schläft, er führt ihn zu derjenigen Initiative, die der Mensch ergreifen muß, indem er redet, damit das Wort wirksam und hörbar, damit es überhaupt möglich wird.

Dann, nachdem Johannes seinen Glauben und seine Gewißheit in der Hoffnung bekannt hat, redet Gott (1,10). Es ist entscheidend, daß wir sehen, wie sogar in einem Buch, das so ungeheuer stark vom Visuellen her geprägt ist, wo die Visionen überborden, doch das Wort Gottes der Vision, dem Gesicht *vorausgeht* und außerdem die Visionen erklärt: Die Visionen selber haben also im Grunde keinerlei Wert in sich selbst. Einzig im Zusammenhang und in der Verbindung mit dem Wort Gottes haben sie ihren Sinn (und das ist vor allem im Blick auf mystische Bewegungen von grundlegender Bedeutung, im Zusammenhang mit gewissen Formen kontemplativer Frömmigkeit, auch mit dem Primat des Gesichtssinns gegenüber dem Gehör).

Vers 12 zeigt mit unübersehbarer Deutlichkeit, wem der erste Platz gebührt: »Ich wandte mich um«, sagt Johannes, »um *die Stimme zu sehen,* die zu mir sprach.« Eigentlicher Gegenstand der Vision und der Betrachtung ist das Wort Gottes selbst. Und was Johannes sieht, ist das Bild eines Menschensohnes. Nicht einfach ein Mensch[1], er ist »gleich wie . . .«. Ohne all-zusehr in die Irre zu gehen, dürfen wir annehmen, daß damit das wahre Bild des Menschen bezeichnet ist, der Mensch selbst, der Mensch in seiner Fülle. Menschensohn ist jener, der vom Menschen abstammt, aber eine Voll-kommenheit erlangt hat, die der menschliche Vater nicht besitzt. Und die-ses Bild eines Menschen, das ist der Mensch, der Gott zum Ebenbilde ge-schaffen ist. Er ist wahrhaft der Mensch, aber die Menschen können sich nicht mit ihm gleichsetzen oder vergleichen: Ein unendlicher Unterschied besteht zwischen dem Menschen, wie ihn Gott geschaffen hat, und seiner faktischen Wirklichkeit. Zwischen dem Menschen und dem Menschensohn besteht Ähnlichkeit, aber nicht Übereinstimmung.

Die ihn kennzeichnenden Symbole (1,13) sind leicht zu verstehen: Das Ge-wand ist die Bekleidung des Priesters beim Sühnopfer; der goldene Gürtel ist ein Zeichen königlicher Herrschaft; die weiße Farbe ist Kennzeichen des Wortes Gottes; der Blick wie Feuerflammen steht für das Licht, das alles durchdringt und entschleiert und bis zum Herzen des Menschen vorstößt; das Erz ist Symbol der Macht und der Unvergänglichkeit; das aus seinem Munde gehende Schwert ist das Wort, das trennt und schneidet, urteilt. Ein Bildnis des auferstandenen Christus also, das die Zeichen der Macht und des Gotteswortes in sich vereinigt, ein Bild, in dem der irdische Jesus nirgends anders als in dem ›Menschen‹ wiedererkannt werden kann. Der allmächtige Herr, dessen Blick unerträglich ist und den Zeugen zusammenbrechen läßt (1,17), braucht den Zeugen allerdings, und das erste, was er tut, sein erstes Wort ist der Aufruf zum Zeugnis des Menschen: »Was du siehst, schreibe . . .« (V. 11). Erst in der Neuen Schöpfung kann die unmittelbare Offenba-rung an alle Menschen ergehen. Vorher gelangt sie nur zu denjenigen, die dazu erwählt sind, sie den anderen zu überbringen. *In keinem Fall* kann die

---

1   Mir ist die These bekannt, derzufolge in der Zeit der Abfassung unseres Textes das Wort Menschensohn einfach nur ›Mensch‹ bedeutet haben soll. Da zugleich aber auch der einfache Ausdruck ›Mensch‹ gebräuchlich war, muß doch, sobald ein anderer Begriff verwendet wird, zwischen beiden ein gewisser Unterschied bestehen. Im Aramäischen bedeutet Menschensohn – ein recht geläufiger Terminus – ›Mensch‹, auch ›Ich‹. J. C. Renard (in: Notes sur la Foi, 1973) macht allerdings einige scharfsinnige Beobachtungen zu diesem Ausdruck. Einerseits bezeich-net Jesus damit seine Identifikation mit dem Gottesknecht bei Jesaja (Jes 53) – und wir finden diesen Begriff tatsächlich als Bezeichnung für den leidenden Gottesknecht (Mk 8,31–10,45: Als Mensch führt er die Menschen zum Neuen Bund, und das macht ihn zum Neuen Men-schen, zum siegreichen Gottesknecht).
Der Menschensohn in der Herrlichkeit seines Vaters erscheint in dem Gegensatz, den er zwi-schen dem schon gekommenen Menschensohn und dem noch ausstehenden aufzeigt. Anderer-seits macht Renard deutlich, daß Jesus auf die Frage der Volksmenge: »wer ist dieser Men-schensohn?« (Joh 12,34 – der Ausdruck belegt übrigens, daß es für Johannes klar war, daß Jesus dieses Wort in einem vom allgemeinen Sprachgebrauch unterschiedenen Sinne gebraucht hat), recht rätselhaft antwortet: Geht euren Weg, solange ihr das Licht habt . . . Solange ihr das Licht habt, glaubet an das Licht, auf daß ihr Söhne des Lichtes seid! – Das soll bedeuten, daß Je-sus nicht nur ein Mensch ist, vom Menschengeschlecht abstammend, daß er vielmehr als der Mensch, der er geworden ist, nicht mehr Sohn des Alten, sondern des Neuen Menschen ist und daß zu dieser Existenzweise alle aufgerufen sind, die Söhne des Lichtes werden sollen.

direkte Offenbarung also die Freude oder Befriedigung oder persönliche Bereicherung oder auch Vollendung des Menschen, an den sie ergeht, zum Ziel haben. Die direkte Offenbarung hat nur den einen Sinn, zum Zeugnis aufzurufen, einen Menschen dazu zu verpflichten, daß er das Bekenntnis zur Wahrheit Gottes in die Welt trägt. Und die Welt kann einzig und allein durch die Vermittlung von Menschen, denen diese Aufgabe übertragen worden ist, etwas von Gott erfahren.

Der allmächtige Herr spricht nun zu seinem Zeugen und sagt ihm zweierlei: »Ich war tot« und »Fürchte dich nicht« (1,17–18). Ich war tot: Der Tod Jesu ist der Ausgangspunkt, das entscheidende Moment der Macht Christi (1Kor 2,2: Ich will nur Jesus Christus kennen, und zwar als den Gekreuzigten!). Viel entscheidender als die blendende Vision ist dieses »ich war tot« die eigentliche Offenbarung seiner Macht. In diesem Tod beginnt alles, und von ihm muß allein ausgegangen werden. Wenn der Menschensohn jetzt der machtvolle Herr ist, dann darum, weil er der elende, im Stich gelassene, gekreuzigte Jesus war. Es scheint vielleicht unnötig, diesen so allgemein geläufigen Gedanken derart zu betonen, allerdings birgt er die ganze Tiefe des Evangeliums in sich.

Der Sieg

»Fürchte dich nicht« (1,17): Zunächst heißt das: ›Du hast von mir nichts zu befürchten. Meine Macht steht nicht gegen dich, ich bin mit dir. Es genügt, daß du die sieben Sterne ansiehst. Der Herr hält die sieben Sterne in seiner Hand, und dein Leben ist in ihrer Mitte. Du hättest vielleicht im Gegenteil Grund, Satan und den Tod zu fürchten. Aber es gibt keine letzte Schicksalsmacht des Satans und des Todes mehr. Der da mit dir ist, ist der Erste (er steht am Anbeginn) und der Letzte (er hat das letzte Wort). Er ist der Lebendige, der, in dem alles Leben vereinigt ist. Und dieses Leben ist endgültig sieghaft. Der Tod, das Reich des Todes, der Bereich der Chaosmächte, all das ist nun in meiner Hand. Der Tod hält mich nicht umfangen, infolgedessen hast du nichts mehr zu befürchten, weder vom Tod, noch vom Feind!‹ Im Grunde läßt sich die ganze Apokalypse in dem einen Wort zusammenfassen: »Fürchte dich nicht!« Sie ist ein einziger Aufweis der Herrschaft Jesu Christi über all das, was der Mensch fürchten könnte.

Und dieser allmächtige Herr ist inmitten der Kirche, er hält die Kirche in seiner Hand. Die sieben Leuchter, in deren Mitte er steht, sind die sieben Gemeinden. Beachtlicherweise befinden sich alle diese Gemeinden in Asien, von Patmos aus also im Osten, in der Richtung des Sonnenaufgangs. Und »von Morgen her« soll ja der Überlieferung nach der Menschensohn wiederkommen: Nach den Weissagungen und auch nach den allgemeinen Vorstellungen der damaligen Zeit ist das der Osten von Eden (Gen 4,16). Daß die Kirche gerade dort liegt, bedeutet zeichenhaft, daß die Kirche der Ort ist, an dem die Wiederkunft des Menschensohnes bereits begonnen hat, und mehr noch, daß in ihr die Neue Schöpfung bereits Wirklichkeit geworden ist.

Die Einheit

Zugleich muß freilich ein weiteres Mal die Beziehung zwischen Eins und Sieben unterstrichen werden. Sieben Leuchter und sieben Kirchen: also die Kirche in ihrer Gesamtheit. Aber warum dann nicht Eine? Mir scheint das in besonderer Weise die Vielfalt in der Einheit zu bezeichnen. Die Sieben ist tatsächlich die Zahl der Ganzheit, der Vollkommenheit, der Einheit. Freilich nicht der Einheit im Sinne von Identität mit sich selber, von Unbeweglichkeit, vielmehr die vielschichtige, die alles umfassende Einheit (in der bekanntlich Gott *und* seine Schöpfung umschlossen sind), sei es, daß örtliche Unterschiedlichkeiten im Blick sind (die Gemeinden, die verschiedenen Orte, die ja gerade in den verschiedenen Gemeinden, den Adressaten der Sendschreiben zur Sprache kommen) oder auch lehrmäßige Unterschiede (etwa der verschiedenen Gemeinden, wie sie ebenfalls in den Sendschreiben dargestellt werden). Wie es auch sei, wir müssen jedenfalls vor Augen haben, daß die Kirche sehr verschiedenartige Elemente umfaßt. Das darf uns nicht verwirren. Jede der einzelnen Kirchen hat im großen Ganzen einen Teil der Wahrheit und des Lichtes, einen Teil der Kraft, jede hat in der Tat eine besondere Berufung, eine je ganz eigene Beziehung zum Herrn. Und alle Kirchen sind zeichenhaft als Leuchter (1,12) dargestellt (in Aufnahme des Wortes Jesu vom Licht, das man nicht unter den Scheffel stellt Mt 5,15). So ist die Kirche nicht selbst das Licht, sondern Trägerin des Lichtes. Sie hat die Aufgabe, es so hell wie möglich leuchten zu lassen, damit es soviel als nur irgend möglich erhellt, damit es möglichst viel Dunkelheit vertreibt. Zugleich besteht eine enge Verbindung zwischen dem Leuchter und dem Licht: Nur wo ein Leuchter ist, kann auch Licht sein! Darum beginnt die Apokalypse auch mit der Kirche, darum ist sie eine Offenbarung, die sich an die Kirche richtet, und darum ist die Kirche bestimmender Faktor sogar im Blick auf die Geschichte. Gottes Treue wird in dem Maße erfahrbar, in dem er sein Licht in der Kirche leuchten und durch sie weitertragen läßt. Es gibt also keine Erscheinung göttlichen Lichtes irgendwo oder bei irgendwem oder auf irgend beliebige Weise (damit möchte ich den Finger auf den heute grassierenden Irrtum legen, in dem sich manche Christen befinden, wenn sie meinen, Ungläubige, Christenfeinde oder auch Revolutionäre als solche seien Träger göttlichen Lichtes und des Wortes Gottes!).

Obwohl die Kirche also eine vielschichtige Einheit ist, in ihrem konkreten Dasein Leuchter (und zwar nichts als Leuchter, also *Träger*) des göttlichen Lichtes, so ist sie doch auch und zugleich in der Hand des Herrn, der sich nicht damit begnügt, in ihrer Mitte zu sein, sondern sie vielmehr *festhält*. Sie besteht noch in Vielfalt (sieben Sterne), ist aber zugleich Einheit, denn er hält das Ganze in einer einzigen Hand. In der Rechten, in der Hand der Tat. Die Einheit der Kirche liegt in nichts anderem begründet als darin, daß Christus sie als Ganze in seiner Hand hat. Daneben gibt es keine andere denkbare Einheit der Kirche. Und das bedeutet zugleich, daß Christus selbst die Kirchen leitet (nicht etwa irgendein Stellvertreter), er vermittelt den Kirchen sein Wort und seinen Willen, und diese vermögen tatsächlich beides zu erkennen. Freilich geschieht diese Vermittlung durch »Engel« (1,20). Dabei gilt es vor Augen zu haben, daß der Engel, der Bote des Herrn, als Überbringer seines Wortes und Willens niemals für sich allein existiert; es gibt ihn strenggenommen nur durch die Botschaft, die er zu überbringen hat, in dem Moment, in dem er den ihm übertragenen Auftrag erfüllt. Für bestimmte Ausleger ist mit ›Engel‹ (ausgehend von gewissen Handschriften) der Bischof bezeichnet, die sieben Engel wären dann die geistlichen Leiter der Gemeinden. Mir scheint hier eher die Bezeichnung des spirituellen Wesens der Kirche in ihrer Beziehung zu Gott vorzuliegen: Jede Kirche für sich ist in geheimnisvoller Weise durch eine spirituelle Macht vor Gottes Angesicht ›vertreten‹.

Das ist die Vision vom auferstandenen, verherrlichten Christus, der zugleich als der Allmächtige und als solcher als der Herr der Kirche erscheint.

Das Reich

Im Gegenüber hierzu nehmen wir nun diejenige Vision auf, die das Buch abschließt (19,9–16 und 22,6–16) und in der wir die gleichen Motive finden, insbesondere die Aussage, die die ganze Offenbarung zusammenfaßt: »Ich bin der Erste und der Letzte, der Anfang und das Ende« (22,13). Diese Vision vom Herrn, die sich auf die Neue Schöpfung bezieht, auf das Himmlische Jerusalem und auf die Rekapitulation, und die darum den letzten Abschnitt der Apokalypse beherrscht, umfaßt zwei Aspekte:

Am Anfang dieses Abschnitts (9,9–16) erscheint der Herr als das siegreiche Wort Gottes, am Ende (22,6–16) ist er der Herrscher über das Ende der Welt. Die Vision vom Himmlischen Jerusalem liegt also zwischen beiden, sie ist umschlossen vom siegreichen Wort und vom Ende der Welt. Es kommt darin zum Ausdruck, daß das Himmlische Jerusalem *inmitten* des Herrschaftsbereiches Christi liegt. Und der Beziehung zwischen dem verherrlichten Christus und seiner Kirche, die wir bereits kennengelernt haben, entspricht eine Beziehung zwischen dem Herrn und dem Neuen Jerusalem. Es ist freilich nicht genau dieselbe: Die Kirche erscheint in der Siebenzahl, und der Herr ist in ihrer Mitte verborgen – das Reich aber ist eines, und es selbst ist innen, umschlossen vom Herrn, der das Ganze umfängt: Das ist die Rekapitulation.

Die Wiederholung der Szene von Johannes mit dem Engel (19,10; 22,8–9) ist ein formaler Hinweis, der uns vor Augen führt, daß die Kapitel 19 bis 22 in der Tat als Einheit gelesen werden müssen: Zweimal will sich Johannes unter dem überwältigenden Eindruck der Vision, der Majestät dessen, was da auf ihn zukommt, vor dem Engel zu Boden werfen, und beide Male ergeht derselbe Hinweis: »Hüte dich, dies zu tun! Ich bin dein und deiner Brüder Mitsklave . . ., Gott allein sollst du huldigen . . .«. Wir haben hier alles andere als eine ungeschickte Dublette vor uns, nämlich den klaren Hinweis, daß es sich um *dieselbe* Vision handelt, die ihrer Vielschichtigkeit wegen zweimal dargestellt werden muß, in der aber immer dieselbe Person im Mittelpunkt steht: Es handelt sich also letztlich um eine Einheit, die als Ganzes in den Blick gefaßt werden muß.

Der siegreiche Herr

Jesus Christus als der Sieger wird also von zwei Seiten her dargestellt – von zwei sehr verschiedenen Seiten: Einmal ist er sachlich, fern, siegreich, erschütternd – der triumphierende Reiter; und zum anderen ist er der treu begleitende Herr, der die wunderbare Gemeinschaft des Neuen Jerusalem leitet. Der triumphierende Reiter ist das Wort Gottes, das Schöpferwort. Mehrere von den Zeichen, denen wir schon in der ersten Vision (1,13–16) begegnet sind, finden wir auch hier, in 19,12–15: das scharfe Schwert, das aus seinem Munde fährt, die Augen wie Feuerflammen, die himmlischen Heere, die in weißes Leinen gekleidet sind. Der goldene Gürtel ist durch die Kronen ersetzt, sie haben die gleiche Bedeutung. Der einzige Unterschied in der Darstellung liegt in dem blutgetränkten Mantel. Dabei könnte es sich um eine Anspielung auf jüdische Bilder vom Endgericht des Messias handeln; mindestens ebenso sicher scheint mir aber die Deutung als Triumphmantel des siegreichen römischen Feldherrn, wobei dort die Tradition den Purpur als das Blut der Feinde verstand. In unserem Zusammenhang darf natürlich nicht vergessen werden, daß das Blut einzig das Blut des Lammes sein kann. In unserem Text findet sich ja mehrfach der Hinweis: »die Erwählten haben ihre Kleider gereinigt, weiß gemacht im Blut des Lammes« (etwa 7,14). Der blutgetränkte Mantel ist hier die Bestätigung des göttlichen Wortes, das durch das Kreuzesopfer unwiderruflich wahr geworden ist. Der blutdurchtränkte Mantel ist also vom weißen Gewand der ersten Vision nicht unterschieden: Er ist nicht rot vom Blut der Feinde, vielmehr weiß durch die Reinigung, die sich im Kreuzesgeschehen ereignet hat. Das im Reiter personifizierte Wort ist also siegreich: Der einzige Sieg Gottes ist doch der, den sein Wort errungen hat (und zwar das fleischgewordene Gotteswort, das gekreuzigt worden ist und das dennoch auch und zugleich das Schöpfungswort vom ersten Tage ist). Einen anderen Sieg erringt es nicht, es hat auch keine andere Waffe. Das Wort ist die einzige Vermittlung zwischen Gott und Mensch – und Jesus ist (als *das Wort*) der einzige Mittler. Das Gotteswort offenbart keine andere Macht und kein anderes Gericht. Das Wort ist also das der Schöpfung, und sein Sieg besteht nicht im ›Tod der Ungläubigen‹, im ›unerbittlichen Gericht‹, sondern in der Neuschöpfung, in der Schaffung des Himmlischen Jerusalem.

Wir haben hier das Geheimnis des Glaubens vor uns: Wie vor aller Zeit Gott sprach – und es geschah, so beginnt die Vision von der Neuen Schöpfung durch das Schöpferwort Gottes (und kann mit nichts anderem beginnen!). Eine genaue Wiederholung: Das Wort Gottes, das die Welt ins Sein gerufen hat, wirkt nun aufs neue schöpferisch. Ein Unterschied besteht allerdings: Wir wissen nun, *wer* dieses Wort ist – Jesus Christus. Er ist der König der Könige und der Herr aller Herren nicht etwa durch einen militärischen Sieg, sondern weil er das einzig grund-legende und ursprüngliche, das einzig wahrhaft neuschaffende Wort ist, dasjenige, das eine totale Veränderung herbeizuführen vermag – dazu ist kein König, keine Macht oder Herrschaft jemals fähig gewesen. Dieser Reiter nun nennt sich »Treu« und »Wahrhaftig« (19,11). Jeder dieser beiden Begriffe erfordert eine doppelte Deutung.

Der Treue

Treu, das ist zuerst der, der zuverlässig ist. Das heißt: Dieses Wort gibt zuverlässig den Willen Gottes wieder, es bringt ihn zutreffend zum Ausdruck. Dabei ist der Gehorsam Jesu gegenüber seinem Vater im Blick, der Glaube Jesu also, dessen entscheidende Bedeutung wir ja kennen. Jesus ist der Mensch, der (mehr noch als Abraham) aus Glauben gelebt hat – und *auf* dem Glauben Jesu gründet unser Glaube. Treu ist aber auch das, was selbst zur Treue ruft, was zum Glauben auffordert. Gottes Wort ruft unseren Glauben hervor, spricht ihn an, erweckt und erhält ihn. Die Erscheinung des weißen Reiters ruft zur Entscheidung: zur Entscheidung des Glaubens.

Der Wahrhaftige

Wahrhaftig, das ist einmal der Wahre, das wahre, authentische Wort Gottes. Es gibt kein anderes. Niemand anders als Jesus ist die Offenbarung der Wahrheit Gottes. Wir kennen keine andere Wahrheit als die des Evangeliums: Alles andere ist reines Menschenwort, mit aller Begrenztheit, aller Gefahr des Irrtums, die das notwendig bedeutet.

Der Name »Wahrhaftig« bedeutet aber auch – und das bisher Gesagte weist genau in diese Richtung – daß er selbst die Wahrheit ist. »Ich bin der Weg, die *Wahrheit* und das Leben« (Joh 14,6): Die Wahrheit ist keine Theorie, kein Gefühl, keine Wissenschaft: Die Wahrheit ist eine Person, niemand anderes als dieser weiße Reiter, der nicht einfach als Symbolfigur einer abstrakten Begrifflichkeit mißverstanden werden darf (als solche müßte er im Bereich der Gnosis gelten; in der Apokalypse gibt es aber keine Allegorie im eigentlichen Sinne). Die Wahrheit ist vielmehr, wie wir im vorhergehenden Kapitel zu zeigen versucht haben, Jesus Christus selber.

Und dann trägt dieser weiße Reiter einen Namen, den nur er selber kennt (19,12). Es ist richtig, wenn von den meisten Kommentatoren gesagt wird, dieser geheime Name bezeichne seine Transzendenz und Göttlichkeit. Zugleich muß allerdings der offensichtliche Widerspruch zwischen Vers 12 und 13 unterstrichen werden: Er trägt einen Namen, den niemand weiß als er selbst: Er heißt das Wort Gottes. Damit wird zum Ausdruck gebracht, daß wir das Wort Gottes zwar kennenlernen können, wir können auch seine Folgen sehen (V. 15), wir können es hören, aber genaugenommen können wir sein Geheimnis niemals erhellen. Da der Name die tiefste spirituelle Wirklichkeit eines bestimmten Wesens ist, bedeutet das, daß wir niemals wissen können, wie es ergeht, noch, woher es kommt, noch, inwiefern es überhaupt Gottes Wort ist[2]. Wir können es für uns annehmen, aber niemals

---

2 Hier finden wir ein Beispiel für die ›wissenschaftliche‹ Simplifizierung bei H. Stierlin. Er hält diesen Abschnitt für verworren, weil der Reiter Treu und Wahrhaftig *heißt* (V. 11), während »sein Name allen unbekannt« ist (V. 12). Allerdings fügt der Exeget hier einen dem Text

beweisen. Wir können daran glauben, können wissen, daß es die Wahrheit ist (treu und wahrhaftig), aber es doch niemals in seiner vollen geistlichen Tiefe ermessen. Damit ist es aber zugleich offenbart (»er heißt«) und verborgen (ein Name, den man nicht ›wissen‹ kann). Wenn Gott sich durch sein Wort offenbart, so ist er damit niemals öffentlich zur Schau gestellt, er bleibt so geheimnisvoll und in göttlicher Verborgenheit, wie wenn er nie gesprochen hätte. Aber er *hat* gesprochen, die Verbindung zwischen diesem Du und diesem Ich *ist* hergestellt. Wir wissen, wer die Wahrheit ist, und dürfen vertrauen und von da aus sichere Schritte tun.

Die Rekapitulation

Wir wenden uns nun dem zweiten Aspekt des Herrn des Weltendes zu, wie er in Kapitel 22 zur Sprache kommt. Immer noch handelt es sich um das Wort Gottes, aber hier im Sinne der Rekapitulation. Die Vision erinnert an die Eröffnungsvision von Kapitel 1, denn wieder finden wir hier den Ersten und den Letzten, den Anfang und das Ende (22,13), während die Vision vom weißen Reiter die Verbindung zum zweiten Abschnitt knüpft, in dem ebenfalls (6,2) ein weißer Reiter vorkommt (von dem wir noch zu reden haben werden). Diese letzte Vision wird in entscheidender Weise von der Erklärung bestimmt, daß es um das Ende der Zeiten geht: »Siehe, ich komme bald« (22,12), »die Zeit ist nahe« (22,10) – damit ist das Ende der Zeit, zugleich aber das unmittelbare Nahesein des Gerichtes gemeint. Nun sieht es freilich so aus, als sei die Frage nach dem Weltende inzwischen geklärt. Die Historiker gehen in der Regel davon aus, daß die erste Christengeneration mit einem sehr bald eintreffenden ›Weltende‹ und der Wiederkunft Christi gerechnet habe, noch vor dem Tod der ersten Jünger (»dieses Geschlecht wird nicht vergehen . . .« Mt 24,34). Gewisse Aussagen Jesu seien damals also in recht vordergründiger Weise beim Wort genommen worden. Beim

---

fremden Gedanken ein: Es heißt »einen Namen, den niemand wußte als er selbst«, und anschließend wird gesagt, er heißt Wort Gottes (V. 13) und König aller Könige und Herr aller Herren (V. 16), ein Name, den er auf seinem Kleid geschrieben trägt. Stierlin meint, wir hätten hier zwei Texte vor uns, von denen der eine sagt, der Reiter habe einen Namen, den man kennt, und der andere, der Name sei unbekannt. Also zwei verschiedene Textfragmente. Wir stellen fest, daß wieder einmal davon ausgegangen wird, der Redaktor der Offenbarung sei der letzte Schwachkopf gewesen, unfähig zu erkennen, daß er sich zwischen Vers 11 und 12 selbst widerspricht. Ich könnte Stierlin übrigens den Gedanken nahelegen, daß es sich nicht nur um zwei, sondern sogar um vier voneinander unabhängige Textbruchstücke handelt, denn der Reiter heißt doch Treu, Wort Gottes und Herr. Drei *verschiedene* Namen! Es kommen also ganz offensichtlich drei verschiedene Messiastraditionen hier zum Zuge! Genaugenommen versteht Stierlin gar nichts von der Aussage des Textes. Freilich können wir sagen, der Messias heißt Wahrheit oder das Wort Gottes. Das ist eine Feststellung. Aber ist Stierlin Theologe genug, mir zu erklären, was der eigentliche Gehalt, die volle Wirklichkeit, die absolute Bedeutung dieser Worte ist? Was ist die Wahrheit, absolut gesprochen? Was ist das Wort Gottes in seiner Totalität? Wenn ich auf diese Fragen nicht antworten kann, dann *weiß* ich doch den *Namen* des Reiters nicht. Ich kenne zwar seine Bezeichnung, wie aber sollte ich deren letzten, spirituellen, wesentlichen Gehalt zur Aussage bringen? Diese ganz einfache Überlegung zeigt, wie wenig die scheinbar wissenschaftliche Logik Stierlins ernst zu nehmen ist.

unmittelbaren Ausbleiben des Weltendes habe man dann im Augenblick der Eroberung Jerusalems damit gerechnet, und als auch dann nichts dergleichen geschah, habe dies Ausbleiben der Parusie eine tiefe Enttäuschung bewirkt, eine Glaubenskrise und große Unsicherheit in den Gemeinden (und die Apokalypse verdanke ihre Entstehung ein Stück weit dem Bemühen, auf diese Entmutigung der Gemeinden zu antworten). Dieses ganze kleine Drama ist nichts anderes als eine Rationalisierung dessen, was diese Historiker selber erlebt hätten, wenn sie in der Haut der ersten Jünger gesteckt hätten. Ich bin keineswegs sicher, ob die Auslegungen, auf denen diese Interpretation beruht, eine wissenschaftliche Grundlage haben. Besonders darum, weil diese Sicht der Dinge auf einer Gleichsetzung der Endzeit, der Wiederkunft Christi mit dem Ende der Welt beruht (wobei dieses in aufklärerischem Sinne verstanden ist, im Horizont der Vorstellung von einer begrenzten Weltzeit, einer Schöpfung, die irgendwann zerstört werden wird, wie bei der Sintflut). Nun sind diese drei Elemente nicht notwendig miteinander verbunden, und es ist alles andere als offensichtlich, daß die erste Christengeneration sie in dieser Weise durcheinandergebracht hat. Zahlreiche Texte scheinen im Gegenteil die Unterschiede zwischen diesen drei Aspekten deutlich nachzuzeichnen, zumindest ihr spannungsvolles Verhältnis zueinander. Wenn es zutrifft, daß wir im 1. Thessalonicherbrief das älteste schriftliche Zeugnis des Neuen Testamentes vor uns haben, die früheste der kanonischen Schriften, dann muß es doch verwundern, daß wir ausgerechnet dort den deutlichen Hinweis finden: »Was nun die Zeiten und Fristen betrifft . . .« (1 Thess 5,1) – also gerade die *Warnung* vor der Erwartung einer baldigen Wiederkunft. Allerdings verhindert das Wissen darum, daß das Weltende und die Parusie nicht unbedingt unmittelbar bevorstehen, keineswegs die Ankündigung eines kommenden Endes der Zeit. Das finden wir nun hier klar zum Ausdruck gebracht. Einerseits »ich komme *bald*«, andererseits »die Zeit ist nahe«. Diese Aussage bezieht sich auf den Umstand, daß das Reich schon da ist. Es ist mitten unter euch und in euch (Lk 17,21). Wenn wir sagen, daß wir in der Endzeit leben, dann sagen wir nicht, daß die Anzahl der Tage, die uns noch vom Weltende trennt, klein ist, sondern vielmehr dies, daß die Zeit, in der wir leben, *qualitativ* Endzeit ist (das heißt: bestimmt von ihrem Sein aufs Ende, auf die Ewigkeit zu), und zwar unabhängig davon, wie lange sie dauert. Mit diesem Gedanken befinden wir uns durchaus auf dem Boden der Schrift: Das ist keine nachträgliche, spiritualisierende Interpretation, sie steht vielmehr durchaus in innerem Zusammenhang mit dem Denken der ersten Christenheit.

Endzeit und Gericht
Worum also geht es? Ich meine, wir können – in Übereinstimmung mit der Offenbarung des Johannes – drei Aspekte erkennen.
Zunächst: Das Gericht über die Welt, über die bösen Mächte *ist* bereits vollzogen. Es hat sich im Kreuz Christi ereignet und ist damit bereits ein Faktum geworden, das nicht erst noch geschaffen werden muß. Die Entschei-

dung des Jüngsten Gerichts ist schon gefallen, es gibt nichts anderes, nichts Neueres mehr zu erwarten. Ein weiteres Gericht kann nicht mehr kommen, denn die Totalität des Bösen hat sich enthüllt und ist über Jesus hereingebrochen, und Jesus hat diese Totalität auf sich genommen. Diesem Gericht gegenüber, das im Kreuzesgeschehen Ereignis geworden ist, kann es schlechterdings kein *Mehr* mehr geben. Wie sollten wir uns auch noch einen weiteren Schritt vorstellen nach dem, daß Gott Gott selbst gerichtet hat, daß Gott von Gott verurteilt wurde und daß Gott alles Böse, alle Schuld des Menschen auf sich genommen hat? Was sollte danach noch kommen? *Zweitens:* Das Himmelreich, die Auferstehung ist schon Wirklichkeit. Bekanntlich wollen uns das schon die Gleichnisse (etwa vom Sauerteig oder vom Senfkorn Mt 13) deutlich machen. Das Reich Gottes ist mitten in die Welt eingepflanzt und hört nicht auf zu wachsen, auch wenn wir selbst es nicht sehen. Die Auferstehung ist in Jesus ein für allemal geschehen und wirkt schon in jedem von uns (»ihr seid schon mit Christus auferweckt« Kol 3,1), so daß ein fortlaufendes Geschehen in Gang gesetzt ist, dessen Folgerichtigkeit und dessen Weg nicht mehr aufzuhalten ist. Keine Macht der Welt kann es mehr zunichte machen oder zur Umkehr zwingen. Das bedeutet aber zugleich ein gewisses Wachstum, eine Ausbreitung – es gibt keinen Fortschritt, keinen qualitativen Sprung außer diesem hier. Was könnte man denn der Tatsache, daß das Reich Gottes da ist, daß der Tod endgültig überwunden ist, noch hinzufügen wollen? Was könnte es da noch wirklich *Neues* geben, nachdem Gott selbst begonnen hat, Alles in Allem zu sein, nachdem dasjenige Geschehen in Gang gesetzt ist, das notwendig und unausweichlich, ohne Möglichkeit irgendeiner Ausflucht (wenn auch nicht ohne Aufschub) auf die letzte Erfüllung dessen hinausläuft, wovon die Offenbarung Gottes spricht? Darin liegt der Grund, weshalb die Apokalypse dem Betrachter das Gefühl von einem unvermeidlichen Geschehensablauf vermitteln kann. Wesentlich ist aber dabei, gerade das festzuhalten, daß die gleiche Apokalypse, die uns das Weltende beschreibt, zugleich auch das zeigt, daß wir jetzt schon in der Endzeit leben, daß alle unsere Zeit (wie lange sie noch dauern mag) von Gottes Kommen erfüllt ist, und zwar im Jahr 90 nach Christi Geburt ebenso wie an dem Tag, an dem ich diese Zeilen schreibe.

Und *drittens,* als Folgerung aus diesen beiden Aspekten: Das Reden vom Ende der Zeiten weist uns darauf hin, daß sich in der Geschichte nichts grundlegend Neues mehr ereignen kann. Nichts kann das Kreuz und das leere Grab auslöschen, kein Ereignis der Weltgeschichte kann das mehr ungeschehen machen. Und das heißt: Nichts kann das Werk vernichten, das in diesem Augenblick vollbracht worden ist. Nichts kann verursachen, daß es ausgelöscht oder neu begonnen würde. Was denn neu beginnen? Was denn hinzutun? Was könnte man denn der vollkommenen Begegnung Gottes mit den Menschen hinzufügen, der Ereignis gewordenen Vereinigung? Wenn das Heil des Menschen in Christus erfüllt ist, was sollte man dann noch hinzufügen wollen? Natürlich: Liebe kann sich nun entwickeln, kann zum

Aufblühen kommen. Die Unvermeidlichkeit des Bösen ist gebrochen, mit seiner scheinbaren Fähigkeit zu Neuerung und Freiheit, der dann ständig die Entdeckung folgt, daß schon wieder nur das Böse die Oberhand gewonnen hat (Psychoanalyse und Marxismus sind durch die Erfahrungsdimension des Zweifels hiervon ganz besonders geprägt), und zwar mit jener bestürzenden Zwangsläufigkeit, die Baudelaire beschäftigt hat: »Das langweilige Schauspiel der unsterblichen Sünde . . ., Oase des Schreckens in einer Wüste, die Langeweile heißt« und in der sich als einzig Neues der Tod finden läßt: »O Tod, alter Kapitän, auf dem Weg zum Urgrund des Unbekannten, um Neues aufzuspüren . . .«[3].

Der neue Weg

Das Böse ist im Gegenteil endgültig überwunden, weil Gott gestorben ist und weil daraufhin dem Bösen auch nichts anderes mehr übrigbleibt. Ein neuer Anfang ist gesetzt. Weder der der Französischen Revolution noch jener des Sozialismus – denn das sind nur scheinbare Neuanfänge. Das einzige nämlich, was der Mensch seit der Auferstehung Jesu Christi endgültig nicht mehr kann, ist gerade dies: für sich selbst einen neuen Anfang setzen. Vorbei die Zeit des Zufalls, die Zeit geschichtlicher Ungewißheit, die Zeit offensichtlicher Ebenbürtigkeit des Guten und des Bösen, vorbei die Zeit, in der von einer verworrenen, in sich sinnlosen Geschichte geredet werden konnte, in der der Mensch mit sich allein war, vorbei auch die Zeit der Religion, in der der Mensch sich mühen mußte, sein böses Handeln selber wieder auszubügeln, vorbei die Zeit der Erarbeitung einer Politik und einer Gesellschaft, in der die Eitelkeit des Menschen dann behauptet: Von nun an ist alles neu und anders . . . All diese Zeiten sind ein für allemal vorbei. Der neue Weg ist eingeschlagen und liegt vor uns – aber nirgends ist uns hier ein Wort davon gesagt, *wie lang* dieser Weg sein wird.

Nun kenne ich wohl die Reaktion, die eine solche Aussage hervorrufen kann: »Sie berauben den Menschen seiner Würde, der Bedeutung dessen, was er aus seinen eigenen Kräften schafft. Inwiefern kann denn die Geschichte noch irgendeine Bedeutung haben, wenn der Mensch nichts mehr hinzufügen kann, wenn all sein Handeln von vornherein nichtig ist, wenn sich in dieser Geschichte nichts Entscheidendes mehr ereignet?« Freilich, sobald die Theologen darangehen, dem Menschenwerk, dem menschlichen Handeln ein neues Gewicht zu verleihen, sobald der Mensch zum Demiurgen wird, zum Mitschöpfer neben Gott, zum Vollender einer Schöpfung, die entweder schlecht gemacht, oder aber nur in Grundstrukturen angelegt ist, oder wenn er ganz einfach Gott gleichgestellt wird (Gott als der Offenbarer derjenigen Kräfte, die im Menschen angelegt sind – etwa des Guten, das im Menschen schlummert), oder wenn Gott nur noch als die theoretische Möglichkeit dafür verstanden wird, daß der Mensch zu seiner eigenen Vollendung gelangt – in einem solchen theologischen Denkhorizont muß unsere

---

3 Baudelaire, Die Blumen des Bösen, a.a.O., S. 246 (Die Reise).

Aussage in der Tat Ärgernis erregen. Allerdings muß einfach festgehalten werden: Das ganze Evangelium wird sinnlos, wenn es nach Kreuz und Auferstehung noch irgendein Risiko im Blick auf das Heil und auf das Leben gibt. Es ist nicht der Mensch, der das Heil geschaffen hat oder es etwa immer neu schaffen muß in jedem persönlichen oder kollektiven Leben. Wenn es aber kein Risiko mehr gibt, wenn wir im Blick auf den wahren Neuanfang weder vom Zufall noch vom guten oder schlechten Willen des Menschen abhängen – dann allerdings stehen wir am Ende der Zeiten. Das nimmt wohlverstanden dem Handeln des Menschen nichts von seiner Bedeutung; es macht einzig seinen Anspruch zunichte, sein stolzes Selbstbewußtsein, selbst einen *Neuanfang* setzen (das ist der Stolz Kains), aus seinem Schicksal ausbrechen zu können. Davon abgesehen kann der Mensch durchaus handeln und erfinden, kann großartige Werke verwirklichen, aber das berührt nicht den Sinn der Geschichte. All dies gehört einer *vorletzten* Sinnsphäre an; es wird sich immer um begrenzte, dem Gesetz des Vergehens unterworfene Werke handeln. Das soll aber nicht heißen, daß sie nicht vollbracht werden sollten[4]. Sie sind sogar im Gegenteil von großer Bedeutung, und zwar auch für Gott (darauf werden wir im Zusammenhang mit dem Nachdenken über die Rekapitulation noch zurückkommen). Allerdings: Das Handeln des Menschen ist niemals letztgültig oder entscheidend. Freilich kann es dabei eine Menge Neuerungen geben (wir sehen das etwa im Bereich der Wissenschaft), auch ungeahnte Ereignisse (das wird beispielsweise im Bereich der Politik erfahrbar), aber weder das eine noch das andere kann etwas ändern an der ein für allemal gefallenen Entscheidung über die Beziehung des Menschen zu Gott, genauer, über den neuen Bund, dieses »Gott mit und für den Menschen«.

So können wir also durchaus eine Vielzahl erschütternder Ereignisse erleben – und doch sind es nur Erscheinungen erschütternder Ereignisse (das soll nicht heißen, daß sie etwa nicht ernsthaft oder schmerzlich wären, sondern vielmehr, daß es sich niemals um äußerstes Leiden, um letzten Ernst handeln kann).

Der Mensch kann erfinden, was er will, er kann sich beliebigen Verirrungen hingeben – damit wird er dem Heil, das Gott in Jesus Christus beschlossen und besiegelt hat, nicht entgehen, er wird der Liebe Gottes nicht mehr ausweichen können.

Das gegenwärtige Ende

Und noch eine andere Möglichkeit ist gleichfalls ausgeschlossen, nämlich die menschlicher Entartung (daß der Mensch aufhört, Mensch zu sein). Das ist mit Vers 15 gemeint, der wie eine vordergründige Wiederholung früherer Gerichtsaussagen erscheinen mag, aber in Verbindung mit dem »die Zeit ist nahe« (22,12) einen neuen Sinn gewinnt: Es ist nun nicht mehr *möglich,*

---

4 Vgl. meine Arbeit über das »Relative als ethische Kategorie christlicher Freiheit« in: Ethique de la Liberté.

daß der Mensch zum Hund wird oder sich wie ein Tier aufführt, sich satanischen Mächten ausliefert, sich dem Blendwerk von Götterbildern hingibt oder der Nichtigkeit der Lüge verfällt. Wir haben hier also kein *Urteil gegen Menschen* vor uns (hinaus mit den Hunden, den Zauberern, den Unzüchtigen, den Mördern, den Götzendienern und allen, die die Lüge lieben und tun . . .), sondern den Ausschluß der *letzten* Möglichkeit, daß der Mensch aufhören kann, Mensch zu sein, daß der Mensch vom Chaos, vom Nichts verschlungen wird. Das ist ganz einfach nicht mehr möglich. Das ist alles. Es kann durchaus noch Mord geben, sogar Völkermord, auch geschlechtliche Verirrung und Lüge: Aber wir wissen, daß es sich da nur mehr um eine oberflächliche Ansteckung handeln kann, grundlegenden Krebsschaden kann es nicht mehr geben, die Verwandlung des Menschenwesens ins Chaotische ist nicht mehr möglich. Und von der neuen Lebensmacht, die das bewirkt hat, sind wir erfüllt. Jesus wird hier offenbar als der Herr der Endzeit und zugleich faktisch als der, der alles geschaffen hat; denn *dieses* Schöpfungswerk kann schlechterdings nicht mehr gesprengt oder vernichtet werden.

»Ich komme bald« (und dieses Kommen wird in der Tat die Offenbarung alles dessen sein, was wir mit Mühe wie durch eine Finsternis hindurch als das Ende der Welt in den Blick fassen können). Wenn darum der Augenblick der Rekapitulation kommt, wenn sich das Werk des Menschen (durch die Gnade Gottes) mit dem Werk Gottes verbinden wird, wenn der auferstandene Mensch Jesus Christus für alle zugleich und unumschränkt der Herr sein wird, wenn offenbar wird, daß dieser Jesus in der Tat der Nachkomme Davids (22,16) ist (was bedeutet, daß sich durch ihn die Vereinigung von Israel und der Christenheit vollziehen wird) und der hell strahlende Morgenstern: Wenn also der vom Stern angekündigte Morgen strahlende, leuchtende Realität wird, dann ist das faktisch der Schlußpunkt der Geschichte und – wenn man so will – das ›Ende der Welt‹. Damit ist aber zugleich auch eine Distanz zwischen der ›Endzeit‹ und dem Ende der Welt angedeutet. Ganz genau so, wie es einen Abstand gibt zwischen dem Erscheinen des Sterns, der den Morgen ankündigt, und dem Aufflammen der Morgenröte. Freilich, wenn der Morgenstern da ist, wenn man ihn sieht, dann weiß man genau, daß nun die Nacht zu Ende ist, daß der Tag unfehlbar heraufkommen muß, daß bald die Sonne erscheint. Ganz genau so beginnt das Ende der Zeit mitten in der Zeit, in der wir das Ende unserer Nacht erleben und den Beginn des unvergleichlich Neuen.

Die Dringlichkeit

Allerdings, die Nähe des Herrn (»ich komme bald« 22,12), die verkündigt werden muß (»versiegle die Worte der Weissagung in diesem Buche nicht« 22,10), ob es sich nun um geistliche oder um zeitliche Nähe handelt, zielt sicher auf beide Aspekte, auf Trost und Hoffnung und auf Mahnung. Einerseits: Seid nicht mutlos, alles ist bereits gewonnen. Andererseits: Eilt euch (nicht, euch zu bekehren oder euch zu bessern – das wäre die Blickrichtung eines sehr engen Heilsverständnisses, einer zu individualistischen Sicht und eines Moralismus, die dem Denken der Apokalypse völlig fremd sind[5]), eilt, euer Werk zu vollenden: Wenn es zutrifft, daß der neue Anfang schon gesetzt ist, dann müßt ihr euch eilen, das ins Werk zu setzen, was in diesen Gipfelpunkt der Geschichte als eure Gabe an Gott Eingang finden soll und ohne das allerdings die *Fülle* der Zeit nicht vollkommen werden kann.

Die Synthese

Schließlich noch eine letzte Bemerkung in diesem Zusammenhang: In dieser doppelten Darstellung desselben Herrn, die die Kapitel 19 und 22 bieten, finden wir – in diesem fünften Teil der Apokalypse – die Synthese derjenigen beiden Elemente, die im ersten und zweiten Teil getrennt in Erscheinung getreten sind. Wir sahen dort den allmächtigen Herrn als Herrn der Kirche, und nun ist er der Herr über das Himmlische Jerusalem und über das Weltende (was zugleich zum Ausdruck bringt, daß die Kirche der Ort ist, an dem das Reich Gottes in der Welt Gestalt gewinnt), und außerdem begegnen wir im zweiten Teil (über die Geschichte) dem Wort Gottes, das durch die Welt reitet. Wo es zum Ende der Geschichte und damit zugleich zum Ende des Auftrags der Kirche kommt, werden diese beiden Aspekte also wirklich vereinigt. Der Herr über dem Ende (der sicherlich kein Punkt Omega ist, denn er *kommt* ja, er ist keineswegs einfach das Ergebnis dessen, was konvergiert, was sich auf ihn zubewegt) ist (wenn man so sagen darf) die ›Synthese‹ dessen, der die Geschichte durchlaufen und sie durch seine Gegenwart verändert hat, mit dem, der über das Volk, das er sich berufen hat, unumschränkt herrschte – wie klein dieses Volk auch gewesen sein mag.

Das Opferlamm

Wir gelangen nun zu der anderen Seite, zum anderen Aspekt des Herrn: Er ist nicht nur der Herrliche, dessen Angesicht wie die Sonne strahlt (1,16) und dessen Stimme wie das Rauschen großer Wassermassen ist (1,15), zugleich erscheint er auch als das geschlachtete, gekreuzigte Opferlamm. Auch hier wieder zwei voneinander unterschiedene Bilder: Das von Kapitel 5, das sich auf sein Gegenwärtigsein in der Geschichte bezieht, und das andere, das *nach* der Darstellung der wunderbaren Erscheinung der Inkarnation kommt und Christus als das Lamm des Gerichtes zeigt (Kap. 14). Noch

---

5 Ich kenne wohl alle Aspekte des »Gerichtes« über das Verhalten, die man in unserem Text finden kann, und alle Hinweise auf das persönliche Heil: Sie müssen natürlich nicht ausgeschlossen werden – »selig sind, die ihre Kleider waschen, damit sie Anrecht bekommen am Baum des Lebens« (22,14 – allerdings geht es hier gerade nicht um ein moralisches Verhalten, sondern um den Glauben); das ist aber nur ein Teil der Offenbarung, und weil man diesen Teil so sehr überbetont hat, daß er nun nahezu ganz das Feld beherrscht, stelle ich ihn hier allein aus diesem Grunde eher an den Rand. Nicht etwa, weil der Bereich moralischen Verhaltens für mich weniger wichtig wäre. Im Grunde geht es mir nur darum, das Gleichgewicht wieder herzustellen, indem ich aufzeige, daß darin für die Apokalypse nicht die entscheidende oder zentrale Frage liegt.

einmal kommt alles darauf an, daß wir die entscheidende Aussage dieser Bildwahl vor Augen haben: Der da in der Geschichte gegenwärtig ist, der da das Geheimnis der Geschichte löst, der sie in der Hand hat und ermöglicht, daß sie als Geschichte abläuft, das ist gerade nicht der allmächtige Herr, sondern das Opferlamm. Und ebenso ist der, der im ›Jüngsten Gericht‹ das Präsidium führt, der die Scheidung zwischen Gut und Böse, den letzten Kampf vollzieht, nun gerade nicht der machtvolle, majestätische, starke Recke, der in der unvergleichlichen Sixtinischen Kapelle dargestellt ist (welch ein Mißgriff, Michelangelo!), eben nicht der »Herr der himmlischen Heerscharen«, der Herr aller Herren, sondern vielmehr das Lamm, der Gekreuzigte, der Erniedrigte, der gedemütigt und zerschlagen ist, der elendeste unter allen Menschen, der keine Gestalt noch Schönheit hatte, keine Ehre, keine Macht . . . Mir scheint, das sollte uns in entscheidender Weise klarmachen, was die Geschichte für die Apokalypse bedeutet, aber auch, worum es im Jüngsten Gericht geht!

Die Wahl des Symbols
Zunächst aber eine kurze Bemerkung über die Wahl des Symbols. Warum wurde gerade ›das Lamm‹ als Bild für Christus gewählt? Die Vorstellung eines Kultursymbols aus einer Welt von Kleintierzüchtern ist viel zu vereinfachend, und zwar um so mehr, als diese Kultursituation für die Abfassungszeit der Apokalypse gar nicht mehr gegeben war. Wesentlicher ist demgegenüber[6] der Gedanke, daß es sich um eine Wiederaufnahme des Bildes vom Passahlamm handelt, vom Tod des Lammes zur Erinnerung und Feier des Auszugs aus Ägypten. Sicher haben wir hier einen der Hinweise dafür, daß die gesamte Apokalypse im Lichte des Passah- und Ostergeschehens gelesen werden muß. So gesehen begegnet uns hier die Erhörung, die Erfüllung jener Verheißung, die beim Passah ergangen ist, die Verwirklichung dessen, wofür das Passah Symbol, Prophetie, Vorwegnahme war. Auch seine verschiedenen Namen in Kapitel 5 bezeugen übrigens, daß das Opferlamm in unmittelbarer Verbindung zum Alten Testament gesehen werden muß: der Löwe aus Juda und der Nachkomme Davids. In dieser Gestalt laufen offensichtlich die verschiedenen Messiastraditionen des Alten Testamentes zur Einheit zusammen – und darin kommt zum Ausdruck, daß Jesus die Krönung der Geschichte Israels ist, und zugleich, daß in dieser Ge-

---

6 Es gibt allerdings auch einen biologischen Gesichtspunkt, der mir für die Tatsache, daß unter den im Bereich des Alten Testamentes gebräuchlichen Opfertieren ausgerechnet das Schaf gewählt wurde, um Christus zu symbolisieren, schon immer von großer Bedeutung zu sein schien: Von allen Tieren, deren Schlachtung ich bereits erlebt habe, sind Schafe und Lämmer die einzigen, die sich nicht wehren, wenn sie getroffen sind. Von dem Augenblick an, in dem das Messer den Hals durchtrennt hat, entspannt sich das Lamm und versucht weder zu fliehen noch auszuschlagen. Es läßt sich völlig gehen und stirbt in einer Art Ergebung. Kein anderes Tier macht in vergleichbarer Weise die Annahme des Sterbens sinnfällig. Darum ist es das einzige, das Jesus entspricht: »Ich gebe selbst mein Leben . . .« (Joh 10,15).

schichte das Geheimnis der Menschheitsgeschichte zu finden ist. Das Buch der Geschichte ist verschlossen und versiegelt. Niemand kann es lesen oder auch nur öffnen. Gemahnt die Geschichte nicht in der Tat an den von einem Verrückten erzählten Wahnwitz? Lärm und Durcheinander ist sie: Wer vermag ihren Sinn zu erkennen oder zu entschleiern? Freilich ist keine von außen kommende allmächtige Gestalt erforderlich, um diese Geschichte wie einen Kinofilm ablaufen zu lassen. Der Offenbarer der Geschichte ist kein Filmvorführer. Auch nicht so, daß er ein Schauspiel darbietet oder dem ablaufenden Film einen von außen hinzukommenden Sinn verleihen würde. Er kommt nicht auf etwas zu, das ohne eigenes Leben, das Objekt wäre. Der, der den Sinn der Geschichte offenbaren kann, ist vielmehr der, der ganz eng mit jener Geschichte verbunden war, die das Volk Israel als geschichtliche Größe vollzogen hat, der sich selbst in die Weltgeschichte hineinbegeben hat, und er befindet sich mitten in dieser Geschichte, um ihr Sinn zu verleihen. Worin sonst könnte die Geschichte ein Zentrum finden, eine Mitte, von der aus man sie ordnen und verstehbar machen und erfassen kann, als in diesem unerhörten Geschehen vom Mensch werdenden Gott, im Sieg des Lebens über den Tod und in der Bereitschaft Gottes, das Böse des Menschen auf sich zu nehmen – und das heißt doch: im Lamm, das geschlachtet ist und dennoch steht? Darin ist freilich bereits der Gedanke mit eingeschlossen, daß die Geschichte nur vom Zentrum aller Geschichte her verstehbar wird. In diesem Zentrum aber steht das Opferlamm, das Passahlamm, und das hat eine doppelte Bedeutung: Die Geschichte wird nicht von einem gewaltigen Gott beherrscht, der sie auf seine Weise, nach seinem Wunsch und Plan modelliert. Die Geschichte ist nicht einfach Ereignis für Ereignis Erfindung des Jenseitigen, der Traum Gottes oder das Ergebnis des ständigen Eingreifens eines allmächtigen Schöpfers. Sie ist noch viel weniger das unerbittlich mechanische Ablaufen einer einem Uhrwerk vergleichbaren vorgeplanten Ordnung. Der da kommt, um die Geschichte zu entrollen, ist das Lamm, der Schwache, der sich nicht verteidigt; das Opferlamm, das in den Tod geht und dem alles genommen wird. Also der, der sich in die Gewalt der Menschen begeben hat und von ihnen verurteilt und getötet wurde, der, den der Mensch in der Hand hat. Und dieser Gott allein ist fähig, die Geschichte zu enthüllen, sie zu offenbaren. Damit ist zugleich zum Ausdruck gebracht, daß es sehr wohl der Mensch ist, der die Geschichte macht (und mit ihm die Mächte und Gewalten). Das bestätigt auch die Tatsache, daß jedesmal dann, wenn das Lamm ein Siegel öffnet, etwas *geschieht:* Also das genaue Gegenteil eines Kinofilms – es vollzieht sich ein tatsächliches Ereignis; kein Schauspiel, das nach und nach sichtbar gemacht wird, sondern ein Geschehen wird eingeleitet – dasjenige Geschehen nämlich, das wir Geschichte nennen.

Das Symbol der Befreiung

Die zweite Bedeutung dieses Bildes liegt darin, daß im Passahgeheimnis nicht nur der ganze Sinn der Geschichte wurzelt, sondern daß es zugleich das der Befreiung ist. Passah, das Vorübergehen, der Auszug, ist das Fest der Befreiung. Das besagt, daß die Geschichte nicht anders als im Lichte der Befreiung verstanden werden kann. Die Weltgeschichte hat keinen anderen Sinn als den der schließlichen Befreiung des Menschen. Aber Vorsicht: Wir haben hier das Opferlamm vor uns, es geht um *Gottes* Tat in Ägypten: Dort wird unmißverständlich betont, daß das Volk Israel einzig durch die allmächtige Hand Gottes befreit worden ist. Des weiteren sehen wir hier Gottes Bereitschaft, den Tod auf sich zu nehmen, sich selbst hinzugeben, damit der Mensch vom Bösen befreit wird. Die Freiheit wird also durch alles andere als ein Handeln des Menschen gewonnen. Vielmehr muß der Mensch erlöst, *befreit werden.* Infolgedessen kann er seine Geschichte auch nicht in eigener Regie zu seiner eigenen Befreiung hin entwickeln. Befreiung wird das Endziel sein, das aber kann nur durch die Anerkennung der Herrschaft des Lammes erreicht werden. Der Sinn der Geschichte liegt also darin, zur Freiheit hinzuführen. Freiheit aber ist niemals das natürliche Ergebnis irgendwelcher Ereignisse. Um von Ägypten aus die Freiheit zu gewinnen, muß das Gottesvolk ausziehen (weggehen von dem Land, in dem Israel seine geschichtliche Existenz hatte), muß das Meer durchschreiten (die absolute Barriere des Eingeschlossenseins in geschichtliche Bedingtheit durchbrechen) und in die Wüste gehen (dorthin, wo der Mensch überhaupt keine Macht mehr hat). Solche Freiheit als Geschenk Gottes, nicht als Errungenschaft des Menschen, das ist die Grundlinie und zugleich das Ziel der Geschichte: Weder das Zusammenspiel geschichtlicher Kräfte noch irgendeine Deutung der geschichtlichen Ereignisse kann menschliche Freiheit bringen.

Das ist hier damit betont, daß es noch einmal das Lamm ist, das im Mittelpunkt steht, das heißt die Machtlosigkeit, die Bereitschaft, das Todesschicksal anzunehmen, – und es geht sogar noch weiter: Es ist das geschlachtete Lamm (5,6), das also völlig auf seine persönliche Autorität verzichtet hat (um sich ganz dem Willen des Vaters unterzuordnen), das den Tod erlitten hat – das also alles andere als die Freiheit repräsentiert, weil es doch in absolute Abhängigkeit und Ohnmacht und Unfreiheit gestürzt worden ist, in jene des Todes! Wir haben hier den direkten Gegensatz zu den bekannten Tendenzen der Geschichte und dem Wollen des Menschen, der die Geschichte bestimmen möchte: Zum mindesten fordert doch der Selbsterhaltungstrieb sein Recht, im schlimmsten Falle beherrscht der Machtwille total das Feld. Überall, sei es in der Geschichte der Wirtschaft oder der Wissenschaften, der Technik oder der Politik, ist das Handeln des Menschen auf Machtpositionen oder Herrschaft ausgerichtet, auf das Bemühen um Erfolg, Ausdehnung oder Wachstum . . . Dem entspräche das Bild eines riesigen, alles verschlingenden Gottes. Und in der Tat sind die Götter, die sich die Menschen selber gemacht haben (sofern es sich um Götter handelt, denen nachgesagt wird, sie bestimmten die Geschichte), genau von diesem Typus, etwa Saturn oder Jupiter. Hier nun wird uns das genaue Gegenteil angekündigt. Meister über den Sinn der Geschichte ist nicht jener donnernde Jehova, der Victor Hugo so teuer war, sondern der Ohn-mächtige,

111

der Entäußerte. Im Grunde kann das kein Mensch und keine geschichtliche Macht jemals erfassen. Die Freiheit, die das Passahlamm als den Sinn der Geschichte bezeugt, ist nicht das Ergebnis menschlichen Machtstrebens, sondern das des Kommens und der geheimnisvollen Gegenwart der Ohnmacht Gottes. Es ist keine Frage, daß dieses Lamm auch auferstanden ist (das Lamm *stand* 5,6; 14,1): Es ist der Löwe von Juda, es hat sieben Hörner (die Machtfülle Gottes). Aber es darf doch kein Zweifel sein: Diese Zeichen seiner Herrlichkeit und Macht sind ihm *als* dem Opferlamm hinzuverliehen. Die Apokalypse bietet hier also nicht einfach eine Ansammlung von unzusammenhängenden Bildern, mit denen die zweite Person der Trinität bezeichnet wird. Vielmehr *ist* das gestorbene Lamm der Nachkomme Davids, dem die Hoheitstitel als Ausdruck seiner Göttlichkeit verliehen werden. *Weil* er das Opfer auf sich genommen hat, darum wurde er über alle Namen erhöht (Phil 2,9). Wenn er also Herr über die Geschichte ist, dann nicht als gekrönter König, sondern als die Fleisch gewordene Liebe, als diejenige Liebe, sie sogar sich selber gibt, sich hingibt; und wenn er nun die Macht hat, dann kann das keine andere Macht als nur eben *diese* Liebe sein. Diese Liebe also hat die Macht, die Herrschaft angetreten. Eine andere Herrschaft Gottes über die Weltgeschichte gibt es nicht, und das ist auch – noch einmal sei es gesagt – der Grund dafür, weshalb der Mensch derart unabhängig ist, daß er sich sogar seine eigene Welt zu zimmern in der Lage ist. Aber alles, was er tut – sogar die schlimmsten Greuel und Ungerechtigkeiten –, ist eingeschlossen *in* das Wirken der Liebe Gottes, und darum führt alles, ob wir uns das vorstellen können oder nicht, zum Wunder der Befreiung des Menschen in Gott.

»Würdig bist du, den Sinn der Geschichte zu enthüllen, denn du bist geopfert, und du hast die Menschen durch dein Blut losgekauft für Gott . . .«, so singen die Wesen und die Ältesten vor dem Lamm (5,9). Und das ist in der Tat der Sinn des Bildes vom Opferlamm, in dem uns der Herr der Geschichte erscheint.

Der Menschensohn

Im vierten Abschnitt der Apokalypse finden wir das Lamm wieder, und zwar (wie im fünften Teil) noch einmal in einem doppelten Bild (14,1 und 14,14). Wie wir schon gesehen haben, handelt es sich hier um den Abschnitt vom Gericht. Das Lamm (V. 1) ist auch – und zwar gleichzeitig – der Menschensohn (V. 14); wir haben hier also die Vereinigung der beiden Aspekte, die im ersten und im zweiten Teil getrennt in Erscheinung getreten sind: Der Herr »wie ein Menschensohn« (1,13) und das Lamm, von dem wir gerade gehandelt haben.

Kirche und Geschichte vereinigen sich im Ereignis des Jüngsten Gerichts. Miteinander gehen sie ihrer Erfüllung entgegen. Die Wahrheit der Geschichte wird unbarmherzig enthüllt, und das Lamm wird als ihre Sinnmitte offenbar – das bedeutet aber zugleich, daß die Vernichtung all dessen erfolgt, was im Laufe der Geschichte dem Lamm entgegenstand (also Machtstreben, Selbstbewußtsein usw.). Genauso wird die Wahrheit der Kirche sichtbar, und zwar ebenfalls im Gericht, in ihrem Aufhören. Es gibt nämlich keinen Sieg der Kirche, keine Vollendung der Kirche im Gottesreich. Dort hat sie keine Funktion mehr, und darum bedeutet das Gericht auch das Ende der Kirche – genaugenommen darum, weil der, der als der Menschensohn der Herr dieser Kirche war, nun – im Gericht – der Herr der Neuen Schöpfung ist. Existenzgrund der Kirche war dies, daß sie der privilegierte Ort war, an dem Christus *erkannt* (bekannt und angenommen) wurde als der Herr. Nun – und zwar durch das Gericht – wird er als der erkannt, in dessen Händen die Herrschaft über die ganze Welt ruht. Es wird also durch das Gericht *anerkannt* werden, was im Laufe der Geschichte noch nicht bekannt war. Und derjenige, der da als der Herr anerkannt wird, *ist* der Menschensohn. Damit verliert die Kirche ihre Existenznotwendigkeit: Sie *war* Volk Gottes. Nun sind *alle* Auferstandenen durch das Gericht zum Gottesvolk geworden. Und genau diese Verwandlung wird auch in Kapitel 14 beschrieben, im Abschnitt von Vers 1, in dem wir das Lamm inmitten des vollzähligen Gottesvolkes (der 144 000) sehen, die seinen Namen und den Namen seines Vaters auf der Stirne geschrieben tragen, die von der Welt Losgekauften, die dem Lamm überallhin folgen, wohin es auch geht, und die das Kirchenvolk darstellen, bis zum Vers 14, wo der Menschensohn die ganze Welt erntet, wobei diese Ernte zum Ziel hat, die »nun reif« gewordene Ernte einzubringen (14,18). Damit ist die Sammlung der ganzen Menschenwelt (nicht mehr nur der Kirche) im Blick.

Lamm und Menschensohn

Das Gericht ist also durch Christus in seiner doppelten Gestalt beherrscht – in der des gekreuzigten Lammes und der des verherrlichten Menschensohnes –, nicht etwa durch einen allmächtigen Gott, der absoluter Herr und Richter wäre. Das Gesetz des Jüngsten Gerichtes, so sagt uns Jakobus (Jak 2,12), ist das Gesetz der Freiheit. Und Freiheit ist genau der Spielraum zwischen dem Lamm und dem Menschensohn. Die Freiheit bleibt auch im Gericht erhalten, denn Richter ist das *Lamm*. Wir dürfen aber auch darauf vertrauen, daß dem Menschen nun die Freiheit sicher ist, weil es der Menschensohn ist, der die Ernte einholt. Lamm und Menschensohn sind nicht einfach deckungsgleich. Gottes Selbstaufopferung und die Herrlichkeit, die dem Menschensohn verliehen wird – aus diesem Paradoxon erwächst die Freiheit: die Freiheit Gottes, der sein Dasein nirgends anders bezeugt als gerade darin, daß er der Vater ist, der sich selber hingibt (und schließlich auch darin, daß er sich selbst entschließen kann, in den Tod zu gehen), und die Freiheit des Menschen, die gerade da anfängt, wo dieser Mensch in Gottes Angesicht und durch seine Gnade denjenigen Platz gewinnt, dasjenige Aussehen (also dem Bilde gleich wird), das ihm in der Schöpfung zugedacht worden ist.

Die Liebe des Lammes

Gericht nach dem Gesetz der Freiheit[7], aber auch Gericht der Liebe Gottes, denn es gibt kein anderes Gericht als das, das von der Liebe Gottes beherrscht wird. Das wird uns im Aufriß unseres Abschnitts klar vor Augen geführt: Das schreckliche Gericht der sieben Zornschalen und der großen Hure, vom Fall Babylons, beginnt ausgerechnet mit diesem Kapitel 14, dessen erstes Bild das vom Lamm ist. Wie könnte es unmißverständlicher gesagt werden, daß alles, was nachher kommt, alle jene grauenerregenden Dinge eingeschlossen sind in die Liebe des Lammes und ihren eigentlichen Sinn in ihr, in nichts anderem, finden? Alles gehört unter das Kreuz Christi. Ebenso, wie das Zorngericht mit der Vision vom Gekreuzigten beginnt, darf man den Text nicht einfach losgelöst vom Zusammenhang verstehen wollen, sondern allein in seiner Bezogenheit auf die Liebe, die sich selbst für jene opfert, die sie hassen. Dieser positive Grundgedanke wird uns durch Vers 14 bestätigt: Der Menschensohn erscheint hier, von sechs Engeln umrahmt. Drei gehen dem Gericht voraus (14,6–9), und drei verkünden Gottes Entscheidung, das Gericht zu vollziehen (14,15–18). Nun ist allerdings unterschieden zwischen dem Menschensohn, der eine Sichel in der Hand hat, und dem Engel, der sagt: »Der Menschensohn geht aus zu mähen, die Ernte einzubringen« (V. 15). Und nach dem Menschensohn hat ein anderer Engel die Erntesichel in der Hand (14,17), wobei es sich hier um die Ernte, um die Lese zum Zorngericht Gottes handelt. Deutlich ist gezeigt, daß nicht Jesus an der Spitze dieses Zornes steht, daß nicht er es ist, der die Kelter des Zorngerichtes füllt. Jesus hat nicht den Auftrag, zwischen Geretteten und Verdammten zu trennen. Ihm ist offensichtlich nicht die Aufgabe übertragen, die Entscheidung zur Verwerfung zu vollziehen. Wem aber dann? Haben wir nicht bereits gesehen, daß Jesus die Menschen richtet – und zwar alle Menschen? Soll nicht gerade das zum Ausdruck gebracht werden, wenn Jesus in diesem Zusammenhang mit dem Titel des Menschensohnes belegt wird, daß nämlich der zur Fülle seines Menschseins gelangte Mensch (in Jesus) alle Menschen richtet – und zwar auf ihr Heil ausrichtet? – Wer wird aber dann verdammt, wer wird in die Kelter geworfen?

Wir werden später umfassender zu verstehen versuchen, was dieses Gericht in der Liebe und zur Freiheit bedeuten soll, dieses Gericht, das von Jesus her keine Verdammung bringt. Um hier zunächst abzuschließen, noch eine letzte Bemerkung: In unserem Text wird ganz betont darauf hingewiesen, daß dieses Gericht vom Menschensohn selbst vollzogen wird: *Er* hat die Sichel in der Hand. Das Geschehen setzt aber erst ein, als (V. 15) ein Engel aus dem Tempel tritt (aus dem Ort der geheimen Gegenwart Gottes) und mit lauter Stimme dem auf der Wolke Thronenden (Jesus nach der Himmelfahrt) zuruft: »Schicke deine Sichel aus und ernte . . .« (14,15). Erinnern wir uns daran, was ein Engel ist: Bote einer Willenskundgebung Gottes,

---

7 Wir können in unserem Zusammenhang nicht auf die ethischen Konsequenzen der Freiheit eingehen. Vgl. hierzu meine »Ethique de la Liberté«.

ohne eigene Daseinsweise, ohne irgendeine eigene Identität, nichts weiter als der Überbringer eines Wortes Gottes. Infolgedessen handelt der Engel auch in diesem speziellen Fall nicht aus eigener Initiative: Nicht der Engel gibt dem Menschensohn einen Befehl. Wenn der Ruf, den er an den Menschensohn richtet, so bestimmend und so laut ist, daß dieser gehorcht und die Sichel aussendet, dann darum, weil wir ein Wort Gottes vor uns haben. Die Ernte geschieht also offensichtlich auf ein Wort Gottes hin. Gott selbst beschließt sie. Der Menschensohn kann die Initiative zum Gericht nicht von sich aus ergreifen. Er erntet *dann*, wenn der Vater es ihn heißt. Das entspricht genau der Antwort, die Jesus im Evangelium gibt: »Was nun Tag oder Stunde betrifft, so kennt sie niemand, auch die Engel im Himmel nicht, selbst der Sohn nicht, nur der Vater allein . . .« (Mt 24,36). Entsprechendes gilt für die Apokalypse: – Obwohl der Herr auferstanden und zu Gott erhoben ist, kennt er den Zeitpunkt des Gerichtes nicht und wartet auf den Befehl seines Meisters; selbst in der Einheit des Vaters mit dem Sohne bleibt Christus in Demut und Gehorsam: wahrhafter Menschensohn, vertrauensvoll und ohne den Anspruch, wie Gott werden zu wollen – wahrhaft das Lamm, das gekreuzigt bleibt bis ans Ende der Welt[8].

---

8 Allein diese Beobachtung sollte all den wilden Spekulationen den Boden entziehen, die sich auf verfehlte Interpretationen ausgerechnet der Apokalypse gründen und mit denen man Daten für das ›Weltende‹ und den Ablauf der Geschichte errechnen will!
Hierzu möchte ich einen Gedanken von Père Le Guillou (a.a.O., S. 245) über das »österliche Gottmenschsein Christi« zitieren, weil es genau dem entspricht, was wir hier von der Menschwerdung gesagt haben: »Alle Entfaltung der Geschichte hat nur die Aufgabe, das vollkommene Amen der Menschheit . . . zu dem vom Vater gestifteten Bund möglich zu machen. Der gleiche Christus, der das ›Lamm ohne Fehl und Tadel ist, erkannt vor dem Ende der Welt‹, Ursprung der Schöpfung nach dem Willen des Vaters, kann auch sagen: »Ich bin das Amen, der treue und wahrhaftige Zeuge, der Ursprung der Schöpfung Gottes«. Das österliche Amen, in dem die Sohnesannahme im freien Zusammenwirken des Menschen mit Gott zur Erfüllung kommt, umfaßt den Anfang und das Ziel des Gnadenhandelns Gottes. In ihm sind in der gottmenschlichen Vereinigung die menschliche Geschichte und der Heilsplan Gottes verknüpft, die Freiheit Gottes, die sich selber in das Geheimnis des Lammes hineinbegeben hat, und die Freiheit des Menschen, der angenommen und gerettet wird . . . Das Amen ist die Stunde (der καιϱός) im johanneischen Sinne des Wortes, der österliche Augenblick, in dem das göttliche Heilshandeln im vollkommenen Gehorsam des Sohnes zur Erfüllung kommt. Diese österliche Stunde ist nicht nur der eschatologische Augenblick, für den Christus gekommen ist und den er am Kreuz mit dem Wort »Es ist alles vollbracht« erfüllt; im Grunde ist es jene himmlische Stunde, die am Anfang allen Schöpfungshandelns Gottes steht . . . Von dem Augenblick an, in dem der Sohn im Namen aller Menschen dem Willen Gottes gehorcht und ihm sein Leben übergibt, gilt der Heilsplan Gottes . . .; die österliche Stunde ist derjenige Augenblick, in dem der Bund zwischen Gott und den Menschen im Geist, den der bis zum Tod am Kreuz gehorsam gewordene Christus in die Hände des Vaters zurückgibt (und den er der Kirche übermittelt), besiegelt wird. In Zukunft sagen der Geist und die Braut »Komm«. Denn der Geist ist der Sohnschaft, der im Menschen »Abba, Vater« ruft und mit ihm von seiner Sohnschaft Zeugnis gibt. Ausgehend von der Sohnschaft im Geist kann sich der Mensch der präsentischen Eschatologie öffnen, die ihm die Welt verfügbar macht, ohne daß er sie darum in titanischer Manier ausplündern müßte.« Dieser bemerkenswerte Gedankengang bezeichnet genau das Zentrum der Offenbarung, der Apokalypse.

Kapitel IV

Die Kirche und ihr Herr

Offb 2–4

2 1 Dem Engel der Gemeinde in *Ephesus* schreibe:
»Das sagt, der die sieben Sterne in seiner Rechten hält, der schreitet inmitten der sieben goldenen Leuchter:

2 Ich kenne deine Werke, deinen Einsatz und dein Ausharren, und daß du es nicht über dich bringst, Böse in deiner Mitte zu ertragen: Du hast geprüft, die behaupten, Apostel zu sein, und es doch nicht sind, und hast sie als Lügner erkannt.

3 Du weißt auszuharren und hast um meines Namens willen geduldet und keine Mühsal gescheut.

4 Aber ich habe gegen dich, daß du deine erste Liebe verlassen hast.

5 So denke daran, was es ist, wovon du abgefallen bist, und kehre zurück und tue Werke wie zuerst! Wenn aber nicht, so komme ich zu dir und stoße deinen Leuchter von seiner Stelle, wenn du nicht umkehrst.

6 Doch dies hast du: Daß du die Werke der Nikolaiten haßt, wie ich sie hasse!

7 Wer Ohren hat, der höre, was der Geist den Gemeinden sagt! Wer siegt, dem will ich zu essen geben von dem Baum des Lebens, der im Paradies Gottes ist.«

8 Und dem Engel der Gemeinde in *Smyrna* schreibe: »Das sagt der Erste und der Letzte, der tot war und zum Leben kam:

9 Ich weiß um deine Bedrängnis und Armut – aber du bist reich! – und kenne die Lästerungen aus dem Kreise derer, die behaupten, Juden zu sein und es doch nicht sind, sondern die Synagoge des Satans.

10 Fürchte dich nicht vor dem, was du noch zu leiden haben wirst! Siehe, der Teufel wird einige von euch ins Gefängnis werfen, um euch eine Prüfung aufzuerlegen, und zehn Tage lang werdet ihr Drangsal zu bestehen haben. Sei getreu bis an den Tod, so will ich dir den Siegeskranz des Lebens geben.

11 Wer Ohren hat, der höre, was der Geist den Gemeinden sagt! Wer siegt, dem soll von dem zweiten Tode kein Leid mehr geschehen.«

12 Und dem Engel der Gemeinde in *Pergamon* schreibe: »Das sagt, der das zweischneidig-scharfe Schwert hat.

13 Ich weiß, wo du wohnst: Wo der Thron des Satans ist! Doch du hältst fest an meinem Namen und hast den Glauben an mich nicht verleugnet, selbst in den Tagen, als Antipas, mein getreuer Zeuge, den Tod fand bei euch, wo der Satan wohnt.

14 Doch ich habe einiges gegen dich, daß du Leute bei dir hast, die sich zur Lehre des Bileam halten, der Balak gelehrt hat, die Söhne Israel zu verführen, Götzenopferfleisch zu essen und Hurerei zu treiben.

15 Auch hast du Leute bei dir, die sich in gleicher Weise an die Lehre der Nikolaiten halten.

16 So kehre denn um! Wenn aber nicht, so komme ich dir bald, um selbst gegen sie zu streiten mit dem Schwert meines Mundes.

17 Wer Ohren hat, der höre, was der Geist den Gemeinden sagt! Wer siegt, dem werde ich vom verborgenen Manna geben; und ich werde ihm einen weißen Stein geben, und auf dem Stein ist ein neuer Name eingeritzt, den niemand kennt außer dem, der ihn empfängt.«

18 Und dem Engel der Gemeinde in *Thyatira* schreibe:
»Das sagt der Sohn Gottes, der Augen hat wie Feuerflammen und Füße wie Golderz.

19 Ich kenne deine Werke, deine Liebe und deine Treue, deine Fürsorge und dein Ausharren; und deine letzten Werke sind größer als die ersten.

20 Doch ich habe gegen dich, daß du das Weib Isebel gewähren läßt, die sagt, sie sei eine Prophetin, und lehrt und verführt meine Knechte, Hurerei zu treiben und Götzenopferfleisch zu essen.

21 Ich hatte ihr Zeit gegeben umzukehren, doch sie will nicht umkehren von ihrer Hurerei.

22 Siehe, so werfe ich sie auf ihr Lager nieder, und die mit ihr Ehebruch treiben, bringe ich in große Bedrängnis, wenn sie nicht noch umkehren von den Werken jenes Weibes;

23 und ihre Kinder will ich dem Tod anheimgeben. So sollen alle Gemeinden erfahren, daß ich es bin, der Herz und Nieren erforscht; und ich werde euch geben, jedem für sich, was euren Werken entspricht.

24 Euch übrigen in Thyatira aber sage ich, allen, die diese Lehre nicht angenommen und die ›Tiefen des Satans‹, wie sie es nennen, nicht erkannt haben: Ich will euch keine weitere Last aufladen,

25 außer: Was ihr habt, daran haltet fest, bis ich komme!

26 Und wer siegt und meine Werke bis zum Ende bewahrt, dem will ich Macht über die Nationen geben,

27 und er soll sie mit eisernem Stabe weiden, wie man tönerne Gefäße zerschlägt,

28 wie auch ich [es] von meinem Vater empfangen habe. Und ich will ihm den Morgenstern geben.

29 Wer Ohren hat, der höre, was der Geist den Gemeinden sagt!«

1 Und dem Engel der Gemeinde in *Sardes* schreibe: 3
»Das sagt, der die sieben Geister Gottes und die sieben Sterne hat. Ich kenne deine Werke: Daß du im Ruf stehst, lebendig zu sein, und bist doch tot.

2 Wach auf und stärke die anderen, die schon im Sterben liegen. Denn deiner Werke Maß habe ich nicht vollkommen gefunden vor meinem Gott.

3 So denke daran, wie du empfangen und gehört hast, und bewahre es, und kehre um. Doch wenn du jetzt nicht wach wirst, so werde ich kommen wie ein Dieb, und du sollst nicht wissen, zu welcher Stunde ich über dich kommen werde.

4 Aber wenige einzelne hast du in Sardes, die ihre Kleider nicht befleckt haben: Die werden mit mir in weißen Kleidern gehen, denn sie sind es wert.

5 Wer siegt, der soll mit weißen Kleidern angetan werden, und dessen Namen werde ich nicht auslöschen aus dem Buche des Lebens, und ich werde seinen Namen bekennen vor meinem Vater und vor seinen Engeln.

6 Wer Ohren hat, der höre, was der Geist den Gemeinden sagt!«

7 Und dem Engel der Gemeinde in *Philadelphia* schreibe:
»Das sagt der Heilige, der Wahrhaftige, der den Schlüssel Davids hat, der öffnet,

und niemand schließt mehr zu, und der zuschließt, und niemand tut mehr auf.

8 Ich kenne deine Werke – siehe, ich habe eine Tür vor dir aufgetan, die nun niemand wieder zuzuschließen vermag –: Du hast nur geringe Kraft und hast mein Wort doch bewahrt und meinen Namen nicht verleugnet.

9 Siehe, ich will die aus der Synagoge des Satans in deine Hand geben, die behaupten, Juden zu sein, und es doch nicht sind, sondern lügen: Siehe, ich will schaffen, daß *sie* kommen und vor deinen Füßen niederfallen und erkennen sollen, daß ich *dir* meine Liebe zugewandt habe.

10 Weil du meinen Befehl zum Ausharren bewahrt hast, will auch ich dich bewahren in der Stunde der Versuchung, die über die Menschenwelt kommen wird, zu versuchen die Erdenbewohner.

11 Ich komme bald. Halte fest, was du hast, damit dir niemand deinen Siegeskranz nehme!

12 Wer siegt, den werde ich zur Säule im Tempel meines Gottes machen, und er soll ihn nicht wieder verlassen müssen. Ich schreibe auf ihn den Namen meines Gottes und den Namen der Stadt meines Gottes, des neuen Jerusalem, das aus dem Himmel von meinem Gott her herabkommt, und meinen neuen Namen.

13 Wer Ohren hat, der höre, was der Geist den Gemeinden sagt!«

14 Und dem Engel der Gemeinde in *Laodizea* schreibe:
»Das sagt der Amen, der getreue und wahrhaftige Zeuge, der Anfang der Schöpfung Gottes.

15 Ich kenne deine Werke: Du bist weder kalt noch heiß. Ach, wärest du doch kalt oder heiß!

16 So aber, da du lau bist und weder heiß noch kalt, will ich dich ausspeien aus meinem Munde.

17 Weil du sagst: Ich bin reich und habe Reichtümer aufgehäuft und brauche nichts zu entbehren – und weißt nicht, daß gerade du elend, bejammernswert, arm, blind und nackt bist,

18 rate ich dir, von mir Gold zu kaufen, das vom Feuer durchglüht ist, damit du reich wirst, und weiße Kleider, damit du sie anlegen kannst und die Schande deiner Blöße nicht offenbar werden muß, und Salbe, um deine Augen einzureiben, damit du sehend wirst.

19 Die ich liebe, die durchschaue und züchtige ich. So setze denn alles daran und kehre um!

20 Siehe, ich stehe vor der Tür und klopfe an. Wer immer meine Stimme hört und mir die Tür auftut, zu dem werde ich hineinkommen und das Mahl mit ihm halten und er mit mir.

21 Wer siegt, dem will ich bei mir Platz geben auf meinem Thron, so wie ich den Sieg errungen und Platz genommen habe neben meinem Vater auf seinem Thron.

22 Wer Ohren hat, der höre, was der Geist den Gemeinden sagt!«

4 1 Danach schaute ich, und siehe: Eine Tür war geöffnet im Himmel, und die Stimme, die ich zuvor wie eine Posaune zu mir hatte reden hören, die sprach: »Komm herauf, so will ich dir zeigen, was danach geschehen soll.«

2 Augenblicklich kam der Geist über mich, und siehe: Ein Thron stand da im Himmel, und auf dem Thron saß einer.

3 Und der da saß, war anzusehen wie Jaspis und Karneol; und ein Regenbogen war rings um den Thron gleich einem Smaragd.

4 Und rings um den Thron standen vierundzwanzig Throne, und auf den Thronen saßen vierundzwanzig Älteste, angetan mit weißen Kleidern, und auf ihren Häuptern goldene Siegeskränze.

5 Und aus dem Thron fuhren Blitze heraus mit Getöse und Donner. Und sieben Feuerflammen brannten vor dem Thron, das sind die sieben Geister Gottes.

6 Und vor dem Thron war etwas wie ein gläsernes Meer gleich Kristall. Und in der Mitte, an jeder Seite rings um den Thron, standen vier Wesen, voller Augen vorn und hinten:

7 Das erste Wesen gleich einem Löwen, das zweite gleich einem Stier, das dritte hatte ein Gesicht wie ein Menschenantlitz, und das vierte war gleich einem fliegenden Adler.

8 Und die vier Wesen hatten je sechs Flügel, die waren ringsherum und innen voller Augen. Und ohne Ruhe rufen sie Tag und Nacht:
»Heilig, heilig, heilig ist der Herr,
Gott der Allmächtige,
der da war und der da ist und der da kommt«.

9 Und immer, wenn die Wesen Herrlichkeit, Ehre und Dank darbringen dem, der auf dem Thron sitzt, der da lebt in alle Zeiten,

10 werfen sich die vierundzwanzig Ältesten nieder vor dem, der auf dem Thron sitzt, und huldigen ihm, der da lebt in alle Zeiten, legen ihre Siegeskränze nieder vor seinem Thron und sprechen:

11 »Würdig bist du, unser Herr und unser Gott,
zu empfangen Herrlichkeit, Ehre und Macht.
Denn das All hast du erschaffen,
durch deinen Willen stand es da, erschaffen von dir«.

Die Kirche

Ich werde diesen ersten Hauptabschnitt nicht sehr ausführlich behandeln, weil er der einfachste, der am leichtesten zugängliche ist und zugleich der, über den sich die Kommentatoren am ehesten einig sind. Dennoch gilt es festzuhalten, daß er nicht – wie es gelegentlich geschieht – als Einleitung oder Vorwort verstanden werden darf. Wir sind im Gegenteil mitten im Zentrum der Offenbarung, in der Jesus von Anfang an als der Herr der Kirche dargestellt wird.

Warum aber wird mit der Kirche eingesetzt, nicht mit der Welt oder allgemein mit der Menschheitsgeschichte? Für uns ist doch die Kirche ganz offensichtlich nur ein Teil der Gesellschaft, und die Kirchengeschichte ein Teil der Weltgeschichte. Hier dagegen wird uns nun gezeigt, daß die beherrschende Grundlinie aller menschlichen Wirklichkeit die Beziehung der Kirche zu ihrem Herrn ist, die Gegenwart des Herrn für seine Kirche. Wir werden nämlich tatsächlich bestätigt finden, was wir bereits im zweiten Hauptteil gesehen haben: Der Herr ist nicht selber in der Geschichte gegenwärtig; dafür gehört aber die Kirche in die Weltgeschichte hinein. Und sie wäre nichts als ein ideologischer oder soziologischer Block innerhalb der Gesellschaft, wenn sie nicht zuerst und vor allem an ihren Herrn gebunden und ihm innerlich verbunden wäre. Wenn nun Jesus Christus der Herr der Geschichte (wie sie dem Heilsplan Gottes entspricht) ist, dann muß diese Herrschaft auch durch seine Kirche in der Weltgeschichte sichtbar werden. Dabei gilt es freilich zu unterstreichen, daß die Herrschaft Christi über seine Kirche und über die Weltgeschichte in verschiedener Weise Gestalt gewinnt, wie das auch in der Sprache der Symbole sichtbar wird: In der Kirche ist Christus der Menschensohn, und er offenbart sich in seiner ganzen Machtfülle, in der Menschheitsgeschichte dagegen ist er das Opferlamm (das auferstandene Opferlamm, das wir im vorhergehenden Kapitel vor Augen hatten).

Die sieben Sendschreiben

Der Text bietet uns sieben Briefe, die an sieben Gemeinden gerichtet sind. Wir wollen uns nicht mit Fragen aufhalten, die jeder Kommentar beantwortet (etwa, daß uns nur eine dieser Gemeinden, nämlich die von Ephesus, bekannt ist, oder daß die sieben Orte auf der Landkarte einen fast geschlossenen Kreis ergeben und so die Leuchter abbilden, die den Herrn umgeben), wir wollen auch nicht Einzelheiten herauszubekommen suchen, nach denen gelegentlich mit einiger Neugier gefragt wird (wer etwa mit den Nikolaiten in 2,6 oder mit Isebel in 2,20 gemeint ist). Vermutlich haben die sieben Gemeindebriefe eine enge Beziehung zur konkreten Situation der Kirche in Kleinasien. Johannes bekam den Auftrag, zu schreiben, »was ist« (1,19), aber die besondere Eigenart dieser Briefe, die Siebenzahl und die feierliche und umfassende Mahnung, die jeder Briefe enthält, machen klar, daß es sich zugleich um eine überzeitliche und für die ganze Kirche gültige Lehre handelt, also um Sendschreiben an *die Kirche*. Gott richtet an jede Kirche, jede Gemeinde eine Botschaft, einen besonderen Ruf, denn alle diese Gemeinden sind gefährdet und in Frage gestellt, die eine durch Verfolgung, die andere durch Versuchung.

Die Struktur der Briefe

Alle diese Briefe sind gleich aufgebaut. Sie haben zunächst eine besondere Bezeichnung des Herrn der Kirche, der den Brief sendet, dann einen Hauptteil, und schließlich einen Schlußabschnitt, der regelmäßig eine Aufforderung zum Kampf enthält, die Verheißung des Sieges und die Versicherung, daß es der Gegenwart des Geistes bedarf. Die Hoheitstitel Jesu, die am Anfang eines jeden Briefes stehen, sind (abgesehen von dem im siebenten Brief) Verweise auf die einzelnen Eigenschaften, die dem Menschensohn im ersten Kapitel der Apokalypse beigelegt werden. So finden wir im Brief an Ephesus den, der die sieben Sterne in seiner Rechten hält und inmitten der sieben Leuchter ist (2,1 = 1,12.16); im Brief an Smyrna den, der der Erste und der Letzte ist, der tot war und lebendig ist (2,8 = 1,17.18); im Brief an Pergamon den, der das zweischneidig-scharfe Schwert hat (2,12 = 1,16); im Brief an Thyatira den, dessen Augen wie Feuerflammen sind (2,18 = 1,14); im Brief an Sardes den, der die sieben Sterne hat (3,1 = 1,16, mit einem unbedeutenden Interpretationsunterschied, der sich auf 1,4 und 20 bezieht: In 3,1 scheinen die sieben Sterne mit den sieben Geistern verbunden zu sein, während sie im 1. Kapitel getrennt sind); im Brief an Philadelphia den, der den Schlüssel Davids hat, der öffnet und schließt, den Heiligen und Wahrhaftigen (3,7 = 1,18, außerdem haben wir einen Bezug auf 19,11); und schließlich findet sich im Brief an Laodizea ein Titel, der im ersten Kapitel ganz am Anfang steht: Jesus als der getreue und wahrhaftige Zeuge (3,14 = 1,5). Das verweist auf Jesus Christus als den Zeugen (wie er etwa im Kapitel 11 erscheint). All dies zeigt unmittelbar, welche direkte Beziehung besteht zwischen dem Auferstandenen, der Johannes erschienen ist, und dem, der wirklich der Herr für und in seiner Kirche ist. Er diktiert diese Briefe als der Auferstandene. Er ist in den Gemeinden gegenwärtig (wenn seine Gegenwart auch nur für den Glaubenden faßbar ist). Christus *schreitet* in ihrer Mitte (2,1): Christus ist also nicht weit weg im Himmel, er ist vielmehr *in* seinen Gemeinden, er handelt in ihnen und will durch sie handeln. Er richtet sie ununterbrochen, ist sogar bereit, sie zu zerstören, wenn das nötig ist, oder auch diesen Gläubigen oder jene Gruppierung zu bestrafen. Er richtet aber einzig durch sein Wort, das voneinander scheidet, was lebend und was tot ist, und er übermittelt der Kirche sein eigenes Leben (2,17). Und schließlich ist er in direkter Verbindung mit dem Geist Gottes: Jeder Brief ist am Anfang als Wort Jesu Christi ausgewiesen, als Botschaft des Herrn, und hört dann mit der Erklärung auf: »Dies ist es, was *der Geist* den Gemeinden sagt.« Alles ist *gleichzeitig* Zeugnis Jesu Christi und Prophetie des Geistes. Die ›objektive Wahrheit‹ ist in Jesus Christus; die Fleischwerdung des Wortes (die Hinführung zur Tat, zur Umkehr), das Verstehen des einzelnen, die Verwirklichung der Botschaft, wird durch den Geist vermittelt. Das ist der Sinn des offensichtlichen Gegensatzes zwischen dem Anfang (Jesus spricht . . .) und dem Ende (jeder wird aufgerufen, sich dieses Wort zu eigen zu machen, also im Angesicht der Botschaft seine Entscheidung zu treffen). Außerdem enthält jeder der sieben Briefe am Ende eine Verheißung und eine Warnung. Die Warnung ruft in Erinnerung, daß das Gericht Gottes unentwegt über die Kirche ergeht. Die Geschichte der Kirche ist die Geschichte der Gerichte, die Gott *hier und jetzt* über sie verhängt (genauso wie über sein Volk Israel). Bevor Gott allerdings richtet, mahnt er, führt er der Kirche sein Wort vor Augen, zeigt er ihr klar und deutlich ihre Situation vor Gott (das ist die Aufgabe der Propheten und Lehrer). Und er stellt den Menschen in einen Kampf. In bezug auf diesen Kampf reden die Briefschlüsse eine deutliche Sprache: Der Sieg ist durch Christus schon gewonnen, und wer bereit ist, sich in diesen Kampf hineinzubegeben, dem ist der Beistand des Wortes Gottes sicher, er ist dann dem Sieg Jesu *verbunden*. Das ist die Verheißung, die jedesmal mit anderen Symbolen an den ergeht, der ›siegt‹. Freilich wird die ganze Kirche gemeinsam der Sieger sein (allerdings trägt jeder, der sich ihr zugehörig zählt, die *ganze* Verantwortung!). Aber es handelt sich hier niemals um einen Kampf oder einen Sieg auf der Ebene der Moral oder des Sozialen oder Politischen, *zunächst* geht es um einen Sieg im Bereich des Spirituellen, der *dann* allerdings seine Auswirkungen auf alle Bereiche menschlichen Lebens hat. Im übrigen ist es ein Sieg, der unsere

Lebensebene, unseren Alltag betrifft und zugleich unendlich viel weiter reicht: Zum ewigen Leben (2,7), zur Gemeinschaft mit Gott (3,5), zum Sieg über den Tod (2,17), zum Sieg, zur Herrschaft über alle zerstörerischen Mächte (2,26). Überall also geht es um eine Bestätigung des Lebens, um den Triumph des Lebens über den Tod.

Liebe (2,1–7)
Der erste Brief an die Gemeinde von Ephesus konzentriert sich offensichtlich auf die Liebe. Diese Gemeinde erscheint tadellos: Eine aktive Gemeinde, die langen Atem hat auszuharren, Verfolgung zu ertragen, die mit Sorgfalt über der ethischen Haltung ihrer Glieder wacht, ebenso über ihrer Lehre (und sogar die verwirft, die keine rechte Lehre vertreten); (die Frage, wer die Nikolaiten sind, wollen wir dabei übergehen). Allerdings, obwohl sie in den Augen der Menschen makellos dasteht, verfällt sie doch göttlichem Gericht: Kein Wort wird davon gesagt, daß sie aufgehört hätte, gute Werke zu tun, oder daß sie ihren rechten Standpunkt aufgegeben hätte, und dennoch wird der Gegensatz zwischen ihrem augenblicklichen Handeln und den ersten Werken, denen vom Anfang, vom Augenblick ihrer Bekehrung, ihres Auftauchens als Gemeinde, unterstrichen. Die ersten Werke waren die Frucht der ersten Liebe, der Freude, des Enthusiasmus über die Entdeckung der Liebe. Hier geht es also nicht um den Glauben und um seinen Inhalt, sondern um die Liebe. Vielleicht ist die Spontaneität der Verbundenheit mit Gott gemeint, das Bemühen, in allen Dingen diesem Herrn zu gefallen, ein immer neues, strahlendes, vertieftes Sich-eins-Wissen, die Kraft zu immer neuem Beginnen, die die Liebe ausmacht, die Fähigkeit, auch Leiden durchzustehen . . . All das ist verfallen. »Deine erste Liebe hast du verlassen«. Alles ist abgekühlt, verflacht. Wir haben es – kurz gesagt – mit einer Kirche zu tun, die institutionell, theologisch geworden ist, exakt, streng und moralisch[1], die aufgehört hat, aus dem Antrieb einer immer neuen Kraft zu leben. Was uns hier vor Augen tritt, ist Dekadenz, ein Gegenbild zu 1Kor 13: zu dem, was im Sinne von Paulus, aber auch im Geiste der Johannesbriefe Liebe heißt. Alle noch so großartigen Taten, die man ohne solche Liebe vollbringen kann, so sagt unser Text, bedeuten nichts. Damit aber geht es hier um den Gegensatz zwischen den ›Werken an sich‹ und der Praxis der Liebe. »Denke daran, wovon du abgefallen bist« (2,5). – Denn die Liebe ist selber die Verbindung mit Gott um der Liebe willen. Die Werke haben nur dann Wert und Bestand, wenn sie Frucht der Liebe Gottes sind, die in uns am Werk ist. Sie haben überhaupt keine *andere* Bedeutung, keinen Eigenwert, ebensowenig wie das Tun der Gerechtigkeit oder der Reinheit. Der Verlust,

---

1 Eine Gemeinschaft, die von sich selbst behauptet, christlich zu sein, hat nicht die geringste Autorität. Sie muß zur Ordnung gerufen werden, sobald sie ihre Frömmigkeit zur Grundlage der Botschaft macht oder gar eine Theologie von ihr ableitet. Sie zerstört sich selber, wenn sie sich zur Herrin der Botschaft aufwirft. Regnum Christi ist sie einzig, wenn und weil sie durch das Wort auferbaut ist. Ein Christ ist nur insofern frei, als er nicht sich selbst gehört, sondern seinem Herrn! (vgl. E. Käsemann).

das Vergessen der Liebe wiegt nun so schwer, daß Gott damit droht, »den Leuchter wegzuschieben« (was ganz folgerichtig ist, denn da die Beziehung zum Herrn nicht mehr von der Liebe geprägt ist, gibt es auch keine Nähe zwischen dem Leuchter und dem Menschensohn mehr . . .). Der Herr löscht nicht die Flamme aus, sondern nimmt den Leuchter von seinem Platz, die Flamme der Wahrheit und der Liebe wird also jemand anderem gegeben. Diese Gemeinde wird in Zukunft scheinbar lebendig, in Wirklichkeit aber eine innerlich leere Gemeinde sein. Uns möchte es so scheinen, als sollte Jesus Christus ein Interesse daran haben, eine solide, rechtgläubige, von alters her stabile Kirche in ihrem Bestand zu erhalten. Und nun ist das Gegenteil der Fall! Er ist bereit, sie fallenzulassen, weil einzig und allein das eine zählt, daß die Kirche die Liebe Gottes bewahrt. Besser gar keine Kirche als eine, die nur aus Traditionen lebt oder aus guten Werken oder aus der Institution ohne Liebe Gottes (was aber nicht heißen soll, daß überall dort, wo Institution oder Theologie ist, die Liebe Gottes verschwindet. Gewiß nicht!). Denn diese Liebe ist das Leben (und zwar auch das der Werke). Nun geht es also darum, umzukehren und Werke zu tun wie am Anfang (2,5), solche also, die unvermittelt, spontan aus der Liebe erwachsen, die eine schöne, reife Frucht der Liebe sind, keine saure Pflicht. Das eigene Tun und Denken soll einfach nicht mehr Gottes Stelle einnehmen, das ist alles.

Es muß noch hervorgehoben werden, daß hier wie in jedem der Sendschreiben eine klare Entsprechung zwischen der zentralen Botschaft und dem Hoheitstitel am Anfang des Briefes zu finden ist (hier: Der die Sterne hat; wobei der Stern, das Licht die Verkörperung der Liebe Gottes ist), ebenso auch zum Schlußsatz (hier: die Verheißung, am Baum des Lebens teilzuhaben). Die Verbundenheit mit der Liebe Gottes schenkt das Leben, sichert das wahre Leben. Wenn die Kirche diesen Ruf, zur ersten Liebe zurückzukehren, annimmt, so wird sie leben[2].

Armut (2,8–11)

Der Brief an die Gemeinde von Smyrna ist von der wahren, echten Armut vor Gott geprägt. Es handelt sich da um eine Gemeinde, die sich durch keine andere Tugend, keinen anderen Wert auszeichnet als durch ihre Armut und durch die Tatsache, daß sie verfolgt wird[3]. Jedenfalls sollten wir die Beziehung zwischen Armut und Verfolgung im Auge behalten. Vermutlich bestand die Gemeinde tatsächlich aus Armen, Leuten, die nirgends hilfreiche Beziehungen oder Rückhalt hatten. Und nun ist gerade diese Gemeinde unter den sieben eine von den beiden, denen nicht angedroht wird, daß sie der Verdammung anheimfallen; die nicht zur Ordnung gerufen werden, denen

---

2 Ein Nebengedanke zu dem hier erwähnten Baum des Lebens: Möglicherweise erscheint er hier in bewußtem Gegenüber zu dem Heiligen Baum, der in Ephesus verehrt wurde.
3 Der Bischof Polykarp aus Smyrna starb zu Beginn des 2. Jahrhunderts bei einer Verfolgung, nachdem er von Juden verklagt worden war. Diese Tatsache brachte gewisse Forscher dazu, daraus den Beweis abzuleiten, daß der Text in die Zeit des Martyriums des Polykarp gehöre – so leicht kann man es sich mit scheinbaren historischen Bezügen machen!

vielmehr einzig die Liebe, die freundliche Zuwendung Gottes, ihres Herrn begegnet. Sie ist, so heißt es (2,9.10), den Lästerungen und Angriffen der Juden ausgesetzt, die hier offensichtlich nicht als Juden, sondern als Verfolger verurteilt werden. Sie stammen vom jüdischen Volk ab, haben aber aufgehört, innerlich zu ihm zu gehören. Damit wird zum Ausdruck gebracht, daß die Juden *in diesem besonderen Fall* aufgehört haben, das erwählte Volk zu sein, daß hier nun die Christen spirituell das wahre Israel geworden sind. Wir dürfen nicht vergessen, daß die Juden in dieser Zeit sehr zahlreich waren (sie machten rund fünf Prozent der Gesamtbevölkerung des Reiches aus) und daß sie in der römischen Welt wohlgelitten waren (das Drama des Jahres 70, die Eroberung von Jerusalem und alles, was mit ihr zusammenhing, wird von den Historikern in seiner Bedeutung möglicherweise stark überbewertet, jedenfalls hatte es für den Einfluß, den die Juden in jeder Hinsicht im Römischen Reich hatten, keine negativen Folgen); wenn sich nun die Juden auf der Seite der Römer gegen die Christen wenden (wobei sie ja nur gefährlich erscheinenden Leuten ihre Solidarität zu entziehen brauchen), so wird die Situation für die Gemeinde außerordentlich problematisch. Diese Juden werden »Synagoge des Satans« genannt, weil sie die ›Ankläger‹ derer werden, die eigentlich ihre Brüder sein sollten. Dieses Wort wird sicher nicht leichthin in den Mund genommen. Zudem haben wir eine Gemeinde vor Augen, die vom Staat verfolgt wird (2,10). Sie hat ganz offensichtlich keine Zukunft vor sich, nur Prüfung, Leiden und Gefängnis (zehn Tage bezeichnet dabei eine lange, unüberschaubare Zeitspanne). Schließlich gilt es zu unterscheiden zwischen Satan (dem Ankläger, den Juden) und dem Teufel (dem, der verfolgt, weil er trennen will, hier also der Staat). Und trotz allem wird diese arme, unglückliche Gemeinde als reich vor Gott *bezeichnet* (2,9): Sie ist es *in Wahrheit*, freilich auf eine Weise, die den Menschen unerkannt, verborgen bleibt. Johannes redet allerdings im Präsens: »Du bist reich« – genau wie Jesus in den Seligpreisungen (Mt 5,3–10): Selig (seid ihr *jetzt*,) ihr Armen. »Selig bist du, weil ich, der Herr, dir sage, daß du selig bist. Reich bist du, weil ich, der Herr, sage, daß du reich bist. Und mein Wort ist immer schöpferisches Wort, Wort der Seligkeit, wahren Reichtums«. Trost und Hoffnung der Gemeinde liegen darin begründet, daß Gott allein ihr sagt: »Ich weiß . . .« Die Verfolgungen geschehen nicht außerhalb der Reichweite der Hand Gottes (und sie werden von ihm begrenzt, sie sind nicht von ihm gewollt: Sie sind Menschenwerk, aber der Bereich, in dem der Mensch die Möglichkeit hat, aus eigener Initiative und Autonomie Verfolgung ins Werk zu setzen, ist begrenzt). Gott nimmt zwar den Willen des Menschen zur Verfolgung ernst, weil er Ausdruck des Unabhängigkeitsstrebens des Menschen ist, zugleich setzt er ihm aber eine Grenze, ebenso wie den Chaosmächten in der Schöpfung: Bis hierher und nicht weiter. Innerhalb der gesteckten Grenzen allerdings hat die Bosheit des Menschen leider alle Freiheit, sich auszutoben, denn Gott beläßt den Menschen in seiner aggressiven Autonomie, die er für sich beansprucht hat, und inmitten aller Verfolgung empfängt die Gemeinde von

Gott selbst eine doppelte Mahnung: »Fürchte dich nicht« (2,10). Wenn Gott so spricht, so schenkt er seine eigene Kraft. Ohne Zweifel wird diese Gemeinde gegen Fleisch und Blut zu kämpfen haben. Und bei Verfolgung geht es nicht lediglich um Gefängnis und Folter: Teufel und Satan selbst sind da am Werk. Aber »fürchte dich nicht«: Scheinbar bist du einsam und allein all dem ausgeliefert, in Wirklichkeit aber ist Gottes Wort mit dir. Darum »sei getreu bis an den Tod«: Diese Gemeinde *ist* treu, und doch mahnt sie Gott (*und schenkt ihr damit seine Kraft zur Treue*). Bis an den Tod: Das ist die Grenze der Treue, um die sich die Gemeinde mühen soll; die Grenze des totalen Glaubens, von dem Kierkegaard spricht, des Alles oder Nichts des Abraham. Sein Leben darangeben, und man wird es finden . . . (Mk 8,35). Das ist die Treue bis an den Tod. Das ist konkret, in der Realität des Lebens gelebte Hoffnung: Wenn uns selber dieses gerüttelt volle Maß an Glauben und an Hoffnung in der Treue fehlt, dann darum, weil der Gott, an den wir glauben, nicht der Herr Jesus Christus ist – der Auferstandene, – denn die Mahnung hier kommt gerade von dem, der die Krone des Lebens gibt, er ist es, und zwar er allein, der uns treu *macht*.

Zum Schluß noch ein Wort über die Beziehung zwischen Hauptteil, Einleitung und Schlußsatz des Briefes: Diese Gemeinde steht unter tödlicher Bedrohung, darum ist der, der sie hier anspricht und ermahnt, derjenige, der den Tod durchmessen hat und zur Auferstehung gelangt ist. Und ebenso werden diese Menschen auch auf ihrem eigenen Weg in der Verfolgung sterben, aber doch nichts weiter auf sich zu nehmen haben als nur den leiblichen Tod: Sie haben die Versicherung, daß sie auferstehen werden (2,11). So ist der Hoheitstitel Jesu am Anfang ebenso wie die Verheißung am Schluß des Briefes ganz bewußt in Bezugnahme auf das zentrale Thema des Briefes gewählt und steht in einer klaren Beziehung zur wirklichen, offenbaren Situation der angesprochenen Gemeinde.

Lehre (2,12–17)

Die Gemeinde von Pergamon. Hier begegnen wir dem Problem der Wahrhaftigkeit der Lehre, zu der sich die Gemeinde bekennt. Die Gemeinde von Pergamon lebt in einer gefährlichen Situation, denn sie ist dort, wo sich der Thron Satans (2,13) befindet (ein Heiligtum von Rom oder von Augustus? Hat der Kaiser dort göttliche Autorität? Oder ist der bekannte Zeusaltar von Pergamon gemeint?). Pergamon ist die Hauptstadt von Kleinasien, eine bedeutende Drehscheibe griechischer und orientalischer Kultur[4]. Hier trägt Jesus das Schwert. Es gibt keine Möglichkeit der Synthese, der Vereinigung oder Versöhnung zwischen der Offenbarung und den großen Werken menschlicher Kultur . . .

Diese Gemeinde nun ist untadelig, insofern sie treu zum Namen ihres Herrn Jesus Christus steht, das heißt den Kaiserkult standhaft ablehnt. Da-

---

4   Mir scheint unübersehbar auf der Hand zu liegen, daß die Beziehung zur Kultur für die erste Christenheit völlig anders geartet war als etwa in der Theologie Paul Tillichs!

bei darf nicht vergessen werden, daß der Name spirituelles Zeichen der Realität ist. Diese Gemeinde ist nicht bereit, vom Glauben an die Herrschaft Christi abzuweichen. Dennoch wird sie hart verurteilt, weil sie falsche Lehre duldet (2,14). Auf Bileam (Num 22) muß nicht näher eingegangen werden: Wir wissen, daß das jener Mann war, der den Willen Gottes kannte und doch den Balak und seine Leute lehrte, wie sie – und später auch das Volk Israel (Num 31,16) – sich dem Willen Gottes widersetzen konnten. Das angesprochene Problem dürfte die Verwendung von Fleisch sein, das aus Götzenopferfeiern stammte (vgl. Apg 15; 1Kor 8,10). Der Verzehr solchen Fleisches impliziert mystische Verbundenheit mit den Göttern und zugleich soziale Teilhabe an den entsprechenden religiösen Feiervollzügen. Was die Prostitution betrifft, so handelt es sich hier entweder um Tempelprostitution (Hierodulen), oder es taucht hier – wie auch häufig im Alten Testament – eine bildhafte Ausdrucksweise auf, in der aller Götzendienst als Prostitution (Hurerei) bezeichnet wird. Jedenfalls liegt (auch was die Nikolaiten angeht) der Ton auf der Lehre und der Art und Weise, wie sie praktiziert wird. Werke allein genügen nicht, noch nicht einmal der (sich im Bekenntnis ausdrückende) Glaube. Es braucht außerdem eine exakte Lehre, ohne die rechtes Glaubenshandeln nicht möglich ist. Auf die theologische Formulierung kommt es also in entscheidender Weise an. Damit aber sind wir vor die unendlich schwierige Pflicht gestellt, all jene aus der Kirche auszuschließen, die eine Theologie der Anpassung an die Welt (unter den verschiedensten mehr oder weniger religiösen Aspekten) vertreten. Unser Brief hier kann in dem einen Satz zusammengefaßt werden: »Du hast meinen Namen (den Glauben) bewahrt, aber du duldest falsche Lehre (Theologie).« Bei dem neuen Namen, der in den weißen Stein graviert ist (2,17), handelt es sich weder um einen Personen-, noch um einen Taufnamen, sondern selbstverständlich um den Namen des Herrn, der ganz persönlich als die Wahrheit erkannt wird.

Darin begegnet uns das Mysterium der Verwandlung der Person: Auf dem weißen Stein ist ein Name, den niemand kennt, außer dem, der ihn empfängt . . . Nun kennen wir doch alle ganz offensichtlich den Namen Christi! Sind wir aber wirklich auch sicher zu wissen, wer Jesus war? Außerdem handelt es sich um den Namen, den jeder Auferstandene erhält: die völlige Gemeinschaft mit Jesus Christus. Im übrigen ist der Name ja Ausdruck des spirituellen Wesens: Wissen wir denn ganz genau, wer wir sein werden, wenn unser steinernes Herz durch ein fleischernes (Ez 36,26) ersetzt wird? So ist dieser wohlbekannte Name (Jesus Christus) in Wirklichkeit ganz neu, wenn er *unser* Name wird (wenn wir Jesus Christus angezogen haben werden Röm 13,14), und niemand kann wissen, wer wir dann sein werden, außer uns selbst, wenn das Wunder geschehen ist. Das verborgene Manna, das der Sieger bekommen wird, ist die himmlische Nahrung, die das Gegenstück zum Götzenopferfleisch darstellt[5]. Schließlich finden wir auch in diesem Brief die Beziehung zwischen dem Hauptteil und der Einleitung (der das zweischneidig-scharfe Schwert hat, ist der, der das Wahre vom Falschen scheidet) und der abschließenden Verheißung (die wahre Nahrung, das verborgene Manna ist die rechte Lehre ebenso wie der Stein, auf den man bauen kann: In der Person Jesu begegnet uns also die wahre Lehre).

Geist (2,18–29)

Der Brief an die Gemeinde von Thyatira bietet als zentrales Problem offenbar das des Geistes. Wie im vorhergehenden Brief sehen wir hier eine Gemeinde mit vielen Vorzügen: Ihre Werke werden immer größer. Sie ist untadelig, was ihre Liebe, die Aufrichtigkeit ihres Glaubens und die Reinheit ihrer Lehre angeht (2,19.24). Worin liegt nun die Bedrohung? In einer Frau, die von sich sagt, sie sei Prophetin (also inspiriert vom Heiligen Geist). Sie wird als Isebel bezeichnet (2,20), als die Königin, die alles daran setzte, den rechten Glauben zu vernichten, indem sie Götzendienst propagierte (1 Kön 17,31–19,2; 21). Damit wird angedeutet, daß diese Frau totales Ergriffenwerden vom Heiligen Geist versprach, ›Enthusiasmus‹ im etymologischen Sinne des Wortes. Nun haben wir hier zwei Gruppen von ›Verdammten‹: Die Jünger Isebels (die Ehebruch mit ihr treiben), und ihre Kinder (die im Gegensatz zu den in Vers 22 Genannten keine Möglichkeit der Befreiung mehr haben, vielmehr nach einer gewissen Zeit von ihrem spirituellen Hochmut daran gehindert werden, zu Jesus Christus umzukehren). Ohne Zweifel geht es hier um das Bedürfnis, Mysterien ergründen zu wollen (2,24: die »Tiefen des Satans« zu erkennen), um gnostisches Suchen, um christliche Esoterik, um die leidenschaftliche Neugier, das ›Problem des Bösen‹ und die spirituellen Mächte zu ergründen. Dem stellt Jesus Christus klar entgegen, daß tiefe mystische Erkenntnis überhaupt nicht erforderlich ist. Uns ist einzig aufgetragen, das festzuhalten, was wir haben, das heißt, was uns *geschenkt* ist (und was wir uns nicht erst im Himmel oder in der Hölle erobern müssen). Die Antwort auf den Anspruch, den diese Prophetin erhebt, wird sein, daß sie auf ein Bett (Symbol der Ohnmacht) und mit ihren Jüngern in große Verzweiflung (in die Erkenntnis des Scheiterns) geworfen wird und daß ihre Kinder dem Tod anheimfallen, während doch der Heilige Geist der Geist des Lebens und wahrhafter Stärke ist. In dieser Gemeinde ist also ein anderer Geist als der Jesu Christi am Werk, eben nicht der Geist der Erkenntnis und der Kraft. Und was Jesus von dieser Gemeinde

---

5 Die »Traduction oecuménique de la Bible« bietet zu dieser Stelle die folgende Fußnote: »Nach Ex 16,32–34 wurde (wie auch Hebr 9,4 bezeugt wird) etwas Mannah aus der Wüste zum Gedenken an Gottes Fürsorge für sein Volk im ›Zelt der Begegnung‹ aufbewahrt. In der Folge wurde diese Tradition weiter entfaltet. So soll nach 2 Makk 2,4–8 Jeremia etwa nach der Zerstörung Jerusalems die Lade und das aufbewahrte Mannah in einer Höhle des Nebo verborgen haben; gewisse nachbiblische jüdische Schriften rechnen damit, daß man das Versteck am ›Tag Jahwes‹ wiederfinden würde. Die Gabe des *verborgenen Mannah* bezieht sich also auf das Ende der Zeiten, es ist Symbol für die endgültige Teilhabe an messianischer Fülle, himmlische Nahrung, die hier in krassem Widerspruch zum Götzenopferfleisch steht, der blasphemischen Gemeinschaft mit heidnischen Gottheiten. Den Christen erinnert das Mannah an das Abendmahl, das eschatologische Speisung und Anfang der Neuen Schöpfung ist (vgl. Joh 6,31–58)«, TOB, NT S. 781.

127

erwartet, ist die Unterscheidung der Geister, und daß sie die falschen, sich verstellenden Geister aus ihrer Mitte verstößt.

Auch hier stellen wir die deutliche Entsprechung zwischen der Botschaft des Briefes, der Titulatur und der Schlußverheißung fest: Der da spricht, hat Augen wir Feuerflammen (2,18), denn genau dieser Blick unterscheidet die Geister (das Feuer steht mit dem Geist in Zusammenhang, vgl. die Feuerflammen Apg 2,3). Er wird am Ende die Völker mit eisernem Stabe weiden (2,27): In allem geistlichen Überschwang wird er Ordnung schaffen und seine durchgreifende Autorität geltend machen; denn einzig der Heilige Geist kann in der Kirche Autorität verleihen. Damit allerdings ist das eigentliche Thema dieses Briefes letztlich die Frage, wer in der Kirche Autorität besitzt: Der Geist Jesu, oder irgendein anderer Geist?

Gemeinde und Leib Christi

Die beiden letztgenannten Briefe stehen in einer gewissen Beziehung zueinander. Drei Einzelzüge haben sie gemeinsam. Zunächst ist in beiden die Gemeinschaft in gewisser Weise gespalten: Die manifeste Gemeinschaft der Gemeinde umfaßt Glieder, die Jesus Christus nicht als zu sich gehörend anerkennt (Anhänger falscher Lehren bzw. Leute, die von einem fremden Geist inspiriert sind); Christus bezeugt damit, daß die Gemeinde nicht mit dem Leib Christi identisch ist . . .

Außerdem implizieren beide Briefe die Verantwortung *jedes einzelnen* im Blick auf das Gemeindeganze und auf alle Glieder der Gemeinde: Jeder ist verantwortlich für das, was in seiner Gemeinde geschieht, für den Weg, den sie geht. Es gibt nicht irgendwelche *Führer.* In solchen Krisen sind alle in gleicher Weise zum Handeln aufgerufen. Ebenso sind *alle* zur Buße gerufen, auch wenn es um ein Übel geht, das nur wenige verschuldet haben. Der dritte gemeinsame Punkt ist der, daß wir hier einer sehr umfassenden Sicht der Werke begegnen (2,19). Mit den Werken sind hier auch der Glaube, die Lehre gemeint . . ., sogar die Tatsache, daß man sich einem Geist verschreibt, um Mysterien erfassen zu können . . .

Leben (3,1–6)

Das zentrale Thema des Briefes an die Gemeinde von Sardes ist das Leben in Christus. Wir sehen eine Gemeinde vor uns, die in gutem Rufe steht, in den Augen Gottes aber tot ist. Die ganze Problematik des Briefes liegt freilich im Gegensatz zwischen »du bist tot« und »ein Rest ist noch vorhanden« (3,2–3). Vermutlich soll zum Ausdruck kommen: Vor Gott, im Lichte seiner Wahrheit bist du tatsächlich tot. Du hast keinerlei Teilhabe am Leben in Christus. Deine Werke sind nicht als vollkommen erfunden, denn vollkommen ist nur, was Christus angezogen hat. Deine Werke sind nicht von der Vollkommenheit Christi umhüllt. Du hast das Leben, das mit Christus in Gott verborgen ist, verlassen. Dabei geht es nicht um ›christlichen Lebenswandel‹ (im Gegenteil, diese Gemeinde führt ja gerade vor den Augen der Welt ein christliches Leben), sondern um Leben *in Christus.* Und obwohl der Gemeinde nun der Tod sicher ist, ist sie doch *noch* Gemeinde: Der Brief ist durchaus an die *Gemeinde* geschrieben, sogar an ihren Engel. Gott wendet sich an sie als Gemeinde, und der Herr geht auf sie zu. Also steht doch trotz ihres Todes noch eine Tür offen, es ist da doch noch eine Gemeindewirklichkeit, die zu neuer Lebendigkeit erwachen kann. *In* der Gemeinde existiert also noch ein Rest (einige wenige Menschen vielleicht, wie auch in den schlimmsten Krisen in Israel immer ein treuer Rest zu finden war . . . Jes 10,21), und von diesem Rest aus kann alles wiedererstellt, gestärkt, neu aufgebaut werden. Freilich darf nun dieser Rest nicht zur Sekte werden (sich von der Gemeinde abschneiden, indem er sie verdammt) oder sich als geschlossener Kern im kleinen Kreis abkapseln.

Damit stellt sich aber die Frage nach der weiteren Entwicklung: Entweder wird der Rest allein gerettet, diese Menschen je für sich, jeder nach dem, was er wert ist (wobei der Wert allerdings allein aus dem Glauben an Jesus Christus kommen kann); oder die Gemeinde erkennt in der Folge den Rest als das, was er ist, als das einzige Stück Leben in der Gemeinde, als die einzige belebende Kraft. Durch solche Erkenntnis wird sie dazu gerufen, sich um diesen Rest herum neu zu ordnen, weil dieser als *Gemeinschaft* (nicht die Einzelpersonen, die diesen Rest bilden, sondern die Gruppe als Ganzes, als Lebenszusammenhang) unendlich schwach ist, im Sterben liegt (3,2). Der Rest als solcher kann nämlich aus eigener Kraft nicht lange aushalten. Er ist nicht *selbst schon die Gemeinde.* Er kann nicht überleben, wenn die Gemeinde sich nicht erneuert. Der Rest ist die Hefe, aber wenn kein Teig da ist, dann ist die Hefe verloren. Eine treue Trägergruppe im Herzen der Gemeinde kann nicht unbegrenzt lange überleben, wenn die Gemeinde nicht wirklich lebendige Gemeinde wird. Der Auflösungsprozeß tötet dann auch das, was noch lebendig ist. In dieser Situation nun richtet Gott sein Wort an die Gemeinde. Und es kann nicht oft genug wiederholt werden: Wenn Gott redet, dann gibt er dem, an den sein Wort ergeht, die (schöpferische) Kraft seines Wortes. Damit wird aber nun nicht etwa die Situation wie durch Berührung mit dem Zauberstab einfach verwandelt. Gott spricht, um der Gemeinde anzusagen, in welcher Verantwortung zum Handeln sie steht: Vier Entscheidungen, vier Verpflichtungen liegen vor ihr (3,3):

1. *Kehre um.* (Es geht um Richtungswechsel, Neuorientierung. Bei dieser Frage nach der Umkehr will ich mich nicht länger aufhalten, sie ist Thema zahlloser theologischer Arbeiten und Meditationen.)

2. *Denke daran:* Was hier allerdings verdient, stark unterstrichen zu werden, ist die Bedeutung der Erinnerung. Wir haben keine ununterbrochene, unmittelbare Beziehung zu Gott. Wir hatten persönliche Begegnungen, wir haben Gottes Nähe in unserem Leben erlebt, wir haben die Offenbarung der Wahrheit seines Wortes empfangen und müssen von der Erinnerung leben. Der Augenblick unserer Bekehrung (für Israel der Augenblick der Erwählung Abrahams oder des Auszugs aus Ägypten, für die Gemeinde der Augenblick ihrer Entstehung als Gemeinde) erscheint in menschlicher Sicht nur wie ein Stück Erinnerung, er ist allerdings aktuell und lebendig, *weil*

der, der damals gehandelt hat, der Lebendige ist und derselbe gestern, heute und in Ewigkeit. Unsere Erinnerung ist für uns Blick in die Vergangenheit, aber sie ist aktuelle Gegenwart Gottes, insofern sie sich auf ihn bezieht. »Gedenke, Israel . . .« (z.B. 1Chr 16,12). Das Denken an die Tatsachen, die unser Leben ermöglichen, ist von wesentlicher Bedeutung. Zugleich aber »denke an das, was du empfangen und gehört hast« – das ist nicht einfach nur eine rein subjektive Erfahrung, mehr oder weniger verwischte Einbildung: Was da empfangen wurde, ist eine vollkommen objektivierbare Botschaft, die ganz ins Gedächtnis aufgenommen worden ist. Damit aber begründet diese Vergangenheit unsere Gegenwart. Die Erinnerung an diese Vergangenheit gewährleistet die Zuverlässigkeit unserer Gegenwart. Darum muß die Gemeinde nicht irgendwelche großartigen Dinge suchen, sondern einzig auf das zurückkommen, was sie von Gott am Anfang empfangen hat (eine außerordentlich unbequeme Aufgabe für eine Generation wie die unsrige, die so vom Fortschrittsdenken durchdrungen und von der Großartigkeit des Tastens nach Zielen, die keiner recht kennt, überzeugt ist).

3.   Der dritte Auftrag, den Gott an diese Gemeinde ergehen läßt, macht noch größere Schwierigkeiten: »*Bewahre es*« (»Bewahre den dir anvertrauten Schatz des Glaubens«, sagt Paulus zu Timotheus 1Tim 6,20). Das muß das unmittelbare Gespött, wenn nicht den Zorn unserer modernen Theologen herausfordern![6] Der Gedanke an einen Museumskonservator taucht auf, an den Hüter bandagierter Mumien . . ., das Wort der Vergangenheit bewahren würde ja bedeuten, es in seiner Aktivität zu behindern. Auch wenn es mir schrecklich leid tut – aber hier geht es um mehr als eine Frage der Aktualität, es geht um eine Lebenshaltung. Das Wort bewahren bedeutet nicht, es dem Leben entziehen, es *auf*bewahren, sondern vielmehr es zu *achten* (es nicht zu übertreten, zu verplempern oder zu zersplittern), es als eine Realität außerhalb meiner selbst ernst nehmen, die mich mißt und richtet (nicht ich bin es, der es zu messen oder zu beurteilen hat, denn das Wort hängt nicht von mir ab, ich bin lediglich sein augenblicklicher Sachwalter!). Das Wort bewahren bedeutet, daß ich es als eine von mir selbst unabhängige Größe verstehe, die ich *einzig* hüten und bewahren kann als das, was mir das Leben ermöglicht (es ist also keineswegs so, daß ich dem Wort Leben verleihe, wie manche Theologen unsinnigerweise meinen), und schließlich, daß ich es *weitergebe* (ich habe es ja *anvertraut* bekommen: Ein anvertrauter Schatz muß weitergegeben werden, er ist nicht mein Eigentum – außerdem ist er dauerhafter als ich selbst, ich habe ihn lediglich dem Nächsten weiterzugeben, daß dieser seinerseits davon leben kann). Wenn die Gemeinde nicht in dieser Weise das empfangene Wort *bewahrt*, ist ihr der Tod gewiß. Und genau das widerfährt den Gemeinden vor unseren Augen, die so sicher sind, daß sie die Aufgabe haben, dieses Wort (das ja tot ist, weil

---

6   Vgl. auch die Übertragung des Neuen Testamentes von Jörg Zink oder die »Gute Nachricht für Sie«: In beiden fehlt bei Offb 3,3 das »bewahre es« bzw. »halte daran fest« o.ä.

es geschriebenes, tradiertes usw. Wort ist) wiederzubeleben, indem sie es modernisieren und aktualisieren, ihm einen neuen soziokulturellen Inhalt geben; daß sie an dieser erstaunlichen Paradoxie zugrunde gehen: Wir glauben, daß wir die Aufgabe haben, dieses tote Wort zum Leben zu erwecken, während wir selber tot sind und das Wort lebendig bleibt. Mit diesen Ausführungen habe ich ebenso die Entmythologisierung im Blick wie die Theologie der Kultur oder der Revolution oder die Verarbeitung der Texte mit Hilfe neolinguistischer Methoden und bestimmte Aspekte der Hermeneutik.

4. Der letzte Auftrag schließlich, der an diese Gemeinde ergeht, ist der der Wachsamkeit: »*Wenn du nicht wach wirst*«. Diese Wachsamkeit ist ein Zeichen von Lebendigkeit. In der Tat geht es darum, nicht einzuschlafen – entweder in der Sicherheit des Glaubens, den man einst empfangen hat, oder in der der Urteile und Werte der Welt. Beten und Wachsamsein sind die einzigen klaren Zeichen der Erwartung des Herrn. Wir dürfen nicht vergessen, daß wir für die Apokalypse in der Endzeit leben, in der es entscheidend auf die Wachsamkeit ankommt.

Damit sehen wir die vier Wege, auf denen dieser Gemeinde neues Leben zukommen kann. Zwei einander ergänzende Gesichtspunkte sind noch hinzuzufügen: Einmal der, daß Gott, wenn er richtet und sogar verdammt, zugleich ermahnt und zum Leben ruft; auf der anderen Seite der, daß der Tote hier ein Wort empfängt, das ihn zum Leben rufen, ihm ins Leben helfen will, er selbst aber muß die *Entscheidung* treffen, das zu tun, was ihm da aufgetragen wird.

Der Inhalt des Briefes wird durch die Eingangsformel (3,1) bestätigt (der die sieben Geister Gottes hat und die sieben Sterne: Damit wird darauf verwiesen, daß das Leben in Christus die Frucht des Wirkens des Geistes ist und daß das durch das Licht zum Ausdruck kommt) und durch die abschließende Ermahnung: Das verheißene weiße Kleid ist das Zeichen himmlischer Verklärung, der Teilhabe an Christus selber, der ja auch ein weißes Gewand hat, Symbol der Gabe des ewigen Lebens. Die Verheißung, daß »ihr Name nicht ausgelöscht wird aus dem Buche des Lebens«, gehört unmittelbar in diesen Zusammenhang. So ist das Thema des ganzen Briefes: Du bist tot, komm zurück in das Leben . . .

Treue (3,7–13)

Der Brief an die Gemeinde von Philadelphia hat als zentrales Thema die Treue zum Wort. Diese Gemeinde ist die zweite unter den sieben, an die in dem an sie gerichteten Brief kein Verdammungsurteil ergeht. Auch sie entgeht dem Urteil, weil sie (wie die Gemeinde von Smyrna) wenig Macht hat. Menschliche Macht, und zwar sowohl der Macht*anspruch* wie auch wirklich manifeste Einflußmöglichkeit, ist in Wahrheit der absolute Feind Gottes. Gott ist mit denen, die wenig Macht haben, ob sie nun diesen Weg freiwillig gewählt haben oder ohne eigenes Zutun in solcher Lage sind; sowohl materielle wie auch spirituelle Stärke und Einflußmöglichkeit sind hier im Blick.

Und umgekehrt gilt: Wer Macht hat, wie auch immer geartet sie sei, entfernt sich von Gott (wir denken unmittelbar an unsere heutige Situation, an die Machtmittel des Geldes, der Technik, der Wissenschaft, der Massenbeeinflussung, über die wir verfügen . . .). Mit ihrer geringen Kraft ist diese Gemeinde von Philadelphia die Gemeinde der Treue. Sie wollte nichts wissen außer Jesus Christus, und zwar Jesus Christus als den Gekreuzigten (1Kor 2,2). Sicher ist es kein Zufall, daß die Treue mit der kleinen Kraft verbunden ist. Sie hat das Wort nicht gegen irgendeine Stärke, irgendeine Macht eingetauscht, sie bewies ›Treue zum Wort‹. »Mein Wort« sagt der griechische Text 3,8, wobei der Sinn auch »Wort über mich« sein kann. Diese Treue ist das entscheidende Werk der Kirche, ist wichtiger als alles politische oder evangelisierende oder moralisierende Handeln. Im Grunde haben wir auch hier wieder das Thema von Maria und Martha (Lk 10,38): Hören und treu bleiben (was natürlich die Umsetzung in das gelebte Leben, in die Praxis einschließt). Dieser Treue, diesem Fehlen von Einfluß und Macht entspricht die verheißene dreifache Belohnung: Die erste, ganz irdischkonkrete, zielt auf die Fähigkeit, bekehren zu können (ich will in deine Hand geben . . . 3,9). Die Gemeinde wird von Gott gerade diejenigen erhalten, die er aus der Synagoge Satans herausholt und die er dazu bringt zu erkennen, wo wahrhaft die Liebe Gottes ist. Die Gemeinde hat einen geheimnisvollen Einfluß, und das nicht durch das Übermaß oder die Fülle ihrer Aktivitäten, durch ihr Handeln, vielmehr ist es Gott selber, der die Menschen, mit denen diese Gemeinde in Berührung kommt, bekehrt und erleuchtet.
Die zwei anderen Verheißungen sind spiritueller Natur: Gott öffnet die Tür des Reiches (3,8) – das entspricht genau der geringen Kraft dessen, der sich als Untertan dieses Königs bekennt und nichts anderes sein will. Für den, der arm und hilflos doch im Wort Gottes bleibt, ist die Tür des Reiches in der Tat offen. Und schließlich verheißt Gott, die Gemeinde zu *bewahren* (3,10). Diese Wechselseitigkeit wird im Evangelium ja immer wieder bezeugt: Weil du mein Wort bewahrt hast, will ich dich bewahren. Die Versuchung, die hier im Hintergrund steht (»ich will dich bewahren in der Stunde der Versuchung, die . . . kommen wird«) ist die Prüfung, in der alle Menschen mit ihrer Verantwortung konfrontiert werden, damit deutlich wird, wessen Treue bis zum Ende durchhält. Letztlich hängt es also von unserer Haltung dem Wort Gottes gegenüber ab, ob Gott uns in der Stunde der Versuchung, der Bewährung schützt oder nicht. Und diese Stunde der Bewährung ist übrigens vielleicht auch die des Gerichts, denn gleich darauf heißt es: »Ich komme bald« (3,11). Man muß hier allerdings dauernd vor Augen haben, daß das Wort Gottes weder objektiv noch objektivierbar ist. Es ist immer direktes, persönliches Wort, und das bedeutet, daß nicht jeder einfach das Recht hat, jedes Wort unbesehen auf sich zu beziehen. Dieses »Ich komme bald« ist eine Verheißung, die Jesus, der Treue, hier der *Treue* zuspricht. Es ist klar, daß jeder, der dem Wort Gottes gegenüber ›untreu‹ ist, diese Verheißung nicht einfach auf sich beziehen darf, weil sie hier gewissermaßen namentlich ergeht, gebunden an die besondere Lebensbedingung dieser

Gemeinde. Wie immer freilich die Lage der Gemeinde sein mag, in jedem Falle muß ihr auch eine Ermahnung zuteil werden: »Halte fest, was du hast« (3,11). Selbst für diese bewundernswerte Gemeinde ist noch nicht alles entschieden; sogar sie kann noch alles verlieren und sich auf den Weg der Macht oder auf den der Sicherheit verirren.

Dem treu bewahrten Wort entspricht der Titel des Redenden (3,7): Der Heilige (das Wort Gottes, das erwählt und heiligt), der Wahrhaftige (das Wort der Wahrheit), der den Schlüssel Davids hat (das Wort selbst ist der Schlüssel). Ebenso die Verheißung am Schluß (3,12): Wer auf Erden wenig Macht und Kraft hat, der wird zur Säule, die den Tempel Gottes selber stützt, also zum Zeichen einer Stärke, die Gott selbst in Anspruch nimmt. Und zugleich erhält er einen dreifachen Namen: den geheimen Namen Gottes, das unaussprechliche Tetragramm, mit dem die absolute Offenbarung zum Ausdruck kommt; den Namen des Neuen Jerusalem, also der neuen Schöpfung, an der die Treue des Glaubenden Anteil hat, und den neuen Namen Jesu, Kyrios, auferstandener Herr, der – weil er auferstanden ist – ein neues ›spirituelles Sein‹ besitzt, nämlich die wahre Lebenskraft. Weil du meinen Namen nicht verleugnet hast, verleihe ich dir meinen Namen.

Hoffnung (3,14–22)

Im letzten Brief, dem an die Gemeinde von Laodizea, scheint mir als zentrales Thema das der Hoffnung zur Sprache zu kommen. Vielleicht enthält unser Brief – wie auch die übrigen – Einzelheiten, die für die Stadt und die Gemeinde tatsächlich typisch waren. Laodizea galt als sehr reich (als Beweis dafür wird angesehen, daß die Stadt nach der Zerstörung durch ein Erdbeben im Jahr 40 die von Rom angebotene Hilfe zum Wiederaufbau ablehnte): »Ich bin reich« (3,17). Die Stadt verfügte über eine berühmte Ärzteschule (vgl. die Augensalbe V. 18) und über Thermalquellen. Wir finden in diesem Brief die so häufig zitierte Formel von kalt, lau und heiß. Ich halte die Deutung für sehr einfach: Der Laue ist der Wunschlose, der den Mangel nicht empfindet, der nicht merkt, daß etwas fehlt, der nichts erstrebt, und darum auch nichts erhofft. Der Kalte ist der, dem viel fehlt und der das weiß, aber nichts erwartet, der sich im Wissen um sein Unvermögen und sein Scheitern auf sich selbst zurückgezogen hat. Der Heiße dagegen ist der, der handelt, der nach vorne ausgerichtet ist. Im Grunde sind sowohl heiß als auch kalt Aspekte dessen, was wir als Christen Hoffnung nennen. Der Laue, der mit den Gegebenheiten seines Lebens zufrieden ist, wird nichts unternehmen, um zu einem Wandel und zu Veränderung zu gelangen, denn alles scheint ihm recht zu sein, so wie es ist. Das bedeutet aber, daß er seine Situation vor Gott nicht sieht. Nun müssen wir immer daran denken, daß der Mensch *ist*, wie Gott den Menschen *sieht* (dasselbe gilt ja auch für die Seligpreisungen Mt 5,3ff: Jesus spricht die Armen selig, darum *sind* sie selig – *durch* dies Schöpferwort!). Wir sagen nicht, Gott sieht den Menschen, wie er in Wahrheit ist, sondern genauer: Der Mensch ist so, wie Gott ihn sieht. Der Blick Gottes schafft die Wirklichkeit des Menschen. Diese Gemeinde nun kennt ihre Wirklichkeit nicht, sie kennt sich selber nicht: Und das ist *Heuchelei* im Sinne des Neuen Testamentes (Heuchelei ist nicht bewußte Lüge!). In dem Augenblick, in dem sie nichts mehr erhofft, kann sie auch nichts mehr empfangen (ich will dich ausspeien aus meinem Munde 3,16). Das Gegenstück zur Heuchelei ist die Hoffnung. Denn der Heuchler ist nicht etwa einer, der so tut als ob, sondern vielmehr einer, der nicht weiß, wer er ist, und der darum nichts anderes zeigen kann als einen falschen Schein, den er für seine Wahrheit hält; er täuscht die anderen, weil er sich selber täuscht, und auf diese Weise schließt er sich in eine Situation ein, aus der herauszufinden er sich gar nicht mehr bemüht. Wer seine eigene Realität erkennt, kann gar nicht anders, als sich in die unglaubliche Anstrengung zu stürzen, aus dieser Realität herauszukommen – und der einzig mögliche Ausweg ist in diesem Augenblick die Hoffnung. Auch hier wird noch einmal deutlich: Wenn Gott Gericht spricht oder eine Diagnose gibt, so bringt er zugleich Anruf, Rat und Ermunterung: »Kaufe gereinigtes Gold, damit du reich wirst . . .!« (3,18). Gib deinen augenblicklichen Reichtum hin als Preis für das, was Gott dir gibt; so ist von Gott das Heilmittel für die Augen zu erlangen, daß sie sehend werden (daß du *dich* siehst, so wie du in Wahrheit bist). Das ist Befreiung von der Heuchelei und der erste Schritt auf dem Weg der Hoffnung: darauf warten, von Gott Reinheit, Leben, gereinigtes, durchglühtes Gold und weiße Kleider zu empfangen. Wenn Jesus Christus so kompromißlos hart ist, dann allein um diese Gemeinde zur Klarsicht zu führen, zum klaren Bewußtsein ihrer Situation, und dadurch zur Umkehr (zu Sinn- und Richtungsänderung). Die Härte des Herrn ist das einzige Mittel, den Weg zur Hoffnung frei zu machen. Nur das Gericht führt zum heilsamen Erschrecken: Nein, Herr, es ist doch nicht möglich, daß ausgerechnet du verwirfst und verdammst . . . Denn Christus liebt diese Gemeinde: Das ist die bewundernswerte Botschaft dieses Briefes, der an die Geschichte vom reichen Jüngling (Mk 10,17–22) erinnert, gegen den Jesus so kompromißlos hart war und der traurig davonging, aber »Jesus hatte ihn lieb«. Auch wenn er hier ankündigt, er wird sie ausspeien, sagt er doch im gleichen Augenblick: Ich züchtige dich, aber nur, weil ich dich liebe. Die Ambivalenz wird deutlich: Ich verurteile und schlage dich; aber damit klopfe ich gleichzeitig an deine Tür, damit du auftust und ich bei dir eintreten kann. In dem Augenblick, in dem er seinen Abscheu über den Lauen, den Heuchler zum Ausdruck bringt, kommt er selbst an seine Tür, um eingelassen zu werden. Nicht die Kirche kommt am Ende ihrer treuen Wanderschaft an die Himmelpforte, die der heilige Petrus bewacht, vielmehr kommt Christus selbst an unsere Tür (3,20), und wenn er kommt, ist unsere Türe zu. Das ist das Symbol für die vergessene Hoffnung: Wer nicht mehr hofft, schließt seine Tür (und der Verlust der Hoffnung auf den Herrn bedeutet zugleich, daß wir den Sinn seines Gerichtes verfehlen, den Sinn der offensichtlichen Abwesenheit des Herrn, der Prüfungen, durch die wir gehen müssen . . .). Wer nicht mehr hofft, will nichts mehr zu tun haben mit diesem Gott, während die Hoffnung die Haltung der Schwester im Märchen von Ritter Blaubart[7] einnimmt, die in allem Schweigen und Fernsein doch noch wacht und den erwartet, der irgendwann, zu unerwarteter Stunde zwar, aber doch ganz sicher kommen wird. Freilich, er kommt immer anders, als man denkt. Der da nun kommt, um unsere Unerfülltheit zu erfüllen, um das zu bringen, was uns Reichtum, Feier, Licht und Feuer, Sehkraft und Salbe, Kleidung ist, der da zu uns kommt, erscheint wie ein Bettler, er klopft an der Tür und wartet, ob man ihm öffnen will. Er bringt das Mahl mit: So kündigt Christus der traurigsten unter den sieben Gemeinden seinen Besuch und das Festmahl *bei ihr* an (denken wir an die Geschichte von Zachäus, Lk 19!). In keinem anderen Brief spricht der Herr mit mehr Zärtlichkeit und hingebungsvoller Liebe.

Auch hier ist die Grundlinie des Briefes im Hoheitstitel am Anfang und im Schlußwort aufweisbar. Im Eingangsvers 3,14 heißt Jesus der Amen, der Zeuge, der Anfang der Schöpfung: Das Amen ist die Bestätigung, daß es wirklich wahr ist, und diese Bestätigung ist die Antwort Gottes auf die Hoffnung des Menschen. Der Zeuge will uns noch einmal sagen: »Ihr könnt im Horizont der Hoffnung leben, denn der Herr selbst bezeugt euch die Liebe Gottes.« Der Anfang: Der, der am Anfang aller Dinge ist, ist in sich selbst der Sinn der Hoffnung, diejenige Lebenskraft, die von diesem Anfang ausgeht (Kol 1,15f.). Es gibt keine logische Abfolge vom ›Anfang‹ zu den ›Konsequenzen‹; wir haben hier keine wissenschaftliche Welterklärung vor uns, etwa als wäre Jesus Christus der ›Urknall‹ oder als seien Zufall und Notwendigkeit Ausdruck dieses ›Anfangs‹: Was durch diesen Anfang in Gang gesetzt wird, ist die Hoffnung, die auch angesichts allen Nicht-Lebens Leben verheißt. Das Ziel aller Hoffnung schließlich wird uns in Vers 21 in Erinnerung gerufen: Die Teilhabe an der Herrschaft Jesu Christi.

---

7 In: Das Märchen vom Ritter Blaubart (Ludwig Bechstein, Sämtliche Märchen, München o.J., S. 323–326).

Kapitel V

Die Offenbarung der Geschichte

Offb 5–7

5 1 Und ich sah in der Rechten dessen, der auf dem Thron sitzt, ein Buch, innen und außen beschrieben, mit sieben Siegeln versiegelt.

2 Und ich sah einen starken Engel, der rief mit gewaltiger Heroldstimme: »Wer ist würdig, das Buch zu öffnen und seine Siegel zu lösen?«

3 Und keiner vermochte es, weder im Himmel noch auf Erden noch unter der Erde, das Buch zu öffnen und einzusehen.

4 Und ich weinte sehr, daß niemand sich finden ließ, der würdig gewesen wäre, das Buch zu öffnen und einzusehen.

5 Da sagte einer der Ältesten zu mir: »Weine nicht! Siehe: Den Sieg errungen hat der Löwe aus dem Stamm Juda, die Wurzel Davids, das Buch zu öffnen samt seinen sieben Siegeln.«

6 Und ich sah: Inmitten des Thrones und der vier Wesen und der Ältesten *stand* ein Lamm, wie *geschlachtet*. Es hatte sieben Hörner und sieben Augen, das sind die sieben Geister Gottes, die überallhin auf die Erde gesandt sind.

7 Und es trat heran und empfing das Buch aus der Rechten dessen, der auf dem Thron saß.

8 Und wie es das Buch empfangen hatte, warfen sich die vier Wesen und die vierundzwanzig Ältesten nieder vor dem Lamm; und jeder von ihnen hatte eine Zither in der Hand und goldene Schalen, mit Rauchwerk gefüllt, das sind die Gebete der Heiligen.

9 Und sie singen ein neues Lied mit den Worten:
»Würdig bist du, das Buch zu empfangen
und seine Siegel zu öffnen.
Denn du bist geschlachtet
und hast durch dein Blut
aus allen Volksstämmen und
Sprachen, Völkern und Nationen
Menschen für Gott losgekauft

10 und hast sie unserem Gott zu einem Königreich
und zu Priestern gemacht,
und Herrscher sollen sie sein auf Erden.«

11 Und ich sah und hörte eine Stimme von vielen Engeln rings um den Thron, um die Wesen und Ältesten, ihre Zahl war zehntausend mal zehntausend und tausend mal tausend;

12 die sangen in gewaltigem Chor:
»Würdig ist das Lamm, das geschlachtet ist,
zu empfangen Macht und Fülle

und Weisheit und Kraft
und Ehre und Herrlichkeit und Lobpreis.«

13 Und alle Schöpfungswerke im Himmel und auf Erden und unter der Erde
und auf dem Meer, und alles, was darin ist, hörte ich sagen:
»Dem, der auf dem Thron sitzt, und dem Lamm
Lobpreis und Ehre, Herrlichkeit und Herrschaftsgewalt
für alle Zeiten.«

14 Und die vier Wesen sagten: »Amen!« Und die Ältesten warfen sich zu Boden und
beteten an.

1 Und ich schaute: Als das Lamm das *erste* der sieben Siegel öffnete, hörte ich eines 6
der vier Wesen mit Donnerstimme sagen: »Komm!«

2 Und ich schaute: Da – ein weißes Pferd! Und der auf ihm reitet, hält einen Bogen
in der Hand, und ein Siegeskranz wurde ihm gegeben, und er zog aus, ein Sieger,
um den Sieg zu erringen.

3 Und als es das *zweite* Siegel öffnete, hörte ich das zweite Wesen sagen:
»Komm!«

4 Da zog ein anderes Pferd aus, feuerrot, und dem, der auf ihm ritt, wurde gegeben, den Frieden von der Erde zu nehmen, daß sie einander umbrächten; und ein
großes Schwert wurde ihm gegeben.

5 Und als es das *dritte* Siegel öffnete, hörte ich das dritte Wesen sagen: »Komm!«
Und ich schaute: Da – ein schwarzes Pferd! Und der auf ihm reitet, hält eine
Waage in seiner Hand.

6 Und ich hörte es wie eine Stimme inmitten der vier Wesen sagen: »Ein Maß
Weizen für ein Silberstück – drei Maß Gerste für ein Silberstück! Doch das Öl
und den Wein sollst du nicht schädigen!«

7 Und als es das *vierte* Siegel öffnete, hörte ich die Stimme des vierten Wesens sagen: »Komm!«

8 Und ich schaute: Da – ein fahles Pferd! Und der auf ihm reitet, heißt Tod, und
das Totenreich folgte ihm.
Und es wurde ihnen Gewalt über ein Viertel der Erde gegeben, zu töten mit
Schwert und mit Hunger, durch Tod und wilde Tiere.

9 Und als es das *fünfte* Siegel öffnete, sah ich am Fuß der Opferstätte die Seelen derer, die hingemordet sind um des Wortes Gottes und des Zeugnisses willen, an
dem sie festgehalten haben.

10 Die schrien mit lauter Stimme: »Bis wann noch, du Herrscher, du Heiliger und
Wahrhaftiger, ziehst du dein Gericht hinaus, unser Blut an den Erdenbewohnern zu rächen?«

11 Da wurde jedem von ihnen ein weißes Gewand gegeben und ihnen gesagt, sie
sollten sich noch kurze Zeit gedulden, bis die Zahl ihrer Mitsklaven und Brüder,
die noch getötet werden müßten wie sie selbst, voll geworden sei.

12 Und ich schaute, als es das *sechste* Siegel öffnete, da geschah ein gewaltiges Erdbeben. Die Sonne wurde schwarz wie ein härener Sack und der Mond ganz wie
Blut,

13 und die Sterne des Himmels fielen herab auf die Erde, wie der Feigenbaum seine
Spätfeigen abwirft, wenn er von starkem Wind geschüttelt wird.

14 Und der Himmel entwich, wie eine Buchrolle, wenn man sie zusammenrollt.
Und alle Berge und Inseln wurden von ihren Plätzen verrückt.

15 Und die Könige der Erde und die Großen, die Befehlshaber, die Reichen und

Mächtigen, alle Sklaven und Freien versteckten sich in den Höhlen und Klüften
der Berge

16 und sagten zu den Bergen und den Felsen: »Fallt auf uns und verbergt uns vor
dem Antlitz dessen, der auf dem Thron sitzt, und vor dem Zorn des Lammes,

17 denn gekommen ist der große Tag ihres Zornes – wer kann da bestehen?«

7 1 Danach sah ich vier Engel an den vier Ecken der Erdscheibe stehen, die hielten die
vier Winde der Erde fest, daß kein Wind wehe über die Erde noch über das Meer
noch über die Bäume alle.

2 Und ich sah einen anderen Engel aufsteigen vom Aufgang der Sonne her, der
hatte ein Siegel des lebendigen Gottes. Und er schrie mit gewaltiger Stimme den
vier Engeln zu, denen gegeben war, Unheil zu bringen über Land und Meer,

3 und sprach: »Haltet ein, Unheil zu bringen über Land, Meer und Bäume, bis wir
die Knechte unseres Gottes an ihrer Stirn versiegelt haben!«

4 Und ich hörte die Zahl der Versiegelten: Einhundertvierundvierzigtausend Versiegelte, aus jedem Stamm der Söhne Israels:

5 Aus dem Stamm Juda zwölftausend Versiegelte, aus dem Stamm Ruben zwölftausend, aus dem Stamm Gad zwölftausend.

6 aus dem Stamm Asser zwölftausend, aus dem Stamm Naphtali zwölftausend,
aus dem Stamm Manasse zwölftausend,

7 aus dem Stamm Simeon zwölftausend, aus dem Stamm Levi zwölftausend, aus
dem Stamm Issaschar zwölftausend,

8 aus dem Stamm Sebulon zwölftausend, aus dem Stamm Joseph zwölftausend,
aus dem Stamm Benjamin zwölftausend Versiegelte!

9 Danach schaute ich: Da – eine große Schar, die niemand zählen konnte, aus allen
Nationen und Stämmen, Völkern und Sprachen! Sie standen vor dem Thron und
vor dem Lamm, angetan mit weißen Kleidern und mit Palmzweigen in ihren
Händen.

10 Und sie rufen mit gewaltiger Stimme:
»Heil unserem Gott, der auf dem Thron sitzt,
und dem Lamm!«

11 Und alle Engel rings um den Thron, die Ältesten und die vier Wesen warfen sich
vor dem Thron auf ihr Angesicht und beteten Gott an

12 und sprachen:
»Amen, Lobpreis und Herrlichkeit, Weisheit und Dank
und Ehre und Macht und Kraft
unserem Gott in alle Zeiten. Amen.«

13 Und einer der Ältesten hob an und sprach zu mir: »Die Weißgekleideten hier,
wer sind sie, und woher sind sie gekommen?«

14 Ich sagte zu ihm: »Mein Herr, du weißt es!« Er erwiderte: »Das sind die, die aus
der großen Drangsal kommen und haben ihre Kleider gewaschen
und weiß gemacht im Blute des Lammes.

15 Darum sind sie hier vor Gottes Thron und dienen ihm Tag und Nacht in seinem
Tempel. Und der auf dem Thron sitzt, wird über ihnen zelten.

16 Sie werden nicht mehr hungern noch dürsten, weder Sonne noch Gluthitze wird
über sie fallen:

17 Denn das Lamm, das inmitten des Thrones steht, wird ihr Hirte sein und sie führen zu den Wasserquellen des Lebens. Und Gott wird alle Tränen abwischen von
ihren Augen.«

Das Buch mit den sieben Siegeln

In 5,1 haben wir die Buchrolle vor uns, die mit sieben Siegeln versiegelt in der Hand Gottes ist, innen und außen beschrieben und für die Menschen bestimmt. Wenn sie sich in Gottes Hand befindet, so bedeutet das, daß sie sich auf sein Handeln bezieht, und wenn Gott »auf dem Thron sitzt«, so ist das der Ausdruck seiner Herrschaftsgewalt. Das Buch ist innen und außen beschrieben: Das bedeutet zunächst, daß es vollständig abgeschlossen ist, nichts kann mehr hinzugefügt werden; dann aber auch, daß es zwar möglich ist, das Buch (zumindest zu einem gewissen Teil) von außen zu lesen, daß aber der innere Teil, der eigentliche Sinn des Textes, verborgen und nicht ohne Öffnung der Buchrolle zu erfassen ist.

Das Buch wird dem Menschen hingereicht. Es ist also für ihn bestimmt. Gott hat es nicht für sich selbst geschrieben, auch nicht als Geheimnis, das er für sich behalten will – im Gegenteil! Es ist eine Offenbarung für den Sohn Gottes, für den, der Ebenbild Gottes ist, und dieser wendet sich dann an seine ganze Schöpfung. Die sieben Siegel sind wahrscheinlich die sieben Geister. Jedenfalls ist durch sie das Buch, der Brief vollkommen verschlossen. Wie können wir nun erfassen, was dieses Buch darstellen soll?[1] Wir wollen im Ausschlußverfahren vorgehen. Zunächst ist es sicher nicht die

---

1 Ein kleiner Hinweis mag die Fragwürdigkeit historischer Untersuchungen in diesem Bereich und der Bezugnahme auf kulturelle Gegebenheiten aufzeigen: Allgemein wird davon ausgegangen, das Buch mit den sieben Siegeln sei ein Testament. Dabei wird vielfach auf das ›Testament‹ in Jer 32,6–14 verwiesen (der Begriff ist allerdings falsch, weil es sich dort um eine Verkaufsurkunde handelt). Dann wäre das versiegelte Buch Teil einer Doppelurkunde (wie sie in *Babylon* üblich war), mit der ein Verkauf bestätigt wurde und von denen die eine versiegelt (allerdings nicht mit sieben Siegeln) und die andere bei der öffentlichen Verwaltung hinterlegt wurde, weil mit ihr der Rückkauf durch den dazu Berechtigten während einer gewissen Zeit möglich war, bevor der Verkauf definitiv rechtsgültig wurde. Diese Formalitäten haben nichts mit einem Testament zu tun, und sie stammen aus dem babylonischen Reich des siebten vorchristlichen Jahrhunderts. Es zeigt sich hier also nicht der geringste Bezug zu dem, was man von der Rechtspraxis im Bereich des Vorderen Orients um das erste nachchristliche Jahrhundert herum weiß.
Andere Exegeten haben darum mit Nachdruck darauf hingewiesen, daß es sich um das römische Testament handeln müsse. Leider liegt aber auch dieser Vergleich völlig falsch: Im ersten Jahrhundert ist das übliche römische Testament entweder die nuncupatio oder das praetorische Testament, auf zwei Tafeln geschrieben, die zusammengeklappt und mit den Siegeln der sieben Testamentszeugen verschlossen wurden. *Außen aber* ist nichts geschrieben außer dem Namen des Testators und vielleicht denen der Zeugen. Nach einem Senatus-consultum aus der Zeit Neros waren es Quittungen und andere Rechtsurkunden, die innen und außen beschrieben sein mußten: Zwei Wachstafeln, die in Form eines Kodex miteinander verbunden waren und innen und außen *denselben* Text trugen und dann versiegelt wurden, hier aber gab es weder sieben Zeugen noch sieben Siegel. Auch hier handelt es sich außerdem nicht um eine Buchrolle, die unser Text anspricht. Erst im Jahre 439 (!) erscheint dann das Testament auf einer Buchrolle mit dem Testamentstext auf der Innenseite, mit der Unterschrift (subscriptio) der Zeugen, auf die hin die Rolle mit sieben Siegeln verschlossen und außen mit Aufschriften (superscriptiones) versehen wurde, die formale Angaben, insbesondere die Bezeichnung der Zeugen, enthielten. Es gibt also nicht den geringsten Anhaltspunkt dafür, das »versiegelte Buch« mit einem Testament gleichzusetzen. Fehldeutungen aufgrund historischer Ungenauigkeit!

Bibel (die der Kirche gereicht würde und die außerdem kein verschlossenes Buch ist, im Gegenteil: denn es gibt kein esoterisches Verständnis der Bibel – das würde allem zuwiderlaufen, was der biblische Text selbst uns mit allem Nachdruck zeigen will). Es ist auch nicht ›das Buch der Schöpfung‹ (es liegt hier keine Dublette zur Schöpfungsgeschichte vor), noch weniger ist es das des Schicksals (in dem das Leben und die Bestimmung eines jeden Menschen aufgeschrieben wäre: Damit stoßen wir übrigens auf einen gefährlichen Irrtum. Im Sinne der Bibel und des Gottes Jesu Christi gibt es kein *Schicksal*. Das Erlösungswerk Jesu Christi besteht ja gerade darin, das Schick-sal auszuschalten). Genausowenig ist es ein Buch über Jesus Christus selber: In diesem Teil der Apokalypse begegnet uns keine Dublette zu den Evangelien. Und schließlich ist es auch nicht das Buch der Kirche (denn von der Kirche war im vorhergehenden Teil die Rede) oder etwa das Buch, in dem die Namen der Erlösten aufgeschrieben sind: Denn nirgends heißt es, wir hätten eine Namensliste vor uns, vielmehr ist von einem Text die Rede. Übrigens würde eine Namensliste auch gar nicht zu den Ereignissen passen, die durch das Aufbrechen der Siegel ausgelöst werden. Es kann nur das Buch sein, in dem steht, was der Mensch nach dem Geheiß seines Vaters sein und tun und werden soll (darum wird es allen Menschen gereicht). Zugleich löst es allerdings ein Handeln des Menschen und das Handeln, das Werk Gottes aus und ruft es hervor. Der Mensch ist doch zugleich der Erbe Gottes und in eine Nachfolge gerufen, in der er *er selber*, das heißt das Geschichte schaffende Wesen wird. So erscheint dieses Buch zugleich als das Buch vom Menschen und von der Geschichte des Menschen. Diese Geschichte kann sehr wohl ›von außen‹ gelesen werden, oberflächlich, von den Erscheinungen und Ereignissen her. Ebenso aber auch ›von innen‹, nämlich vom Geheimnis, vom Sinn dieser Geschichte her; es ist also das Buch vom Geheimnis und vom Sinn der menschlichen Geschichte, die bereits erfüllt und gesichert ist, und doch zugleich unverständlich, unlesbar, und sich außerdem als eine Zeitabfolge offenbart, die sich dauernd neu ereignet.

Dieses Buch enthält also das Geheimnis der menschlichen Geschichte, der Menschheitsgeschichte – und die Eröffnung dieses Geheimnisses bedeutet notwendig die Offenbarung der tiefen Kräfte und Grundlinien dieser Geschichte, mehr noch die des Handelns Gottes in der Geschichte der Menschen.

Das ist der Grund, warum vom Thron die Rede ist (von dem Ort, an dem Gott seine Herrschaft ausübt und seine Entscheidung kundgibt), und auch, warum das Buch vom Geist versiegelt ist (der Plan Gottes für den Menschen verwirklicht sich durch den Geist, und das gibt aller Geschichte ihren Sinn). Schließlich kann nur das geschlachtete Lamm das Buch öffnen, also derjenige, der in vollkommenem Gehorsam den Willen des Vaters erfüllt hat, ohne jemals die Geschichte in Schicksal zu verwandeln. Das Lamm, das zugleich geschlachtet ist und triumphiert (5,6), das sowohl das Lamm wie der Löwe aus Juda ist, enthüllt das Handeln Gottes in der Geschichte: Dieses Handeln ist das Urteil über den Menschen und die Welt. Aber das ganze Urteil fällt auf Jesus. Allein so wird die Enthüllung des Handelns des Allherrschers möglich, anders wäre es eine grauenhafte Katastrophe. Darum aber ist die Tatsache, daß allein das Lamm den Sinn der Geschichte eröffnen kann, ganz entscheidend für das Verständnis all dessen, was nun folgt: Die Plagen, die uns in der Apokalypse mehrfach beschrieben werden, sind die »Gerichte« Gottes über die Menschheitsgeschichte, die *nötig geworden wären*, wenn der Mensch sich selber überlassen geblieben wäre, wenn Gott diese Geschichte und den Menschen an und für sich gerichtet hätte. Statt daß nun diese grauenhaften Verdammungen offenbart und ausgeführt werden, bleibt das Buch wohl doch besser verschlossen. Die Menschen sollen lieber nicht wissen, daß die Katastrophen (die ihnen wie Naturereignisse erscheinen) in Wirklichkeit Gerichte Gottes sind! Soll es nur ruhig bei der oberflächlichen Erklärung bleiben – wäre es nicht tausendmal schlimmer, wenn sie es wüßten? Aber von dem Augenblick an, wo klar ist, daß das Gericht auf Gott selber zurückfällt, auf seinen Christus, wird es möglich, den Sinn der Geschichte zu erkennen: Tatsächlich werden die Schöpfung und der Mensch geschont, die Offenbarung der Gerichte Gottes wird darum möglich, ohne daß sie zum Greuel ohne Ausweg, ohne Hoffnung werden.

Außerdem kann auch darum allein das geschlachtete Lamm den Sinn der Geschichte eröffnen, weil es *für* Gott die Menschen aller Völker und Nationen erlöst. Damit wird noch eine weitere Richtung sichtbar: Es handelt sich um die Offenbarung der universalen Ausweitung der Liebe Gottes – und auch das gehört zum geheimen Sinn der Geschichte, daß in ihr immer ein Gottesvolk gegenwärtig ist.

So enthält das versiegelte Buch die Absicht Gottes mit den Menschen, und es offenbart den Sinn allen Geschehens, den Sinn der Geschichte, wie sie Gottes Willen entspricht; es zeigt sich, daß die Menschheitsgeschichte nicht Frucht des Zufalls oder eines Zusammenspiels von Automatismen ist, sondern vielmehr das Ergebnis des Zusammenwirkens vom Willen Gottes (der ganz und gar die *Liebe* Gottes ist, nicht seine Herrschaftsmacht) mit dem Willen der Menschen und einer gewissen Anzahl abstrakter Mächte. Das Geheimnis, der Sinn dieser Geschichte ist also einerseits die Gesamtheit ihrer Einzelzüge, andererseits auch die erste und letzte Bedeutung all dessen, was in der Menschenwelt geschieht.

Bei dieser ungeheuren Bedeutsamkeit wird es verständlich, warum der, der das Buch, das niemand öffnen kann, sieht, so bitterlich weint (5,4): Der Mensch wird niemals das Geheimnis und den Sinn seiner Geschichte erfassen können – weder den der Menschheitsgeschichte im ganzen noch den seiner ganz persönlichen Geschichte. Er wird ewig in der Nacht leben, er wird tastend voranzukommen suchen, ohne je zu wissen, woher er kommt, wohin er geht, was er macht und ob irgendetwas einen Wert oder einen Sinn hat – noch nicht einmal, warum sein Handeln nicht mit den Absichten und Plänen übereinstimmt, die er selber hatte . . .

Die sieben Siegel

Es sind sieben Siegel. Aber nur sechs bieten die Bestandteile der Geschichte; das siebente eröffnet die sieben Posaunen, wie wir schon gesehen haben. Das bedeutet, daß die ersten sechs Siegel uns den Sinn und die Grundlagen der Geschichte eröffnen, und das siebente dann ihr letztes Geheimnis. Die ersten vier Siegel führen zur Erscheinung, dem Auftreten der vier Reiter, das fünfte eröffnet das Gebet der Märtyrer, das sechste gleichzeitig die Katastrophen und das Erscheinen des Gottesvolkes.

Das weiße Pferd

Das weiße Pferd (6,2) wird sehr verschieden interpretiert. Einige sehen in ihm ein Bild der Skythen, die dann als Symbol des Krieges verstanden werden (Stierlin behauptet mit bemerkenswerter Sicherheit, alle Forscher seien sich an dieser Stelle einig). Allerdings ergeben sich bei dieser Auslegung ziemliche Schwierigkeiten für die Erklärung des roten Pferdes, das ganz ausdrücklich den Krieg darstellt. Das einzige Argument, das die Verbindung mit den Skythen stützt, ist der Kriegsbogen. Die Frage bleibt offen, warum ihr Pferd weiß ist und was die Krone bedeuten soll. Außerdem wäre es, wenn hier wirklich der Krieg dargestellt wäre, recht ungewöhnlich, daß – während bei den anderen Reitern von Unheil berichtet wird, das sie hervorrufen (sich gegenseitig umbringen, Hungertod, Krankheit usw.) – die unheilvollen Folgen des Krieges mit keinem Wort erwähnt werden. Außerdem bietet der Text eine Verheißung: »Er zog aus als Sieger . . .«. Seit wann aber gibt es im Krieg nur Sieger? – Diese wenigen Argumente zeigen wohl mit hinreichender Deutlichkeit, daß dieser Reiter unmöglich mit dem Krieg oder mit dem Eroberungsgeist identifiziert werden darf.

In Wirklichkeit zielen alle Einzelheiten der Beschreibung auf einen völlig anderen Sinn: Weiß ist immer das Symbol (sicher nicht des militärischen Sieges, sondern) des Heils, des Lebens, der Reinheit, der Heiligkeit: Ohne jede Frage ist die Farbe weiß in der Apokalypse immer ein himmlisches Symbol. Der Reiter trägt den Siegeskranz, das Zeichen des Lebens und der Herrschaft, genau wie der Menschensohn (in Kap. 14). Diese Krone wurde ihm gegeben, er hat sie also nicht *erobert*, geraubt, sich selbst genommen (noch einmal sehen wir, wie unmöglich der Krieg gemeint sein kann). Er trägt den Bogen, der biblisch gesehen das Zeichen des Bundes ist. Und dann kommt eine ausdrückliche Doppelung: Er zieht aus als Sieger (er *ist schon* Sieger, er hat den Sieg von Anfang an errungen, in Ewigkeit), zugleich aber, um den Sieg *zu erringen* (um diesen Sieg zu verwirklichen, zu erfüllen, sichtbar und erlebbar, für alle erfahrbar zu machen): ein klarer Ausdruck der Dialektik des ›jetzt schon und noch nicht‹ (vgl. etwa Joh 4,23; 5,25 u.ö.). Offensichtlich muß dieses weiße Pferd mit jenem identisch sein, das uns in der Vision vom offenen Himmel (19,11) bereits begegnet ist. Es ist doch völlig ausgeschlossen, daß uns der Verfasser der Apokalypse in einem Abstand von 13 Kapiteln zwei weiße Pferde mit ihren Reitern beschreiben kann, um ihnen zwei völlig verschiedene Bedeutungen beizulegen. Offensichtlich muß das, was für das 19. Kapitel gilt, auch hier zutreffen: Er ist das Wort Gottes. Der Reiter auf dem weißen Roß, der in die Welt hinausgesandt wird, der als erster ausgeht, der das Leben und den Bund mit sich bringt, der *ist* das Wort Gottes. Man hat dieser Deutung entgegengehalten, es sei doch nicht möglich, daß im gleichen Textzusammenhang Christus einerseits als das Lamm Gottes, andererseits als der weiße Reiter dargestellt erscheine. Ich möchte darauf antworten, daß Christus einerseits der Geopferte und Auferstandene ist, der sein ein für allemal vollzogenes Erlösungswerk in einem konkreten Augenblick der Menschheitsgeschichte vollbracht hat, und andererseits das eine, lebendige Wort, das ununterbrochen weiterwirkt im Laufe der Geschichte. Ich konstatiere keinen Widerspruch, sondern vollkommene Ergänzung zwischen diesen beiden Bildern.

Das zweite Pferd

Nach dem weißen Reiter allerdings kommen drei andere Pferde, von denen jedes drei verschiedene, aber untereinander verbundene Aspekte aufweist: Jedes ist zwar eine abstrakte, keine materielle Macht, bringt aber auf der Ebene des konkreten Lebens spürbare Wirkungen hervor und löst Plagen, Katastrophen aus. Das erste ist das rote Pferd; Blut und Feuer. Es hat zwei Eigenheiten: Zunächst hat es die Macht, den Frieden von der Erde zu nehmen. Damit ist es die Quelle des Krieges und aller Kämpfe, seien es nun nationale oder revolutionäre Bewegungen oder Verteidigungsmaßnahmen oder auch internationale Auseinandersetzungen[2]. Hier wird also gesagt, daß das Ausbrechen eines bewaffneten Konflikts alle beliebigen menschlichen, wirtschaftlichen, politischen oder naturgegebenen Gründe haben kann, daß aber außerdem noch die Erscheinung des roten Rosses hinzukommt, des Kriegsgeistes, dieser ›spirituellen Macht‹, die im Herzen der Geschichte verborgen ist. Die Entscheidung des Menschen und die politischen Faktoren reichen zur Auslösung des Krieges nicht hin: Eine ›Exusia‹, eine Macht, eine symbolische Kraft, die hier personifiziert ist, aber eigentlich abstrakt ist, wirkt auch und bestimmt sogar alles andere.

Außerdem hat dieser zweite Reiter das große Schwert erhalten. Dieses stellt nicht einfach den Krieg dar: mit dieser Bedeutung hätten wir eine wenig wahrscheinliche Doppelaussage. Denn das Schwert ist nicht allein das Instrument des Kampfes, vielmehr außerdem seit alters das Zeichen der Macht, der Autorität (vgl. etwa Röm 13,4): Damit ist einfach gezeigt, daß der Krieg in Wirklichkeit von der politischen Macht (im Grunde vom Staat) geführt wird. Beides ist verbunden. Der Staat hat die Macht und das Schwert. Es steht nicht da, wer Macht und Schwert gibt, wer beides verleiht; wahrscheinlich Gott. Der Reiter aber bedient sich des Schwertes nach

---

2 Ausleger, die den weißen Reiter als den Krieg interpretieren, verstehen den roten Reiter als Symbol des Bürgerkrieges. Das scheint mir widersinnig, denn eine solche Unterscheidung gibt es nicht. Lächerlich wird es, wenn behauptet wird, Bürgerkriege seien im Römischen Reich eine bedeutende Belastung gewesen. Für die Abfassungszeit unseres Textes trifft das überhaupt nicht zu. Erst sehr viel später war dies der Fall.

seinem eigenen Willen. Das Schwert, das zur Schaffung von Gerechtigkeit verliehen wurde, dient dem Krieg. Umgekehrt können wir darum verstehen, daß Gott sich des Krieges bedient, um die Menschheit zu richten, die sich gegen ihn erhebt, die sich in Bosheit und Gewalt stürzt (wobei noch einmal betont werden muß, daß wir immer bedenken müssen: Das Gericht fällt auf das Lamm!). Damit ist dieser Reiter auf dem roten Roß gleichzeitig eine Exusia, der Staat selber und die politische Katastrophe des Krieges.

Das dritte Pferd

Mit der Eröffnung des dritten Siegels erscheint das schwarze Pferd (6,5.6). Der Reiter auf ihm mißt, teilt ein, verkauft und wiegt. Sein Zeichen ist die Waage, Symbol des Abwiegens, das heißt des Verkaufens, aber auch des Geldes, denn man wog noch vielmals die (häufig beschnittenen) Münzen (ein förmlicher Kauf wurde »aere et libra«, mit Zahl und Waage abgeschlossen). Gewöhnlich wird in diesem Reiter die Hungersnot gesehen, und das ist richtig und falsch. Die Silbermünze, der Denar ist nämlich der Lohn für einen Arbeitstag. Das Maß Weizen ist die Nahrung eines Menschen für einen Tag: Somit haben wir in aller Klarheit den Hinweis auf den ›Mindest-Lebensbedarf‹. Was es bedeutet, daß Wein und Öl außerhalb des Machtbereichs des Reiters sind, ist schwer zu erklären. Die einen sind der Meinung, die Macht des Reiters sei auf eine bestimmte Jahreszeit beschränkt (weil Wein und Öl zu anderen Zeiten produziert werden als das Getreide); andere aber, damit würde auf die Tatsache angespielt, daß Titus bei der Belagerung von Jerusalem befohlen hatte, die Weinberge und die Olivenhaine nicht zu verwüsten; wieder andere sehen dahinter eine spirituelle Bedeutung (den Wein des Abendmahls und das Öl der Salbung. Allerdings: Warum ist dann nicht auch das Brot des Abendmahls ausgespart?). Ich jedenfalls bin der Überzeugung, daß damit ganz allgemein angedeutet wird, daß die Macht des Reiters begrenzt ist (wobei letztlich unwesentlich ist, worin die Grenze zum Ausdruck kommt): Der Reiter auf dem schwarzen Roß kann nicht *alles* beherrschen und unter seine Macht zwingen.

So scheint mir dieser Reiter zugleich die Macht (die Exusia) der Wirtschaft (und besonders des Geldes), die Wirtschaft selber (wirtschaftliches Leben und wirtschaftliche Organisation, ob sie nun liberal oder dirigistisch ist) und auch wirtschaftliche Not (Mangel, Armut, Hungersnot) zur Darstellung zu bringen.

Das vierte Pferd

Schließlich kommt mit dem Öffnen des vierten Siegels das grüne, bleiche, fahle (bleichsüchtige) Pferd (6,7–8), auf dem der Tod oder die Pest reitet (Tod und Pest sind im Denken der damaligen Zeit identisch). Es repräsentiert die aktive Macht des Todes und die konkreten Mittel seines Handelns, etwa Krankheit, wilde Tiere. Ihm folgt das Totenreich, das die Früchte seines Handelns erntet. Und dann wird gesagt, alles Handeln des Todes könne ein Viertel der Erde vernichten: Auch hier haben wir eine Grenze vor uns (und es ist durchaus bedeutsam, daß das nur für die drei letzten Pferde zutrifft, während dem ersten Reiter keine Grenzen auferlegt wurden!). Auch hier wird die Gegenwart des Gottes der Schöpfungsgeschichte sichtbar, insofern den Mächten des Chaos und der Vernichtung Grenzen gesetzt werden, so wie in der Schöpfung Licht und Finsternis voneinander getrennt werden.

Wohlgemerkt: Nirgends wird gesagt, diese Plagen würden nur die ›Bösen‹ treffen. Alle Menschen sind ihnen unterworfen, *aller* Menschen Sünde führt unterschiedslos zu diesen Folgen, denn allein sie ist die Grundlage, die Ursache all dieser zerstörerischen Kräfte. Die Menschheit aber besteht fort. Von Anfang an schon wurde uns aber angekündigt, daß der Herr die Schlüssel zu diesem Gefängnis der Toten und des Todes in der Hand hat.

Die vier Reiter

Was stellen diese vier Reiter nun dar? Zunächst müssen wir feststellen, daß sie die vier wichtigsten Bestandteile der Menschheitsgeschichte sind. Die Geschichte der Menschen besteht immer aus der Vermengung von politischer Macht, wirtschaftlichen Mächten, Kräften der Zerstörung, der Verneinung, des Todes – und auch dem Wort Gottes. Es sind immer, zu allen Zeiten und unter allen Herrschaftsformen, die gleichen Kräfte am Werk. Die Hoffnung, die eine oder andere ausschalten zu können, ist umsonst: Das würde bedeuten, die Geschichte selber auszuschalten. Die Menschheitsgeschichte ist ein Gewebe, das sich aus diesen vier Fäden bildet, aus diesen Mächten, die dauernd in Bewegung sind, die sich ständig erneuern, immer gegenwärtig, immer in Aktion sind; also keine statische, feststehende Konstellation! Die Geschichte ist aber auch keine Serie von Zufällen und Wahrscheinlichkeiten, von Möglichkeiten, sie ist kein Würfelspiel unerwarteter, überraschender Ereignisse. Genausowenig ist sie allerdings eine vernünftige, mathematische, streng wissenschaftliche Kombination einer gewissen Anzahl klar umgrenzter Fakten und Daten. Es gibt keine klare Kausalität, es gibt kein System in der Geschichte. Mit der Beschreibung der vier Pferde befinden wir uns *zwischen* verschiedenen Denkebenen, zwischen dem Ereignishaften und der Dialektik etwa.

Man hat sich die vier Pferde immer in schrecklichem, umherschweifendem Galopp vorgestellt und hat damit sicher nicht unrecht gehabt. Ich halte das wirklich für die Bedeutung dieses Bildes vom Pferd: Sie schweifen über die ganze Erde, erscheinen bald hier, bald da, ohne daß sich aus ihrem wilden Lauf irgendeine Logik ableiten ließe. So kann sich uns der Eindruck ergeben, es handle sich um Zufall. Es gibt aber keinen Zufall in der Geschichte[3]. Das ist eine der grundlegenden Lehren, die uns hier vermittelt werden. Es sind Mächte am Werk, aber es gibt nicht den geringsten wirklichen Zufall, höchstens Zufall *für uns*, Ereignisse, die in unseren Augen, nach unserem

---

3 Vgl. die bemerkenswerte Arbeit von Vendryes, Le hasard dans l'histoire (Paris 1950), und die Monographie von Léo Hamon, Acteurs et données de l'histoire (Paris 1970).

Dafürhalten zusammenhanglos sind. Freilich müssen wir uns vorsehen: Hier wie in zahlreichen Wissenschaften ist der Rückgriff auf den Zufall (und zwar auch auf den mathematisch erfaßten oder interpretierten!) genau das, was man früher immer den Religionen vorgeworfen hat: daß nämlich einfach dem, was man nicht verstehen, geschweige denn erklären kann, ein schöner Name gegeben wird (heiße er nun Gott oder Zufall . . .). Der mathematische Zufall hat die wirkliche Erkenntnis der Realität um keinen Zentimeter vorangebracht. Wenn es nun allerdings keinen Zufall gibt, so ist doch offensichtlich, daß die Kombination der vier entfesselten Gewalten untereinander mit ihren unterschiedlichen Wirkungen in unbeschränkter Zeit soviel mögliche vielfältige Erscheinungen hervorbringen kann, daß sich der Eindruck der Zufälligkeit durchaus aufdrängen mag. Jedenfalls gibt es umgekehrt nirgends strenge Kausalität, irgend eine klare Abfolge von Ereignis zu Ereignis. Alles ist im Grunde der wilden Jagd ausgeliefert, die Brand und Tod auslöst und hervorruft, die Kriege anzettelt – und dann wieder verschwindet. Wir versuchen, Erklärungen zu bieten, die bestimmenden Faktoren herauszubekommen, Abfolgen und Gesetzmäßigkeiten zu erfassen, und wir haben sicher nicht unrecht, wenn wir uns darum bemühen, denn es gibt sie; aber mitten in die Gesetzmäßigkeiten selber, mitten in die Abfolgen schleicht sich dann plötzlich wieder eine neue, größere Ungewißheit ein, der jagende Ritt der Reiter, die auftauchen und verschwinden. Sie kommen nicht nur, um unser Leben und unser Verständnis der Gesellschaft, der Geschichte durcheinanderzubringen; sie sind auch diejenigen Kräfte, ohne die es gar keine Geschichte gäbe! Die ganze Menschheitsgeschichte hängt von ihnen ab, und nur diese Mächte bestimmen sie. Keine andere Macht ist in der Geschichte als entscheidender Faktor aufweisbar. Man kann alle beliebigen Ereignisse analysieren, alle Zusammenhänge, und doch kommt man immer wieder auf diese drei Grundlinien zurück: auf die wirtschaftliche Macht, Arbeit und Handel; auf die politische Macht, auf Krieg und ›Gerechtigkeit‹; auf den Einfluß des Todes, von Epidemien und Bevölkerungsumschichtungen – etwas anderes finden wir nicht. Da die Reiter im übrigen immer die gleichen sind, können wir schließen, daß es auch keinerlei Fortschritt oder Verschlimmerung geben kann, keinerlei Verfall der Menschheitsgeschichte oder der Kulturen. Wir sind weder auf dem Weg zur Stadt der Zukunft noch zu immer gewaltigeren Katastrophen. Das Kräftespiel bleibt sich gleich. Freilich, manchmal ist das rote Pferd bei uns, manchmal nicht, dafür finden wir es anderswo; manchmal kommt das schwarze Pferd, manchmal verschwindet es . . ., das ist alles.

Nun muß freilich hier ein Punkt klargestellt werden, der dem modernen Leser Schwierigkeiten bereiten mag. Ich bin gewiß nicht der Meinung, diese vier Reiter existierten in Wirklichkeit oder sie sähen wie Reiter aus. Wenn wir aber weiter nachfragen, können wir dann sagen, sie existierten als Mächte, die in einer Art Wesen konzentriert sind, die mit so etwas wie einem Willen zu handeln vermögen? Geraten wir mit solchen Vorstellungen nicht in den Bereich der Dämonologie mit Engeln, Teufeln und anderen konkretisierten ›Mächten‹? Ich will nicht behaupten, der Krieg habe eine Art von Wesenheit, er sei ein ›ens‹, etwa Bellona (die altrömische Göttin des Krieges), ebensowenig die wirtschaftliche oder politische Macht. Versuchen wir, uns einmal vorzustellen, es spiele sich alles auf der menschlichen Ebene ab. Wenn Krieg ausbricht, dann ist es der Mensch, der ihn auslöst. Menschliches, nichts als Allzumenschliches liegt ihm zugrunde, und wir haben das ganze Spektrum möglicher Interpretationen: psychologische, charakterologische Fakten, Temperament, Ehrgeiz, Haß, Machtwillen, Ruhmsucht, Eitelkeit; auch soziologische Fakten, zu hohe demographische Dichte, wirtschaftliche Not – oder umgekehrt wirtschaftliche Expansion, Ableitung innerer Schwierigkeiten, Ungleichgewicht zwischen verschiedenen Volksgruppen, Belastungen aus der Vergangenheit, aus der Kultur, Freude an der Auseinandersetzung . . . Wenn wir all das und vielleicht noch manches mehr aufgezählt haben, dann können wir zwar gewiß bestätigen, daß all das höchst menschlich ist, aber im Grunde wissen wir genau, daß kein Mensch jemals den Krieg auslöst. Es ist niemals so, daß irgendein Mensch den Krieg bewußt und klar will und ihn beginnt. Auch keine Gruppe von Menschen, nicht einmal eine Gesellschaft. Alles ist völlig menschlich, und doch hat der Mensch in diesem Bereich nichts in seiner Hand. Und wenn man sich nun heute hinter Begriffen wie Unterbewußtes, Unbewußtes oder hinter der Massenpsychologie verschanzt, so ist man damit um keinen Schritt weitergekommen. In Wirklichkeit finden wir doch immer wieder »Der Trojanische Krieg findet nicht statt« – die großartigste Darstellung, die dieser Vorgang jemals gefunden hat, dieses Bemühen der Menschen, den Krieg um jeden Preis zu verhindern, durch das sie (durch das Spiel der Umstände – aber warum haben sie diese Umstände nicht bis ins einzelne in der Hand?) selbst zu denjenigen werden, die diesen Krieg anzetteln. Ich will keineswegs behaupten, da wären Mars oder Bellona, die die Menschen wie Spielsteine auf ihrem Schachbrett benutzen und sie manipulieren, ohne daß diese Menschen die Dinge auch nur im geringsten willentlich steuern könnten. Allerdings geschieht alles doch tatsächlich so, als stünden wir unter einer höheren Bestimmung, unter einer unwiderstehlichen Macht, die am Ende sogar mit einer Art Polarisierung oder mit provokatorischer Absicht auf uns einwirkt. Alles sieht jedenfalls so aus, als ob . . . Wie auch immer die Erkenntnis auf den Gebieten der Wirtschaftswissenschaften, der Kriegs- und Friedensforschung und der Medizin voranschreiten mag, es bleibt doch immer ein unauslotbarer Teil an Unerklärlichem (und ich sage nicht nur: augenblicklich nicht Erklärbarem), ein Randbereich, in den sich etwas ganz anderes schiebt, von dem wir recht bald erkennen, daß es vom Menschen unabhängig ist. Daß dieses andere in Bellona oder im roten Reiter oder sonstwie personifiziert worden ist, versteht sich unmittelbar, ohne daß jemand auch nur im entferntesten darauf bestehen wollte, daß eine solche Gestalt wirklich existiert. Alles sieht jedenfalls so aus, als ob . . . Da zeigen sich deutlich alle menschlichen Antriebe und zugleich etwas eigenartig Übermenschliches. Kein Mensch kann dagegen an, wenn etwa Eros oder Thanatos auftauchen[4]. Alles sieht also so aus, als ob . . . – nichts weiter. Aber darin wird sowohl die Unabhängigkeit wie auch die Abhängigkeit dieser Mächte vom Menschen offenbar. Denn wir haben es mit Reitern zu tun, mit menschlichen Gestalten – darum, weil es sehr wohl Menschen sind, die wirtschaftliche, politische oder militärische Macht ausüben. Die Menschen handeln und erfinden. Und doch sind sie nicht allein auf dem Plan.

Nun gibt es von diesen Wirkkräften nur eine beschränkte Anzahl. Es sind vier – nur vier. Die ganze Geschichte besteht aus dem Zusammenwirken dieser vier Mächte, die anregen und in Gang bringen und doch vom Menschen selbst in Dienst genommen werden. Die genannten Plagen sind in traditioneller Weise die, die auch die jüdische Apokalyptik kennt. Ezechiel (6,11; 7,15) redet von Schwert, Hungersnot und Pest, Sacharja (6,1f) bringt sogar das Bild von den Pferden (allerdings sind sie dort an Wagen angeschirrt) und zeigt, daß sie die Träger des Zornes Gottes sind. In diesen Texten sind es klar Plagen, *Gottesgeißeln*, David dagegen unterscheidet im 2. Samuelbuch (24,14) deutlich zwischen drei Plagen: Zwei von ihnen (Hunger und Schwert) werden durch das Handeln des Menschen wirksam, die dritte (nämlich die Pest, der Tod) handelt aus sich selbst. Alle diese Texte sind sich aber in dem einen Punkte einig: Die Entfesselung dieser Pferde, dieser ›Geschichtsmächte‹ ist der Ausdruck göttlichen Gerichtes; es handelt sich um himmlische Strafen für die Sünde des Menschen. Auch wenn zwei dieser Mächte durch das Handeln des Menschen wirksam werden, insofern es die Menschen selber sind, die Krieg führen und in jeder Hinsicht zu bekämpfen und zu unterdrücken suchen, so ist es doch zugleich der Zorn Gottes, der in diesen Geschichtsereignissen zum Ausdruck kommt und so Geschichtsmächtigkeit erlangt.

In den letzten Jahren wurde etwas zu begeistert behauptet, der Mensch sei durch seine Emanzipation von Gott ›zur Geschichte fähig‹ geworden. Die Menschheitsgeschichte beginne in dem Augenblick, in dem Adam sein Schicksal in seine eigenen Hände nehme, Autonomie beanspruche. Sei's drum. Adam ist doch beileibe nicht der glorreiche Demiurg, der ganz nach seinen Wünschen jedes beliebige Geschehen ins Werk setzen kann. Alles läuft ihm fortwährend aus dem Ruder und gerät anders, als er gewünscht hat. Diese von Adam gewirkte Geschichte ist der Ort der Entfesselung dessen, was so wirkt, ›als ob‹ es scheuende Pferde wären, der Ort des Zornes Gottes. Wir kennen doch die endlose Diskussion zur Genüge, etwa bei Marx: Der Mensch wirkt seine Geschichte, jawohl, aber . . . meistens entziehen sich die Produktionsmittel und die Produktionsverhältnisse doch seinem Willen und seiner Kontrolle . . .

Es gibt also entfesselte Mächte des Bösen, die in eigenartiger Umkehrung die göttliche Strafe für die Sünde des Menschen sind. Gerichte Gottes ereig-

---

4 Wenn übrigens die Psychoanalyse von Eros und Thanatos redet, um Instinkte oder fundamentale Antriebe des Menschen zu bezeichnen, dann vollzieht sie im Grunde genau die gleiche Personifikation, wie sie uns auch im Bild von Mammon oder den vier Reitern begegnet.

nen sich im ganzen Verlauf der Menschheitsgeschichte (nicht nur am ›Ende‹!), aber es muß klar betont werden, daß es sich dabei nicht um eine persönliche Bestrafung handelt, die der Sünde dieses oder jenes Menschen entspräche, vielmehr geht es hier um die Geschichte von kollektiven Einheiten, und wir alle sind mit dieser Geschichte verkettet.

Das Lamm und die Siegel

Nun bringt unser Text hier gegenüber der jüdischen Apokalyptik und der gewöhnlichen Geschichtsschau packende neue Aspekte. Da ist zuerst der, daß die vier Pferde durch die vom Lamm gewirkte Eröffnung der ersten vier Siegel in Erscheinung treten. Letztlich wird dadurch bekräftigt, daß hinter allem Vordergründigen Jesus Christus selber der Herr über all diesen Ausbrüchen ist. Nicht allerdings der triumphierende, richtende Christus: vielmehr das gekreuzigte Lamm, das selber das volle Gericht vom jagenden Galopp der Pferde getragen hat, das zum Opfer der Gerechtigkeit und der Gier der Menschen wurde, und zugleich zum Opfer der geschichtlichen, militärischen und wirtschaftlichen Expansion einer der größten Kulturen. Dieses Lamm ist genaugenommen derjenige, der diese ganzen Plagen nicht ins Leben ruft, sondern sie *enthüllt*. In der Tat: Es war genau der Augenblick der Kreuzigung, in dem enthüllt wurde, was Macht, Gerechtigkeit, Herrschaft der Menschen heißt! Das die Siegel erbrechende Lamm vollzieht, indem es dies tut, nicht etwa den Schöpfungsakt, der die Pferde hervorbringt. Es eröffnet noch nicht einmal ihren Ritt über die Welt, es ermöglicht nicht ihr Handeln . . . Nein. Wir sahen ja, daß die Eröffnung der Siegel die Möglichkeit erschlossen hat, das Innere des Buches zu lesen, also den *inneren Sinn* der Geschichte zu *erkennen*. Das Lamm enthüllt, es offenbart, was es mit unserer Geschichte auf sich hat, welches ihre bestimmenden Kräfte sind – und diese Offenbarung hat sich *in* seinem eigenen Leben und Sterben vollzogen. Nur insofern ist er der Meister, der Herr dieses Geschehens, und zwar im Lauf der Menschheitsgeschichte. Freilich handelt er auch selbst. Denn die Geschichte wird nicht nur vom Galopp der Reiter auf dem roten, dem schwarzen und dem fahlen Pferd bestimmt, sie ist auch Ort des Wortes Gottes. Die Menschheitsgeschichte besteht aus dem Ineinander der drei Grundmächte *und* dem Geschehen des Wortes Gottes *im* Herzen, im Lauf, im Schuß, im Rasen und Ruhen der Geschichte. Dieses Wort Gottes ist keine äußere, fremde Macht, die vom Himmel fällt, sie ist nicht Vergegenwärtigung des Ganz Anderen, des Unmittelbaren: Nein, hier ist es ganz klar einbezogen in die allgemeine Bewegung der Geschichte. Und es ist nicht allein die Verkündigung des Evangeliums, es umfaßt vielmehr alles das, was der Herrlichkeit Gottes (die wir weiter hinten noch ausführlich betrachten werden) Eintrag bringt: alle Liebe, die Gott unter den Menschen gegenwärtig macht; alles, was das Leben gegenüber dem Tode stärkt; alles, was Licht und Freude bringt; alle wahre Macht (die Krone), die gegen bestehende Gewalt (das Schwert) angeht; aller Überfluß (der Bogen), der gegen den Mangel antritt; alles Bemühen um Einheit, das Spaltungen aufhebt; alles, was strahlenden Sieg bedeutet gegenüber Niederlage und Abfall, Zersetzung und bleichsüchtigem Verfall . . . Dieses Wort Gottes ist ebenso geschichtsmächtig wie die anderen Kräfte. Darum, wenn in der Menschheitsgeschichte schon kein Fortschritt in Richtung auf das Gottesreich aufweisbar ist, dann gibt es aber doch auch kein Absinken in das ›Reich des Todes‹, den Hades. Es kann keinen endgültigen Sieg des Todes geben, denn dem weißen Reiter – und ihm allein – ist schließlich der Sieg verheißen, und er selber *ist* der Sieg. Daß er mit den anderen zusammen unterwegs ist, bedeutet bereits unumstößlich den Sieg.

Zwischen diesen sich verbindenden Mächten besteht eine (in der Bibel immer wieder sichtbar werdende) Dialektik. Nicht zuletzt darum, weil alles biblische Denken dialektisch ist, können wir sicher sein, daß wir im weißen Reiter das Wort Gottes vor uns haben: Würde es sich um den Krieg handeln und beim Reiter auf dem roten Pferd um die Revolution (oder um den Bürgerkrieg), dann bestünde keine dialektische Spannung. Alle Pferde stünden dann auf derselben Linie, es käme unter ihnen zu keiner inneren Bewegung. Dann aber könnten sie auch *nicht* die Bewegkräfte des Geschichtsgeschehens sein: Geschichte setzt nämlich einen dialektischen Prozeß voraus (und das sage ich nicht, um mich vor irgendeinem Zeitgeist zu verbeugen). Unsere Dialektik nun, die der Bibel, spielt zwischen den Mächten der Geschichte und derjenigen übergeschichtlichen Macht, die sich in die Geschichte hineinbegeben hat. Das ist die einzig mögliche, die einzig wirkliche, letztgültige Dialektik. Alles andere ist relative, vorletzte Dialektik. Die anderen Pferde lösen sichtbare, meßbare Wirkungen aus, werden an ihren konkreten Auswirkungen feststellbar, während der Kontrapunkt des weißen Reiters nur in Jesus Christus sichtbar wird; sein Sieg wird erst vom Ende her, in der Rückschau dann erfaßbar. Dennoch aber besteht er schon immer[5]. Zur Abrundung des Bildes kann noch die Vorstellung des Sacharja (6,8) herangezogen werden: Das schwarze Pferd zieht in den Norden und bringt den Zorn Gottes dorthin. Allerdings ist dem weißen Pferd ausdrücklich der Befehl erteilt, es zu begleiten. Die Plage ist immer begleitet vom Wort Gottes, das sowohl den Ausdruck des Gerichtes Gottes *als auch* seiner Vergebung bringt; das verstehen macht, daß die Plage von Gott kommt, zugleich aber auch von Gott begrenzt ist und daß sie immer auch von der Gnade begleitet ist, von der Verheißung und dem Erwachen der Hoffnung. Beides ist untrennbar miteinander verbunden.

Das Gebet der Heiligen

Das fünfte Siegel (6,9–11) bringt den fünften Bestandteil der Geschichte. Man darf nicht meinen, allein darum, weil eine klar umgrenzte Gruppe wie die der vier Pferde vorliegt, gehöre nun die Folge (das fünfte und das sechste

---

5 Unsere Interpretation zeigt, wie verkehrt die in den meisten Kommentaren vorkommende Behauptung ist, es handle sich bei den Reitern um apokalyptische Zeichen: Genau besehen wird damit überhaupt nichts ausgesagt.

Siegel) auf eine andere Ebene. Wir kennen wohl jene Interpretation, nach der diese Siebenerperiode (der Siegel) ungeschickt und planlos eine Reihe von ungeordneten Erscheinungen (die Reiter, das Gebet der Märtyrer, die Geißeln, das Gottesvolk) zusammenfaßt. Allerdings hat die Siebenereinheit hier im Gegenteil einen ganz bestimmenden Sinn, und weil es in diesem Abschnitt um den inneren Sinn der Geschichte geht, ist das, was durch das fünfte Siegel enthüllt wird, wesentlicher Bestandteil der Menschheitsgeschichte. Gewiß entspricht die Behauptung, das Gebet der Märtyrer sei ein entscheidender Faktor des Geschichtsgeschehens, einer etwas ungewohnten Auffassung – ist sie aber nicht gerade bezeichnend für das christliche Denken? Könnten wir die Geschichte unabhängig von allem spirituellen Geschehen denken, das durch Gebet und Zeugnis angeregt wird? Das Gebet der Märtyrer (derjenigen Zeugen, die ihr Zeugnis auch um den Preis ihres Lebens nicht aufgegeben haben) wird hier als ein Geschehen dargestellt, das den Lauf der Geschichte beschleunigt und sie ihrem Ziel, ihrer Vollendung entgegenführt (»Bis wann noch . . . Es wurde ihnen gesagt, sie sollten sich gedulden . . .« 6,10.11). Der Text bietet allerdings einige Schwierigkeiten. Relativ leicht ist zu verstehen, daß diejenigen, die von der Welt gerichtet wurden, nun dazu aufgerufen werden, ihrerseits zusammen mit Christus die Welt zu richten, denn das Gericht der Welt gegen sie ist ja im Grunde das Gericht der Welt über sich selber. Und zwar um so mehr, als sie ja, wenn sie getötet wurden, wegen ihres *Zeugnisses* ums Leben kamen; die Welt hat dieses Zeugnis der Wahrheit nicht angenommen, sie hat damit den einzig möglichen Weg zum Heil abgelehnt. Damit wird nun allerdings eine Vorstellung vom Gericht entfaltet (Schaffung von Gerechtigkeit), die nichts zu tun hat mit einem Ruf nach Rache, der anstößig erscheinen müßte (»unser Blut zu rächen« 6,10). Hier muß deutlich werden, daß diese Märtyrer nicht *für sich* Genugtuung verlangen. Nicht ihre Rache ist im Blick (wir finden hier übrigens keinen Gedanken an persönliche Vergeltung), vielmehr geht es um den Triumph der Gerechtigkeit Gottes, um das Sichtbarwerden seiner Herrlichkeit in der ›Rache‹: Da sie wissen, daß das ›Böse‹ besiegt werden muß, empören sich die Märtyrer darüber, daß es noch weiterbesteht. Und wir denken daran, daß dieses Böse nicht einfach die Übertretung moralischer Vorschriften ist, sondern etwas sehr viel Grundlegenderes, ein doppeltes Geschehen nämlich: einmal der Bruch mit Gott (der sich in der Tötung *der Zeugen* des Wortes Gottes erweist), und zum anderen das Böse, das den Menschen zugefügt wird (das sich in *der Tötung* dieser Menschen erweist). Das Böse mit diesem Doppelgesicht muß durch das Gericht und durch die Rache ausgeschaltet werden. Ist es nicht in unserem eigenen Erlebensbereich genauso? Wenn wir uns etwa darum bemühen, Gerechtigkeit auf Erden zu schaffen, bedeutet das dann nicht notwendig die Verdammung der ›Bösewichte‹? Wenn der Kommunismus vorgibt, den Weg zur humanen Gesellschaft einzuschlagen, so muß er sich doch zuerst der Kapitalisten, der Ausbeuter, der mächtigen Imperialisten usw. entledigen.

Gericht als Welt-Gericht

Noch eine weitere Präzision scheint erforderlich: Die Rache soll an die Erdenbewohner ergehen – genauer noch an die, »die sich auf der Erde eingerichtet haben« (6,10). Damit stoßen wir auf einen Gedanken, den wir schrittweise zu verdeutlichen haben werden. Mit diesem Ausdruck kann – wie uns unmittelbar vor Augen tritt – die Gesamtheit aller Menschen bezeichnet sein, die auf dem Erdball wohnen. Und dann rastet bei uns sogleich die Vorstellung vom Gericht über die Menschheit ein, von Hölle, Jüngstem Gericht usw. Die große Schwierigkeit einer solchen Vision liegt aber darin, daß wir es hier mit einer vom jüdischen Denken geprägten Vorstellungswelt zu tun haben, in der der Glaube an die nach der Sintflut ergangene Verheißung unerschüttert fortlebt: Nie mehr soll die Menschheit vernichtet werden, spricht der Herr (Gen 9,15). Gleichzeitig muß auch das Gewicht des Gegensatzes zwischen Himmel und Erde unterstrichen werden – nicht vom natürlichen Sinn, sondern von ihrer symbolischen Bedeutung her. Die Erde ist das, was – wie die ›Welt‹ im Johannesevangelium – dem ›Bereich Gottes‹, der Welt Gottes, dem Himmelreich entgegengesetzt ist. Die hier geforderte Rache betrifft darum nicht notwendig den Menschen, sondern vielmehr alles, was dem irdischen Bereich zugehört, alles, was Teil des Weltganzen ist und infolgedessen den Mächten des Bösen, des Widerspruchs gegen Gott unterworfen ist. Die Kinder Gottes haben (auch wenn sie noch in der Welt leben) ihren Platz, ihren Ort schon im Himmel. Darum müssen wir aus unserem Denken die Vorstellung eliminieren, alles, was über diese Gerichte gesagt ist, betreffe die Menschen. Gericht und Rache beziehen sich auf einen Kreis, der zugleich größer und kleiner ist als die Menschenwelt. Wir werden darauf noch zurückzukommen haben[6].

Warum nun ist das Gebet der Märtyrer eine der bewegenden Kräfte der Geschichte? Zunächst ist festzustellen, daß das nichts mit ihrem eigenen Verdienst zu tun hat, mit ihrem besonderen Wert, ihrer Tugend oder ihrer Treue, ihrem Glauben (der ja auch ›ihr‹ Glaube wäre). Denn in der Tat: Sie haben nicht selber ihre Kleider »weiß gemacht«, vielmehr wird ihnen das weiße Gewand *gegeben*. Auch sie sind aus Gnade gerechtfertigt, auch sie sind nicht aus sich selbst gerecht. Nicht ihr Martyrium hat sie gerettet – vielmehr haben sie es wie alle anderen Menschen nötig, durch die Gnade

---

6 Hier sollte vielleicht ein Problem angesprochen werden, das freilich nur interessehalber Erwähnung verdient und darum nicht in den Text gehört: das Schicksal der Verstorbenen vor (sofern außerhalb von Raum und Zeit ein ›Vorher‹ überhaupt noch von Bedeutung ist) der Auferstehung und dem Jüngsten Gericht (um die traditionelle Begrifflichkeit beizubehalten!). Nach der Vorstellung der Juden im 1. Jahrhundert v.Chr. werden die Seelen der Gerechten unter dem Thron der göttlichen Herrlichkeit bewahrt und finden sich in einem Zwischenzustand, im Wartestand (diese Überzeugung steht im Widerspruch zu jener Strömung, die in der alten jüdischen Theologie den stärksten Einfluß zu haben schien und nach der der Tote endgültig tot ist, ohne jegliche Weiterexistenz). Unser Text scheint von diesem Bild unmittelbar beeinflußt zu sein. Es erhebt sich aber die Frage, was unter ›Seele‹ zu verstehen ist. Der Begriff paßt offensichtlich nicht in den Horizont jüdischen Denkens, er scheint vielmehr dem griechischen Bereich zu entstammen. Und so wurde diese Stelle zur Quelle zahlloser Irrlehren über die Un-

Gottes verwandelt zu werden. Vom weißen Gewand, das ihnen verliehen wird, haben wir bereits gesehen, daß es durch das Blut des Lammes weiß gemacht worden ist. Was aber bedeutet von daher ihr Martyrium? Im Grunde macht es sie zu exemplarischen Zeugen. Und als Zeugen sind sie eine historische Macht. Es gilt die Bedeutung und Tragweite, das Gewicht des Zeugnisses zu verstehen. Der vordergründigste Aspekt ist sicher der, daß der Zeuge hier Träger des Wortes Gottes ist. Und insofern die Märtyrer Träger dieses Wortes vor und in der Welt gewesen sind (und zwar bis zur letzten Konsequenz, bis zur Aufgabe des eigenen Lebens), können sie nun umgekehrt ihr Wort vor Gott bringen, ein Wort, das mitten aus der Welt und der Menschheitsgeschichte kommt; ein Wort, das diese Welt, in der sie selbst gelebt haben, betrifft, ihre Wahrheit, die Lüge dieser Welt. Und *allein* sie können dieses Wort vorbringen, aufgrund der Treue, die sie durch das Ausrichten des Wortes Gottes bewiesen haben. Weil sie in diesem Bereich absolut ›glaubwürdig‹ waren, wird ihr Wort nun auch für Gott und für die Ewigkeit glaubwürdig. Sie bringen die Welt mit; sie sind die Propheten im Reich Gottes. Weil sie im Geringen treu gewesen sind (Mt 25,21), wird ihnen eine bedeutsame Aufgabe zuerkannt, eine Aufgabe, die nur sie erfüllen können, weil nur sie das Wort Gottes getragen haben. Ihr Zeugnis war recht in der Welt, und es ist nun auch ein Zeugnis, das im Himmel als wahr und echt akzeptiert wird. Nun ist es allerdings *das Gebet* aller Zeugen, das Geschichtsmächtigkeit besitzt. Das führt uns zur Frage nach dem Wesen und der entscheidenden Bedeutung dieser Zeugen. Sie scheinen wirklich der Angelpunkt der Geschichte zu sein, denn sie erbitten nicht nur deren Beschleunigung, sondern bekommen daraufhin auch noch gesagt, sie müßten sich nur noch gedulden, bis ihre Zahl voll sei. Das bedeutet ganz sicher nicht, daß es bei Gott einen Numerus clausus gibt, eine absolute Zahl von Menschen, die Märtyrer werden müssen (das wäre eine Simplifizierung, die mit nichts in der Apokalypse zu vereinbaren wäre), vielmehr ist es ein Symbol, die *konkretisierende* Art, mit der unser Text zum Ausdruck bringt: »bis das Zeugnis des Wortes erfüllt, bis es in der Welt vollendet ist«.

sterblichkeit der Seele: Die Theorie von der Zwischenexistenz im Vorhimmel entwickelte sich aus ihr, aber auch der Brauch, die Gebeine der Märtyrer in den Kirchen unter dem Altar beizusetzen, was mit der Vorstellung zusammenhängt, der Altar, auf dem sich die Transsubstantiation vollzieht, sei der Altar der Herrlichkeit Gottes selbst. Demgegenüber sei wenigstens mit einem Wort vermerkt, daß zu Gott nur dasjenige zurückkehrt, was es selbst verliehen hat, nämlich der Geist (nicht die Seele an sich), der in Gott geborgen ist, in dem Geist nämlich, der Gott ist. Dieser Geist aber, der Mensch geworden war, ist nicht einfach eine Art neutrales Fluidum – er hat vielmehr ›mit Leib und Seele‹ gelebt. Er hat eine Geschichte gehabt. Wenn er zu Gott zurückkehrt, ist er also nicht einfach ein vager, formloser Lufthauch, er bringt vielmehr (durch die Macht des Geistes Gottes) die Identität desjenigen Wesens mit sich, in das er hineingeboren war, seine historische und seelische Persönlichkeit. Nur in diesem Sinne kann von den »Seelen der Gerechten« gesprochen werden.

Zeugenschaft

Der Zeuge ist immer der, der in ein Gespräch oder eine Situation von außen hereinkommt und etwas in das Gespräch einbringt, das die Waage zur einen Seite hin ausschlagen läßt. Ein Gerichtshof beispielsweise ist ein in sich geschlossener Ort, an dem ein Geschehen abläuft; der Zeuge ist nicht Teilnehmer der Verhandlung: Er kommt ›von außen‹, bringt seine Kenntnis eines Schverhaltes vor und zieht sich wieder zurück. Ebenso ist der Zeuge eines Rechtsgeschäftes derjenige, der am Geschehen selber nicht teilhat, der sich vielmehr als Bürge für etwas anderes einbringt: Er bietet seine Person und Autorität, sein Wort als Garantie. In gewisser Weise wird er selber zum Gewährleistungsort des Geschäftes, denn dieses ist ohne solche Gewährleistung nicht gültig. Darum wird der Zeuge zur zentralen Figur des Geschehens, die eine unauslöschliche Spur hinterläßt, selber aber von dem in Frage stehenden Geschehen gerade *nicht* betroffen ist, und etwas (nämlich seine Gewährleistung) von außen in das Geschehen, in die handelnden Parteien einbringt. Von dieser Vorstellung aus, die durchaus allgemeiner Anschauung und dem rechtlichen Denken im griechischen und römischen Kulturbereich entspricht, muß die Rolle, die Bedeutung von Zeuge und Zeugnis im theologischen Denken verstanden werden. Denn in der Tat liegt eine Begriffsausweitung vor, wenn man etwa sagt, einer sei ›Zeuge eines Unfalls‹: Das bedeutet, daß er ihn gesehen hat, daß er dort war und *darum* berichten kann, was er selbst vom Ablauf eines Geschehens gesehen und gehört hat. Er wird dabei zugleich seine Bestätigung und seine Erfahrung eines ›so‹ oder ›anders‹ einbringen. Und genauso ist der Zeuge Jesu Christi zunächst derjenige, der in die notwendig geschlossene Bewegung eines unausweichlichen Ablaufs, das einem Rechtsverfahren vergleichbar ist, hereinkommt und etwas mit einbringt, das nicht vorgesehen war, das zu diesem Rechtsgeschehen nicht dazugehört. Er bringt eine neue Dimension, einen Komplex von fremden Worten und Fakten in die dialektische Bewegung der Menschheitsgeschichte. Der Zeuge bringt eine Nicht-Notwendigkeit, eine Unabhängigkeit von dieser Bewegung der Geschichte, er bringt ein ›Spiel‹, eine Verschiebung, eine Nicht-Anpassung der Teile, einen Halo-Effekt, einen ›Lärm‹ (gegenüber aller Information), ein Zittern. Er bringt in den unfehlbaren Ablauf etwas Unerwartetes. Da sind die vier Pferde und ihre wilde Jagd, und dann ereignet sich im Rennen plötzlich ein Unfall: das Erscheinen, das Auftauchen des Zeugen. Er führt zum Zweifel an dem, was sich folgerichtig entwickeln soll, er bringt eine unvergleichliche existentielle Größe ins Spiel, etwas Unvorhergesehenes. Er ist nicht selber Geschichtsmacht, aber er bezeichnet und repräsentiert eine fremde Macht, über die man noch nichts sagen kann. Er ist *nichts anderes* als der Zeuge, aber indem er der Zeuge ist, öffnet er das Geschehen auf das hin, was außerhalb des Geschehens liegt. Der Zeuge verweist auf das, was außerhalb des Zimmers ist. Er selber ist darin und bildet die Verbindung zwischen dem Unbekannten, Unerwarteten, Unvorhersehbaren, Unersetzbaren draußen und dem, was drinnen ist. Der Zeuge ist genau der Ort, an dem sich das Transzendente und das Hier und Jetzt begegnen (und darum ist der erste Hoheitstitel, der Jesus in der Apokalypse beigelegt wird, der des »treuen Zeugen« 1,5).

Ausdruck der Freiheit

Infolgedessen ist das Zeugnis, insofern es seine Wurzel außerhalb des Weltganzen hat, die Form, der Ort, der einzige Ausdruck der Freiheit des Menschen in der Geschichte. Wo bleibt denn der besondere Auftrag des Menschen, angesichts und entgegen der Gegenwart und Macht der Kräfte, die hier am Werk sind – der Mensch, der doch das Herdentier ist, das beherrscht, ausgebeutet, ausgehungert und in Kriege verwickelt wird? Wie kann da seine Freiheit in Erscheinung treten? Unser Text gibt die Antwort: einzig im Zeugnis von dem, was diesen Mächten gerade unerreichbar ist, was von außen her in die Welt kommt und Unsicherheit in die selbstherrliche Sicherheit und in die Stärke der Mächtigen bringt. Und dies geschieht einzig durch das Zeugnis von Jesus Christus. Wann ist der Mensch frei? *Ausschließlich* wenn er dieses Zeugnis ausrichtet, wenn er die Aufgabe des Zeugen erfüllt. Der Zeuge mischt sich nirgends in das Spiel, sei es nun das der Politik, der Wirtschaft oder das des Todes; er bezeichnet einfach das, was außerhalb von allem ist, macht es sichtbar, gegenwärtig. Aber das geschieht natürlich nur, solange der Zeuge an das gebunden bleibt, was er bezeugt, und das ist nicht nur geschichtliche Vergangenheit (die nicht mehr verändert werden kann), sondern zugleich ewige Gegenwart. Solche Verbundenheit ereignet sich einzig im Gebet. Der Zeuge ist darum der, der in der Welt redet, um den Ganz Anderen aufzuzeigen, und der zum Ganz Anderen betet, um die Welt darzustellen und vor ihn zu bringen. Damit wird verständlich, warum die Apokalypse der Gruppe der Pferde, die die Welt durchschweifen, die Gruppe der Märtyrer entgegensetzt: Von ihnen hängt die Geschichte ab – von ihnen hängt es ab, daß die Geschichte nicht zum geschlossenen Verfahren wird. Das fünfte Siegel ist also das von der Freiheit des Menschen.

Das Heil der Welt

Das sechste Siegel (6,12–7,17) eröffnet gleichsam ein doppelflügeliges Bild, dessen beide Hälften nicht zusammenzugehören scheinen, aber doch eine innere Einheit bilden. Kapitel 6,12–17 beschreibt eine Anzahl von Katastrophen, Kapitel 7,1–11 spricht vom Gottesvolk. Die Verbindung zwischen beiden Darstellungen ist durch den Engel mit dem Siegel in 7,2.3 gewährleistet: Das Siegel ist Eigentumszeichen Gottes, da aber Gott der Lebendige und der Heilige ist, ist es als solches Zeichen des Heils, des Herausgesondertseins. Und dieser Engel gibt den Engeln, die die Katastrophen auszulösen vermögen, den Befehl, in ihrem Tun einzuhalten, bis das Gottesvolk restlos versammelt ist. Die Wirksamkeit dieses Befehls zeigt sich ganz deutlich im Gegensatz zwischen den grauenhaften Ereignissen am Ende von Kapitel 6 (Erdbeben, Verfinsterung der Sonne, Fallen der Sterne usw.) und der Ruhe, die bei der Versammlung des Gottesvolkes herrscht (7,1): »Daß kein Wind wehe über die Erde oder das Meer noch über einen Baum«. Nicht der kleinste Windhauch soll diese Ruhe, diesen Frieden stören. Der Gegensatz dieser beiden Bilder ist offensichtlich. Bei beiden aber handelt es sich um das, was sich in der Geschichte abspielt, in der gegenwärtigen Welt, man kann sagen, es handelt sich um eine andere Dimension der Geschichte: das fortschreitende Herausgesondertwerden des Volkes Gottes im Verlauf der Menschheitsgeschichte, inmitten von Katastrophen und der Entfesselung von Unheil. Das ganze Geschehen ist Ausdruck der Erschütterung der Welt, wenn derjenige Teil ihrer selbst, der von Gott geliebt wird, beiseitegenommen, geheiligt, heilig wird. Wenn Gott das, was er liebt, aus der Welt herausnimmt, dann bleibt nur noch das Entsetzen und dramatische Umwälzung. Darum vollzieht sich dieses Versammlungsgeschehen in Leid und Erschrekken, es ist geradezu ein chirurgischer Eingriff. Wir dürfen nicht glauben, der ereigne sich einfach so, ohne weh zu tun. Ein Mensch, der erwählt wird, den Gott ruft, ist einer, der sich herausreißt aus einer Welt, die damit ein Stück Stütze und Hilfe verliert. Heiligkeit ist immer auch ein einschneidendes Problem für die Gruppe, in der der Heilige auftaucht. Die Scheidung, die hier sichtbar wird (später werden wir noch zu untersuchen haben, worauf sie sich bezieht, nur sollten wir nicht vorschnell sagen, es gebe Gerettete und auf der anderen Seite Menschen, die verloren sind), ist genaugenommen die Heilsgeschichte. Freilich, diese Heilsgeschichte ist nicht einfach die isolierte Geschichte des jüdischen Volkes oder der Kirche, sie ist nicht die Geschichte der Beziehung zwischen Gott und seinem Volk, also ein von einer »Nicht-Heilsgeschichte« völlig unabhängiges Geschehen, – in Wirklichkeit ist sie die Geschichte desjenigen Gesamtgeschehens inmitten und im Laufe der Menschheitsgeschichte, das darauf abzielt, mitten in dieser Geschichte ein besonderes Volk, das Gottesvolk zu schaffen. Nicht eine geheime Dublette vom Leben der Menschheit, sondern ein Geschehen mitten in diesem Lebensvollzug, das alle Menschen betrifft und das die Befreiung einer besonderen menschlichen Gemeinschaft wirkt. Denn um nichts anderes als um Befreiung geht es hier. Wir sehen eine gewisse Ähnlichkeit mit dem Exodus: Das Gottesvolk wird befreit inmitten von Katastrophen, die auf die Natur und die Menschen einstürzen. Und das Siegel Gottes, von dem die Rede ist, erinnert ohne Frage an das Blutzeichen an den Türen der Israeliten am Vorabend des großen Auszuges, der Trennung, der Befreiung und Heiligung[7]. Die Trennung ist ein Bruch, ein Auseinanderbrechen: kein braves Ordnen in die guten Dinge, die aufgehoben, und die schlechten, die weggeworfen werden; da wird nicht sortiert – die ganze Natur wird zerris-

7 Es muß darauf hingewiesen werden, daß die ganze Bewegung des Textes genau dem Auszug Israels aus Ägypten entspricht: Zuerst Versklavung und Tod, der Ort der doppelten Angst (die Geschichte!), die ägyptischen Plagen (Gegenstück zu den hier beschriebenen Naturkatastrophen), dann das Zeichen mit dem Blut des Lammes auf den Kindern Israel, die Sammlung des Volkes durch die Erwählung, das Gericht über Ägypten und seinen König, schließlich die Wanderung Israels allein aufgrund seines Glaubens, die Wanderung zum verheißenen Land durch die Wüste, die Zeit der Prüfung.

sen. Das ›Erwählen‹, die ›Heiligung‹ ist keine fromme Verschönerung, sondern ein furchterregendes Geschehen: Die lebendige Einheit der Schöpfung wird auseinandergebrochen. Israel wird befreit inmitten dramatischer Naturereignisse, und hier ist es nun genauso: Wenn Gott auch nur *einen* Heiligen aus der Gesamtheit herausberuft, so hat das eine kosmische Umwälzung zur Folge. Wenn also die Kommentatoren und Exegeten der Apokalypse entweder die Behauptung aufstellen, hier liege eine Dublette zu dem vor, was am Ende kommt (dem Jüngsten Gericht), oder aber erklären, es handle sich hier um ein Bild von der Endzeit oder um eine Prophetie dessen, was später einmal geschehen wird, so gehen sie meines Erachtens am eigentlichen Sinn des Textes vorbei, weil er nur dann recht verstanden werden kann, wenn er im Gesamtzusammenhang (der sechs Siegel *und* der Kapitel 5 bis 7 im Gesamttext) gesehen wird. Das kosmische Geschehen, dessen Zeichen wir hier vor Augen haben, ist nichts anderes als eine Welterschütterung, in der der Weg zur Sammlung des Gottesvolkes freigegeben wird, dessen Zusammenkommen in 6,11 klar angekündigt wird: Dieser Vers ist der deutliche Übergang vom Gebet der Märtyrer zu *allem,* was durch das sechste Siegel eröffnet wird – die Sammlung des Gottesvolkes inmitten weltumwälzender Katastrophen. Das bedeutet aber, daß es sich hier keinesfalls um ein Jüngstes Gericht handeln kann, auch nicht um Gerichtsprophetie, nicht einmal um *hier und jetzt* erfolgende Gerichte über bestimmte Gruppen oder Elemente: Der Ton liegt hier gar nicht auf dem Gericht, sondern einfach auf der Tatsache, daß, sobald sich Gottes Liebe ganz auf dieses heilige Volk konzentriert, nur noch der Zorn Gottes übrigbleiben kann (in diesem Zusammenhang kann auf die biblischen Bilder von der Worfel und der Spreu, die verbrannt wird, verwiesen werden, vgl. etwa Mt 3,12 und andere). Nun ist allerdings dieser Vorgang der Enthüllung und der Sammlung ein Geschehen, das die gesamte Geschichte begleitet, sie nicht etwa abschließt oder unmöglich macht und die Geheiligten aus der Welt herausnimmt: sie werden lediglich beiseitegenommen, zu etwas anderem berufen.

Un-Ordnung

Die in den Versen 12 bis 17 vorkommenden Katastrophen lassen sich in zwei Kategorien einteilen: in Ereignisse, die natürliche Ursachen haben (wie etwa Erdbeben), und in Erscheinungen, die offenbar übernatürlichen Ursprungs sind (die schwarze Sonne, der Fall der Sterne). Die übernatürliche Erscheinung hat wohlgemerkt symbolische Bedeutung: Sie weist unübersehbar darauf hin, daß die Welt in diesem Augenblick nicht mehr bewahrt wird, daß die in der Schöpfung hergestellte Ordnung aufgehört hat zu sein, daß alles auf den Kopf gestellt ist – die Sonne gibt kein Licht mehr. Weil das spirituelle Licht vom Ganzen weggenommen wird (»ihr seid das Licht der Welt« Mt 5,14), weil es beiseite genommen wird, darum ist nun gar kein Licht mehr da. Wenn diejenigen weggenommen werden, die das Reich Gottes auf Erden vergegenwärtigen, die selbst das Reich Gottes sind, dann entzieht sich der Himmel und rollt sich wie eine Buchrolle ein: dann gibt es keine Präsenz des göttlichen Bereiches im Bereich der Menschen mehr. Aber auch die Berge und die Inseln werden erschüttert: Das erinnert unweigerlich an bestimmte Texte des Alten Testamentes, besonders an Psalm 82, in dem es heißt, wenn der Mensch aufhört, Mensch zu sein, Gerechtigkeit zu üben, wenn er nicht mehr als Sohn Gottes lebt, dann werden die Grundfesten der Erde erschüttert, dann wanken die Berge, dann ist alles in Frage gestellt: Die Weltordnung ruht auf der Präsenz derer, die Herrschaftsbereich Gottes und seines Christus innerhalb des Weltlaufes sind. Und so meinen die Katastrophen hier gewiß auch soziales, politisches und wirtschaftliches Elend. Wenn das Gottesvolk aus der Welt beiseitegenommen wird, so bedeutet das Unordnung, Zusammenhanglosigkeit, Zerstörung von für sicher gehaltenen Grundlagen, Gesetzlosigkeit, Sinnverlust und damit Angst und Schrecken.

Das Gottesvolk

Hier drängen sich allerdings zwei wichtige Bemerkungen auf: zunächst die, daß die große Bedeutung, die hier der Präsenz der Träger des Reiches für das Weiterbestehen der Welt zuerkannt wird, für die Christen nicht der geringste Anlaß zu Stolz oder Überheblichkeitsgefühlen sein kann, und zwar aus folgenden Gründen: Wenn sie Träger des Reiches sind, dann aus Gnade und ohne daß das in ihren eigenen Qualitäten begründet läge. Außerdem: Wer könnte, auch wenn er sich wirklich ernsthaft um ein Leben in der Nachfolge bemüht, von sich selbst behaupten, er erfülle das Wort Jesu: »Ihr seid das Salz der Erde, ihr seid das Licht der Welt« (Mt 5,13.14)? Alles, was wir von uns selbst feststellen können, ist doch gerade, daß wir das nicht sind. Und schließlich: Wenn wir uns auch nur zum winzigsten Anflug von Stolz und Selbstbewußtsein hinreißen lassen, so beweist uns allein das schon vollauf, daß wir *nicht* zu den Heiligen, zu den Trägern des Reiches gehören.
Die zweite Bemerkung: Das Beiseitegenommenwerden, das Herausgetrenntwerden dieser ›Christen‹, die das Reich Gottes bilden sollen, ist kein geschichtlich konkret ablaufendes Ereignis. Dieser Text erfüllt sich erst im ›Endgericht‹, er hat aber hier seinen Ort, um uns zu zeigen, daß alle von Gott gewirkte Erwählung, alle Aufrichtung des Reiches Gottes nach seinem Willen notwendig von solcher Infragestellung der Welt begleitet wird. Damit handelt es sich hierbei nicht einfach um ein friedliches, glückseliges Erleben, das der Schöpfung und der Gesellschaft zum Vorteil gereicht. Das konkrete Werden des Volkes Gottes ist ein schrecklicher Vorgang – und das ist im Rückblick auf die Ereignisse der vergangenen zwei Jahrtausende deutlich auszumachen. In gewisser Weise können wir sagen, daß hier der Einbruch von Endzeitereignissen in die Geschichte beschrieben wird (wobei wohlgemerkt kein Zunehmen der Katastrophen zum Ende hin festzustellen ist und diese Ereignisse keineswegs mit dem eigentlichen Gericht verwechselt werden dürfen). Wenn es sich nun aber so verhält, dann wird begreiflich, daß Gott allein diese Ereignisse bestimmen kann. Keine Kirche, keine

Gemeinde darf sich also auf sich selbst zurückziehen, sich abkapseln, sich als Arche Noah inmitten des Wütens der Welt verstehen, sich einschließen und die Finsternis draußen lassen: Sie hat Leuchter zu sein, nicht Scheffel (Mt 5,15), sie soll das Licht so hoch wie möglich halten, um mit ihm die Finsternis zu erleuchten, aber nicht etwa eine geschlossene Gesellschaft bilden, die nur sich selbst erleuchtet. Die Kirche selber hat nicht das Recht, sich als heiliges Volk zu konstituieren, das sich abschließt, um dadurch, daß es sich von der Welt zurückzieht, die Katastrophen über die Welt zu bringen. Sie ist vielmehr für die Welt vor Gott (der diese so gar nicht liebenswerte Welt doch liebt) verantwortlich, und darum würde sie durch ein solches Handeln unmittelbar aufhören, Zeuge vom Reich der Liebe zu sein. Zeuge: Nicht umsonst kommt das sechste Siegel nach dem fünften. Beide gehören untrennbar zusammen. Das fünfte ist das von den Zeugen, von denen, die in der Gesellschaft, in den Ereignissen gegenwärtig waren und die durch Raum und Zeit versprengt, zerstreut wurden, die das Wort unter die Menschen getragen haben und die *beten*. Das sechste Siegel ist das vom Gottesvolk, das außerhalb von Raum und Zeit zusammengeführt wird, außerhalb aller gesellschaftlichen Strömungen, das Gottes *Herrlichkeit preist*. Beides gehört unlöslich zusammen: die, die drinnen sind, und die, die herausgenommen werden. Es gibt Zeiten des Dabeiseins und solche, in denen Trennung das Gebot der Stunde ist . . ., das will diese doppelte Vision deutlich machen.

Sinnerkenntnis

Die Katastrophen, die sich nach der Wegnahme des Gottesvolkes ereignen (so wie über Sodom nach dem Weggang von Lot), treffen die Mächtigen und die Unterdrückten, die Reichen wie die Armen in gleicher Weise (6,15–17): Es gibt keinen menschlichen Stand, der vor Gott ein Sonderrecht beanspruchen könnte. Unser Text betont aber in besonderer Weise das Schicksal der Mächtigen (Könige und Große, Befehlshaber, Reiche und Mächtige), weil diese sich sicher fühlen, weil sie die Möglichkeiten ihrer persönlichen Sicherung (die aber dann keine mehr ist) selber in der Hand zu haben scheinen, und schließlich darum, weil sie es sind, die die Mächte manifest werden lassen. Allerdings verdient auch das folgende hervorgehoben zu werden: Alle Erdenbewohner rufen ›verbergt uns, denn der Tag des Zornes ist gekommen‹ – hier wird sichtbar, daß das Geschehen den Betroffenen in seiner Tragweite klar zu Bewußtsein kommt. Der Mensch, der nicht an Gott glaubt, der von der Offenbarung nichts wissen will, der nicht zum Gottesvolk gehört (noch einmal sei allerdings betont, daß wir später noch sehen werden, ob das die Spaltung in zwei Sorten von Menschen bedeuten muß), lernt plötzlich, die auf ihn einstürzenden Ereignisse, die Unordnung in der Welt, die Bedeutungslosigkeit der Geschichte, die konkreten Katastrophen und politischen Wirren zu *verstehen,* in ihrem eigentlichen Sinn zu deuten. Die Katastrophe ist da auf einmal kein Naturereignis mehr, sie wird zum zeichenhaften Geschehen, das auch dann mit dem Handeln Gottes in Verbindung gebracht wird, wenn man nicht das geringste von der Wahrheit

Gottes, der sein Volk berufen hat, begreift, freilich mit dem Handeln eines Gottes, der dann gar nicht anders verstanden werden kann als der des Zornes und des Gerichts. So ist das, was der Verfasser der Apokalypse sichtbar machen will (und darin zeigt sich die zweite Interpretationsebene unseres Textes, die mit der ersten eng zusammenhängt), kein Gewirr von isolierten (vielleicht gar eschatologischen) Erscheinungen, sondern vielmehr ein Ablauf von konkreten geschichtlichen Ereignissen, die von den Menschen als das verstanden werden, was sie für ein Gericht Gottes halten; so daß sich (freilich aufgrund einer Fehlinterpretation) die Wirklichkeit der Welt und der Geschichte plötzlich dem Menschen in aller Klarheit zeigt, *als ob* Gott sie nicht stützen und erhalten würde, *als ob* das Reich nicht mitten in der Menschenwelt gegenwärtig wäre.

Wenn mit dem Verschwinden der Schöpfung gedroht wird, so liegt darin die Infragestellung der ganzen Schöpfung in ihren grundlegenden Strukturen, in ihrer Geschichtsordnung; und diese Infragestellung ereignet sich nicht etwa aufgrund einer eigentlichen Entscheidung Gottes, vielmehr durch das Beiseitegenommen-, Gesammelt- und Berufenwerden des Volkes Gottes. Die Menschen allerdings irren sich, was den Sinn dieser dramatischen Ereignisse betrifft. Sie sehen sich bereits mit dem konfrontiert, was Wirklichkeit wäre, wenn Gott sie nicht ununterbrochen schützen würde, wenn die Menschen, die die Träger des Reiches sind, nicht ununterbrochen unter ihnen wären – in aller Mittelmäßigkeit, geheimnisvoll, inkognito, als Zeugen und als Beter. Darum besteht die Welt trotz allem fort, denn die Sammlung des Gottesvolkes vollzieht sich fortwährend im Laufe der Geschichte (6,11; 7,4–9); es geht da ja nicht um eine absolute Zahl von Erwählten, als gäbe es eine von Anbeginn vorbestimmte Zahl, ein ein für allemal festliegendes Geschick – ganz im Gegenteil: Die entscheidende Frage ist vielmehr die nach der Treue des Menschen. Bis wohin, bis wann reicht die Treue des Menschen? Wird es zu jeder Zeit Märtyrer und Zeugen geben (vgl. Mt 24,9–12.21–22)? Solange es sie auf Erden gibt, wird die Welt bestehenbleiben: so lange wird es für Gott etwas zu ernten geben. Wenn aber die Treue zum Wort Gottes aufhört, dann wird die Welt zerstört, denn dann ist das Gottesvolk in der Tat herausgenommen. So hängt die Dauer der Welt, die Möglichkeit einer noch offenen Geschichte ausschließlich an der Gegenwart von treuen Zeugen. Die ›volle Zahl‹ (6,11) bedeutet also das Ziel, das Ende, das ganz konkret den Ablauf der Ereignisse bestimmt. Und es ist ein positives, kein negatives Ende. Am Ziel der Geschichte wartet die Vollendung, die Fülle des Heils – und darum darf keiner von all denen, die an der Verherrlichung Gottes auf Erden, inmitten der Menschenwelt, teilhaben sollen, durch eine vorzeitige Vernichtung ausgeschlossen werden.

Die Vollzahl der Erwählten

Damit kommen wir nun zur Frage nach der Zusammensetzung dieses Volkes in Kapitel 7. Deutlich sind da zwei aufeinanderfolgende Gruppen unterschieden: Die 144000 (7,4) und eine ungezählte Schar (7,9). Gewisse Ausleger sind der Meinung, die 144 000 stellten die bekehrten Juden dar, in den anderen dagegen sehen sie diejenigen Christen, die aus der Heidenwelt stammen. Diese Deutung scheint mir recht schwach. Andere Exegeten hatten die eigenartige Idee, es handle sich beide Male um dieselben Menschen, das eine Mal abgezählt wie bei Israel in der Wüste (wobei freilich schwer einzusehen ist, inwiefern das Himmelreich der Wüste entsprechen soll), das andere Mal in himmlischer Herrlichkeit und Vollendung. Nun besteht allerdings kein Bruch zwischen diesen beiden Visionen, sie folgen vielmehr nahtlos aufeinander. Darum meine ich im Gegenteil, daß es sich hier um die Gesamtschau des ganzen Gottesvolkes handelt, das aus diesen zwei Teilen besteht. Der erste weist die drei folgenden Wesenseigenheiten auf: Es ist eine fest umrissene, begrenzte Zahl (selbst wenn keine konkrete Zahl angegeben wäre, könnte man das am Gegenstück ablesen, an der unbeschränkten, zahllosen Menge), und zwar 12 mal 12, also eine Totalzahl, eine Gesamtheit ohne Fehl. Außerdem ist es eine Gruppe, die zuerst kommt, und schließlich ist nicht zu übersehen, daß die zwölf Stämme Israels bezeichnet werden (sogar mit der traditionell gewordenen Pointe, daß der abgefallene Stamm Dan ausgelassen und durch Manasse ersetzt wird, obwohl dieser Stamm wie Ephraim aus Joseph hervorgegangen ist). All diese Einzelheiten bezeichnen das erste Gottesvolk, das genau so zusammengesetzt ist, wie es dieses Volk mit seiner besonderen Erwählung war. Warum sollte man unter diesen Voraussetzungen darin nicht das Volk Israel selbst erkennen? Das mit seinem Gott versöhnte Volk Israel – das nun nicht darum etwa versöhnt ist, weil es Juden gibt, die sich zum christlichen Glauben bekehrt haben, sondern weil es sich hier um die endgültige Erfüllung handelt, wie sie etwa auch Paulus (Röm 11,26) erwartet. Ganz Israel ist hier versammelt: Die Gesamtheit, die durch die zwölf mal zwölf zum Ausdruck gebracht wird. Also das ganze Volk Israel in seiner gesamten Erstreckung, in der Zeit vor Christi Geburt, in der Zeit seiner Auflehnung gegen den Messias und in der Zeit seiner Versöhnung. Das Volk Israel in seiner ganzen historischen und spirituellen Fülle, ohne daß da auch nur einer verloren wäre, weil die Existenz dieses Volkes in der Geschichte so entscheidend ist, daß man sogar heute noch behaupten kann, die ganze Menschheitsgeschichte sei mit ihm verknüpft. Sein Fehlen wäre das Ende, und seine gesamtheitliche Bekehrung wird das Ende sein. Das vollständige Volk, das erster Träger der Verheißung war, erster Zeuge, erwähltes Volk. Und diese Erwählung war (wie wir uns erinnern) durchaus auch begleitet von dramatischen Ereignissen, Geburtswehen und der offenbaren Verurteilung der übrigen Welt.

Innerhalb des Volkes Israel wird nun Juda zuerst genannt, obwohl es nicht die Stelle des Ältesten innehat; es erfüllt sich hier allerdings der Jakobssegen Gen 49,9: Aus ihm ist der Löwe hervorgegangen, dessen Sieg das ganze Volk der Erwählten im Gefolge hat. Das ›Ganze Israel‹ tritt also als das erste Gottesvolk in Erscheinung, und zwar in der Gefolgschaft von Juda. Es ist vollzählig, aber doch eine begrenzte Zahl inmitten der Menschheit.

Dann kommt das riesige, zahllose Volk (7,9), die Kirche; sie steht an zweiter

Stelle und sammelt sich aus allen Völkern als eine Menge, die zu zählen weder sinnvoll noch möglich ist, weil es kein sichtbares, menschlich konkretes Zeichen zur Feststellung der Erwählung gibt. Aus allen Nationen kommen sie: Die gleichen Nationen, die wegen der Könige, der Befehlshaber, der Reichen verurteilt sind, werden durch die Erwählten geheiligt. Wo die Sünde in Fülle gegenwärtig ist, da ist Gnade in Überfülle. Alle Menschen sind in den Ungehorsam eingeschlossen, damit *allen* Barmherzigkeit widerfahre (Röm 11,32). So wird das Gottesvolk konstituiert, durch die erste und die zweite Erwählung. Und so entwickelt sich der Prozeß der Geschichte: Dieses erwählte Volk in seiner Gesamtheit, Juden und Christen, ist Wegspur und Brücke zum Reich Gottes. Und jetzt schon macht es das Reich Gottes gegenwärtig! Was alle miteinander auszeichnet, ist ihr Bekenntnis, ihr Zeugnis, daß das Heil *Gottes Werk* ist (Heil, das ist zugleich Leben, Frieden und Versöhnung). Sich selber schreiben sie nicht das geringste Verdienst zu: »Das ganze Heil gehört Gott *und* dem Lamm« (7,10f). Nichts buchen sie auf ihr eigenes Konto. In diesem Augenblick wird der Menschheit bewußt, wo ihr wirkliches Heil zu finden ist, und sie verherrlicht Gott allein.

Die Vollendung

Ihr zweites gemeinsames Zeichen ist, daß sie durch das Opfer Jesu Christi Heil und ewiges Leben erlangen (7,14), das dritte, daß ihnen die Auferstehung und der Eingang ins Reich am Ende der Zeiten verheißen wird (7,15–17). Darin kommt klar zum Ausdruck, daß wir uns hier noch innerhalb der Menschheitsgeschichte befinden und daß die Vision des Gottesvolkes historisch und prophetisch zugleich ist. Solange es noch nicht vollständig ist, lebt es unter dieser Verheißung. Und diese Verheißung zielt auf das Ende des Todes, auf das Ende des Bruches (aller Spaltung), auf das Ende des Leidens (des schlechten Gewissens). So ist die Erwählung zur Zusammenführung des vollkommenen Volkes dasjenige Handeln Gottes, das zweimal an zwei Völker gerichtet war und zugleich millionenmal an einzelne Menschen, die diese beiden Völker bilden, das die Geschichte bestimmt und sie durch alle Brüche und Leiden hindurch sich entwickeln läßt[8].

---

8 Diese Offenbarung über die Geschichte enthält nicht den Schimmer einer Andeutung von einer möglichen Offenbarung Gottes in und durch die Geschichte. Die von dieser Vorstellung geprägte Strömung der gegenwärtigen Theologie scheint mir darum in völligem Widerspruch zur Apokalypse zu stehen. Die Geschichte selbst hat hier nicht die geringste eigene Vollmacht. Schlüssel zur Offenbarung ist einzig »das apokalyptische Geschehen des Willens des Vaters in der Liebe des Auferstandenen« (wie P. Le Guillou, Le Mystère du Père, Paris 1973 zu Recht bemerkt). Nichts anderes. »Die hermeneutische Geschichtlichkeit des Christentums ist die Offenbarung des Willens des Vaters im Ostergeschehen Christi« (Guillou, a.a.O.), und die Geschichte kann keine andere Bedeutung haben, sie ist hier einbezogen und aufgenommen, zur Einheit gebracht, aber sie ist niemals selbst zur Offenbarung fähig. Jede andere Vorstellung muß sich im übrigen die Frage stellen lassen, ob sie nicht einer neuen Erscheinungsform natürlicher Theologie erlegen ist.

Kapitel VI

Das Gericht

Offb 14,6–20,15

6 Und ich sah einen anderen Engel am höchsten Punkt des Himmelsgewölbes flie- **14**
gen, der hatte eine ewige Heilsbotschaft den Erdenbewohnern zu verkünden, allen Nationen und Stämmen und Sprachen und Völkern.

7 Mit gewaltiger Stimme rief er:
»Fürchtet Gott und gebt ihm die Herrlichkeit! Denn gekommen ist die Stunde
seines Gerichtes. Huldigt ihm, der den Himmel und die Erde und das Meer und
die Wasserquellen gemacht hat!«

8 Und ein anderer, zweiter Engel folgte ihm und rief:
»Gefallen, gefallen ist Babylon die Große, die alle Nationen mit dem Zorneswein
ihrer Hurerei trunken gemacht hat!«

9 Und ein anderer, dritter Engel folgte ihnen und rief mit gewaltiger Stimme:
»Wenn jemand dem Tier und seinem Abbilde gehuldigt und sein Mal auf seiner
Stirn oder seiner Hand hat einbrennen lassen,

10 der bekommt auch von dem Wein des Zorngerichtes Gottes zu trinken, der un-
vermischt in den Becher seines Zorngerichtes gegossen ist, und wird in Feuer
und Schwefel gepeinigt werden vor den heiligen Engeln und vor dem Lamm.

11 Der Rauch von ihrer Peinigung steigt auf durch alle Zeiten; und keine Ruhe haben sie Tag und Nacht, die dem Tier und seinem Abbild huldigen, und jeder, der
sich das Mal seines Namens hat einbrennen lassen.

12 Von solcher Bedeutung ist das Ausharren der Heiligen, die die Gebote Gottes
und den Glauben an Jesus bewahren!«

13 Und ich hörte, wie die Stimme aus dem Himmel mir zurief: »Schreibe!
Selig sind die Toten, die im Herrn sterben von nun an! Ja, sagt der Geist, sie sollen ausruhen von ihren Mühen. Denn was sie getan haben, geht mit ihnen.«

14 Und ich schaute – da: Eine weiße Wolke, und auf der Wolke thront einer, der einem Menschensohn gleicht, der hatte auf seinem Haupt einen goldenen Siegeskranz und in seiner Hand eine scharfe Sichel.

15 Und ein anderer Engel trat aus dem Tempel und schrie mit lauter Stimme dem
auf der Wolke Thronenden zu:
»Schick deine Sichel aus zum Ernten, denn die Stunde des Erntens ist gekommen: Überreif ist die Ernte auf Erden!«

16 Da schwang der auf der Wolke Thronende seine Sichel zur Erde, und die Erde
wurde abgeerntet. –

17 Und ein anderer Engel trat aus dem Tempel im Himmel; auch der trug eine
scharfe Sichel.

18 Und ein weiterer Engel kam von der Opferstätte, der hatte Macht über das Feuer.
Und er schrie mit lauter Stimme dem, der die scharfe Sichel hatte, zu:

»Schick aus deine scharfe Sichel und ernte die Trauben vom Weinstock der Erde, denn seine Beeren sind reif!«

19 Da schwang der Engel seine Sichel zur Erde, erntete den Weinstock der Erde ab und warf die Trauben in die riesige Kelter des Zorngerichtes Gottes.

20 Und die Kelter wurde getreten, draußen vor der Stadt, und Blut quoll aus der Kelter und ging den Pferden bis an die Zügel, eintausendsechshundert Stadien weit.

15 1 Und ich sah ein anderes Zeichen am Himmel, groß und wunderbar: Sieben Engel mit den sieben Plagen, den letzten, denn mit ihnen wurde das Zorngericht Gottes vollendet.

2 Und ich sah etwas wie ein gläsernes Meer, von Feuer durchglüht, darauf standen die, die dem Tier und seinem Abbild und der Zahl seines Namens als Sieger entkommen sind, Zithern Gottes in ihren Händen.

3 Und sie singen das Lied Moses, des Sklaven Gottes, und das Lied des Lammes:
»Groß und wunderbar sind deine Werke,
Herr Gott, du Allmächtiger!
Gerecht und wahrhaftig sind deine Wege,
du König der Nationen!

4 Wer sollte dich nicht fürchten, Herr,
und deinen Namen verherrlichen?
Denn du allein bist heilig.
Ja, alle Nationen werden kommen
und niederfallen vor dir,
weil die Taten deiner Gerechtigkeit
offenbar geworden sind«.

5 Und danach schaute ich: Da wurde der Tempel aufgetan, das Zelt des Zeugnisses im Himmel,

6 und heraus traten sie sieben Engel, die trugen die sieben Plagen aus dem Tempel, angetan mit reinem, strahlendem Leinen und um die Brust gegürtet mit goldenen Schärpen.

7 Eines der vier Wesen gab den sieben Engeln sieben goldene Schalen, gefüllt mit dem Zorn Gottes, der für alle Zeiten lebendig bleibt.

8 Und der Tempel füllte sich mit Rauch aufgrund der Herrlichkeit Gottes und seiner Macht; und niemand konnte in den Tempel hineingehen, bis die sieben Plagen der sieben Engel vollstreckt sind.

16 1 Und ich hörte eine laute Stimme aus dem Tempel den sieben Engeln zurufen: »Geht und gießt die sieben Schalen des Zornes Gottes über die Erde aus!«

2 Da ging der *erste* hin und goß seine Schale über die Erde aus: Und böse, schlimme Geschwüre befielen die Menschen, die das Mal des Tieres an sich trugen und seinem Abbild huldigten.

3 Der *zweite* goß seine Schale über das Meer aus: Da wurde es zu Blut wie von einem Ermordeten, und alles, was im Meer lebt, mußte sterben.

4 Der *dritte* goß seine Schale über die Flüsse und die Wasserquellen aus: Da wurden sie zu Blut.

5 Und ich hörte den Engel der Wasser sagen:
»Gerecht bist du, der da ist und der da war, du Heiliger:
Denn dies ist dein Gericht!

6 Denn sie haben das Blut der Heiligen und der Propheten vergossen, nun hast du ihnen Blut zu trinken gegeben – sie haben es verdient.«

7 Und ich hörte den Räucheraltar sprechen: »Ja, Herr Gott, du Allmächtiger, wahrhaftig und gerecht sind deine Gerichte!«

8 Der *vierte* Engel goß seine Schale über die Sonne aus: Da wurde ihr gegeben, die Menschen mit Feuersglut zu versengen.

9 Und von einer riesigen Glut wurden die Menschen versengt; und sie lästerten den Namen Gottes, der Macht über diese Plagen hat, und kehrten nicht um, um ihm die Herrlichkeit zuzuerkennen.

10 Der *fünfte* goß seine Schale über den Thron des Tieres aus: Da verfinsterte sich sein Reich, und sie verbissen sich ihre Zungen vor Schmerz

11 und lästerten den Gott des Himmels wegen ihrer Schmerzen und wegen ihrer Geschwüre und kehrten nicht um von ihren Werken.

12 Der *sechste* goß seine Schale in den großen Strom Euphrat: Da trocknete sein Wasser aus, damit den Königen des Ostens der Weg bereitet werde.

13 Und ich sah aus dem Maul des Drachen und dem Maul des Tieres und aus dem Mund des Lügenpropheten drei unreine Geister wie Frösche herauskommen;

14 dämonische Geister sind das, die Wunderzeichen tun. Sie gehen aus zu den Königen der ganzen Welt, um sie zusammenzutreiben zum Kriege des großen Gerichtstages des allmächtigen Gottes.

15 Siehe: Ich komme wie ein Dieb. Selig ist, wer wach bleibt und seine Kleider anbehält, damit er nicht nackt umhergehen muß und die Leute seine Schande sehen!

16 Und er führte sie an den Ort, der auf Hebräisch Harmagedon heißt.

17 Da goß der *siebente* Engel seine Schale in die Luft aus, und eine gewaltige Stimme ertönte aus dem Tempel vom Thron her: »Es ist geschehen!«

18 Und es blitzte und krachte und donnerte, und ein gewaltiges Beben entstand, wie es seit Menschengedenken auf Erden nicht gewesen ist, so gewaltig war dieses Beben.

19 Die große Stadt zerbarst in drei Teile, und die Städte der Nationen stürzten ein. Und Gott gedachte daran, daß er der großen Stadt Babylon den Becher mit dem Wein seines Zornes zu trinken geben wollte.

20 Alle Inseln verschwanden, und die Berge waren nicht mehr zu finden.

21 Mengen von Hagel, zentnerschwer, gingen aus dem Himmel über die Menschen nieder. Und die Menschen lästerten Gott wegen der Hagelplage, weil diese Plage gar zu schwer war.

1 Da kam einer der sieben Engel, die die sieben Schalen trugen, und sprach zu mir: 17 »Komm, ich will dir das Gericht über die große Hure zeigen, die an vielen Wassern sitzt!

2 Mit ihr haben die Könige der Erde gehurt, und die Erdenbewohner sind trunken geworden vom Wein ihrer Hurerei.«

3 Und er führte mich im Geist in eine Wüste.
Da sah ich ein Weib sitzen auf einem scharlachroten Tier. Es strotzte von Lästernamen und hatte sieben Häupter und zehn Hörner.

4 Und das Weib war in Purpur und Scharlach gekleidet und trug reichen Schmuck von Gold, Edelsteinen und Perlen. Sie hielt einen goldenen Becher in der Hand, voll mit dem Greuel und dem Schmutz ihrer Hurerei.

5 Und auf ihre Stirn war ihr Name geschrieben, ein Geheimnis: »Babylon die

Große, die Mutter der Huren und der Greuel der Erde.«

6 Und ich sah das Weib trunken vom Blut der Heiligen und vom Blut der Zeugen Jesu. Und als ich sie sah, war ich starr vor Staunen und Entsetzen.

7 Da sagte der Engel zu mir: »Warum staunst du? Ich will dir sagen, was das Geheimnis dieses Weibes ist und des Tieres, das sie trägt und sieben Köpfe und zehn Hörner hat.

8 Das Tier, das du gesehen hast, war – und ist nicht mehr; es wird aus dem Abgrund aufsteigen und zunichte werden. Die Erdenbewohner, deren Namen nicht von Anfang der Welt an im Buche des Lebens verzeichnet sind, sollen staunen, wenn sie sehen, daß das Tier war und nicht mehr ist und zugrunde gehen wird.

9 Darin besteht Erkenntnis, die mit Weisheit begnadet ist! Die sieben Köpfe sind sieben Hügel, auf denen das Weib seine Wohnungen hat. Und sieben Könige sind es:

10 Fünf sind gefallen; einer ist da, der letzte ist noch nicht gekommen, und wenn er kommt, dann darf er nur für kurze Zeit bleiben.

11 Das Tier, das war und nicht mehr ist, ist selbst der achte; es gehört zu den sieben und wird zugrunde gehen.

12 Die zehn Hörner, die du gesehen hast, sind zehn Könige, die die Herrschaft noch nicht erhalten haben. Aber sie erhalten die Gewalt für eine einzige Stunde, zusammen mit dem Tier.

13 Einmütig weihen sie ihre Macht und Gewalt dem Tier.

14 Sie werden gegen das Lamm Krieg führen, doch das Lamm wird sie besiegen; denn es ist der Herr aller Herren und König aller Könige, und in seinem Gefolge sind Berufene, Auserwählte und Gläubige.«

15 Und er sagte zu mir: »Die Wasser, die du dort gesehen hast, wo die Hure wohnt, sind Völker und Massen, Nationen und Sprachen.

16 Die zehn Hörner, die du gesehen hast, und das Tier, die werden die Hure hassen und sie nackt und bloß machen; sie werden ihr Fleisch fressen und sie mit Feuer verbrennen.

17 Denn Gott hat ihnen ins Herz gegeben, seinen Willen zu tun: Einmütig ihre Herrschaft dem Tier zu widmen, bis die Worte Gottes in Erfüllung gegangen sind.

18 Und das Weib, das du gesehen hast, ist die große Stadt, die die Herrschaft über alle Könige der Erde innehat.«

18 1 Danach sah ich einen anderen Engel vom Himmel herabkommen, mit großer Gewalt ausgestattet; die Erde wurde strahlend hell von seiner Herrlichkeit.

2 Und er schrie mit gewaltiger Stimme:
»Gefallen, gefallen ist Babylon die Große. Zur Behausung der Dämonen ist sie geworden, zum Verlies für alle unreinen Geister und alle unreinen Vögel, zum Verlies für alle unreinen und verhaßten Tiere.

3 Denn von dem Zornwein ihrer Hurerei haben alle Nationen getrunken; die Könige der Erde haben mit ihr gehurt, und die Kaufleute der Erde sind reich geworden von der Machtfülle ihres Luxus.«

4 Und ich hörte eine andere Stimme vom Himmel herab rufen:
»Zieht hinweg aus ihr, mein Volk, damit ihr nicht teilhabt an ihren Sünden und nicht mitgetroffen werdet von den Schlägen, die sie treffen.

5 Denn bis zum Himmel türmen sich ihre Sünden, und Gott hat ihres Unrechts gedacht.

6 Gebt ihr zurück, wie sie euch gegeben hat, und zahlt ihr doppelt heim nach dem, was sie getan hat! In dem Becher, in dem sie euch ihre Weine gemischt hat, mischt ihr das Doppelte!

7 Mit demselben Maß, mit dem sie sich geschmückt und geschwelgt hat, meßt ihr Pein und Leid zu. Weil sie in ihrem Herzen sagt: Ich sitze hier als die Königin und bin keine Witwe; mir stößt kein Leid zu,

8 deswegen werden an *einem* Tage die Schläge über sie kommen, Tod, Leid und Hunger; und in Feuersglut wird sie verbrennen. Denn Gott der Herr ist stark, der sie richtet.

9 Und die Könige der Erde, die mit ihr gehurt und geschwelgt haben, werden um sie schreien und wehklagen, wenn sie den Rauch von ihrem Brand sehen.

10 Fernab stehend, fürchten sie sich vor ihrer Peinigung und sagen:
›Wehe, wehe, die große Stadt! Babylon, du starke Stadt, in *einer* Stunde ist das Gericht über dich gekommen!‹

11 Die Kaufleute der Erde schreien und wehklagen über sie, weil nun niemand mehr ihre Waren kauft,

12 die Schiffsladungen voller Gold und Silber, von Edelsteinen und Perlen, feiner Leinwand, Purpur, Seide und Scharlach, all ihr Thujaholz, ihr Elfenbeingerät und ihr Gerät aus Edelholz, Erz, Eisen und Marmor,

13 Zimt, Balsam, Räucherwerk, Salböl, Weihrauch, Wein, Öl, Feinmehl, Weizen, Rinder und Schafe, Pferde und Wagen, Menschenleiber und Menschenleben.

14 Und das Obst, nach dem deine Seele verlangte, ist für dich dahin;
und all deine Pracht und dein Glanz ist für dich verloren,
und niemals wieder werden sie an dir zu finden sein.

15 Die Kaufleute, die mit all dem handeln und durch sie reich geworden sind, werden fernab stehen, weil sie sich fürchten vor der Peinigung dieser Stadt; sie werden schreien und wehklagen

16 und ausrufen:
›Wehe, wehe, die große Stadt,
die sich mit feinem Leinen, Purpur und Scharlach gekleidet
und mit Gold, Edelstein und Perlen geschmückt hatte –:

17 In *einer* Stunde ist dieser ganze Reichtum verwüstet!‹
Alle Kapitäne von Küstenbooten und Hochseeschiffen, alle Seeleute und alle, die sonst auf dem Meer arbeiten, standen von ferne

18 und schrien, als sie den Rauch von ihrem Brande sahen, und sagten:
›Welche Stadt war dieser großen Stadt gleich!‹

19 Sie bewarfen ihre Häupter mit Staub und schrien weinend und wehklagend:
›Wehe, wehe, die große Stadt,
in deren Mauern durch ihren Wohlstand alle Schiffsherren reich geworden sind:
In einer einzigen Stunde ist sie verwüstet worden!‹

20 Juble über sie, Himmel, und alle Heiligen, Apostel und Propheten,
denn Gott hat sein Gericht für euch an ihr vollstreckt!«

21 Da hob ein starker Engel einen Stein auf, schwer wie ein großer Mühlstein, und warf ihn ins Meer und sprach:
»So, mit *einem* Schwung, wird Babylon verworfen werden,
die große Stadt, und niemals wird sie wieder gefunden werden.

22 Und kein Ton von Zitherspielern,
Sängern, Flötenspielern und Posaunenbläsern wird mehr in dir zu hören sein.
Kein Handwerker irgendeines Handwerks wird mehr in dir zu finden sein.

Kein Mühlengeräusch wird man in dir vernehmen.
23 Kein Licht von einem Leuchter wird mehr in dir scheinen. Die Stimmen von Braut und Bräutigam
werden verstummen in dir.
Denn deine Kaufleute sind die Großen der Erde gewesen.
Durch deine Zauberei sind alle Nationen irregeführt worden.
24 Und in dir ist das Blut von Propheten und Heiligen gefunden worden
und das Blut all derer, die auf Erden ermordet sind.«

19 1 Danach hörte ich etwas wie die gewaltige Stimme einer großen Menge im Himmel:
»Halleluja!
Das Heil und die Herrlichkeit und die Macht
gehören unserem Gott!
2 Denn wahrhaftig und gerecht sind seine Gerichte.
Er hat Gericht gehalten über die große Hure,
die die Erde mit ihrer Hurerei verdorben hatte,
und hat das Blut seiner Sklaven von ihrer Hand gerächt.«
3 Und zum zweiten Mal sangen sie:
»Halleluja!«
Und der Rauch von ihrem Brand steigt auf
für alle Zeiten.
4 Und die vierundzwanzig Ältesten und die vier Wesen warfen sich nieder und huldigten Gott, der auf dem Thron sitzt, und riefen:
»Amen, Halleluja!«
5 Und eine Stimme vom Thron her sprach:
»Preist unseren Gott, alle seine Sklaven,
die ihn fürchten, kleine und große!«
6 Und ich hörte es wie die Stimme einer zahllosen Menge, wie das Brausen vieler Wassermassen und wie das Dröhnen starker Donner:
»Halleluja!
Denn König war der Herr, unser Gott, der Allmächtige!
7 Laßt uns jubeln und jauchzen und ihm die Herrlichkeit zuerkennen!
Denn die Hochzeit des Lammes ist gekommen,
und seine Braut hat sich bereitgemacht;
8 und eine glänzend reine Leinwand ist ihr gegeben,
mit der sie sich kleiden darf.«
Die Leinwand nämlich, das sind die Gerechtigkeitswerke der Heiligen.

19 17 Und ich sah einen (anderen) Engel in der Sonne stehen, der rief mit lauter Stimme allen Vögeln, die am höchsten Punkt des Himmelsgewölbes fliegen, zu:
»Kommt und versammelt euch zum großen Mahl Gottes,
18 ihr sollt das Fleisch von Königen und das Fleisch von Feldherren fressen, das Fleisch von Starken, das Fleisch von Pferden und ihren Reitern und das Fleisch von allen Freien und Sklaven, Kleinen und Großen.«
19 Und ich sah das Tier und die Könige der Erde mit ihren Heeren versammelt zum Krieg gegen den Reiter auf jenem Pferde und sein Heer.
20 Da wurde das Tier ergriffen und mit ihm der Lügenprophet, der die Wunderzeichen vor ihm vollbracht hatte, durch die er diejenigen verführt hatte, die das Malzeichen des Tieres angenommen und seinem Bilde gehuldigt hatten. Bei le-

bendigem Leibe wurden die beiden in den Feuerpfuhl geworfen, der mit Schwefel brennt.

21 Die übrigen aber wurden mit dem Schwert getötet, das aus dem Munde des Reiters hervorging; und alle Vögel wurden satt von ihrem Fleisch.

1 Und ich sah einen Engel aus dem Himmel herabkommen, der hatte den Schlüssel 20 zum Abgrund und eine große Kette in seiner Hand.

2 Und er überwältigte den Drachen, die alte Schlange, die der Teufel und Satan ist, und band ihn für tausend Jahre

3 und warf ihn in den Abgrund, schloß ihn zu und versiegelte ihn, damit er die Nationen nicht mehr verführe, bis die tausend Jahre vollendet sind. Danach muß er noch einmal für kurze Zeit losgelassen werden.

4 Und ich sah Throne; und Richter nahmen darauf Platz, denen das Gericht übertragen wurde. Dann sah ich die, die wegen des Zeugnisses Jesu und des Wortes Gottes enthauptet worden sind und die dem Tier und seinem Bilde die Huldigung versagt und sich geweigert haben, sein Malzeichen auf ihrer Stirn und ihrer Hand anzunehmen. Und sie lebten und herrschten mit dem Christus tausend Jahre.

5 Die übrigen Toten kamen nicht wieder zum Leben, bis die tausend Jahre vollendet wurden.

Das ist die erste Auferstehung.

6 Selig und heilig alle, die an dieser ersten Auferstehung teilhaben! Über sie hat der zweite Tod keine Gewalt, sondern sie werden Priester Gottes und des Christus sein und mit ihm herrschen tausend Jahre.

7 Und wenn die tausend Jahre vollendet sind, wird der Satan aus seinem Gefängnis losgelassen

8 und wird herausfahren, um die Nationen an den vier Enden der Erde zu verführen, Gog und Magog, und sie zum Kampf zusammenbringen, so zahlreich wie der Sand am Meer.

9 Und sie zogen herauf auf die Ebene der Erde und schlossen das Lager der Heiligen und die geliebte Stadt ein. Da fiel Feuer vom Himmel und fraß sie hinweg.

10 Und ihr Verführer, der Teufel, wurde in den Feuer- und Schwefelpfuhl geworfen, wo auch das Tier und der Lügenprophet sind: Da werden sie gequält werden bei Tag und Nacht für alle Zeiten.

11 Und ich sah einen großen, strahlend weißen Thron; und es saß einer darauf, vor dessen Angesicht die Erde und der Himmel flohen, und keine Stätte wurde für sie gefunden.

12 Und ich sah die Toten, Große und Kleine, vor dem Thron stehen; und Bücher wurden aufgeschlagen. Auch ein anderes Buch wurde aufgeschlagen, das Buch des Lebens.

Und über die Toten wurde Gericht gehalten aufgrund dessen, was in den Büchern geschrieben steht, nach ihren Werken.

13 Auch das Meer gab die Toten her, die in ihm waren, und der Tod und das Totenreich gaben ihre Toten her, und jeder einzelne wurde gerichtet nach seinen Werken.

14 Dann wurde der Tod und das Totenreich in den Feuerpfuhl geworden. Das ist der zweite Tod, der Feuerpfuhl.

15 Und wen man nicht im Buche des Lebens fand, der wurde in den Feuerpfuhl geworfen.

Die innere Struktur

Wir begeben uns hier in einen ebenfalls recht ungeordnet scheinenden Abschnitt der Apokalypse; jedenfalls entdecken die meisten Kommentatoren in ihm eine Fülle von Wiederholungen, Dubletten und störenden Neuansätzen. Wenn man allerdings berücksichtigt, daß bestimmte Wiederholungen zur Verbindung der verschiedenen Textsequenzen untereinander erforderlich sind, wenn man außerdem berücksichtigt, mit welchem Geschick hier ein farbiges Gefüge von Lobliedern und schreckenerregenden Ereignissen geschaffen wurde, so entdeckt man ganz im Gegenteil einen durchaus verständlichen Sinnzusammenhang, der eine nachvollziehbare innere Entwicklung erkennen läßt.

Die Gliederung

In einer ersten Textsequenz (14,6–20) haben wir die prophetische Ankündigung und die Vorbereitung des Gerichts, mit einer ersten ganz unauffälligen (nicht besonders angekündigten) Serie von sechs Engeln. Darauf folgt eine zweite Sequenz mit den Katastrophen, die das Gericht über die Menschen darstellen (15,5–16,21). In der dritten haben wir das Gericht *und* die Zerstörung aller geschichtlich gewordenen Formen von Inkarnationen derjenigen Mächte, die die Geschichte und die Menschheit beherrscht haben (17,1–18,24): Das ist genau gesehen bereits die Grundstruktur dieses ganzen Geschehensablaufes. Und in der letzten Sequenz (19,17–21; 20,1–15) erfolgt schließlich als krönender Abschluß (nach dem großen Loblied, dem prophetischen Hymnus von der Auferstehung) die Verdammung aller Mächte, die im Himmel wirksam waren und die den Bruch verursacht und den Tod mit sich gebracht haben. Zugleich ist das Ganze aufs engste mit der Auferstehung verbunden: Dies Geschehen ist es, was die Auferstehung buchstäblich ermöglicht.

Die Bedeutung des Gerichtes

Zunächst aber begegnen uns drei Vorfragen. Die erste bezieht sich auf die Bedeutung dieses ›Gerichtes‹. Die augenblickliche Theologie und Spiritualität tendiert eher dahin, seine Bedeutung herunterzuspielen, sie auszuhöhlen. Die Realität der Berufung und der Verantwortung des Menschen wird ganz im irdischen Bezugsrahmen gesehen; der Mensch erscheint in seiner Eigenschaft als Mitschöpfer neben Gott, als Demiurg; das ganze Blendwerk von himmlischen Machtkämpfen (das doch voll und ganz vorderorientalischer Vorstellungswelt entspringt, nicht wahr!) und von Verdammungen (Assur mit seinen Dämonen ist ja auch nicht weit) läßt man heute fallen. Diese Gerichtsvorstellungen erscheinen heute völlig überholt, der moderne Mensch hat ja seine Mündigkeit erlangt. Das sind Zwangsvorstellungen, Phantasien, die nach der Meinung der einen der Idee des Verdammtseins entstammen, während andere wieder der Überzeugung sind, sie hätten ihren Grund in Hungersnot und der vitalen Angst ums Überleben, eine letzte Gruppe schließlich ist der Überzeugung, es handle sich um die bösartige Erfindung der Mächtigen, der Ausbeuter, mit der die Armen und Unterdrückten gezwungen werden sollen, fein stillzuhalten.

Alle diese Erklärungen sind ganz nett, haben allerdings keine andere Grundlage als die Meinung ihrer Autoren. Wenn wir weiterhin davon ausgehen wollen, daß Jesus Christus wirklich der Messias ist und daß er das bezeugt, was die Schrift uns sagt, das heißt, wenn wir weiterhin Christen bleiben wollen, dann ist es schlechterdings unmöglich, dieses Gericht Gottes über die Schöpfung wegzuräumen. Das Ganze ist eine unauflösliche Einheit. Der Gedanke vom Gericht, den man bei den Propheten wie in den Psalmen findet, in den Evangelien ebenso wie in den Briefen, ist nicht einfach Frucht der damaligen Weltschau: Er beruht auf der durchaus nachvollziehbaren Überzeugung, daß, wenn Gott *Gott* ist, vollkommen und gerecht zugleich, die Begegnung zwischen Gott und der Welt (wie sie nun einmal ist und wie wir sie kennen) nicht Ereignis werden kann, ohne daß die Funken fliegen, ohne daß im Lichte seiner Absolutheit zumindest das offenbar wird, was wir *in Wahrheit* gewesen sind. Das Gericht, das niemals richtet, sondern allerdings offenbar macht, ist alles andere als der Ausdruck knechtischer Furcht des Menschen, im Gegenteil ist es Zeichen dafür, daß der Mensch die göttliche Wirklichkeit begriffen und erfaßt hat.

Gericht und Verdammnis

Des weiteren sollte geklärt werden, worin dieses Gericht besteht. Um diese Klärung wollen wir uns im folgenden bemühen. Jetzt schon ist aber dem Text eindeutig zu entnehmen, daß Gericht und Verdammnis voneinander getrennt gesehen werden müssen. Wer *gerichtet* wird, wird nicht notwendigerweise auch *verdammt*. Mehr noch: Wir dürfen das Gericht nicht auffassen als eine Art einfacher Trennung zwischen den Menschen, die als gut beurteilt werden, und den anderen, die, weil sie böse sind, Verdammung verdienen (nach einer etwas naiven Auslegung des berühmten Textes Mt 25: Dort geht es nämlich nicht um das Gericht über Einzelmenschen, sondern, wie der Text selbst ausdrücklich hervorhebt, um das über die *Nationen*). Wenn man das Gericht in dieser Weise in den Blick faßt, so sind eine juridische Schau und die bewegende mittelalterliche Vorstellung von der Waage unvermeidlich: Auf die eine Seite kommt alles Böse, das ein Mensch getan hat, auf die andere alles Gute, und je nachdem was schwerer wiegt, wird er verdammt oder gerettet. Das Gericht, von dem die Heilige Schrift spricht, hat mit dem allen nicht das geringste zu tun! Es ist keineswegs gesagt, daß, wenn die Menschen ins Gericht kommen, es am Ende auch die Menschen sind, die verdammt werden. Denn all das steht doch, soweit es den Menschen betrifft, unter der unfaßbaren Gnade, die darin besteht, daß Jesus Christus selber an der Stelle der Menschen der Verdammnis anheimgefallen ist. Das bedeutet aber doch, daß eine Verdammnis bleibt, die am Jüngsten Tage zum Vorschein kommen wird. Und wir müssen nun infolgedessen zu ergründen suchen, worauf sie gerichtet ist.

Futurische oder präsentische Eschatologie

Schließlich noch eine dritte Vorfrage: Haben wir hier ein Endgericht vor uns oder eines, das sich jeden Tag vollzieht? Ich bin davon überzeugt, daß man das eine oder das andere nicht einfach ausschließen, sich also auch nicht für eines von beiden *allein* entscheiden kann. Wenn uns die Apokalypse im Abschnitt II die Bestandteile der Menschheitsgeschichte beschreibt und wir hier nun Teil IV vor uns haben, der diesem Teil II als Pendant gegenübersteht, so kann kein Zweifel sein, daß das Gericht durchaus das Ende der Geschichte darstellt, weil die Geschichte auf ein Endgeschehen der Neuwerdung zuläuft, auf ein Wiedereinmünden der Zeit in die Ewigkeit, auf die Zerstörung des Todes, damit das Leben das Feld beherrsche. Auf der anderen Seite ist es aber genauso richtig, wenn gesagt wird, daß dieses Gericht innerhalb des Laufes der Geschichte, in jeder Epoche, jeder Generation stattfindet. Gott greift auch ganz konkret in die Geschichte der Menschen ein, nicht als die Grund-Ursache oder als der Allmächtige, der alles umwälzt, vielmehr als der, der es auf sich genommen hat, sich in die menschliche Existenz hineinzubegeben: Gott mitten unter uns. Und diese Gegenwart Gottes, die Beweis seiner Gnade ist, kann zugleich gar nichts anderes sein als die Gegenwart des Gerichtes.

Entfesselung des Bösen

Was unser Text außerdem noch beschreibt, ist dies, daß in der Folge der Inkarnation der Teufel auf die Erde gefallen ist. Er ist also in besonderer Weise entfesselt, und damit wird eine gewisse Radikalisierung des Konfliktes zum Ausdruck gebracht. Da ist keine natürliche Ordnung mehr ›einfach da‹, keine göttliche Vorsehung, die irgendwie von ferne das Werden der Schöpfung lenkt: Durch das Ereignis der Fleischwerdung Gottes sind wir vielmehr in einen letzten Kampf verwickelt, und zwar in jedem Augenblick unseres Lebens und unserer Geschichte. Wir erleben also ununterbrochen das Jüngste Gericht, die letzte Prüfung: Wir stehen am Kraterrand und betrachten unter Glut und Asche das Brodeln des Äußersten selbst. Denn je mehr die Gewalten entfesselt sind, desto klarer erscheint (und ist) das Gericht Gottes unausweichlich und allumfassend.

Die Engel

Erstaunlicherweise begegnen uns in 14,6 bis 16,21 zwei Reihen von je sieben Engeln, genauer zunächst eine ganz unauffällige Reihe von sechs Engeln, die nicht einzeln aufgezählt werden, aber den Menschensohn umringen (drei kommen vor ihm, drei nach ihm); und dann eine lautstark angekündigte Serie von sieben Engeln, die die sieben Schalen halten und ausleeren. Die erstgenannten bringen die prophetische Ankündigung und die Vorbereitung des Gerichts, die zweite Gruppe gießt den Zorn Gottes über die Menschen aus, einen Zorn allerdings, der einerseits nicht endgültig ist, andererseits dazu führt, daß offenbar wird, was der Mensch vor Gott ist. An keiner Stelle finden wir also eine Dublette oder eine ungeschickte Wiederholung.

Die Ankündigung

Zuerst (14,6–9) erscheinen drei Engel unmittelbar nacheinander. Sie fliegen, das heißt sie tragen das Wort, das sie zu verkünden haben, überall hin: Diese Botschaft, die vom höchsten Punkt des Himmelsgewölbes her ausgerufen wird, soll alle Menschen erreichen. Und nun hat diese Botschaft drei Bestandteile: die Heilsbotschaft, die Verdammung Babylons und das ›Wenn‹ einer Entscheidung, die dem Menschen abverlangt wird. Die wichtigste Beobachtung ist dabei die, daß diese dreifache Ankündigung (die wohlverstanden eine untrennbare Einheit bildet) mit der *Heilsbotschaft* beginnt, mit dem Evangelium, das sich von dem herleitet, was unmittelbar vorher, am Anfang von Kapitel 14, gezeigt wurde: nämlich vom Sieg des Lammes und vom Heil des Volkes, das ihm zugehört. Ausgehend von dieser *Gegebenheit* kann das Evangelium an alle verkündigt, weitergegeben werden. Und unser Text sagt uns, daß es sich um eine *ewige* Heilsbotschaft handelt: daß sie also schon vor aller Schöpfung bestand und sich jenseits aller Schöpfung verwirklicht, daß sie nicht den Ereignissen und Wechselfällen der Welt unterworfen ist, da sie die entscheidende Heilsbotschaft ist, die Gott den Menschen immer schon zukommen lassen wollte, eine Botschaft, die sich nie verändert. Es ist die Botschaft von der Möglichkeit des Menschen, in die Gottesunmittelbarkeit zurückzukehren, also die Erfüllung von Adams Wunsch (denn wir dürfen doch nicht vergessen, daß die Apokalypse das Buch von der Erhörung der Hoffnungen und Wünsche des Menschen ist), die in Jesus Christus Wirklichkeit geworden ist. Und dieses Evangelium, das allen Erdenbewohnern verkündet werden muß, führt zu einer Haltung des Menschen, die diese Gottesbeziehung unmittelbar zum Ausdruck bringt: sie führt (14,7) zur Gottesfurcht (leider ist hier nicht der Platz für ein ausführliches Eingehen auf die Frage nach der Gottesfurcht, die alles andere als Angst ist. Ich beschränke mich darauf, das wunderbare Bild zu zitieren, mit dem sie vom Kirchenvater Augustin verdeutlicht worden ist: Die liebende Ehefrau fürchtet, ihr Mann könne weggehen, sich auf eine Reise machen, die untreue Frau fürchtet, ihr Mann könnte heimkommen). Sie führt dazu, daß er Gott die Ehre gibt (daß er also, um es noch einmal zu sagen, Gott bekennt und offenbar macht als den, der er wirklich ist: Die Schöpfung findet ihre eigentliche Aufgabe, die darin liegt, die Herrlichkeit des Schöpfers offenbar zu machen . . .), und sie führt zur Anbetung, zur Huldigung (zur Anerkenntnis der Macht des Schöpfers in der Bereitschaft, notfalls sich selbst vor ihm auszulöschen – also in die Nachfolge auf genau den Weg, den Jesus Christus selbst gegangen ist. Huldigung ist nichts anderes als Nachfolge Christi). Diese Heilsbotschaft eröffnet das Gericht, das nicht Ereignis werden kann, bevor dieses Evangelium nicht an alle Nationen weitergegeben und verkündigt worden ist.

Zerstörung der Macht

Das unmittelbare Gegenstück zu dieser Heilsbotschaft ist die Ankündigung des zweiten Engels (14,8): »Gefallen ist Babylon, die große Stadt« (was übrigens unsere geschickten Exegeten zu der Bemerkung veranlaßt hat, diese Ankündigung treffe gar nicht zu, denn Babylon fällt ja erst drei Kapitel später . . . – Offensichtlich haben sie noch nie etwas von Zeitwechsel, von Vor- und Rückblenden gehört, die jedem Kinogänger geläufig sind). Da wird dann vermutet, es handle sich entweder um eine Dublette, also um ein Zeichen für das Vorliegen von zwei Quellen, oder um einen ungeschickten Bruch im Text usw. Dabei liegt klar auf der Hand, daß wir hier die Verkündigung der Entmachtung Babylons vor uns haben: Babylon verliert seine Größe in dem Augenblick, in dem das Evangelium verkündet wird, das ja den Weg der Ohn-Macht bedeutet. Alle Macht wird bis in ihre Grundlagen, bis in ihre Wurzeln zerstört . . . Und der Engel verkündet, was vor Gott Wirklichkeit ist, noch bevor es im Verlauf metahistorischen Geschehens zur Erfüllung kommt. Die Zerstörung Babylons, der Großen Stadt, ist nichts anderes als die Kehrseite jener Medaille, deren Vorderseite das Evangelium ist.

Ruf zur Entscheidung

Diese doppelte Verkündigung bringt nun sofort eine dritte mit sich, den Ruf zu einer Entscheidung, die der dritte Engel formuliert: »Wenn . . .« (V. 9) . . . »jetzt« (V. 12). – Der Mensch kann nur entweder die ewige Heilsbotschaft annehmen und sich ihr mit allen Konsequenzen anschließen oder aber sich in die Zugehörigkeit zu Babylon begeben. Es ist leicht zu verstehen, daß die Klärung dieser Entscheidung Vorspiel des Gerichtes ist. In folgerichtiger Weise drückt sich das nun in der Mahnung aus, das Tier und sein Bild (den Staat, die politische Macht) nicht anzubeten, auch nicht am Handeln der Welt teilzuhaben, da sich andernfalls der Kelch der Teilhabe am Evangelium zur Schale des Zornes Gottes verkehrt. Und in der Folge dieser unheilvollen Entscheidung des Menschen kommt dann die große Strafe, endgültige Ruhelosigkeit (14,11). Das ist die Fortentwicklung des Fluchs über Kain, der ewig fliehen muß, ohne je ein Ziel, einen Ruhepunkt zu finden (Gen 4,12): Das ist die Angst, das unentwegte Suchen, Unsicherheit . . . Heißt das, daß die menschliche Geschichte nach dem Gericht weitergeht, unterirdisch gleichsam, ohne Bedeutung, ohne Ausweg, in nicht endenwollendem dramatischem Geschehen?

In diesem Falle hätte Dante mit seiner Beschreibung der Hölle recht. Wir werden aber sehen, daß es noch einen anderen Weg gibt. Bis jetzt handelt es sich ja nur um das Drohen einer *Möglichkeit* . . .

Die Ruhelosigkeit ereignet sich in Gegenwart der Engel und des Lammes (14,10). Das bedeutet keineswegs, daß die Engel und das Lamm hier in der Haltung neugieriger Zuschauer das Leiden der Verdammten (bleiben wir nur einen Augenblick beim traditionellen Wortschatz und seinen Bildern) mit anschauen. Was hier beschrieben wird, geht genau in die umgekehrte Richtung. Da sind nicht das Lamm und die Erwählten, in deren Anwesenheit etwas geschieht, sondern: Die Verdammten leiden im Gegenüber zum Lamm. Damit ist klar zum Ausdruck gebracht, daß das Bewußtwerden, die

Erkenntnis der wahren Bedeutung Jesu Christi das eigentliche Leiden dieser ›Verworfenen‹ ausmacht, daß sie nämlich jetzt sehen, was sie bisher nie anerkennen wollten und von dem sie nun durch einen endgültigen Graben getrennt scheinen, so daß sie es offensichtlich niemals mehr erreichen können. Das Gericht besteht damit in Folgendem: Sein, was man immer sein wollte, zugleich aber im Lichte Gottes sehen müssen, was das in Wahrheit ist. Was die Dauer dieser Trennung, dieser Peinigung betrifft, so ist von den »Äonen der Äonen«, von vielen Zeiten die Rede (14,11) – das ist keineswegs die Endlosigkeit oder die Ewigkeit. Es dauert eine lange Reihe von Äonen, und mit keinem Wort wird gesagt, diese Dauer sei durch ein bestimmtes Zeitmaß begrenzt, – abgeschlossen wird sie vielmehr durch die Erklärung: »Siehe, ich schaffe *alles* neu« (21,5) und »es wird keine Verfluchung mehr geben« (22,3); Gott selber also setzt dieser unmöglichen Situation aus Gnade ein Ende.

Dem ersten Weg (der Anbetung des Tieres, 14,9–11) steht der andere gegenüber: »Harret aus«, haltet durch in den Wechselfällen der Geschichte (14,12–13). Die ›Heiligen‹ werden hier nicht etwa an ihrer guten ethischen Haltung oder an theologischer Tugend erkannt, sondern einzig an ihrem Durchhalten, denn wir sehen hier den Augenblick, in dem sich die »furchtbare Bedrängnis« ereignet (von der Mt 24,21 spricht), den Punkt, in dem das Gerichtsgeschehen gipfelt. Festigkeit, Hoffnung, Widerstandskraft gegenüber der Versuchung, Unterscheidung der Geister, Sichverschließen gegenüber dem dämonischen Wort der Lockung und der Trennung, treues Bewahren der Gebote und des Offenbarungswortes – das bedeutet Durchhalten. Und der Engel kann in dieser letzten Prüfung der Heiligen rufen: »Selig sind die, die im Herrn entschlafen sind« (14,13), denn zumindest blieb ihnen die Härte dieser letzten Zeit erspart. Sie haben Ruhe.

Die Eröffnung

Das ist die Verkündigung der ersten drei Engel: Es handelt sich um nichts anderes als die Eröffnung des Gerichts. Dann erscheint, eingerahmt von den beiden Engeltriaden (14,6–14 und 15–18), der Menschensohn, von dem wir bereits gesprochen haben und der sich nun anschickt, das Volk seines Vaters zu ernten. Mit ihm kommen drei Engel: Der eine überbringt, wie schon erwähnt, Gottes Befehl, daß nun zur Ernte geschritten werden soll (14,15). Der zweite hat eine Sichel in der Hand (14,17), und der dritte gibt ihm den Auftrag, den Weinberg abzulesen (14,18). Damit beginnt nun die Weinlese des Zornes Gottes: Was hier geerntet wird, das ist dem Zorn Gottes verfallen. Die Lese wird in die Kelter geworfen, und was herausfließt, ist wie Blut. Und dieser Zorn Gottes verbreitet sich über die ganze Schöpfung. Das kommt in den 1600 Stadien zum Ausdruck (14,20): 4 mal 4 (die Zahl der Schöpfung, mit sich selbst multipliziert), und das mal 100 (eine unermeßliche, grenzenlose Größe).

Was aber bedeutet dieses ganze Geschehen? Man hat es oft als ein erstes Gericht zu deuten versucht, oder auch als eine Dublette der Gerichtsvision, die in ungeschickter Weise hier in den Text eingebaut worden ist. Mir allerdings scheint der Zusammenhang völlig eindeutig und sinnvoll zu sein. Er zielt darauf ab, uns (nachdem auf die zu treffende Entscheidung hingewiesen ist) in einer Art Vorwort, einer Einleitung zu der ganzen Reihe der Gerichtsereignisse deutlich zu machen, *wer* dies Gericht vollzieht. Das Gericht zum Heil, die Ernte zur Rekapitulation der Menschheit vollzieht nämlich der Menschensohn, Jesus, auf den Befehl seines Vaters hin. Die Weinlese des Zornes indessen vollzieht nicht Jesus, sondern irgendein Engel, der ebenfalls auf das Geheiß Gottes, des Allmächtigen hin handelt. In diesen Versen begegnet uns also *nicht* das Gericht, wie es sich für den Einleitungsteil übrigens von selbst versteht, sondern schlicht und einfach die Bezeichnung dessen, der das Gericht vollziehen wird. Der Engel, der zu Jesus spricht und den Heilsauftrag gibt, kommt aus dem *Tempel* (14,15); derjenige, der den Befehl zur Zornesernte gibt, kommt (14,18) vom Altar (also vom Ort des Opfers – damit aber ist möglicherweise darauf verwiesen, daß das, was da vernichtet wird, was da als Sühneopfer auf den Altar kommt, vielleicht gar keine *Menschen* sind!). Diese beiden Beobachtungen bestätigen jedenfalls die Vermutung, daß hier die Verteilung der Aufgaben im Gericht deutlich werden soll.

Hinweis auf die Stadt

Zwei Bemerkungen drängen sich noch auf: Die Zorneslese wird in eine riesige Kelter geworfen, die draußen vor der Stadt ist (14,20). Wenn ich recht sehe, ist damit zum erstenmal die Heilige Stadt Jerusalem erwähnt, das Neue Jerusalem, das vom Himmel kommen wird. Damit haben wir das häufig sichtbar werdende, sehr komplexe System der ›vorbereitenden Andeutung‹ in der Apokalypse vor uns: Immer wieder wird das, was in der Folge kommen wird, in gewisser Weise durch eine erste Erwähnung ›aufgehängt‹, die im Laufe des Berichts gleichsam nebenbei auf das Folgende verweist und damit gleichzeitig deutlich macht, daß noch etwas anderes nachkommen wird. Hierbei handelt es sich um ein System der inneren Verbindung des Textganzen, das in etwa den Verschachtelungen der Hauptteile entspricht, von der wir bereits gesprochen haben.

Die Heilige Stadt bleibt also völlig vom vergossenen Blut verschont. Die ganze Schöpfung ist davon bedeckt, aber nicht das Neue Jerusalem.

Das Opfer

Die zweite Bemerkung betrifft eine Frage, die so manche Ausleger in die Irre geführt hat. Es ist klar, daß die Ernte und die Weinlese den Christen unmittelbar an das Herrenmahl denken lassen. Völlig selbstverständlich. Allerdings ist es hier sicher nur ein (freilich Erwähnung verdienender) Nebenaspekt. Der Gedanke an das Herrenmahl kann hier aber wesentliche neue Einsichten bringen: Zunächst zeigt unser Text das Doppelgesicht der Teilhabe am Abendmahl, das einerseits Gemeinschaft mit dem Herrn eröffnet, andererseits aber zugleich Gerichtsbedrohung bedeuten kann, wie Paulus zeigt (»Wer Leib und Blut des Herrn nicht unterscheidet, der ißt und trinkt sich selbst zum Gericht« 1Kor 11,29). Unterstrichen wird hier die Tatsache, daß die Welt Jesus Christus getötet hat: Nach dem Abendmahl hat sie ihn gekreuzigt, und das bringt es mit sich, daß die Teilhabe am Kelch Teilhabe am Zorn bedeutet. Das Herrenmahl ist damit zum Gericht geworden. Zugleich aber wird in diesem Herrenmahl die ganze Menschheit durch Gott für Gott versammelt.

Und genau dieser Gedanke der Sammlung begegnet uns im Bild von Ernte und Lese. Die gestiftete Gemeinschaft ist eine Gegebenheit, die Menschen sind wirklich miteinander vereint, und das im Gottesdienst vollzogene Herrenmahl ist immer ein Bild für das endzeitliche Mahl, die endgültige Sammlung aller. Schließlich erinnert unser Text auch an den Tod Christi, der sich außerhalb der Stadt ereignete, ebenso wie die Kelter, in die die Lese geworfen wird, außerhalb der Stadt steht. Darin haben wir die eindrückliche Bestätigung, daß Jesus selbst derjenige ist, der den Zorn, die Verdammung auf sich genommen hat. Dieser Tod Jesu war in der Tat die absolute Verdammnis der ganzen Menschheit. Was kann denn die Menschheit Schlimmeres tun, als nicht allein den Unschuldigen zu töten, nicht allein Gott selber, sondern mehr noch: den Gott, der unschuldig und gerecht und die Liebe selber ist? Das Blut Jesu Christi, das am Kreuz vergossen wird, ist das Blut der Menschen insgesamt, ist unbegrenzt, es bedeckt die ganze Schöpfung. Gleichzeitig aber ist in ihm der ganze Zorn Gottes zusammengefaßt, der ganze Zorn Gottes fällt auf diesen einen Punkt zusammen. Christus selber also ist auf dem Altar – kein anderes Menschenblut wird mehr vergossen werden. Es wird auf dem Altar kein anderes Opfer mehr geben. Und das ist auch der Grund, warum der Menschensohn, wenn er die Ernte des Heils einbringt, nicht auch der sein kann, der die Trauben liest und den Wein keltert. Denn *er ist* die gekelterte Traube, er ist der vergossene Wein, der für alle Toten Gestorbene, der für alle Verdammten Verdammte.

Mit diesem Umweg kommen wir nun zur Hauptfrage unseres Abschnitts zurück: *wer* letztlich das Gericht leitet und bestimmt. Ein neuerliches Mal wird hier sichtbar, wie die Vielfalt der Interpretationsebenen der Symbole, ja sogar ihre Ambivalenz in zugleich zeitloser und aktueller Gültigkeit sowohl die Kirche als auch das Endgeschehen meint – wie sie aber in aller Sinnvielfalt immer in Beziehung zu einer zentralen Achse steht, die alles bestimmt.

Schalen des Zorns

Nach der Ankündigung des ganzen Geschehens und der Bezeichnung dessen, der das Gericht leitet, kommen wir nun zur ersten Phase, die das eigentliche Gericht darstellt (15,6–16,21), bevor die Verdammung zur Darstellung gelangt. Dieser Abschnitt ist von den sieben Schalen geprägt, von den Zornschalen Gottes. Also wieder eine Siebenerperiode. Was sich allerdings hier abspielt, ist mit der Überschrift »die letzten Plagen« nur sehr unvollkommen interpretiert. Im Grunde ist damit gar nichts ausgesagt: Denn das vermittelt den Eindruck, als wäre die Apokalypse ein Bilderbuch ohne alle innere Entwicklung und ohne anderen Wert als den, daß es Katastrophen beschreibt, die über die Menschen hereinbrechen, weil ein etwas verrückter Gott, der reihenweise Plagen und Katastrophen verteilt, sie nun einmal so beschlossen hat. Nichts dergleichen trifft zu.

Der Ausgangspunkt ist klar und einfach: Die sieben Engel kommen aus dem Tempel (15,6), dann kommt auch noch eine Stimme aus dem Tempel, die ihnen den Befehl erteilt, die Kelche auszugießen, und niemand kann in den Tempel hineingehen (15,8), solange die Plagen nicht vollzogen sind. Das erfordert bereits eine deutliche Feststellung: Der Tempel ist nicht der Ort des Zornes Gottes! Er ist der Ort der Offenbarung und der Bezeugung der Liebe Gottes, nicht der Ort der Zerstörung, des Todes, der Verwerfung; er ist vielmehr ganz im Gegenteil derjenige Ort, in dem die ganze Schöpfung gründet, ihr Zentrum; er ist an die Zusage des Lebens gebunden, also Ort der Versöhnung. Wie könnte dieses *positive* Bild, das viermal am Anfang dieser Siebenerperiode vorkommt, ein negatives, zerstörerisches Geschehen eröffnen? – Das genaue Gegenteil ist der Fall.

Freilich berichtet uns diese Textsequenz Katastrophen, Leiden, Schrecken: Nirgends aber heißt es, daß die Menschen *getötet, vernichtet* oder *verdammt* würden.

Eine zweite grundlegende Feststellung: Alle diese Texte beziehen sich *auf die Menschen*. Immer wieder wird betont, »die Menschen wurden von schlimmen Geschwüren befallen« (16,2), »die Menschen wurden von einer riesigen Glut versengt« (16,9), »die Menschen verbissen sich die Zungen vor Schmerz« (16,10), »Mengen von Hagel gingen über die Menschen nieder« (16,21). Alle diese Plagen, die den Zorn und das Erscheinen des Gerichts zum Ausdruck bringen, richten sich auf die Menschen. Im darauf folgenden Abschnitt, in Kapitel 17 und 18, ist dagegen kein einziges Mal mehr von den Menschen die Rede. Dies Wort, das hier so oft wiederholt wird, kommt dort kein einziges Mal mehr vor. Dagegen finden wir dort einerseits die Mächtigen, die Reichen, die Könige (17,3), andererseits die »Erdenbewohner« (und schließlich noch etwas anderes, das wir erst später betrachten werden, das aber den Menschen nicht betrifft). Darin wird tatsächlich ein tiefer Gegensatz systematisch zum Ausdruck gebracht: Was dem Leiden unterworfen und dem *Gericht* unterzogen wird, das sind in der Tat *die Menschen*, was dagegen verworfen, zerstört, vernichtet wird, das sind *nicht* die Menschen. Es wäre dabei viel zu oberflächlich, einen Gegensatz zwischen den Armen und den Reichen (die allein der Verdammung anheimfallen würden) zu sehen: Wir werden feststellen, daß die Könige und die Mächtigen als Menschen, die sie ja *auch* sind (was heute gelegentlich vergessen wird), nicht mehr verdammt werden als die anderen (zumindest nach der Apokalypse).

Die Macht Gottes

Die Katastrophen, die sich mit dem Ausgießen der Zornesschalen ergeben, stellen also das Gericht über die gesamte Menschheit dar. Darin offenbart sich die Macht Gottes. Wir sahen ja, wie stark diese in der ganzen Apokalypse bisher eingeklammert war (ganz im Gegensatz zu dem Eindruck, den man eigentlich gewinnen könnte), wie sehr sich Gott hinter dem Lamm verborgen hat. Dennoch ist die Macht Gottes Wirklichkeit (auch wenn sie in der Bibel bei weitem nicht die wichtigste Prädikation Gottes ist); gelegentlich erscheint sie, aber nie vollständig. Zu unserem Glück! Sie erscheint nur – wie es Vers 8 ausdrückt – durch den Rauch hindurch (der Tempel füllte sich mit Rauch *aufgrund* der Herrlichkeit Gottes und seiner Macht): eine Macht, die sich verhüllt, um nicht den Tod der Menschheit zu bewirken. Was die Tatsache betrifft, daß kein Mensch in den Tempel hineingehen kann bis zum Ende der Plagen, so wird damit ausgedrückt, daß erst nach der Vollendung des gesamten Gerichtsgeschehens, erst nachdem jeder einzelne durch das Feuer hindurchgegangen ist, die Universalisierung des Tempels – mit anderen Worten: die Neue Schöpfung (in der dann die ganze Welt Tempel sein wird) möglich ist.

Noch einmal sehen wir nun, wie die beschriebenen Plagen in ganz erstaunlicher Weise (und zwar noch stärker als vorher in Kapitel 8 und 9, wo die Heiligen, das Gottesvolk, von der übrigen Menschheit getrennt werden) an die ›ägyptischen Plagen‹ erinnern.

Ägyptische Plagen

Es muß wohl nicht besonders darauf hingewiesen werden, daß der Seher keineswegs den Anspruch erhebt, mit diesen Bildern gleichsam photographisch getreu das abzubilden, was sein wird, daß es also unangemessen wäre, bei jeder Plage danach zu fragen, was sie bedeutet (»was meint Johannes, wenn er von ›Hagel‹ spricht?« usw.): Immer wieder muß man sich vor Augen halten, daß die Apokalypse nicht in Rätseln, sondern in Symbolen spricht. Darum werden hier weder Rätselbilder noch Scharaden geboten. Ob mit den Geschwüren (16,2) Krebs oder die Lepra gemeint ist, ist gar nicht von Belang; ob die riesige Glut, die stärker als die Sonne brennt (16.9), die Atombombe ist, ob die Frösche (16,13) giftig sind oder die moderne Musik darstellen . . . diese Art von Fragen ist völlig belanglos. Noch einmal muß aber betont werden, daß die offensichtliche Anspielung auf die ägyptischen Plagen (sechs von sieben Plagen sind hier mit solchen aus der Reihe der zehn Plagen über Ägypten identisch) von entscheidender Bedeutung ist: Der Sinn ist nämlich genau der gleiche – das in die Enge, in die letzte Entscheidung Getriebenwerden vor der Befreiung, der so unendlich schwer annehmbare Ruf Gottes, daß der Mensch umkehren soll, und die Weisung zur Umkehr, die die Vernichtung alles dessen hervorruft, was das erwählte Volk fesselt, hemmt, versklavt und entfremdet: Jetzt aber ist das erwählte Volk die gesamte Menschheit. Gegenüber damals hat sich die Situation ins Universale ausgeweitet: In Ägypten bedroht Gott den Pharao und sein

Volk, um die Befreiung Israels zu erwirken. In dieser ersten Phase des Gerichtes dagegen wird die Menschheit als ganze von Gott unter Druck gesetzt, auf daß sie sich von allem befreie, was sie entfremdet (denn das Volk Gottes, das ist die ganze Menschheit!). Beide Male scheitert das Bemühen Gottes. Der Anruf Gottes, der mit Hilfe der Bedrohungen und Plagen an die Menschheit ergeht, der in Elend und Leiden zum einzelnen kommt, damit er aus sich selbst heraus handle, damit jeder einzelne angesichts der Entscheidung Gottes seine Entscheidung treffe, damit jeder begreife, daß es um nichts anderes als um die Entscheidung Gottes geht, und er von selbst auf diesen Weg einschwenke, aus eigenem Antrieb die letztgültige Entscheidung treffe – der Pharao also die freie und selbständige Entscheidung, das Volk der Hebräer ziehen zu lassen –: Gerade diese Entscheidung wird *nicht* getroffen, dieser Anruf Gottes wird nicht gehört. Im Gegenteil, in beiden Fällen geht die Wirkung genau in die entgegengesetzte Richtung. Der Pharao verhärtet sein Herz und versteift sich auf seine eigene Entscheidung, auf seinen Willen, Sklavenbeherrscher zu sein. Die Menschheit, jeder Betroffene lehnt es ab, in den Leiden, die er durchzustehen hat, eine *Gnade* zu sehen, eine befreiende Botschaft, einen Anruf: Im Gegenteil, man kommt zu dem Urteil, Gott sei böse, ungerecht, er sei ein Tyrann; Gott wolle die Menschen letztlich verderben (vgl. die berühmte Sache mit dem Gegensatz zwischen dem bösen, strafenden Gott des Alten Testamentes, der dem lieben Gott Jesu entgegengesetzt ist; oder auch die mit der Theologie vom Tod Gottes, weil Gott den Menschen in Knechtschaft oder Unmündigkeit gehalten habe usw.). Der Mensch beurteilt Gott, ausgehend von Prüfungen, deren Sinn zu begreifen er sich weigert. Und einzig darauf weist der Text hier immer wieder mit Nachdruck hin: Der Mensch wird vom Hagel erschlagen – er lästert (16,21); der Mensch wird von der Glut der Sonne versengt, er lästert (16,9). Das Reich des Tieres wird in die Finsternis gestürzt, und der Mensch lästert (16,10). Er ist unfähig, zu erkennen, daß es der Befreier ist, der all dies wirkt, um ihn zu erlösen (und zwar auch durch die Leiden!). Er lastet alles Schlimme, das ihm begegnet, der Bosheit seines Befreiers an, aber er ändert nicht die Richtung seines Lebens. So kommt der Mensch in sein Gericht, weil er meint, über Gott zu Gericht sitzen zu können. Nicht nur, daß er sich nicht aus seiner Entfremdung befreit, er maßt sich auch noch an, über Gott zu richten. Und genau das richtet ihn. Nicht die Plagen selber sind das eigentliche Gericht, vielmehr die Tatsache, daß der Mensch den tiefsten Abgrund des Bösen, der Verlorenheit, des Entferntseins aus der Nähe Gottes, der Entmenschlichung, der Versklavung erreicht, wenn er sich nun zum Richter über Gott erhebt. »Ich wußte, daß du ein harter Mann bist; du willst ernten, wo du nicht gesät hast, du willst einsammeln, wo du nichts gemacht hast . . .« (Mt 25,24). Der Mensch lästert und beweist damit, daß er vom Handeln, von der Liebe Gottes nicht das geringste gehört, empfangen oder erlebt hat. Er bringt zur Vollendung, was im Augenblick des Sündenfalls geschehen ist: Die Trennung zwischen dem Menschen und Gott wird noch grundlegender sichtbar als bei Adam. Und natürlich wird

Gott genau so, wie der Mensch sagt, daß er ist. Wie im Gleichnis von den anvertrauten Pfunden! Aber wenn der Mensch so lästert, dann trifft er damit doch niemals Gott selber, der immer Gott bleibt. Das zeigt unser Text in aller Deutlichkeit, wenn er unterstreicht: »Sie lästern Gott, *der Macht hat* . . .« (16,9), oder auch »den Gott *des Himmels*« (16,11). Allerdings, wenn der Mensch lästert, so zeigt er damit, wie weit er von Gott entfernt ist, er verkündigt also seine eigene Verlorenheit, seinen endgültigen Tod. Freilich gilt es im Auge zu behalten: Der Mensch *wird* nicht etwa verdammt – er verdammt sich vielmehr selbst. Aber auch das bedeutet noch lange nicht, daß der Mensch verloren *ist,* lediglich, daß er sich als verloren *bekennt* – und das ist ein grundlegender Unterschied!

Das Gesetz der Wechselwirkung

Was nun die Plagen selber betrifft, so schlagen die ersten vier die Menschen selbst und sind nach dem Gesetz der Wechselwirkung ausgewählt, was der Text selbst hervorhebt. So werden die Menschen mit einem bösartigen Geschwür geschlagen (16,2), und zwar als Gegenstück, als Antwort auf das Mal des Tieres. Alle haben dieses Mal an sich, das ihnen erlaubte, in den geordneten Bahnen der Gesellschaft, in einer Pseudo-Gemeinschaft zu leben; dieses Mal nun verwandelt sich in ein anderes Mal, es enthüllt genauer gesehen seine eigentliche Wirklichkeit, es offenbart sich als Krebs, als Aussatz usw. Und das Wasser wird darum zu Blut (16,6), weil die Menschen im Verlauf ihrer ganzen Geschichte niemals damit aufgehört haben, das Blut der Apostel, der Propheten und Zeugen, der Heiligen Gottes zu vergießen. Genauso könnte man auch sagen, daß, weil sie das Feuer vom Himmel gestohlen haben, die Sonne zur Quelle einer schrecklichen Energie wird, die die Menschen zerstört, oder auch daß sie die Sonne zu ihrem Gott gemacht haben und daß dies der eigentliche Punkt ihres Leidens wird (16,8).

Das Gericht nach den Werken

Dies Gesetz der Wechselwirkung kommt in dieser Literaturgattung häufig vor, es ist aber auch außerordentlich sinnvoll und bereitet darum in der Auslegung keine besonderen Schwierigkeiten, abgesehen davon, daß man sich bewußt werden muß, daß darin zum Ausdruck kommt, daß sich das Gericht Gottes in derjenigen Richtung vollzieht, die der Mensch selbst ihm gewiesen hat. Gott läßt gewissermaßen das Handeln des Menschen zur vollen Entfaltung kommen: In diesem Sinne – *und zwar allein in diesem Sinne* – gilt, daß uns »unsere Werke richten« (1Petr 1,17) oder auch daß »jeder nach seinen Werken gerichtet wird« (20,13). Dies darf – wie wir schon sagten – nicht als ein genaues Abwägen der guten und der bösen Taten betrachtet werden, aufgrund dessen ein Gott dann Tadel oder Segen austeilen würde. Darum geht es hier nicht. Vielmehr läßt Gott das Handeln des Menschen seine eigenen Früchte tragen: Das *ist* das Gericht. Der Mensch hat die Konsequenzen dessen zu tragen, was er getan hat. Das Mal des Tieres wird so zur Leib und Seele zerfressenden Schwäre . . . Das war es aber schon immer – und der Mensch hat diesen seinen Weg aus freien Stücken gewählt. Die Werke des Menschen müssen lediglich in ihrer eigentlichen Realität enthüllt werden, es muß also nur klar werden, daß dieses Mal, das wir – mit Genuß und Begeisterung! – tragen, das Mal des Tieres ist, und schon wird es zum Brandmal und zerfrißt unser Leben.

Es muß lediglich offenbar werden, daß das vergossene Blut das der Heiligen und der Märtyrer ist, und schon wird es zur Quelle der Vergiftung für unser Geschlecht. Das Eingreifen Gottes besteht hier einzig und allein in der Enthüllung dessen, was die eigentliche Wurzel des menschlichen Handelns ist: So wird dem Menschen nach seinem Werk, nach seinem Verdienst vergolten, durch nichts anderes als durch das Offenbarwerden seines eigenen Tuns; weiter ist dazu gar nichts erforderlich. Das ist das Gericht nach den Werken[1].

Der Mensch und die Macht

Von der fünften Zornesschale an (16,10) zeigt sich nun eine gewisse Verschiebung. Immer noch geht es um das Gericht über die Menschen, aber nicht mehr über die Menschen allein, vielmehr ist jedesmal der Mensch in seiner Beziehung zu etwas anderem erfaßt. Vielleicht geht es nur darum, die Belastungen aufzuzeigen, die daraus erwachsen, daß der Mensch sein eigenes Handeln immer wieder in den Himmel hebt? Mit der fünften Schale jedenfalls sehen wir den Thron des Tieres erscheinen; mit der sechsten den Drachen, das Tier und den falschen Propheten (16,13), mit der siebten Schale die große Stadt Babylon (16,19). Die Plagen treffen immer die Menschen, etwa die riesigen Hagelmengen nach der Zerstörung der Stadt; in diesem Geschehen erscheint aber auch etwas, das größer ist als der Mensch. Ganz offensichtlich sind es die schon früher analysierten Mächte, die nun ins Spiel kommen. Immer noch aber vollzieht sich das Gericht über die Menschen. Was für ein Gericht allerdings? Beispielhaft kann das der Text von der fünften Zornschale zeigen (16,10): Diese wird über den Thron des Tieres ausgegossen, dessen Reich wird daraufhin in Finsternis getaucht, worauf die Menschen sich vor Schmerz die Zungen verbeißen und vor Schmerzen heulen. Ein schlauer Ausleger, der nichts von diesem Text begriffen hat, erklärt, daß wirklich nicht einzusehen ist, warum der Mensch vor Schmerzen schreien soll, nur weil das Reich des Tieres in Finsternis getaucht ist. Also schließt er messerscharf, daß hier zwei Verse ineinander verarbeitet wurden, und da der zweite Satz von Geschwüren spricht, nimmt er ihn hier weg und fügt ihn nach Vers 2a an, wo auch von Geschwüren die Rede ist. Welch ein Geniestreich! Aber vielleicht kommen wir schon weiter,

---

1 Sehr schwierig ist der Vers 3 über das Meer. Wenn man allerdings davon ausgeht, daß das Meer Ursprung allen Lebens ist, wie das von den Biologen angenommen wird und schon in Gen 1,20–21 zum Ausdruck kommt, dann bezeichnet dieser Vers die Unfruchtbarkeit: Das Handeln des Menschen bringt ihn selbst und die ganze Schöpfung auf den Weg der Unfruchtbarkeit. Zwar nicht zum Tode, immerhin aber doch zur Unfähigkeit, sich fortzupflanzen, Leben weiterzugeben.

wenn wir uns auf den Sinn des »Tieres« besinnen: Wenn es (wie wir noch genauer sehen werden) die politische Macht bezeichnet, das, was heute der Staat ist, was kann dann dieses Eintauchen in Finsternis anderes bedeuten als dies, daß diese Macht blind wird und nicht mehr weiß, was sie tut, daß sie kreuz und quer fuhrwerkt und ihre Machtmittel nach Belieben zum Einsatz bringt, unfähig, die menschliche Gesellschaft zu leiten und zu verwalten? Ist es nicht denkbar, daß der Mensch in der Tat vor Schmerz und Angst zu heulen beginnt, wenn es so steht? Wenn die Ordnungsmacht blind wird, wenn der Inhaber der politischen Allgewalt blindlings um sich schlägt (wir kennen das ja wohl, es genügt ein Blick in die Geschichte), dann erleben wir eine grauenhafte Plage, und das Gemetzel der Kriege, der Revolutionen und der Vernichtungslager führt es uns ununterbrochen vor Augen! Aber auch wenn die politische Macht blind geworden ist, bekehrt sich der Mensch doch nicht von seinem Tun (16,11): im Gegenteil, er will noch mehr! Er fährt also fort, Politik zu machen und sein Vertrauen in dieses wunderbare Machtmittel zu setzen. Das bedeutet nun allerdings, daß hier wie bei der sechsten und siebenten Zornschale die Verbindung zwischen dem Menschen und den Machtmechanismen thematisiert wird. Mit der sechsten Schale (16,12) zeigt sich die Versammlung der Könige, die Vereinigung aller Machtmöglichkeiten des Menschen, die im Verbund mit den dämonischen Mächten in den direkten Kampf mit Gott eintreten wollen, die auch spirituelle Kräfte an sich reißen (drei unreine Geister 16,13, eine Triade oder Trinität, die den sieben Geistern Gottes gegenübersteht und Wunderzeichen wirkt, um die Menschen zu verführen und sie einzubeziehen in den Aufstand gegen Gott . . . Die Wunder der Wissenschaft? – Eine allzu einfache Lösung? . . . Aber vielleicht gar nicht so abwegig?). Mit der siebenten Zornschale erscheint die Vereinigung der Menschen mit der Göttlichkeit der Stadt[2], mit der großen Stadt Babylon, der letzten Macht des Widerstandes gegen Gott. Diese drei Textsequenzen lassen also eine neue Dimension sichtbar werden und künden an, was kommen wird, nämlich das Gericht, *und zwar dieses Mal die Zerstörung* der Mächte, die den Menschen entfremden und zerstören. Wieder sehen wir hier das System der ›vorbereitenden Andeutung‹ oder der Verschachtelung: Die Kapitel 17 und 18 (Gericht über die Könige, über Babylon usw.) sind hier in die Verbindung zwischen den Gewalten und dem Menschen hinein verschachtelt. Welches besondere Gericht ist hier nun aber angesprochen? Welches Urteil über den Menschen? Worin besteht das eigentliche Leiden des Menschen, seine Prüfung? Ich meine, insofern diese Siebenerperiode ausdrücklich Strafen für den Menschen im Auge hat, wenn zudem hier auf die Vereinigung, die Gemeinschaft von Menschen und Machtmöglichkeiten großes Gewicht gelegt und dann die Vernichtung der Gewalten gezeigt wird (die große Stadt zerbirst), scheint doch das eigentlich entscheidende Geschehen bei diesen drei Zorn-

---

2 Vgl. meine Theologie der Stadt, zuerst in englischer Sprache erschienen: Ellul, The Meaning of the City, 1972.

schalen das zu sein, daß Gott den unerbittlichen Bruch zwischen den Menschen und den Mächten vollzieht, nachdem der Mensch sich mit ihnen verbündet und vereinigt hatte. Der Bruch also zwischen dem Menschen und den Engeln, den Gewalten, den Tieren usw. Es ist der Augenblick, in dem das scharfe, zweischneidige Schwert, das das Fleisch vom Knochen trennen kann, in die Welt der Menschen kommt; der Augenblick, in dem der den Menschen zerfressende Krebs herausoperiert wird, nun aber eine klaffende Wunde hinterläßt, einen in seinen Augen nicht wieder gutzumachenden Verlust. Es ist also der Moment, in dem die Gemeinschaft, die der Mensch eingegangen war, zerbrochen, die Macht, die er sich im Grunde angeeignet hatte, ihm entzogen und die Welt, die er sich selbst gebaut hatte, zerstört wird (denn es geht ja um nichts anderes als die Verfinsterung der politischen Macht, den gemeinsamen Aufbruch in die Niederlage der Gewalten und die Auflösung der Stadt, aus der der Mensch sein unbestrittenes Herrschaftsgebiet machen wollte). So wird alles Klagen, alles Leid durchaus verständlich: schmerzhafter Eingriff und Versetzung in den Zustand der Hilflosigkeit, Entthronung der vorgeblichen Souveränität des Menschen (die doch sein ganzer Stolz war) und der konkrete Beweis, daß die Autonomie, die er als seine Freiheit ausgab, in Wirklichkeit seine Entfremdung war. Das ist das letzte Gericht, und das wollen die letzten drei Zornschalen zum Ausdruck bringen.

Das große Babylon
Wir kommen nun zu den Ereignissen der Zerstörung, der Verdammung, die in den Kapiteln 17 und 18 dargestellt sind. Allerdings stellen wir fest, daß sich alles, was hier geschildert wird, auf die große Hure bezieht, auf Babylon, die große Stadt. Freilich fällt alles auch auf diejenigen zurück, die sich ihr verbündet haben, genauer gesagt auf all dasjenige im Menschen, das sich mit ihr verbündet hat. Aber dieser Punkt bedarf eingehender Klärung. Was uns hier vor Augen tritt, ist nichts anderes als die Sinnvielfalt der Symbole. Einzelne Symbole werden uns ausdrücklich erklärt: Die sieben Köpfe des Tieres sind sieben Berge, aber auch sieben Könige (17,9.10); gelegentlich aber scheint der Verfasser die Sache absichtlich zu verwirren, wenn er etwa schreibt, das Tier gehöre zu den sieben und sei doch selbst der achte König (17,11). Es ist völlig klar, daß einer (aber bei weitem nicht der einzige) der Aspekte dieser Symbolik damit zusammenhängt, daß die Apokalypse ein historisches Dokument ist, das in einem bestimmten geschichtlichen Augenblick geschrieben wurde und eine aktuelle geschichtliche Situation im Auge hat, daß sie zudem auch eine politische Schrift ist, die auf die politischen Körperschaften und Mächte ihrer Zeit Bezug nimmt, dabei aber zugleich das Feld in erstaunlicher Weise ausweitet, indem sie die geschichtliche und politische Augenblickssituation zum Ausgangspunkt für eine fundamental neue Lehre nimmt: Diese historisch-politische Dimension trägt sie in das traditionelle apokalyptische Denken ein und lädt damit das Ereignis mit einem Sinn auf, den es von sich aus gar nicht hatte. Sie verwandelt

damit die Ereignisse im Grunde in nichts anderes als in Symbole (darin ist sie total von der Gnosis unterschieden: Niemals nämlich werden dort Ideen oder Konzeptionen im Symbol dargestellt. Außerdem verbindet sie dieses Vorgehen mit dem jüdischen Denken: Die Realgeschichte dient als Grundlage für alle symbolische Ausdrucksweise).

Wie es auch sei, hier jedenfalls ist der historische Hintergrund ganz besonders offensichtlich. Babylon und die große Hure ist Rom. Es liegt am Meer, auf sieben Hügeln, hat sieben Könige gehabt. Hier taucht übrigens ein kleines historisches Problem auf, insofern man im Grunde nicht genau weiß, wie es sich hiermit eigentlich verhält. Die sieben ersten römischen Caesaren (die Bezeichnung Kaiser ist ungenau, da das Kaisertum erst später einsetzte) sind Augustus, Tiberius, Caligula, Claudius, Nero, Galba und Otho. Das aber ist außerordentlich lästig für diejenigen Ausleger, die die Apokalypse unbedingt nach der Zahl der ›Kaiser‹ datieren wollen. Die letzten sind nämlich um 69 anzusetzen, und es gibt nicht die geringste Übereinstimmung zwischen den sieben ›Kaisern‹ und den Domitianischen Verfolgungen (denn Domitian ist in Wirklichkeit der elfte). Und auch diese Rechnung stimmt nur, wenn man nicht wie die Römer der damaligen Zeit zählt, die das neue Reich nicht bei Augustus ansetzten, sondern bei Caesar; in diesem Falle wäre dann Galba der siebte und Domitian der zwölfte. Wenn man dagegen vom Vers 10 ausgeht, der erklärt, daß der sechste regiert (der siebte ist noch nicht gekommen und wird nur kurz bleiben: Das trifft für Galba zu), so kommen wir auf Nero. In diesem Falle wäre die Apokalypse um das Jahr 65 herum redigiert worden, was allerdings sehr wenige Historiker annehmen. In Wirklichkeit ist dieses scheinbar historisch exakte Suchen nach einer zeitlichen Festlegung genauso unsicher wie die früheren allegorischen Spekulationen, über die man sich heute sosehr erhebt.

Code und Symbol

Was nun die zehn Hörner (17,12) betrifft, die auch zehn Könige sind, so können wir doch gut und gerne bis zum 17. oder 18. König weitergehen! Warum denn die sieben Könige von Vers 9 anders behandeln als die zehn von Vers 12? – Eine letzte Schwierigkeit besteht darin, daß unser Text fortwährend von »Basileus« – König spricht. Nun haben die Herrscher dieser Zeit diesen Titel niemals getragen. Im Gegenteil, sie haben es abgelehnt, wenn man ihn ihnen verleihen wollte. Das bedeutet aber, daß diese ›historischen‹ Untersuchungen einen in höchstem Grade unsoliden Eindruck machen müssen und daß das, was hier zu suchen ist, alles andere als eine Aufzählung von ›Kaisern‹ von Rom oder eine Datierung sein muß[3]. Das Grundproblem ist das des Symbols. Man interpretiert einfach völlig oberflächlich Babylon als das Symbol für Rom; die sieben Köpfe, die sieben Könige dar-

---

3 Um zu zeigen, wie wenig sorgfältig hier vorgegangen wird, will ich einen Satz eines Auslegers zitieren (Stierlin, a.a.O.). Um mit der Zahl 7 in der gewünschten Zeit zu landen, gibt er an, man müsse sich »an die *wichtigsten* römischen Kaiser halten«! Was aber ist für den Wissenschaftler das Kriterium für ›Wichtigkeit‹? Ich vermute, die Dauer. Also sind Galba, Otho

stellen, sind dann also die Symbole für die römischen Kaiser. So wird aber das Symbol ganz einfach mit einem Code verwechselt. Denn viele Ausleger sind der Meinung, der Verfasser würde die umständliche, verschlüsselte Sprache (die so verschlüsselt gar nicht ist, denn der Text selber bietet ja alle Elemente, die zur Entschlüsselung erforderlich sind!) nur sprechen, um vor den Augen der ›Polizei‹ den revolutionären Charakter dieses Textes zu verbergen. Das würde aber bedeuten, daß es sich um einen Code handelt, mit dessen Hilfe eine Geheimbotschaft weitergegeben werden soll, nicht aber um Symbole. Wenn man ›entschlüsselt‹, Babylon sei Rom, so hat man nicht im geringsten das Symbol erklärt, man hat den Text lediglich historisch eingeordnet, seine geschichtlichen Bezüge aufgezeigt – aber das alles liegt auf einer völlig anderen Ebene! Ich möchte behaupten, daß der Weg genau in die entgegengesetzte Richtung gehen muß: Babylon ist nicht das Symbol für Rom, sondern Rom als geschichtliche Realität wird umgesetzt in das Symbol einer sehr viel grundlegenderen, vielgestaltigen Realität, die in der traditionellen Ausdrucksweise immer mit dem Namen Babylon bezeichnet worden ist. Rom ist nicht zuerst Rom. Wenn man Rom genannt hat, noch gar nichts gesagt. Rom ist aktualisiertes Symbol, geschichtliche Gegenwart einer zeitlosen, komplexen, vielschichtigen Erscheinung. Wenn die sieben Köpfe die sieben Hügel sein sollen, auf denen die Frau wohnt, so ist das Code: Die Frau ist Rom. Aber wenn sie *auch* sieben Könige sind, so ist das symbolisch: Der König ist mit Sicherheit das immer wieder so auftauchende Bild für die politische Macht. Sieben bedeutet die Vollkommenheit dieser Macht (und Rom repräsentiert in der Tat die Perfektion der politischen Macht). Die totale Perfektion ist noch nicht erreicht (Eroberung und Organisation der Macht sind noch im Gange: der Sechste regiert noch), aber der Siebte, der die Perfektion der Macht bringen wird, kommt bestimmt. Wenn allerdings die politische Macht auf dem Gipfel der Vollkommenheit angelangt ist, so wird sie doch keinen Bestand haben. Das Tier ist die Macht, die Exusia, der Geist der Macht: insofern ist es einerseits achter König, gleichzeitig aber ein Teil der sieben (die zu siebt die Gesamtheit der Macht darstellen). Zwei weitere symbolische Mitteilungen werden uns noch gemacht. Die Frau sitzt (17,3) auf dem Tier (sie beruht also mit ihrer geschichtlichen Aktualität auf der politischen Macht; die Hure ist eine geschichtlich konkrete Ausformung der Macht), aber das Tier haßt die Frau (17,16): Rom wird schließlich genau durch das zerstört werden, was es zur Herrschaft gebracht hat; es regiert dank der politischen Macht, und genau diese Macht wird es auch zerstören. Wir finden also in den Zahlen sieben und zehn, mit denen die Könige bezeichnet werden (wobei zehn das Grenzenlose bedeutet), das gleiche Problem wie früher schon: Es handelt sich um

und sogar Vitellius nicht wichtig, weil ihre Herrschaft nicht genügend lange gedauert hat! Mit den »zehn Königen« könnten ja auch die »Herrscher der Vasallenstaaten Roms« gemeint sein: Nur gab es leider in dieser Zeit gar keine zehn ›Vasallenkönige‹. (Was sollte im übrigen dieser Ausdruck bedeuten? In der römischen Staatsstruktur hat er keinen Sinn!)

die politische Macht, die vollkommen und grenzenlos ist, aber doch keine Einheit bildet – sie ist gespalten, verteilt, wird durch eine ganze Anzahl von Königen, Kaisern usw. ausgeübt. Die Vision der politischen Macht ist hier also doppelschichtig: Sie weist einerseits eine andauernde Wirklichkeit auf, hat aber andererseits im Laufe der Geschichte sehr verschiedene Erscheinungsformen und Epochen. Im Augenblick sitzt nun Rom im Sattel und hält alles in der Hand.

Die Frau
Ein zweiter wesentlicher Hinweis ist der, daß die Frau die große Stadt ist. Rom ist also nicht nur aktueller, geschichtlicher Repräsentant für die politische Macht, sondern zugleich auch die Stadt. Sie erscheint als absolute Stadt, wie Babylon; und es ergeht ein doppeltes Gericht über sie: als politische Macht und als Stadt, als Brennpunkt menschlicher Kultur und menschlichen Schaffens. Dabei begegnet uns noch ein Problem, das Klärung verdient, ehe wir uns dem Gericht selber zuwenden: Rom mit seiner ›satanischen‹ Macht wird in der Gestalt einer Frau dargestellt. Nun wurde eingewendet, in Kapitel 12 sei schon die Mutter der neuen Schöpfung, also das Thema Fleischwerdung, als Frau dargestellt, also müßten die beiden Texte doch wohl zwei verschiedenen Quellen zugehören, weil es undenkbar wäre, daß dasselbe Symbol (ich würde sagen: dasselbe Bild) zwei so total verschiedene Dinge bezeichnen könnte. Auch dieses Argument scheint mit allerdings recht schwach[4], da es doch die *bewußt verschiedenartige* Verwendung des gleichen Bildes durchaus geben kann, um seine Ambivalenz sichtbar werden zu lassen. Die Frau ist in der Tat im Himmel das Bild für die Mutter, und auf der Erde ist sie die Prostituierte. Genau wie in der Bibel überhaupt, ist sie sowohl Eva als auch Maria! Sie ist die Mutter der neuen Schöpfung *und* der Brennpunkt alles Irdischen. Das scheint mir im Blick auf den biblischen Befund keineswegs ungewöhnlich, sondern im Gegenteil völlig mit der Art und Weise, wie die Frau in der Bibel dargestellt wird (vgl. etwa Hosea!), übereinzustimmen. Und es ist nicht von ungefähr, sondern im Gegenteil vom Autor klar beabsichtigt, wenn in beiden Fällen die Frau »in der Wüste« (12,6 und 17,3) ist. Sie stellt das genaue Gegenstück dar zu dem, was Gott in der Inkarnation schafft.

Die Hure
Im Blick auf diese Frau haben wir also drei Hauptthemen: Sie ist zunächst die große Hure (Rom, was den konkreten geschichtlichen Augenblick angeht, aber nicht allein Rom: In Wirklichkeit die Summe all dessen, was Prostitution heißt, so wie es Babylon zu seiner Zeit war und darum zum Sym-

---

4 Obwohl ich allerdings dies Argument selbst verwendet habe, um darauf hinzuweisen, daß der weiße Reiter nicht zwei ganz verschiedene Dinge darstellen kann. Entscheidend scheint mir aber zu sein, daß der Text selbst beim Reiter Hinweise gibt, die zeigen, daß es sich um denselben handeln muß, während hier ein völliger Widerspruch zwischen den beiden Frauengestalten besteht, was in dieser Gattung häufig vorkommt.

bol dafür wurde). Prostitution ist hierbei nicht als moralisches oder sexuelles Problem angesprochen. Vielmehr geht es um die Aufnahme von Gemeinschaft mit religiösen und spirituellen Mächten (die sich in kultischer Prostitution vollzieht), mit satanischen Praktiken und Geheimlehren (das schließt auch unmoralische Verhaltensweisen ein, ohne daß diese entscheidend wären). Die Prostitution ist ganz sicher zugleich auch Zeichen für die Un-Treue, insofern solcherart sexuelle Zerstreuung Ausdruck für die Unfähigkeit ist, einen wahren *Bund* zu schließen, personale Treue zu leben, Vertrauen und Glauben zu praktizieren, oder, wie wir heute sagen würden: echte Kommunikation. Außerdem ist sie ein Bild für die Verbindung von ›Liebe‹ mit der Welt des Geldes, des Tauschens und der Macht: Nicht umsonst wird erst von der Prostitution gesprochen, dann von der Macht und schließlich vom Geld. Die Prostitution ist das diabolische Schattenbild der Liebe. Also das Gegenstück zu Gott. Und sie verbindet diese ›Liebe‹ mit Geld und Macht: So ist sie das vollendete Gegenstück zum Handeln des Gottes Jesu Christi (die Frau als Hure ist die genaue Umkehr der Frau als Mutter des kleinen Kindes). Das ist also die Prostitution, keineswegs nur eine Sache mehr oder weniger traditioneller ›bürgerlicher‹ Moral. Und das gilt nun für alle Eigenschaften, die uns von der Frau und dem Tier mitgeteilt werden. Daß die Frau mit lästerlichen Namen bedeckt ist (17,3), hat nichts mit dem Kaiserkult und der Teilhabe an ihm zu tun (wie allzu häufig gesagt wird) – der Kaiserkult existierte zwar damals tatsächlich im östlichen Teil des Reiches, war aber zur Abfassungszeit der Apokalypse bei weitem nicht von solcher Bedeutung wie später; viel eher sind das die Bezeichnungen der Mächte, die behaupten, die Wahrheit Gottes wiederzugeben, während sie sie in Wirklichkeit umkehren: Wir dürfen nicht vergessen, daß die entscheidende Funktion der Blasphemie die Verleumdung ist. Gott wird diffamiert, wenn die Mächte bestätigt werden. Das darf nicht aus dem Blick verloren werden: Wenn wir erklären, Gott sei so oder so – um leichter sein Dasein leugnen zu können, dann lästern wir! Das gehört sicher auch zu den Erscheinungsweisen der Frau und des Tieres: zu Macht, Reichtum, Verfolgung der Wahrheit (17,6) und sehr wohl auch zur Unmoral. Diese darf zwar nicht überbetont werden, indem man aus ihr den Grund zur Verdammung der großen Hure macht, man darf sie aber auch nicht völlig unter den Tisch fallen lassen: Es ist nämlich wahr, daß die Zerstörung der Moral, der Ethik (die nicht unbedingt *christlich* sein muß) eine bezeichnende Auswirkung der Macht ist: Macht wirkt immer wertzerstörend.

Die Zerstörende

Die Frau heißt Babylon. Wir dürfen dabei nicht vergessen, daß das Wort zunächst Babilani heißt: das Tor der Götter – also der Ort, wo »die Götter keine Götter sind«, nur Scheinbilder, Gegenwelten, Verführer, die in die Menschenwelt eindringen und versuchen, den Menschen zu verderben, ihn zu zerstreuen, ihn daran zu hindern, den Ruf zu hören, den der einzige Vater, der Gott, der Liebe ist, an ihn richtet.

Babylon ist aber auch der Ort der geschichtlichen Gefangenschaft Israels: Ort der Gefangenschaft des Gottesvolkes, der Zeugen, und von daher wurde es das Symbol der Gefangenschaft der Offenbarung, dann auch des Wortes Gottes. Das kommt denn auch im Mythos von Babel zum Ausdruck: die Zerstörung der Einheit des Wortes; von da aus ist Babylon auch die Welt der Verneinung des Gotteswortes.

Diese Frau hält nun einen goldenen Becher in der Hand (17,4): genau wie die sieben Engel. Sie macht das, was Gott macht. Sie beansprucht, Gemeinschaft herzustellen, genau wie Gott. Und genau das ergibt sich auch. Wenn aber der Kelch Gottes die Gemeinschaft des Blutes der Sühne durch den Sohn ist, die Schale der Engel Gottes die Gemeinschaft des Zorns, des Gerichtes und der Verdammnis, so kann der Becher Babylons nur der Becher der Gemeinschaft der Verirrung, der Verderbnis der Frau sein. Jeder eröffnet die Gemeinschaft mit dem, was er selber ist.

Politische Macht

Damit kommen wir zur zweiten Seite dieser Macht, die gerichtet wird: Rom als politische Macht (17,7–18). Es trägt die gleichen Kennzeichen und Merkmale wie das Tier, das aus dem Meer kam und den Staat darstellte, die umfassende politische Macht (13,1). Rom hat die politische Macht bestiegen (17,3): Sie läßt sich von dieser Exusia tragen. Und seine Hügel oder Könige, seine politischen Führer sind ineins gesetzt mit den ins Absolute gesteigerten Machtsymbolen. Denn diese zeitweiligen geschichtlichen Verkörperungen der Macht (etwa die zehn Könige) haben – wie unser Text sagt – nur ein einziges Ziel: »Ihre Macht und Gewalt widmen sie dem Tier«. Das ist von großer Bedeutung: Die politische Exusia ist die Grundlage, die Quelle aller konkreten Machtmöglichkeiten, die ihrerseits, indem sie mit der ihnen innewohnenden Energie wirksam werden, neue Möglichkeiten und Formen erfinden und entwickeln, die nun selbst auch wieder die politische Macht zum Ausdruck bringen und intensivieren. Diese konkreten Ausformungen sind nichts aus sich selbst, sie haben einzig durch das Tier Bestand, vermögen aber durch ihr Dasein eine schöpferische Selbständigkeit zu entfalten, mit der sie in neuer Gestalt die zugrundeliegende Macht zum Ausdruck bringen. Und dieses ganze Spiel ist nichts anderes als das Geschehensfeld der Politik. Die zehn Könige, die noch nicht zur Herrschaft gelangt sind, ihre Macht aber bereits dem Tier weihen (17,12), sind mit Sicherheit (auf der geschichtlichen Ebene gesehen) zu Rom in Konkurrenz stehende Mächte. Sie werden die »Erben« Roms sein (sehr viel eher als Vasallenkönige). Sie sind dem Tier gegenüber das, was Rom vor seinem Triumph war. Und sie werden die Frau vernichten (17,6), der schrecklichen Logik der Politik folgend, die notwendigerweise jede Lebensform zerstören muß, die an den Endpunkt ihrer Entwicklung gelangt ist. Es kann übrigens gar nicht anders kommen, denn das Tier, das Bild des Drachen, ist Symbol einer Macht, die letztlich immer zur Vernichtung führt. Innerhalb des Geschichtsgeschehens gibt es eine Selbstzerstörung der politischen Mächte. Was sie am Leben erhält, was ihnen Autorität verleiht, das, worauf sie sitzen, ist zugleich der Geist, der sie letztlich verneint, weil er zerstörerisch ist. Das ist ein Mechanismus, in dem Gott die Rolle eines ›Logikers‹ spielt. Vers 17 zeigt das in bemerkenswerter Weise: »Gott hat ihnen den Wunsch ins Herz gegeben, seinen Willen zu tun: ihre Herrschaft dem Tier zu widmen, bis die Worte Gottes erfüllt sind.« Gott läßt also das Spiel der Auflehnung des Tieres und der politischen Macht zu. Er bringt diese Mächte einzig dazu, in folgerichtiger Weise dem Tier treu zu dienen, das der Zerstörer – seiner selbst ist . . . Bis das aber Ereignis wird, ist Rom nun, wie Vers 18 zeigt, gültige Verkörperung der Macht und König über alle Könige der Erde.

Die Stadt Rom
Immerhin wird zugleich auf eine sehr wichtige Tatsache Nachdruck gelegt: Rom ist kein Staat, sondern die Stadt. Das ist wesentlich und zeigt, in welchem Maße der Seher der Apokalypse doch die politische Wirklichkeit seiner Zeit vor Augen hat. Die Historiker, die sich mit der Erforschung der Institutionen befassen, wissen, daß das für Rom das große und dringend nach einer Lösung verlangende Problem war. Bis dahin kannte man zwei Typen politischer Strukturen: die Reiche, mit einer Reichsorganisation und einer Hauptstadt (oder vielmehr einem Gott-König), und die Stadtstaaten, die nach einem anderen Muster organisiert waren, aber sich nicht über ein sehr kleines Gebiet hinaus ausdehnen konnten. Rom ist nun vom Anfang her ein Stadtstaat, eine Stadt mit der Berufung zur Politik, mit einer populär-demokratischen Struktur (Res Populica: Etymologische Herleitung des Begriffes für den römischen Staat: Res Publica), und infolgedessen nicht auf große Ausdehnung hin angelegt. Die Wirksamkeit dieser Struktur hat zur Ausdehnung Roms geführt, und so wurde es zum Herrn über ein riesiges Gebiet, *das aber kein Reich war*. Es hatte überhaupt keine einheitliche Struktur, keine vorgegebene Zentralisierung, keine gottgleiche Persönlichkeit am Anfang. Rom suchte während zwei Jahrhunderten seine *städtischen* Verwaltungsstrukturen (Magistrat, Senat, Volksversammlungen) den Organisationserfordernissen eines riesigen Herrschaftsgebietes anzupassen, ohne allerdings ein Reich zu werden, das dem Vergleich etwa mit dem der Perser oder der Ägypter standgehalten hätte. Die alten Verwaltungsbeamten Roms werden zu den Staatsmännern der Welt um das Mittelmeer, und im Verlaufe dieses tastenden Suchens, dieser Verwandlung, erfolgt die Entdeckung des Staatskonzepts.

Und so sehen wir in Kapitel 17 und 18 die beiden Gesichter Roms: das politische Zentrum, die politische Macht (die nicht die Hauptstadt ist, sondern der Staat) und zugleich das andere: die Stadt. Daher auch die *doppelte* Verdammung, sowohl als politische Macht (17,8), als auch als mächtige und reiche Stadt, als *die* Weltstadt[5] (17,18).

---

5 Hier müßte an die ganze biblische Theologie der Stadt erinnert werden, aber dazu fehlt uns hier leider der Raum. Ich beschränke mich darauf, auf meine Arbeit »Sans feu ni lieu« zu verweisen.

Der Ort menschlicher Erfüllung

Die große Stadt wird in unserem Text dargestellt als die Zusammenfassung aller römischen Kultur (was sie auch ist!), aller Macht der Menschen, aller Formen von Zivilisation. Rom repräsentiert die vom Menschen selbst geschaffene Welt, die unter Ausschluß aller möglichen anderen Tendenzen seinen Willen, seine Intelligenz, seine Pläne, kurz: die Selbsterfüllung des Menschen ermöglicht. Ganz genau so, wie das auch Babylon tat. Gekennzeichnet ist die Stadt durch die politische Macht (18,3), die wirtschaftliche Aktivität (die Kaufleute der Erde sind reich geworden durch die Machtfülle ihres Luxus; und bei ihrem Fall heulen die Kaufleute, weil *niemand* mehr ihre Vorräte kauft . . . 18,11), durch Luxus und Raffinement, durch Schönheit und alles das, was wir vielleicht unter den Begriff Kultur fassen können, auch durch die Kunst: die Musik von Zitherspielern, Sängern, Flötisten und Posaunisten . . . (18,22), durch die Produktion (in Handwerk und Industrie), – kein Handwerker wird nach dem Fall mehr da sein, den Lärm der Mühlsteine wird man nicht mehr hören . . .

Mit anderen Worten: Rom vereinigt in sich alle menschliche Aktivität, mehr noch, es ist der Verbindungspunkt zwischen den beiden geschichtlichen Mächten, die uns zuvor gezeigt wurden, zwischen politischer Macht und wirtschaftlichem Leben. Und schließlich ist Rom auch der Ort menschlichen Glücks in all seinen Formen, des materiellen und intellektuellen Vergnügens, der Freude am Luxus und auch an menschlicher Liebe – seine Verdammung weist deutlich darauf hin: »Das Licht der Lampe wird in dir nicht mehr scheinen, die Stimme von Bräutigam und Braut wird man nicht mehr hören . . .« (18,23). Rom ist der Ort menschlicher Erfüllung.

Der Ort der Entfremdung

Gleichzeitig aber ist Rom die Bleibe der Dämonen, der Ort der Verderbtheit (18,2–3), menschlichen Stolzes und Ruhmes. In weit stärkerem Maße allerdings ist es der Ort der Sklaverei und der Entfremdung. Hier kommt es mir besonders auf die Übersetzung von Vers 13 an. Nach der ausführlichen, herrlichen Beschreibung der Warenladungen aller Art, die von den Kaufleuten in die Stadt geschafft werden, nach Pferden und Wagen und im Sinne einer aufsteigenden Klimax kommt man zu σωμάτων καὶ ψυχὰς ἀνθρώπων, was üblicherweise mit »Sklaven und Gefangenen« übersetzt wird. Das erscheint mir keineswegs befriedigend. Diese Übersetzung beruht auf der Annahme, daß, wenn von Seelen die Rede ist, einfach der Mensch gemeint sein muß. Warum dann aber diese Doppelung: Leiber und Seelen? Ich halte es für unwahrscheinlich, daß das lediglich dichterische Ausdrucksweise ist, mit der kurz und einfach Menschen bezeichnet werden sollen. Es hat durchaus seinen Sinn, wenn hier beide Begriffe erscheinen. Darum muß es auch mit zwei Begriffen wiedergegeben werden – und daher auch die Übersetzung »Sklaven und Gefangene«, mit der genaugenommen nichts ausgesagt wird. Bleiben wir vielleicht lieber beim wörtlichen »Leiber und Seelen«. Aber welchen Sinn kann das haben? Daß mit den »Leibern von

Menschen« Sklaven gemeint sind, steht außer Zweifel, denn der Sklave wird hier noch als ›res‹, als Sache angesehen, er hat keine Seele. Die Vorstellung, daß auch der Sklave eine Seele haben kann, taucht erst später auf. Dann muß allerdings deutlich sein, daß beim Handel mit Menschenseelen etwas anderes im Blick ist. Mir scheint es zweifelsfrei so zu sein, daß damit die Möglichkeit gemeint ist, über den inneren Menschen zu verfügen: Der freie Mensch, der eine Seele hat, ist ebenfalls Objekt des Handels in der großen Stadt. Auch er ist Besitztum, wie ein Sklave, nur im Innenbereich. Seine Seele ist Gegenstand von Geschäftemacherei, sie wird *außengesteuert*, sie wird in der großen Stadt entfremdet. Das ist die einzige Deutung, die in den Zusammenhang paßt. Und diese Entfremdung des Menschen, der Entzug seiner Verfügung über sich selber, wird hier ganz klar mit dem wirtschaftlichen Leben verknüpft, mit Handel und Wohlstand: Reichtum führt nicht nur zu äußerer Versklavung, sondern auch zur Entfremdung in der Wirtschaft und zur Gebundenheit im Innenbereich.

Die Zauberei

Das aber führt direkt zur Zauberei der Stadt, mit der sie verführt und entfremdet (18,23b). Freilich kann mit dieser Zauberei einfach Magie und Hexerei gemeint sein, Praktiken, die in Rom in der Tat in beträchtlichem Maße anzutreffen waren; aber wir müssen klar sehen, daß hier auch dies in direkte Beziehung zu Handel und Wohlstand gesetzt ist: das vor allem ist der Zauber, der die Menschen im Griff hat.

Schließlich ist es die Stadt selber, die tötet. Sie tötet die Propheten (18,24) – und das bedeutet nicht nur den Tod für jeden dieser Männer, sondern grundlegender noch dies, daß sie von ihnen nichts hören und nichts wissen will, vor allem aber, daß sie das Wort Gottes, die Offenbarung selber zu zerstören sucht. Sie ist es, die die Heiligen tötet, also diejenigen, die in der Welt durch ihre Lebenshaltung den Willen Gottes gegenwärtig machen. Die Stadt schließt alles aus, was nicht sie selber ist, was nicht direkt in ihren Kram paßt, was nicht sie selbst zu stärken vermag. Sie tötet alles ab, was von Gott kommt. Ganz genau so, wie es im Gleichnis von den bösen Weinbauern beschrieben wird (Mt 21,33–45): Sie selber wollen gleichsam auf eigene Rechnung wirtschaften, die Welt besitzen. So ist die Stadt.

Die Stadt an sich

Damit aber tritt die Vielschichtigkeit des Bildes von der Stadt vor Augen: auf der einen Seite die Ineinssetzung der Stadt mit der vollendetsten, vollkommensten, aufs höchste verfeinerten menschlichen Kultur, auf der anderen das Doppelgesicht dieser Kultur: ihr Glanz und ihr Erfolg, ihr Wohlstand und ihr Luxus und ihre spirituelle Wirklichkeit. Möglicherweise melden nun der Historiker und der Exeget ihren Protest an und betonen zu Recht: »Es geht um Rom, allein um Rom – diese Sinnausweitung ist unzulässig.« Dem möchte ich zunächst entgegenhalten, daß, auch wenn in der Tat Rom gemeint ist, doch nicht vergessen werden darf, *was* Rom in der damaligen Zeit war, daß Rom etwa großartig URBS genannt wurde, in Großbuchstaben: Die Stadt an sich. Außerdem möchte ich an die Symbolsprache der Apokalypse erinnern und habe ja bereits gezeigt, daß Rom in diesem ganzen Abschnitt Symbol für etwas völlig anderes ist. Schließlich ist noch darauf hinzuweisen, daß die Absicht der ganzen Apokalypse (dieser Vision von der Kirche, der Geschichte, der Fleischwerdung . . .) sich nicht plötzlich darauf beschränken kann, Auskunft darüber zu erteilen, ob die Stadt Rom erhalten bleiben oder verdammt werden wird. Es ist doch hinreichend bekannt, in welchem Maße bei den Propheten das konkrete geschichtliche Ereignis Träger eines ganz anderen Aussagegehaltes wird und die Prophetie im Blick auf das jeweilige Ereignis den Hinweis auf eine ganz andere Dimension enthält. Hier nun begegnet uns genau die gleiche innere Ausrichtung. Von der Betrachtung rein politischer Gegebenheiten (Macht oder Ohnmacht Roms an sich) wird dauernd zu einem viel weiteren Denkhorizont übergewechselt, in dem die ganze Menschheit im Blick ist, die Struktur der menschlichen Gesellschaft. Das sind Argumente wissenschaftlicher Auslegung, die allerdings eine Exegese erfordern, die den Rahmen rein geschichtlicher Datierung weit hinter sich läßt.

Ich möchte dem noch eine Frage hinzufügen: Sind wir denn ganz sicher, ob wir nicht, wenn wir den Text um jeden Preis auf seine ausschließliche Gültigkeit in einer bestimmten geschichtlich und räumlich fixierten Situation beschränken wollen, wenn wir ihn nur in Beziehung zu seinem damaligen geschichtlichen Rahmen sehen und wenn wir jede Interpretation, die diese Eingrenzung übersteigt, als phantastisch, metaphysisch oder schwärmerisch ablehnen, – sind wir wirklich ganz sicher, ob wir damit nicht versuchen, uns selbst vor unserem Text zu schützen? Dieses Wort, das das kaiserliche Rom des ersten Jahrhunderts meint, die Kaiser und die Kaufleute der damaligen Zeit, betrifft ja mich heute nicht, darum kann ich gefahrlos mit ihm umgehen. Was es sagt, war für die Zeit, in die hinein es gesagt war, vielleicht Bedrohung, Sprengstoff, aber heute . . . Nichts weiter als ein einfaches Mittel, sich eine lästige Interpretation mit wissenschaftlichen Vorwänden vom Halse zu schaffen. Um so mehr muß ich hier mit allem Nachdruck betonen, daß alles, was an dieser Stelle von Rom gesagt wird, letztlich die Stadt als solche meint, alle Städte, die der Vergangenheit und die der Gegenwart, unsere Haupt- und Weltstädte.

Und wer würde behaupten wollen, daß die Beschreibung, die hier von Rom gegeben wird, nicht wirklich Stück für Stück der Stadt, wie sie ist, genau entspricht? Selbst vom Standpunkt soziologischer Methodik her kann nichts anderes gesagt werden als dies, daß hier die Stadt an sich beschrieben wird.

Zerstörung Babylons

Betrachten wir nun Gericht und Verdammung. Es vollzieht sich in drei Schritten, indem es jedes der drei Elemente betrifft, die wir herausgearbeitet haben. Auf das Urteil über die Frau, die große Hure, die auf dem Tier sitzt und die politische Macht darstellt, die für eine Zeitlang in Rom konkrete Gestalt angenommen hat, kommen wir nicht mehr zurück: Die Stadt Rom wird durch andere politische Mächte zerstört werden, wird einsam und nackt sein, die Könige werden ihr Fleisch fressen und sie im Feuer verbrennen. Dem ist nichts hinzuzufügen. Nun aber kommt das Urteil über die Stadt als kulturelle Macht, als Gipfelpunkt menschlicher Zivilisation: Was mir hier am überraschendsten erscheint, ist die Tatsache, daß auch hier im ganzen Text die Menschen von Babylon unterschieden werden. Nicht einmal diejenigen, die mit ihr gehurt und geschwelgt haben (18,9), werden mit in die Verdammung und in ihren Fall hineingezogen: Die Könige werden heulen und wehklagen *über sie* (sie selber sind draußen und sehen das Schauspiel des Unterganges . . .); sie halten sich fernab, sagt der Text ausdrücklich (18,10). Das die Stadt ereilende schreckliche Schicksal trifft sie selber nicht.

Die Händler trauern und klagen, aber ebenfalls in sicherer Entfernung (18,11.15). Alle Gemeinschaft, die sich aus Handel und Zauberei der Stadt ergeben hat, bricht auseinander. Die Stadt hat die Menschen nicht mehr in der Hand. Sie weinen und wehklagen, die Könige, weil sie ihre Macht, die Händler, weil sie die Quelle ihres Reichtums verloren haben: Mit dem Untergang der Stadt sind sie nun alles dessen beraubt, was sie groß, mächtig und reich gemacht hat. Sie selbst aber, ihr Menschenleben, ist von diesem Gericht offensichtlich nicht betroffen! Die Seeleute stehen in sicherer Entfernung und betrachten das Schauspiel, den Brand der Stadt aller Städte (18,17). Sie trauern über sie, werden aber nicht mit ihr getötet (18,19). Sie sind betroffen von dem Gericht (das ihnen der Glanz der Zivilisation verborgen hatte), von seiner Plötzlichkeit (in *einer* Stunde geschieht alles). Aber sie selber werden von diesem Gericht nicht mit erfaßt.

So wird Babylon zerstört, allerdings allein die Stadt Babylon, nur sie als Macht, als Anstifterin zu allem Bösen, nicht aber die Menschen, die mit ihr gehurt haben oder von ihr verführt worden sind: Damit haben wir hier (und Rom ist einzig als historische Konkretisierung des Symbols entscheidend) die Verdammung und Vernichtung der *geschichtlichen Formen*, der jeweiligen Verkörperungen der zugrundeliegenden Mächte, der Gewalten, die vom Drachen ausgegangen sind, der zwei Tiere, der Macht des Antichrist. Freilich, es sind historische Formen, niemals Menschen, vielmehr Organisationen, Gesellschaftsformen, Nationen; Strukturen oder Abstrakta wie Geld, Staat, Stadt, Technik usw.; später werden wir noch sehen, daß das im Gericht und der Verdammung der *Nationen* seine Bestätigung findet. All das aber sind diejenigen Dinge, die die *Größe* des Menschen ausgemacht haben. Der Mensch wird darauf beschränkt, daß er nur noch er selber ist.

Gericht und Gottesvolk

Die Verdammung besteht nun darin, daß der Frau mit doppelter Münze heimgezahlt wird (18,6): Es wird ihr das angetan, was sie selber getan hat, aber doppelt! Und zugleich wird ihr bewiesen, wie eitel und leer ihr Wort war. Sie sagte (18,7): »Ich throne als Königin, ich bin keine Witwe, mir stößt kein Leid zu . . .«, darum kommen nun die Schläge: Tod, Leid und Hunger über sie. Ihr Wort war das der Macht, die sich dem Wort Gottes entgegensetzte. Das Gericht ist nun lediglich die Umkehrung dessen, was der Mensch auf ihre Veranlassung hin getan hatte, und die Abschaffung all dessen, was er für sich usurpiert hatte. Dieser zweifache Vorgang genügt, um alle Entfremdung des Menschen und zugleich die Macht, die ihn entfremdete, verschwinden zu lassen.

Nun gibt es aber andererseits in der Stadt ein Gottesvolk (18,4), das Teil der Bevölkerung ist und in der Stadt lebt und ihre glanzvollen Erfolge kennt: Dieses Volk erhält den Auftrag, so schnell wie möglich aus der Stadt herauszuziehen, sich aus der Welt der Machtstrukturen zurückzuziehen (vgl. Jes 48,20–22; Jer 50,8; 51,45). Es ist der gleiche Vorgang wie bei Lot. Die Zivilisation des Machtstrebens muß ihrem Weg zum Untergang überlassen werden, ohne daß man Gemeinschaft mit ihr hat. Der Unterschied zwischen diesem Gottesvolk *in* der Stadt und den anderen Menschen, die mit der Stadt buhlen, besteht also darin, daß das Gottesvolk im voraus gewarnt ist. Es soll von vornherein seine Vorkehrungen treffen und sich zurückziehen (*in* der Welt, aber nicht *von* der Welt sein! Joh 15,19), während die anderen im Augenblick des Geschehens verzweifeln, sich davon distanzieren wollen, zutiefst betroffen sind von allem, was sich ereignet, und doch nichts verstehen. Die ersten sind voller Freude (18,20) über das, was nun geschieht (endlich sind alle Mächte des Todes und der Entfremdung zerstört!), die anderen aber in Trauer, weil alles das verschwindet, was ihnen teuer war, an das sie geglaubt, was sie geschaffen und geliebt haben und womit sie Gemeinschaft hatten. Das ist der wahre Unterschied zwischen den Menschen (der einzige!). Es gibt nicht die Scheidung in ›Gerettete‹ und ›Verdammte‹ – zumindest nicht in den Texten, mit denen wir es hier zu tun haben. Im Grunde haben die »Heiligen und die Zeugen« (8,3), das Volk Gottes, sogar am Vollzug des Gerichtes Anteil: sie sind es, die das Gerichtsgeschehen, die Verdammung in Gang bringen. Denn was nun eintritt, ist nichts anderes als die Erhörung des Gebetes der Zeugen, dem wir schon früher begegnet sind – jetzt erst wird allerdings deutlich, was sein Sinn ist: nicht Rache gegen die übrigen Menschen, sondern die Zerstörung derjenigen Mächte, die *alle* Menschen entfremden und deren verderblicher Grundzug im Mord an den Heiligen offenbar wird. Das Wort Gottes sagt ihnen, daß nun das Gericht für sie an den Mächten vollzogen wird. Das Gericht über die Mächte hängt mit dem Auszug der Heiligen aus dem Übel zusammen, mit ihrer Entscheidung. Aber es ist doch Gott allein, der die Mächte auszulöschen vermag.

Teilhabe

Noch ein Punkt soll uns besonders beschäftigen: es ist nämlich noch einmal vom Kelch die Rede. »In dem Kelch, in dem sie euch ihre Weine gemischt hat, mischt ihr das doppelte . . .« (18,6). Auch dies meint ein Handeln der Heiligen und der Zeugen. Das Symbol des Kelches will hier in seiner ganzen

Tiefe verstanden sein: die sieben Kelche des Zornes Gottes, der Kelch der babylonischen Greuel, der Kelch der Umkehrung. Mehrfach wurde bereits darauf verwiesen, daß der Kelch Symbol der Gemeinschaft ist. Babylon ließ die Menschen an ihrer Macht teilhaben. Bedeuten aber nicht auch die sieben Kelche des Zorns, daß die Menschen auch da Gemeinschaft haben – Gemeinschaft mit dem Zorn Gottes? Ist das nicht im Grunde das geheimnisvolle Symbol einer Gemeinschaft der Menschen mit Gott *sogar noch* im Geschehen von Zorn und Gericht?

Diese Gemeinschaft kann in zweierlei Richtung gesehen werden. Einmal bedeutet auch das Ausgeliefertsein an den Zorn Gottes, das Einbezogensein in sein Gericht, immer noch Gemeinschaft mit ihm, bedeutet, in seiner Gegenwart zu sein. Gottes Urteil hören, sein Wort der Warnung, des Verweises, heißt doch immer noch Gemeinschaft mit ihm haben. Denn alle Gegenwart Gottes bringt durch die Wirklichkeit der Inkarnation zugleich auch Gemeinschaft mit ihm. Sie kann niemals Bruch, Verstoßung, Schweigen, Abkehr Gottes sein. Das allein wäre Zerstörung der Gemeinschaft mit dem Vater. Zum anderen aber wird dem Menschen die Teilhabe angeboten: Er darf – wie hier nun deutlich wird – selbst am Gericht mitwirken, er kann in Gottes letzte Entscheidung eingreifen, selbst sogar mit auf dem Thron des Richters sitzen (wer allerdings sitzt auf diesem Thron, wenn nicht der Menschensohn und mit und in ihm alle die, die seinen Leib bilden, die Menschen also, die ihm treu gewesen sind?). Die Erwählten auf dem Thron werden sogar über die Engel und die Mächte zu richten haben, wie der Apostel Paulus (1Kor 6,3) betont. Der Kelch des Zornes und des Gerichts, der gleichzeitig Kelch der Gemeinschaft ist, will also deutlich machen, daß der Mensch sogar an diesem vorletzten Handeln Gottes teilhat.

Aufhebung der Entfremdung

Es bleibt nun noch das Problem, daß unser Text (18,8) die Vernichtung des Tieres selbst kurz erwähnt. Bisher sahen wir nur die Verurteilung der *geschichtlichen Inkarnationen* von Tier und Drache. Das betrifft aber natürlich auch die Macht, die dahintersteckt; das ganze Geschehen kann nicht ohne Auswirkung auf die zugrundeliegende Wirklichkeit bleiben. Sie ist nichts mehr, wenn sie keine Möglichkeit zur Verkörperung, zur Konkretion mehr findet. Ihre Zerstörung hat zwar noch nicht stattgefunden (sie kommt erst in den Kapiteln 19 und 20), aber *sie ist schon nicht mehr,* wenn alle ihre Ausdrucksformen vernichtet sind. Alles sieht so aus, als wären diese Mächte schon tot. Das Todesurteil ist von Gott bereits gesprochen, ob wir das erkennen können und wissen oder nicht. Der Text ist hier eindeutig: Das Tier war – und ist nicht mehr (17,8). Es wird aus dem Abgrund aufsteigen (hervorkommen aus seinem Versteck, sich selbst enthüllen, wie es ist, losgelöst von den zeitbedingten Erscheinungsformen, es wird sich selbst dem letzten Kampf stellen . . .) und seiner Vernichtung entgegengehen. Das Tier ist also dadurch gekennzeichnet, daß es *keine Zukunft* hat. Es geht unfehlbar auf seine Vernichtung zu. Gott allein ist der, der da war und der da *kommt;* das Tier *war,* aber es ist schon nicht mehr. Die absolute politische Macht hat selbst keine Geschichte – auch wenn sie den Anspruch erheben mag, die Geschichte zu prägen: für sie gibt es keine mögliche Zukunft mehr. Das Tier vermag keine wahre Geschichte zu schaffen, nicht einmal kleinste Bruchstücke davon. Und was hier nun verdammt, zerstört und vernichtet wird, das ist die Macht und alle ihre Formen und Mittel, und zwar auch diejenigen, die gewöhnlich im Vordergrund stehen, die Politik und das Geld. Wenn der Text aufmerksam betrachtet wird, so macht er deutlich, daß alles das gemeint ist, ohne jede Unterscheidung zwischen guter und böser politischer Macht, zwischen Demokratie und Diktatur, zwischen gutem und bösem Gebrauch des Geldes: Macht bleibt doch immer Macht und findet in Herrschaft ihren Ausdruck, in Ausbeutung und Unterwerfung. Zudem muß noch betont werden, daß nicht nur die Macht im Blick auf den Menschen, sondern auch die im Blick auf die Natur verurteilt wird. In diesem Zusammenhang ist das Bild von der Stadt von wesentlicher Bedeutung. Wir müssen uns nämlich bewußtmachen, daß die totale Ausbeutung und Zerstörung der natürlichen Umwelt (die durch ein absolutes Kunstprodukt ersetzt wird), der grenzenlose Konsum aller Bodenschätze und Energievorräte ein Aspekt der Macht ist, der genauso verurteilt wird wie alle Macht gegen Menschen! Diese Form der Ausbeutung (die uns bekannt ist und die in unserem Text bei *bestimmten* Aspekten des verurteilten Wohlstands durchaus angesprochen ist 18,12) darf keinesfalls mit Texten wie Gen 1,26 oder Psalm 8,7 gerechtfertigt werden, mit denen gelegentlich die Techniken der Nutznießung aller Güter der Welt biblisch begründet zu werden pflegen[6].

Zu leiden haben unter dieser Vernichtung aller Ausdrucksformen von Macht in der Tat die Mächtigen, die Könige, die Reichen, die Kaufleute, die Seeleute (diese Astronauten der damaligen Zeit!): Sie selbst werden nicht ausgelöscht, aber sie wehklagen, weil sie mit ansehen müssen, wie ihr Werk, ihre Machtmittel, ihre Arbeit, ihre Größe verschwindet. Das ist nicht ohne tiefe Bedeutung. Denn das wahre Gericht über sie ist von diesem Augenblick an letztlich dies, daß sie sich eingestehen müssen: Wenn all das nun mit einem Schlag vernichtet ist, so habe ich umsonst gelebt.

Das ist das Urteil über die Könige und die Reichen.

Die letzte Phase des Gerichts

Wir kommen nun zur Endphase von Gericht und Verurteilung. Nach der Zerstörung der geschichtlichen Ausformungen der Macht erfolgt nun das Urteil über die Mächte selbst, dessen Initialzündung wir in Kapitel 17,8 vor uns haben. Auch hier also sehen wir deutlich das System der ›vorbereiten-

---

6 Herrschaft heißt an beiden Stellen nicht Ausbeutung, sondern im Gegenteil dies, daß der Mensch zur Natur diejenige Haltung einzunehmen gewürdigt wird, die Gott selber der Schöpfung gegenüber einnimmt. Als konkretes Bild steht dahinter das Herrschen des altorientalischen Machthabers (z.B. Salomo!), dessen erster Auftrag darin besteht, jedem seiner Untertanen (jedem, der ihm von Gott anvertraut ist) Gerechtigkeit, also das ihm zukommende Lebensrecht zu schaffen.

den Andeutung‹ und der ›Verschachtelung‹: In die Beschreibung der Verurteilung der geschichtlichen Inkarnation der Macht fließt bereits eine erste Andeutung dessen ein, was noch kommen wird, und das wird zum Anknüpfungspunkt für die ganze Darstellung der Kapitel 19,17–21 und 20.

Zerstörung und Verdammung

Einen deutlichen Unterschied müssen wir hier allerdings hervorheben: Die geschichtlichen Ausformungen der Mächte (Staat, Stadt, Geld usw.) wurden zerstört. Sie wurden nicht verurteilt. Sie waren *Werke* – und zwar *Werke des Menschen.* Als ›Konstruktionen‹, Organisationen, ›Strukturen‹ wurden sie zerstört, und Zerstörung entspricht genau ihrem Charakter als Werk; Verurteilung, Verdammung wäre unangemessen, denn sie hatten ihrerseits ja nie die Absicht, Gott zu vernichten.

Im Gegensatz hierzu gelangen wir nun zu den zugrundeliegenden Mächten selbst, und hier nun erscheint zum erstenmal etwas, das als Verdammung verstanden werden kann. Angegriffen wird nun der Geist der Macht, die verschiedenen Erscheinungen dieses Geistes. Auch hier noch begegnen wir allerdings zwei verschiedenen Stadien: Vernichtung der Tiere (19,20), dann Vernichtung des Drachen, Satans usw. (20,10); schließlich wird »als letzter Feind« der Tod und das Totenreich besiegt (daß diese Formel – z.B. aus 1 Kor 15,26 – hier ausdrücklich in ein Bild gefaßt wird, macht deutlich, daß es sich dabei um eine verbreitete Glaubensauffassung der ersten Christenheit gehandelt haben muß).

Außerhalb der Zeit

In der ganzen Reihe von Gerichtsvollzügen und Urteilen, wie wir sie nun gesehen haben, zeigt sich eine Art von Steigerung: Zuerst wird der Mensch gerichtet und hat seine große Infragestellung durchzustehen; dann folgt das Produkt menschlichen Machtstrebens, das ein Geflecht, ein Gemisch ist, ein Zusammentreffen vom Menschen mit den Mächten, die ihrerseits zugleich auch das sind, was er selbst hervorgebracht hat (die politische Macht in ihrer historischen Erscheinungsform, das Geld, die Stadt . . .); dann die Mächte selbst, die all dies angeregt und sich darin verkörpert haben (die Tiere); dann der, der den Tieren Macht und Einfluß verliehen hat, der sie schuf (der Drache); und schließlich diejenige Macht, die die Geschichte in entscheidender Weise bestimmt hat, der Non-Sens aller Geschichte und allen Lebens, der Tod, im Namen dessen der Drache herrschen kann – oder genauer gesagt: der der Ursprung, die einzige Eigenschaft des Drachen ist.

Wir sehen also eine streng geordnete Abfolge in der Reihe der Gerichtsvollzüge und Urteile. Zugleich aber muß vor einem naheliegenden Irrtum gewarnt werden. Wenn ich geschrieben habe: »Zuerst kommt; . . . dann; . . . schließlich . . .«, so entwickelt sich meine Darlegung, den Darlegungen des Johannes folgend, innerhalb der Zeit. Ein Abschnitt *folgt* dem anderen. Und das vermittelt den Eindruck, als werde eine tatsächliche zeitliche Reihenfolge wiedergegeben, als würde ich bei dem einsetzen, was auch *in der*

Wirklichkeit am Anfang steht, und mit dem aufhören, was auch *in Wirklichkeit* den Schluß bildet. Dem ist aber keineswegs so. Vielmehr handelt es sich um ein didaktisches Erfordernis für unsere Darlegung, genauso, wie die Darstellung der Apokalypse mit ihrer präzisen Komposition einzig aus didaktischen Gründen so aufgebaut ist.

Übrigens hat auch jeder Mythos in diesem Sinne einen didaktischen, pädagogischen Aspekt. Sein Sinn liegt in der Anpassung an die Verstehensmöglichkeiten des Lesers. Und diese Verstehensmöglichkeiten sind an die Ebene der Zeit gebunden, darum muß sich die Darstellung entwickeln, als handle es sich um die Darstellung einer zeitlichen Reihenfolge. In Wirklichkeit wissen wir freilich nichts von einer zeitlichen Abfolge. Keinesfalls dürfen wir unseren Text lesen, als handle es sich um das Drehbuch eines in zeitlicher Reihenfolge ablaufenden Filmes. All das läuft in Wirklichkeit, in Wahrheit nicht nach dieser logischen Ordnung ab, die ich so sehr herausgestrichen habe – weil die Apokalypse sie in dieser Form beschreibt. Keinesfalls darf angenommen werden, im Jahre 2087 etwa käme die erste Reihe von Plagen, dann 2095 das Gericht über die geschichtliche Ausprägung der Macht (weil Rom 465 zerstört, dann aber wieder aufgebaut wurde, das Kaiserreich zerstört und durch andere abgelöst wurde usw.) und zum Schluß wäre dann noch mit tausend Jahren geschichtlichen Daseins ohne Gegenwart des Satans zu rechnen usw. In all diesem Geschehen gibt es keine zeitliche Abfolge, weil es sich um den Plan, das Handeln Gottes handelt, das sein Maß einzig in der Ewigkeit hat und dessen geschichtliches Offenbarwerden uns immer nur überraschen kann. Mehrfach haben wir schon darauf hingewiesen, daß wir uns mit der Apokalypse gleichzeitig auf der Ebene des Geschichtlichen bewegen (das freilich meistens nur als Sprungbrett, als Beispiel und Lieferant für Symbole dient) *und* im Meta- oder Transhistorischen, und *auch* in der ›Ewigkeit‹ (wenn dies Wort überhaupt etwas für uns bedeutet. Was es jedenfalls zu bedeuten hat, ist dies, daß die uns geläufige geschichtliche Zeitabfolge hier nicht gilt). Ewigkeit ist keine permanente Gegenwart, auch keine Summe aus Zukunft und Vergangenheit. Das verwehrt uns aber, irgendeinen dieser Texte nach einem Zeitschema auszulegen; auch die »tausend Jahre« (20,3), während deren Satan gefesselt ist, können unmöglich als eine Periode menschlicher Geschichte interpretiert werden. Bereits der unmittelbare Zusammenhang des Textes macht das deutlich: »Er band ihn für tausend Jahre und warf ihn in den Abgrund.« – Damit wird gezeigt, daß dieser Vorgang nicht an Raum und Zeit gebunden ist, sondern die Beziehung zwischen Gott und Satan darstellt, die – wenn man so will – ›im Himmel‹ ihren Ort hat, nicht aber in der Ebene der Zeit, in der lediglich deren Folgen spürbar werden können.

Der Tod des Fleisches (19,17–21)

Damit können wir den Faden unserer Darlegung wieder aufnehmen: Es begegnet uns zunächst eine wesentliche Unterscheidung zwischen den Menschen und den zwei Tieren. Auf der einen Seite sehen wir eine Art von natürlichem Tod aller Menschen, die als Tote auf der Erde bleiben, auf der anderen die Vernichtung des Tieres und des falschen Propheten (der das andere Tier ist). Alle beide werden in den Feuer- und Schwefelpfuhl geworfen, was ihre völlige Verdammnis und Vernichtung bedeutet. Sie haben ihre geschichtliche Rolle ausgespielt, ihre Macht ist zerstört (nachdem nämlich ihre Machtmittel vernichtet sind: ohne diese sind sie nichts). Sie sind wahrhaft ausgelöscht. Das gilt nun aber für die Menschen, die ihnen gedient und ihr Mal getragen haben, nicht in gleicher Weise, für die Könige und Feldherren, die Mächtigen und Reichen, auch für die Sklaven und die Freien, die Kleinen und die Großen. Diese sterben, und damit kommt das Gericht der sieben Zornschalen zur Vollendung; ich möchte aber sagen, sie sterben einen geschichtlichen, zeitlichen . . . *fleischlichen* Tod. Der Text betont mit äußerstem Nachdruck das Fleischliche: Das Wort »Fleisch« wird in Vers 18, der vom Auftrag an die Vögel spricht, das Fleisch der Menschen zu fressen, allein fünfmal wiederholt, schließlich noch einmal in Vers 21, wo die Vögel den Auftrag dann ausführen. Gewiß erscheint der Begriff »σάρξ« hier in seinem neutestamentlichen Sinn. Nicht der Körper, die Materie des lebenden Wesens, nicht die Leiblichkeit wird vernichtet, sondern die Sarx im Sinne des »was fleischlich ist«, wie es die Evangelien und Paulus (z.B. Röm 8,5) kennen, also das, was im Menschen von Gott getrennt ist, was Gott feindlich, mit der ›Welt‹ verbunden, was ›nichts nütze‹ ist (»der Geist ist's, der da lebendig macht; das Fleisch ist zu nichts nütze« Joh 6,63). Noch einmal sei es in aller Deutlichkeit gesagt: Nicht der Leib wird vernichtet und auch nicht der Mensch selbst, vielmehr begegnet uns in diesen Versen die Zerstörung des unnützen, des ›negativen‹ Fleisches: das wird dem Menschen weggerissen, dessen wird er entblößt; was also verworfen und vernichtet wird, das ist keineswegs die Existenz des Menschen selbst. Denn nirgends ist jemals gesagt worden, der Mensch sei *ausschließlich* Fleisch, er bestehe aus nichts anderem als dieser Sarx. Mit anderen Worten: noch einmal wird dem Menschen also etwas weggenommen. Nach der Zerstörung seiner Machtmittel wird ihm all das entzogen, was ›Fleisch‹ ist, was sich Gott verweigert und widersetzt, was sich dem Irdischen verbunden hat, dem Diesseits, der ›Welt‹. Das wird ihm gleichsam durch einen chirurgischen Eingriff entrissen. Aber das bedeutet keineswegs den *Tod* im negativen Sinne des Wortes, das führt nicht zum Eingang in das Totenreich, im Gegenteil, möchte ich behaupten, das stellt die Entäußerung dar, die dem Eingang in das Reich der Lebenden vorausgeht. Das Gericht über die Menschen hat sein Ziel nicht in ihrer Verwerfung, vielmehr darin, daß es zu diesem inneren Bruch kommt, zu dieser Entfernung aller bösartigen Auswüchse des Fleisches.

Und erstaunlicherweise sind es die *Vögel*, die mit dieser Operation betraut werden (19,17). Mir scheint, damit ist der Gipfel aller Schwachheit und Ängstlichkeit gemeint (denn nicht von Raben, Geiern oder Adlern ist die Rede, sondern ganz allgemein von Vögeln). Ausgerechnet das Tier, das bei der kleinsten menschlichen Bewegung fliehen würde, das wird nun von

Gott damit beauftragt, den Menschen seines Fleisches zu berauben. Ein groteskes Bild!

Die Tausend Jahre

Wir kommen nun zu einer derjenigen Stellen, die in der eigenartigsten Weise Sprengstoff zu enthalten scheinen: die tausend Jahre, in denen der Satan gefesselt ist (20,2). Dabei begegnen uns in Kapitel 20 zwei Schwierigkeiten. Die eine bezieht sich auf den ›Zeitraum‹, auf das Gericht in zwei Etappen: Satan wird erst gebunden, dann befreit und vernichtet. Warum nun dieser Aufschub? Die zweite Schwierigkeit betrifft die Historizität dieses Zeitraums, dieser »tausend Jahre ohne Satan«. In beiden Fällen haben wir es mit dem Problem der Zeitlichkeit des Dargestellten zu tun. Ist mit diesen tausend Jahren wirklich ein Stück Geschichte gemeint? Geht es bei den zwei Schritten der Zerstörung Satans tatsächlich um eine zeitliche Aufeinanderfolge? Nachdem wir uns bisher immer darum bemüht haben, den nahtlosen Zusammenhang unseres Textes von Anfang bis Ende aufzuzeigen, und nachdem wir durchgehend seinen Symbolcharakter erkannt haben, werden wir nun natürlich nicht auf einmal aus dem Symbolischen ausbrechen und einen zeitlich-historisch darstellenden Bericht erwarten wollen. Allerdings müssen wir wie immer klar im Auge haben, daß die Apokalypse nicht ›geschichtslos‹ ist, auch nicht einfach ›zeitgenössisch aktuell‹ (so wenig wie sie unpolitisch ist!). Die Geschichte ist für sie fortwährend das Rohmaterial, ist Gelegenheit und Beispiel, Symbolmotiv. Mit anderen Worten: Ich könnte der These zustimmen, daß hier die ›Parusieverzögerung‹[7] Pate gestanden hat, daß sie der Auslöser dieser Darstellung vom ›Aufschub‹ war: Satan wird nicht wie Babylon und die beiden Tiere mit einem Schlag vernichtet. Dieser Aufschub darf allerdings nicht einfach geschichtlich gesehen werden, er ist keinesfalls ein konkreter Zeitraum innerhalb der Geschichte. Wir haben ja bereits gezeigt, daß man in heillose Widersprüche gerät, sobald mit logisch geordneten Abfolgen gerechnet wird: Rom beispielsweise ist ›schon‹ zerstört, erst ›nach‹ diesem Fall der Stadt wird Satan gebunden usw. – Worin aber liegt dann der Sinn dieses Aufschubs?[8] Mir scheint er darin zu liegen, daß die geschichtlichen Ausfor-

---

7 Der Begriff zielt auf die Tatsache, daß die Urgemeinde (vermutlich) ebenso wie Jesus selbst (vielleicht) glaubte, die Wiederkunft des Menschensohnes ereigne sich unmittelbar nach der Auferstehung. Dann starb die erste Generation, die Wiederkunft ließ auf sich warten, und die zweite Christengeneration mußte sich anpassen, indem sie die Aussagen von der Unmittelbarkeit der Wiederkunft korrigierte: sie mußte sich also in einer Zwischenzeit einrichten: in der Zeit der Kirche. Die Erwartungsspannung kühlte sich ab, während die Kirchenorganisation erstarkte. Immer weniger wurde die Parusie ein Ereignis, das in unmittelbarer Zukunft erwartet wurde – und es ergab sich die Notwendigkeit, diese Zwischenzeit zu deuten.
8 Im Blick auf den Aufschub des Gerichts lasse ich die gängige Erklärung beiseite, die zwar sicher nicht falsch, aber unzulänglich ist: Ihr zufolge ist die eschatologische Zeitlichkeit durch die Spannung zwischen der Realisierung des Heilsplanes Gottes an Ostern und seinem endgültigen Offenbarwerden bestimmt: durch den klassischen Gegensatz zwischen dem »Die Zeit ist nahe« (gr. καιρός) Offb 1,3 und »ich habe ihr Zeit gegeben« (gr. χρόνος) Offb 2,21. In den letzten

mungen des Machtgeistes Ereignisse und Geschehensvollzüge sind, die sich total verändern können, ohne daß davon die Fülle der Schöpfung berührt wird. Das gleiche gilt für die beiden Machtgeister selbst. Sie sind sekundär, sind (wie wir gesehen haben) *Emanationen* des Drachen. Sie können verschwinden, und die Welt wird doch weiterbestehen, mag ihre Bedeutung, ihr Einfluß noch so groß gewesen sein. Völlig anders aber verhält es sich bei der »*alten Schlange*«, bei dem, der am Anfang war (ohne allerdings auch der Letzte zu sein), beim Satan, der vor Gott thront (Hiob) und der *Diabolos* ist, dessen Werk also die genaue *Entsprechung* des Handelns Gottes in der Schöpfung darstellt (Gen 1,6–7: Gott *trennte* die Wasser von den Wassern; das Trockene vom Feuchten Gen 1,8–9; *Diabolos* nun ist *der Trennende*). Diese Mächte sind nicht von der gleichen Art wie die anderen. Sie scheinen (aus unserem kleinen, menschlichen Blickwinkel gesehen) ursprünglich zu sein, vom Anfang der Schöpfung her bestanden zu haben, sogar im Schöpfungsgeschehen selber eine Rolle zu spielen. Die Schöpfung war doch ein Vorgang der Trennung, Trennung zwischen Schöpfer und Geschöpf und nachher zwischen den Teilen der Schöpfung. Der Ungehorsam Adams ist dabei der letzte Schritt der Trennung. Und hier vollzieht sich nun die Umkehrung dieser Trennung, die Wiedervereinigung der Schöpfung mit dem Schöpfer, deren entscheidender, radikaler erster Schritt (wie wir schon gesehen haben) die Inkarnation war, die ›Tendenzwende‹. Vorher lief alles von Trennung zu Trennung, von Spaltung zu Spaltung, alles stand unter dem Zeichen von Bruch und Vereinzelung. Nun aber sind es Liebe und Versöhnung, die die alles entscheidende spirituelle Umkehrung der gesamten Ausrichtung der Schöpfung *vollziehen*. Ausgehend von dieser ›Vereinigung‹, die in der Inkarnation Wirklichkeit geworden ist, muß nun alles andere folgen: die umfassende Versöhnung, die Wiedervereinigung und Rekapitulation. Das ist es, was die Auslöschung Satans, der Schlange, des Teufels mit sich bringt. Zugleich ist damit aber auch eine ›Wiederherstellung‹ der Schöpfung gegeben; die grundlegendsten Tendenzen der Schöpfung werden hier umgekehrt, und darum ist leicht zu verstehen, daß dies nicht mit der gleichen Plötzlichkeit, derselben Unmittelbarkeit geschehen kann. Wir sahen, wie der Prozeß der Neuwerdung durch die Inkarnation in Gang gekommen ist, und wir sahen die Umwälzung, die das in der Schöpfung bedeutete. Nun aber kommen wir zum Augenblick der totalen Veränderung. Nun kann die Ausschaltung des Diabolos und Satan ebenso wie die der Macht des Abgrundes nur unter Mitwirkung dessen geschehen, was Gott aus aller Schöpfung erwählt und berufen hat, nämlich des Menschen. Alles

Jahren wurde viel Arbeit in den Gegensatz zwischen kairos und chronos investiert, im Blick auf die uns hier beschäftigende Frage kommt man aber doch immer wieder auf die Aussage von 2Petr 3,8–10 zurück (»denn er will nicht, daß irgend jemand umkomme«). Das ist einer der Aspekte des Aufschubs, aber sicher nicht der einzige! Vgl. Jean-Jacques von Allmen, L'Apocalyptique juive et le retour de la Parousie dans la 2ᵉ Épître de Pierre, Revue de Théologie et de Philosophie, 1966.

wird verändert, alles wird neu begonnen werden, aber es gibt notwendig eine Brücke, eine Verbindung zwischen dem Alten und dem Neuen. Man kann nicht einfach sagen, diese Verbindung bestehe ausschließlich in der einen (als Individuum verstandenen) Person Jesu. Jesus Christus ist nicht ohne die Menschen (denn er ist ja in die Welt gekommen, um die Menschen mit seinem Vater zu versöhnen). Also müssen die Menschen die Brücke bilden. Solange sie aber völlig durch die Tiere gesteuert sind, solange sie vom Diabolos auf den Weg der Trennung geführt werden, auf den Weg der Anklage Satans (und auf den der Selbstrechtfertigung, die eine andere Form der Trennung darstellt: Ich klage den anderen an, indem ich mich selber rechtfertige), so lange kann der Mensch unmöglich diese Brücke bilden, die Verbindung, die Beziehung herstellen.

Während also die beiden Tiere vernichtet werden können, ohne daß die Schöpfung verändert wird, haben wir deutlich gemacht, daß Gott Satan und Teufel einzig durch eine absolut neue Schöpfung auslöschen kann. Diese aber würde totale Veränderung bedeuten, in der alles neu, dem Vorherigen unvergleichbar wird, Ereignis ohne Geschichte, freier Willensakt Gottes, der aufhebt und neubeginnt. Dies aber ist mit der Inkarnation noch nicht in Gang gekommen. Schon darum nicht, weil es sonst ja keine Versöhnung, keine Rekapitulation geben könnte: Die Zukunft wäre ja vernichtet! Das bedeutet aber, daß nun eine neue Ausdrucksform erforderlich wird, die nicht von Satan und Teufel bestimmt ist, eine neue Möglichkeit für den Menschen. Und die Vollendung, die Krönung seines eigenen Handelns *ist* diese Möglichkeit. Freilich die Vollendung *seines* Handelns, nicht des Handelns Satans oder des Teufels. Auch dies ist sicher nicht das Gute, auch damit ist nicht die Gewähr gegeben, daß der Mensch *gut* wird. Es geht um nicht mehr und nicht weniger als das *Menschenwerk*, das aber bildet (wie wir noch sehen werden) die Brücke zwischen dem Alten und dem Neuen. Dieses Werk, das Handeln des Menschen bildet den Ort der Begegnung, des Konflikts, der Entgegensetzung, des Widerspruchs, der Verständigung, der Synthese und der Dialektik zwischen der Freiheit, die Gott zugesichert hat (der Gott, der befreit, der den Drachen für tausend Jahre fesselt), und der Unabhängigkeit, die der Mensch beansprucht (und die Anlaß ist zu seinem Bruch mit Gott, der als die Unabhängigkeit, die er Gott gegenüber beansprucht, immer wieder neu bestätigt wird . . .). In diesem Werk des Menschen ist das, was der Mensch in der von seinem Schöpfer verliehenen Freiheit empfangen hat und was er in der von seinem Stolz beanspruchten und gewollten Unabhängigkeit sich selbst eroberte, untrennbar miteinander vermischt. Und in der Fesselung des Satans kommt nichts anderes als die entscheidende Bedeutung dieses Menschenwerks zum Ausdruck. Er muß alleine fertigwerden. Nur die Vollendung des Menschenwerkes (nicht dieses oder jenes Handeln des Menschen, sondern vielmehr die Gesamtheit seines Wirkens) bestimmt die ›Zwischenzeit‹. Weder die Vollendung der Zahl der Erwählten noch die Bekehrung Israels o.ä. ist der ›Grund‹ für die Verzögerung, vielmehr geht es einzig darum, daß der Mensch das Werk vollendet, das er zu vollbringen hat und das im Guten wie im Bösen für die Schöpfung entscheidend ist.

Darum sind die beiden klassischen Interpretationen der Zwischenzeit von tausend Jahren (geschichtliches und spirituelles Tausendjähriges Zwischenreich) sowohl richtig als auch falsch. Richtig insofern, als diese Zwischenzeit in der Tat ihren Ort im Raum der Geschichte hat; sie ist in gewisser Weise die Erfüllung der ›Geschichte in der Geschichte‹ – wie es diejenigen Theologen sehen, die diesen Zeitraum von tausend Jahren als ein konkretes Geschehen innerhalb der Geschichte auffassen[9]. Richtig ist auch die Theorie vom ›Zwischenreich‹, insofern wir keine konkrete historische Epoche, die durch bestimmte Daten begrenzt wäre, vor uns haben, sondern vielmehr dasjenige historische Ereignis, durch das der Satan gebunden wurde: den Tod Jesu Christi. Die nachchiliastische Theorie ist allerdings zugleich auch falsch, insofern es nicht um eine im Blick auf ihre Dauer von vorneherein festgelegte Zeitspanne geht (die 1000 Jahre scheinen mir mit der biblischen Bedeutung der Zahlen 10, 100 und 1000 in Verbindung zu stehen: dann ist eine sehr lange Dauer gemeint, nichts weiter) noch um geheimnisvolle himmlische Vorgänge oder um die Zeit der Offenbarwerdung der Herrlichkeit Gottes innerhalb der Geschichte. Ebenso ist die spirituelle Theorie zugleich auch falsch, denn das Entscheidende ist die totale Richtungsänderung allen menschlichen Wirkens, nicht ein Zeitraum oder ein gegenwärtiger Zugang zum ›Leben im Paradies‹. Worum es hier im Grunde geht, ist ein Stück ›Ereignishaftigkeit‹ innerhalb der Geschichte, die ihren Anfangspunkt, ihre Wurzel in der Inkarnation hat und darum nichts mit der Möglichkeit zu tun haben kann, jetzt schon das Paradies zu kosten . . . Es ist also die Zeit desjenigen menschlichen Wirkens im Blick, das nicht unter dem Einfluß Satans steht und das darum vielleicht annäherungsweise mit den Begriffen *Liebe* und *Versöhnung* beschrieben werden kann. Um ein konkretes Beispiel zu geben: Die intensiven Anstrengungen unserer Gegenwart, Brüderlichkeit und Solidarität mit den Armen und Schwachen zu realisieren, den Weg zu einem reinen, idealistischen Sozialismus oder auch zur Gewaltlosigkeit, all das sind Ausdrucksformen dessen, was ich menschliches Wirken außerhalb der Einflußsphäre Satans nenne. Mit den Begriffen ›Werk‹ und ›Wirken‹ werden nämlich meines Erachtens höchst verschiedenartige Ergebnisse menschlicher Aktivität beschrieben, keineswegs nur das Ergebnis seiner Arbeit. Das Werk des Menschen ist letztlich sein Leben, seine Gesellschaft, der Mensch selber. Und die Tatsache, daß Satan gefesselt ist, bedeutet von daher, daß nun die Ausrede des Menschen, seine Selbstrechtfertigung, nicht mehr gilt: »Ich war es ja gar nicht . . .«. Die Fesselung Satans beendet das Spiel von der abgeschobenen Verantwortung, das im Sündenfall begonnen hat, als der Mensch sagte (Gen 3,12):

---

9 Wobei ich allerdings die zahllosen phantastischen, schwärmerischen und höchst gefährlichen Spekulationen der Chiliasten (von Joachim von Fiore bis Hitler) beiseite lasse, die in Wahrheit nicht das geringste von diesem Text begriffen haben, weil sie nur den vordergründigen Wortsinn aufzunehmen bereit waren.

»Nicht ich, sondern die Frau«, und die Frau sagte: »Nicht ich, sondern die Schlange«, und im Grunde: »Du, Gott, bist schuld, denn du hast ja die Schlange hier hergesetzt . . .«. All das ist unmöglich geworden. Und das Ende der tausend Jahre ist das Ende der Zeit allen Menschenwerkes, alles Handelns also, das von der Inkarnation her zusammenfassend als Freiheit, Liebe und Verantwortung bezeichnet werden kann. Wenn all das abgeschlossen ist, dann wird Satan freigelassen. Und was geschieht dann? In außerordentlicher Weise übernimmt Satan dann wieder seine Rolle als Ankläger (das ist das Vorspiel zum Gericht): Er faßt das Menschenwerk zusammen. Er wird die Nationen zu verführen suchen, er wird sie zum Kampf zusammenführen (20,7). Ihre Zahl ist wie der Sand am Meer, und Satan ›versammelt‹ – genau wie der Herr in der neuen Schöpfung. Allerdings versammelt er, um das Jüngste Gericht in Gang zu bringen. Er ist der Ankläger – statt daß er aber vor Gott ist, um Gottes Gericht über diesen oder jenen zu fordern, klagt er Gott selber an, um das Gericht herbeizuzwingen, indem er das ganze Menschenwerk total in Frage stellt. Was nämlich hier als ›die Nationen‹ bezeichnet wird, das sind nicht nur die Völker im neutralen Sinne des Wortes, sondern vielmehr die menschlichen Gesellschaften. Kein persönliches Gericht über den einzelnen ist hier im Blick, nicht Einzelpersönlichkeiten werden in den Kampf geworfen – ebensowenig wie es in Matthäus 25 (31–46) um das Gericht über Individuen, vielmehr um das über die Nationen geht. Der Begriff »ἔϑνη« kann hier nicht einfach all das bedeuten, was nicht jüdisch ist oder nicht zum erwählten Volk gehört (die Gojim); er ist sehr viel präziser und meint die organisierten menschlichen Völkerschaften: Stämme, Gesellschaften . . . Es ist bekannt, daß gelegentlich strukturierte Heere so bezeichnet werden, in der römischen Welt meint der Begriff die einzelnen Provinzen.

Versammlung der Nationen

Etymologisch ist der Begriff von Ethos abgeleitet, was in der Grundbedeutung Brauch, Institution bedeutet. Darum stehe ich nicht an zu behaupten, daß hier die Gesellschaften als Vollendung und Ergebnis menschlichen Wirkens im Blick sind, *gleichzeitig* aber in ihrer entscheidenden Dimension als soziales Phänomen, das weit über eine reine Ansammlung von Individuen hinausgeht. Das wird hier versammelt, zum Abschluß allen Menschenwerkes, das wird nun in die Schlacht geworfen. Satan versammelt alles, was vom menschlichen Wirken letztlich vernichtet werden muß. Damit ist die Verurteilung (die Vernichtung) keineswegs das Ergebnis *einer hier und jetzt* erfolgenden Entscheidung Gottes zur Scheidung zwischen guten und bösen Werken (Gott scheidet, trennt nun nämlich nicht mehr!) – sie ist vielmehr das Ergebnis des Handelns des Diabolos (der seinerseits der Trennende bleibt): Dieser versammelt in und mit allem Wirken der Menschen, durch alle Generationen, Unterschiedlichkeiten und Kulturen hindurch all das, was gegen Gott gerichtet sein kann und was darum der Vernichtung geweiht ist. Er ist derjenige, der die Aussonderung vornimmt, er wählt aus, was Ausdruck der Auflehnung des Menschen gegen den Gott der Liebe sein kann, also alles Macht- und Todeswirken, das der Mensch seinerseits ja *auch* angesammelt hat, und er schleudert all das gegen den, den er vernichten will. Das ist der Grund, weshalb der Begriff Nation hier gewählt ist: So gesehen wird er wieder zum biblischen Begriff, was sich übrigens auch im Bild vom Sturm gegen das Heilige Volk und die geliebte Stadt bestätigt (20,9). Die Nationen sind all das, was Israel, die Kirche und Jerusalem, den Leib Christi also, zerstören will. Deshalb müssen wir die Vielschichtigkeit des Symbols, die beiden ›Ebenen‹ des Begriffes ›Nation‹ in aller Sorgfalt aufrechterhalten.

Das Ergebnis dieser Versammlung und dieses Sturmes ist dies, daß durch die Erfüllung der letzten Aufgabe des Trenners dieser selbst vernichtet (wahrhaft ins Nichts geworfen) wird (20,10). Und noch einmal sei es betont: In den Feuerpfuhl geworfen werden hier Teufel und Satan; kein Wort wird dabei von Menschen gesagt!

Vernichtung des Todes (20,11–21,8)

Die letzte Etappe des Gerichtes ist das Ende des Todes. Da aber der Tod als natürliche (nicht als Strafe verstandene) Grenze des Lebens, als Zeichen unserer Endlichkeit in der Schöpfung von Eden ein wesentlicher Teil der Schöpfung selber war, da er außerdem aufgrund unserer Auflehnung, aufgrund der Haltung Adams gegenüber Gott mit Leid und Furcht, mit Angst und Strafe umgeben wurde, darum kann er nicht vernichtet werden, ohne daß zugleich die Schöpfung selbst ausgelöscht wird. Nun sahen wir den Ansatzpunkt für die Aufhebung der Schöpfung durch eine Neue Schöpfung bereits im Ereignis der Inkarnation. Hier nun kommen wir zum Ziel dieses Geschehens, das in der Aussage gipfelt, daß Himmel und Erde spurlos verschwinden (21,1). Das ist nicht einfach eine ›Ausdrucksweise‹ oder ein ›eindrückliches eschatologisches Bild‹: vielmehr haben wir hier eine ganz klare theologische Aussage. Was hier angesagt wird, ist nämlich nicht einfach die Wiederherstellung dessen, was am Anfang war, die Wiederaufrichtung des Paradieses: Die erste Schöpfung, zu der auch der Tod gehörte, wird nun vernichtet und ausgelöscht, damit alles, was aus dem Tod entstanden ist (der böse Feind, die Macht des Abgrundes und des Chaos, des Tohu wa Bohu, des Nichts, der Verneinung des Lebens) durch etwas radikal Neues ersetzt werden kann. Um nun allerdings zu bezeugen, daß der Tod wirklich vernichtet ist, daß er wahrhaft der »gestorbene Tod« ist, wie d'Aubigné sagt, darum müssen alle zurückgeholt werden, die der Tod bereits besiegt hatte, darum muß also alles nach dem Vorbild Jesu auferstehen (20,12–15). Wenn alles auferstanden ist, dann ist der Tod und das Reich des Todes vernichtet[10]. Nur

10 Es ist leicht zu verstehen, warum hier vom ›zweiten Tod‹ gesprochen wird. Damit ist keineswegs (wie zahlreiche Ausleger meinen) der ›endgültige‹, ›spirituelle‹ Tod gemeint, der dem einfachen, leiblichen Tod entgegengesetzt wäre, sondern vielmehr der Tod des Todes. Der Tod und sein Handeln, all sein Wirken auf Erden, das ist der erste Tod. Wenn er aber selbst zur Vernichtung im Feuer verurteilt wird, so ist das etwas völlig Neues: nämlich der zweite Tod, der den Tod selber trifft.

das Leben bleibt, und der Lebendige, der auferstandene Herr, der ewige Jahwe, der wiedererstandene Mensch. Alle Menschen haben an dieser Auferstehung teil.

Das Buch des Lebens

Allerdings taucht hier ein doppeltes Problem auf: das vom Buch des Lebens und vom Gericht nach den Werken (20,12). Was den zweiten Punkt betrifft, so meine ich, daß wir nach und nach schon gemerkt haben, daß es sich dabei nicht um eine Sache der Moral handeln kann, auch nicht um gute Werke nach einem engen ›christlichen‹ Verständnis. Das Werk des Menschen ist die Summe seines ganzen Lebens. Die Aussage der Bibel scheint mir in diesem Punkte völlig klar zu sein. Wir sahen ja, daß auf der anderen Seite all das, was das Vernichtungsurteil verdient hatte, diesem in der Vernichtung der Nationen anheimgefallen ist. Alles, was im Leben des Menschen Werk des Machtgeistes, des Todes, der Gewalt usw. war, das ist vernichtet. Aber der Mensch selber? Es heißt hier, über jeden wurde *Gericht gehalten* nach seinen Werken, und wir sahen ja bereits im Verlauf der Ausgießung der sieben Zornschalen dieses Gericht, das den Menschen mit sich selber konfrontiert. Hier nun wird keineswegs gesagt, die Menschen würden aufgrund ihrer Werke *verurteilt*. Ihre *Werke* können sehr wohl verurteilt werden: Die gleiche Unterscheidung zwischen dem Menschen und seinem Tun begegnete uns schon im Gegensatz zwischen der Ausgießung der Zornschalen, die den Menschen betrifft, und der Verurteilung des Machtwirkens des Menschen mit der Frau und mit Babylon. Was uns hier vor Augen tritt, ist keine Verurteilung aufgrund böser Werke, sondern eine völlig andere Differenzierung: die Einschreibung – oder Nicht-Einschreibung – in das Buch des Lebens. Es gibt Bücher über das Wirken des Menschen, über sein Handeln genau in der Zeit der tausendjährigen Gebundenheit Satans, also über dasjenige Handeln, das Ausdruck der Befreiung des Menschen sein sollte und für das der Mensch selber verantwortlich ist. Und dann gibt es *das* Buch des Lebens (20,15).

Damit begegnen uns hier zwei Themen, die eng miteinander verquickt sind: einerseits das Thema der Auferstehung zusammen mit der Aussage vom Ende des Todes, zum anderen das Thema vom Buch des Lebens. Nur wer nicht in dies Buch des Lebens eingetragen ist (und nicht etwa, wer böse Taten getan hat!) wird in den zweiten Tod gestürzt[11]. Zwischen dem Gericht nach den Werken und der Verleihung des ewigen Lebens oder der Verwerfung in den Tod besteht keine Beziehung. Das einzige Kriterium für die Verwerfung ist nach unserem Text dies: »wer nicht im Buche des Lebens gefunden wurde«. »Gefunden wurde« – also war er schon vor dem Gericht nach den Werken darin? Dann allerdings stellt sich die entscheidende Frage, die aber ohne Antwort bleiben muß: Ist es möglich, daß Menschen nicht in

---

11 Das bedeutet, wenn man beim Denkschema der Prädestination bleiben will, daß es nur eine einzige Prädestination geben kann, nämlich die zum Heil – keine doppelte!

das Buch des Lebens geschrieben sind? Ist es möglich, daß die Liebe jemanden verwirft? Ist es möglich, daß der Lebendige etwas anderes zerstört als die Mächte der Zerstörung?[12] Ist es denkbar, daß der, der alle Dinge neu macht, den alten Zustand des Todes beibehält? – Daß der, der gekommen ist, um alle Menschen zu erlösen, seine Aufgabe halbfertig liegenläßt, indem er nur einen Teil wirklich errettet? – Daß der Ewige das Zeitliche im Stiche läßt? – Daß der, der alles in allem ist, außer sich noch etwas bestehen läßt, das nicht zum Leben gehört? – Daß der Vater seine Söhne verjagt (»ein Mensch hatte zwei Söhne . . .« Lk 15,11)? Ist es denkbar, daß der Allmächtige, der er doch auch ist, in seiner Macht letztlich durch die Auflehnung der Menschen (die doch, wie wir gesehen haben, vernichtet wird) begrenzt ist? Daß sich die Gerechtigkeit Gottes nicht nur in seinem aufwallenden Zorn äußert (was ja ganz normal wäre und in Gericht und Plagen auch zum Ausdruck kommt), sondern in *ewigem*, zeitlos fortdauerndem Zorn? Es sollte doch deutlich sein, wie unmöglich *neben* der Neuen Schöpfung, neben dieser großartigen Symphonie der Liebe noch eine Welt des Zorns bestehenbleiben kann. Sollte Gott denn immer noch zwei Gesichter haben, ein liebendes Antlitz, das auf das himmlische Jerusalem gerichtet ist, und ein Angesicht des Zorns, das auf diese ›Hölle‹ hinschaut? Friede und Freude Gottes wären dann *noch nicht vollkommen*, wenn Gott immer noch zugleich der des Zornes und des Bannstrahls wäre. Könnte man sich denn das ›Paradies‹ so vorstellen, wie es Romain Gary in »Tulipe« so eindrücklich dargestellt hat, wenn er schreibt, was ihn erschüttere, sei nicht das Konzentrationslager – sondern das »kleine, friedliche und glückliche Dorf *neben* dem Lager«, das kleine Dorf, in dem die Leute ganz ruhig lebten, während Millionen von Menschen im Lager auf grauenhafte Weise umkamen?

Die neutestamentliche Vorstellung von der Gerechtigkeit Gottes zeigt doch etwas völlig anderes: nicht den Gerichtshof, der Verurteilungen oder Verdammungen ausspricht, sondern etwa das Gleichnis von den Arbeitern, die in der elften Stunde noch in den Weinberg gerufen werden (Mt 20,1–16), vom verlorenen Schaf (Lk 15,4–7) oder von der kostbaren Perle (er hat alles, was er hatte, hingegeben, dieser Gott, um das zu erwerben, was in seinen Augen die kostbarste Perle war: der Mensch. Wird er nun diese Perle in Stücke schlagen, um einige Splitter wegzuwerfen? Mt 13,45) oder das Gleichnis vom verlorenen Sohn (Lk 15,11–24) oder das vom ungetreuen Haushalter . . . (Lk 16,1–9). So ist die Gerechtigkeit Gottes. Weder nachtragend noch belohnend – sie ist die Gerechtigkeit der Liebe selber, die den, den sie richtet, doch nur mit den Augen der Liebe sehen kann und die in diesem verkommenen, elenden, aufsässigen, lästerlichen, sklavischen, machthungrigen, schamlosen, haßerfüllten, alles an sich reißenden und verschlingenden Wesen den winzigen letzten Rest finden kann, den außer sei-

---

12 In dieser Verurteilung aller Zerstörung ist wohlgemerkt *alles* Menschenwerk erfaßt, das der Zerstörung dient: der Krieg, die Ausbeutung des Menschen durch den Menschen und alle Verneinung, sei sie nun gegen Menschen oder gegen Gott gerichtet.

ner Liebe niemand mehr vermutet hätte, und ihn dann zusammenholt und rettet. Nicht alles, was dieser Mensch im Laufe seines Lebens getan hat, nicht alles Böse und Schlechte, was er ja auch war, sondern er selber, jener letzte Hauch, den Gott geliebt hat. Theologisch gesehen ist es unmöglich, daß es verurteilte Menschen gibt, denn das würde ja bedeuten, daß es für die Liebe Gottes eine äußere Grenze gäbe. Nur das Nichts ist vernichtet. Und beim zweiten Tod geht es nicht um Menschen oder um Menschenleben, sondern um das böse Wirken des Menschen, um Satan und Teufel, um die (vom Menschen erfundenen!) Verkörperungen dieser Mächte, um den Tod. Um nichts anderes[13].

---

13 Ich maße mir freilich nicht an, auf zwei Seiten das unergründliche Problem vom universalen oder nicht-universalen Heil, von der einfachen oder doppelten Prädestination – wer könnte hier das unvergleichliche Kapitel in Karl Barths Kirchlicher Dogmatik (II,2, Kap. 7) übertreffen wollen – zu lösen. Die Texte, die zum ›Beweis‹ der Verurteilung bestimmter Menschen herangezogen werden, sind mir bekannt. Ich wollte hier einzig darlegen, daß sich diese Interpretation in der Apokalypse nicht aufdrängt, daß sie im Gegenteil dem Gesamtzusammenhang von Offenbarung, wie er uns hier begegnet, sogar zuwiderläuft.
Auch im Blick auf die anderen Texte möchte ich betonen, daß Vorsicht am Platze ist: So darf etwa die Verurteilung des Menschenwerks oder der Nationen nicht mit der des Menschen selber verwechselt werden. Ebenso dürfen Gleichnisse nicht als Beschreibung der Realität mißverstanden werden (eigenartigerweise ist man sich in der Regel darin einig, daß Gleichnisse von ihrer ›Pointe‹ her auszulegen sind, und dann werden die drei Gleichnisse von Mt 25 – und vor allem das letzte dieser drei – auf einmal interpretiert, als liege die Beschreibung einer konkreten Wirklichkeit vor).
Noch ein letzter Hinweis zur Vorsicht: Warnungen, Mahnungen dürfen nicht mit einer objektiven Gegebenheit verwechselt werden. Der Hörer des Wortes Gottes empfängt mit dem Gotteswort zugleich die Warnung, daß von diesem Augenblick an auch Verurteilung möglich ist. Von daher möchte ich behaupten, die Drohung ist eines der Elemente göttlicher Pädagogik, sie bedeutet aber keineswegs, daß sich diese Drohung für die ganze Menschheit verwirklichen muß. Vielmehr handelt es sich um eine Möglichkeit, die sich vor demjenigen auftut, dem das Evangelium verkündigt wird, dem also die Gnade bereits zugewendet ist. Freilich ist das ein Stück existentieller Glaubenserfahrung, kein objektiver theologischer Lehrsatz – und wir haben auch nicht das Recht, es in einen solchen umzuwandeln.

Kapitel VII

Die Neue Schöpfung[1]

Offb 21 und 22,1-5

21 1 Und ich sah einen neuen Himmel und eine neue Erde. Denn der erste Himmel und die erste Erde sind vergangen, und das Meer ist nicht mehr.

2 Und die Heilige Stadt Jerusalem sah ich, neu, von Gott aus dem Himmel herabkommen, bereitet wie eine Braut, die für ihren Mann geschmückt ist.

3 Und ich hörte eine laute Stimme vom Thron her erschallen:
»Siehe! Die Wohnung Gottes bei den Menschen!
Er wird bei ihnen wohnen, und sie werden sein Volk sein,
und er, Gott, wird mit ihnen sein

4 und wird alle Tränen abwischen von ihren Augen;
und der Tod wird nicht mehr sein
und kein Leid, kein Jammer und keine Mühsal wird mehr sein,
denn das erste ist vergangen.«

5 Und der Thronende sprach: »Siehe, ich schaffe alles neu!« Und er befahl mir: »Schreibe auf! Denn diese Worte sind treu und wahrhaftig!«

6 Und er sagte zu mir: »Sie sind in Erfüllung gegangen. Ich bin das A und das O, der Anfang und das Ende. Ich werde dem Durstigen aus der Quelle des Lebenswassers zu trinken geben umsonst.

7 Wer siegt, wird dies zum Erbe erhalten, und ich werde sein Gott sein, und er wird mein Sohn sein.

8 Das Erbteil der Feigen aber und der Ungläubigen, Greuelbefleckten, Mörder, Hurer, Giftmischer, Götzendiener und aller Lügner wird im lodernden Feuer- und Schwefelpfuhl sein! Das ist der zweite Tod.«

9 Und einer von den sieben Engeln, die die sieben Schalen trugen, die mit den letzten Plagen gefüllt waren, kam zu mir und sagte: »Komm, ich will dir die Braut zeigen, die Frau des Lammes!«

10 Und er trug mich im Geiste fort zu einem großen, hohen Berg und zeigte mir die Heilige Stadt Jerusalem: Von Gott aus dem Himmel kam sie herab,

11 strahlend hell durch Gottes Herrlichkeit. Ihr Glanz gleicht dem eines kostbaren Edelsteines, wie funkelnder Jaspis.

12 Sie hat eine Mauer, groß und hoch, mit zwölf Toren, auf denen zwölf Engel stehen; und die Namen der zwölf Stämme Israels sind auf ihnen eingemeißelt.

13 Nach Osten sind es drei Tore, nach Norden drei, nach Süden drei und nach Westen drei.

---

1 In diesem Kapitel kann ich mich sehr kurz fassen, da ich die Symbolik des Neuen Jerusalem in »Sans feu ni lieu. Théologie de la ville« (Paris 1975) ausführlich behandelt und analysiert habe. Ich verweise auf diese Arbeit und beschränke mich hier darauf, ihre Grundlinien zusammengefaßt wiederzugeben.

14 Und die Mauer der Stadt hat zwölf Grundsteine, darauf sind die Namen der zwölf Apostel des Lammes eingemeißelt.

15 Der Engel, der mit mir sprach, hielt als Maß einen goldenen Stab in der Hand, die Stadt und ihre Tore und ihre Mauern zu vermessen.

16 Die Stadt ist viereckig angelegt, ihre Länge beträgt so viel wie ihre Breite. Und er maß die Stadt mit dem Stab auf zwölftausend Stadien. Ihre Länge und Breite und Höhe sind gleich.

17 Er maß ihre Mauer: Einhundertvierundvierzig Ellen nach Menschenmaß, das auch das Maß der Engel ist.

18 Der Unterbau ihrer Mauer ist aus Jaspis, die Stadt aus reinem Gold gleich reinem Glas.

19 Die Grundsteine der Stadtmauer sind mit Edelsteinen jeder Art geschmückt: Der erste Grundstein ist ein Jaspis, der zweite ein Saphir, der dritte ein Chalzedon, der vierte ein Smaragd,

20 der fünfte ein Sardonyx, der sechste ein Karneol, der siebente ein Chrysolith, der achte ein Beryll, der neunte ein Topas, der zehnte ein Chrysopras, der elfte ein Hyazinth, der zwölfte ein Amethyst.

21 Und die zwölf Tore waren zwölf Perlen, jedes von ihnen aus je einer Perle gemacht. Und die Straße der Stadt war reines Gold wie durchsichtiges Glas.

22 Keinerlei Tempel sah ich in ihr; denn Gott der Herr, der Allmächtige, ist selbst ihr Tempel, er und das Lamm.

23 Die Stadt braucht es nicht, daß Sonne und Mond ihr scheinen, denn Gottes Herrlichkeit hat sie licht gemacht: ihre Leuchte ist das Lamm.

24 In ihrem Lichte werden die Nationen einhergehen; und die Könige der Erde werden ihre Pracht in sie hineinbringen.

25 Ihre Tore werden am Tage niemals geschlossen, Nacht aber wird es nicht mehr geben.

26 Man bringt die Herrlichkeit und die Ehre der Nationen in sie hinein.

27 Niemals soll etwas Gemeines in sie Eingang finden, kein Greuel und keine Lüge – einzig die, die im Lebensbuch des Lammes aufgeschrieben sind.

1 Und er zeigte mir einen Strom von Lebenswasser, klar wie Kristall. Er entspringt 22 in Gottes und des Lammes Thron.

2 In der Mitte zwischen der Straße der Stadt und dem Strom, hüben und drüben, steht der Baum des Lebens, der zwölfmal Frucht trägt; jeden Monat bringt er eine hervor; und die Blätter des Baumes dienen zur Heilung der Nationen.

3 Und keine Verfluchung wird es dort mehr geben. Gottes und des Lammes Thron wird in der Stadt sein, und seine Sklaven werden ihm dienen

4 und sein Angesicht schauen. Auf der Stirn tragen sie seinen Namen.

5 Keine Nacht wird es mehr geben, sie brauchen kein Lampen- oder Sonnenlicht mehr: Denn Gott der Herr wird sein Licht über ihnen leuchten lassen, und sie werden herrschen für alle Zeiten.

Kein ›Paradies‹

Bereits flüchtiges Durchlesen zeigt uns, daß diese neue Schöpfung überhaupt nichts mit den traditionellen Bildern vom Paradies oder von den grünen Auen gemein hat. Das Bild vom Paradies, das sich vermutlich aus der Gnosis entwickelt hat, mit der germanischen Walhalla-Vorstellung vermischt wurde und dann Einflüssen aus dem Islam ausgesetzt war, ist so ziemlich das genaue Gegenteil von dem, was uns die Schrift hier vorzeichnet. Wir werden sehen, daß es nicht einfach ein kleiner theologischer Irrtum ist, wenn da menschliche Erquickung in einer ungetrübten Naturwelt beschrieben wird. Hier ist etwas total anderes im Blick. Drei wesentliche Elemente sind hervorzuheben: Das Neue Gottes – Die Stadt – Die Mahnung.

Nicht ohne das Gericht

Das erste, was unübersehbar deutlich wird, ist dies, daß die Neue Schöpfung, das absolut Neue, nur durch Gericht und Vernichtung kommen kann: Es braucht auf jeden Fall die radikale Krise, die völlige Vernichtung von Natur, Menschheit, Geschichte und von allen Mächten. Ohne diesen Tod kann nichts wirklich Neues in Erscheinung treten, ohne dieses Gericht, durch das das Unkraut vom Weizen getrennt wird (Mt 13,24–30). Alle Kontinuität ist also zerstört. Die Stadt Gottes steht nicht am Ziel allen menschlichen Fortschritts, am Endpunkt der Geschichte, der durch eine Art Akkumulation alles menschlichen Wirkens erreicht würde – an diesem Ende finden wir höchstens Babylon. Unser Tun bildet mitnichten eine gradlinige Entwicklung auf das Himmlische Jerusalem zu[2].

Das Alte muß vergehen

In der Apokalypse fehlt jegliche Vorstellung von einer Vollendung, die durch einen historischen Entwicklungsprozeß erreicht wird. Die alten Dinge, die verschwinden müssen (der erste Himmel und die erste Erde sind vergangen 21,1), werden allein durch Tod, Leiden und Trennung charakterisiert. Auch all das, was die Größe des Menschen ausmachte, wurde davon keinen Augenblick lang ausgenommen. Menschliches Glück und Gut, alle Schönheit ist vorübergehend und vergänglich. Das alles stand unter dem Zeichen des Leidens und der Trennung: Und das ist nicht etwa Ausdruck eines lebensfeindlichen Pessimismus, vielmehr der einer unbestechlichen Erkenntnis von der tiefsten Wirklichkeit des Menschen – das gleiche, was beispielsweise auch die Psychoanalytiker heute entdecken, wenn sie sagen, der Urgrund des Menschen sei die Angst. Freilich erhebt sich hier eine berechtigte Frage: Ist es nicht erstaunlich, daß der Himmel (im biblischen, nicht im physikalischen Sinne) ebenfalls als zur ersten Schöpfung gehörig bezeichnet wird? Ausgerechnet der Himmel, die ›Wohnung Gottes‹, sein Bereich, die andere Welt! Wie sollten dort Tränen, Leid und Jammer sein (21,4)? Freilich ist dort der Tod seit der Trennung zwischen dem Menschen und Gott in Gestalt der *Trennung* gegenwärtig, seit dem Tod dessen, der bis

---

2 Hier zeigte sich schon früher der große Unterschied zwischen katholischer und evangelischer Theologie. Péguy hat die katholische Theologie ausgezeichnet charakterisiert: »Die irdischen Städte sind Abbild und Anfang, Körper und Versuch für das Haus Gottes.« Auch von Teilhard de Chardin wurde diese Sicht der Welt vertreten, und inzwischen sind auch zahlreiche evangelische Theologen und der Weltkirchenrat diesem Irrtum verfallen.

an der Welt Ende das gekreuzigte Gotteslamm bleibt. Wir haben ja bereits gesehen, in welchem Maße die Apokalypse die Inkarnation und den Tod Gottes in Jesus Christus ernst nimmt. Was den Himmel beherrscht – in der allernächsten Nähe Gottes – das ist nicht mehr die Freude der Engel, sondern die Erschütterung über den Bruch, also Gottes Trauer über den Menschen, das Leiden des Vaters, der die Heimkehr des verlorenen Sohnes ersehnt (Lk 15,11–24). In der Bibel begegnet uns nur selten die Freude im Himmel: sie wird im Augenblick der Weihnacht verkündet, sie offenbart sich, »wenn ein Sünder umkehrt« (Lk 15,7) – und damit dürften auch schon die Stellen erwähnt sein, an denen sie vorkommt!

Zukunft und Ewigkeit

Die erste Schöpfung ist erfüllt von den alten Dingen: Sie können nur alt sein, ohne Zukunft (denn Angst und Tod haben keine Zukunft!), sie sind bereits überholt, sie vermögen unsere Zukunft nicht zu gestalten. Sagen uns denn die Allgegenwart des Todes und des Leidens nicht mit allem Nachdruck, daß es nichts Neues unter der Sonne geben kann? Das ist der letzte Schluß des Predigers (Koh 1,9), aber auch der von Baudelaire (»Neues, Neues wurde nicht auf Erden«). – Wer würde denn im übrigen auch an den Tod die eigenartige Forderung der Neuwerdung stellen . . . »O Tod, alter Kapitän, es ist nun Zeit! Laß uns die Anker lichten. . . .«[3]. Angesichts dieser Feststellung und durch den totalen Bruch hindurch erklärt die Schrift dagegen, Gott selbst sei *neu* (»Und Gott selber, jung sowohl als ewig«[4]). Er ist nicht nur Schöpfer, sondern zugleich derjenige, der das Neue ins Leben ruft. Immer wenn in der Welt etwas wirklich Neues erscheint, so ist das Frucht des Handelns Gottes. Das bedeutet aber immer zugleich auch das Zerbrechen des Alten. Der neue Wein *kann nicht* in alte Schläuche gefüllt werden (Mt 9,17). Das Alte kann nicht bewahrt, wiederverwendet oder dem Neuen wieder hinzugefügt werden. Die Ewigkeit Gottes bedeutet keine Unbeweglichkeit, sondern ständigen Neubeginn, immer wieder sich ereignende Geburt von völlig Neuem, Fehlen von Gewohnheit, Zwangsläufigkeit oder Schicksal, auch das Fehlen von Wiederholung. Die Vorstellung vom Mandala-Kreis oder vom Swastika ist das genaue Gegenteil der Offenbarung Gottes in Jesus Christus (es gibt im Grunde nicht die geringste mögliche Verbindung zwischen dieser Offenbarung und den Anschauungen von Buddhismus und Hinduismus). Die Beziehung zu Gott ist keine Verbindung, die im voraus gewußt und abgeschätzt werden kann, die hergestellt und klar umgrenzt zu werden vermag. Gott stellt zu jedem Menschen eine unverwechselbare Beziehung her. Die Gnade bewirkt in jedem Menschenleben ganz neue Verbindungen und Möglichkeiten. Gott wirkt in der Geschichte neue Ansätze, die der Mensch gar nicht erahnen oder voraussehen

3 Charles Baudelaire, Les Fleurs du Mal (Die Blumen des Bösen), »Le voyage«, a.a.O., S. 246.
4 Charles Pierre Péguy in: »Eve«.

kann (etwa den Bund oder die Inkarnation). Und die Ewigkeit ist darum eine sprudelnde Quelle eben nicht von vorneherein festgelegter, sondern immer unverwechselbar neuer und überraschender Augenblicke – das Unerwartete, das schlechthin Unvorhersehbare. Das große Spiel (der Kinder!) besteht darin, das zu leben. Und genau das nennt auch unser Text hier *Leben*. Die endlich möglich gewordene Versöhnung mit dem, der immer wieder der unerwartet Neue ist, und zugleich eine Liebe, die sich nie verbraucht, die nie Gewohnheit wird, die immer so voll, so bewegend und überraschend ist wie am ersten Tag.

Gottes neues Schöpferwort
Das alles steckt in dem Ruf »Ich mache alles neu« (21,5). Gott selbst ist das absolut Neue, mit dem nun völlige Gemeinschaft eröffnet wird (was im Leben Jesu nur für wenige Wirklichkeit war, das steht nun allen offen). Daraus ergibt sich der grenzenlose Sieg des Lebens (der nicht mehr zwischen Lebensmächten und auf den Tod hinzielenden Strömungen geteilt werden muß) und die Unterdrückung alles dessen, was den Tod begleitete (Leiden und Trennung). Das alles aber wird allein von Gott gewirkt: »Ich mache«. Er allein ist Alpha und Omega, der Anfang und das Ende. Aber dabei verdient es schon jetzt festgehalten zu werden, daß Anfang und Ende nicht einfach identisch sind. Zwischen Anfang und Ende läuft unsere gesamte Geschichte ab, und was sich von Anfang bis Ende gleichbleibt, das ist einzig das Wort, das Neue wirkende Schöpferwort.
Denn hier sehen wir nun allerdings eine neue *Schöpfung*, ein Geschenk Gottes. Keine noch so große Anstrengung des Menschen könnte das bewirken: Der Mensch wird weder ein neues Leben noch das ganz andere Neue schaffen können. Auch in dieser Hinsicht übrigens ist die Apokalypse nicht in erster Linie eine politische Schrift. Die Chaosmächte müssen noch verschwinden, ebenso all das, was zum Symbol für sie geworden ist, etwa hier das Meer. Dieser Nebensatz (»Das Meer ist nicht mehr« 21,1) ist eigenartig, einfach darum, weil das Meer selber ja gar nicht die Macht der Zerstörung und des Chaos war, es war nur ihr Bild: aber auch das muß aus der Neuen Schöpfung verschwinden. Was nun *herabkommt* aus dem Bereich Gottes, die Heilige Stadt, ist der Ort und die Möglichkeit einer neuen Menschheit. Sie steigt nicht aus dem Menschenwerk auf, das Glanzleistungen und Erfolge aufgehäuft hat, sie kommt vielmehr aus der Rechten des Vaters herab. Und wenn das Volk *neu* ist, so darum, weil es *sein* Volk ist. Er – und er allein – wird trösten. Damit ist gesagt, daß der Mensch, selbst wenn er in der Lage sein sollte, den physischen Tod zu überwinden, doch immer wieder erkennen muß, daß der spirituelle Tod außerhalb seiner Reichweite und seiner technischen Möglichkeiten liegt. Ganz im Gegenteil sind wir sogar gewarnt, daß der Mensch, je mehr er die Welt gewinnt, um so mehr seine ›Seele‹ (sein Sein, seinen Wesenskern!) verlieren wird (Mk 8,36)! Unser Text bringt eine Häufung von Aussagen über Gottes Handeln: »Ich werde das Wasser des Lebens zu trinken geben«, »ich bin der Anfang und das Ende« (21,6); er

zeigt, daß allein Gott alles Neue gewirkt hat. »Die Worte sind in Erfüllung gegangen«: Alles ist erfüllt, vollbracht – vergessen wir aber nicht, daß *am Kreuz* alles vollbracht worden ist, nirgends anders – und ohne jede Beteiligung der Menschheit (außer derjenigen von Herodes und Pilatus, von Juden und Kriegsknechten). Was da vollbracht ist, das ist in der Tat voll und ganz das Werk des Herrn.

Verleitung zur Passivität?

Freilich ist mir bewußt, daß man hier einwerfen könnte, es handle sich um einen den Menschen zur Inaktivität verleitenden Text, um eine Lehre, die eine gefährliche Empfängerhaltung auslösen könnte: Wenn Gott alles tut, dann braucht der Mensch ja nur die Hände in den Schoß zu legen und zu warten. Interessanterweise wurde das bereits den Reformatoren entgegengehalten. Und doch: Wer hat denn Aktivitäten und gute Werke in großer Zahl in die Wege geleitet, wer hat sich denn um konstruktives Handeln in Wirtschaft und Technik und nicht zuletzt auch im Bereich der Verkündigung bemüht, wenn nicht die Protestanten (die vielleicht sogar vielfach besser daran getan hätten, nichts zu tun)? Ich persönlich möchte auf diese Kritik zunächst antworten, daß sie mich auch dann nicht sehr beeindrucken könnte, wenn sie zuträfe: Wenn es wirklich die Offenbarung Gottes ist, dann ist es kaum von Belang, ob sie den Menschen zur Inaktivität verleitet oder nicht. In diesem Falle scheint mir einzig das Bemühen entscheidend zu sein, dieser Offenbarung in Treue zu gehorchen und nicht irgendwelchen modischen Parolen auf den Leim zu gehen. Ich habe indessen nicht den Eindruck, unser Text könnte den Sinn haben, den Menschen von konstruktivem Handeln abbringen zu wollen. In erster Linie spricht er vom Leben und vom Tod, vom radikalen Widerspruch zwischen dem Lebendigen und dem Toten. Er redet also aus der Warte einer gewissen Absolutheit. Er sagt mitnichten, alles innerhalb unseres Lebens sei gleichwertig, er macht aber deutlich, daß all unser Tun relativ bleibt, niemals Absolutheit beanspruchen kann. Wir müssen um Gerechtigkeit, um Frieden und Freiheit kämpfen, aber all das bleibt doch immer relativ. Niemals werden wir eine Gesellschaftsform erreichen, in der Gerechtigkeit, Frieden und Brüderlichkeit in absoluter Form verwirklicht sind. Das zu hoffen ist ein moderner Aberglaube. Sollen wir darum nun aber gar nichts tun – weil ja doch alles nur relativ ist? Wir essen doch auch alle Tage wieder, obwohl das in höchstem Maße relativ ist!

Das rechte Handeln

Wir haben ein Menschenleben zu vollziehen, das kein äußeres Ziel hat, das nichts wirklich Neues hervorbringen kann, das aber doch vor Gott nicht ohne Wert ist. Wir werden das noch genauer zu sehen haben. Das Gericht ergeht schon ganz am Anfang der Apokalypse über die Lauen, also gerade über die, die *nichts* tun. Zwischen dem Handeln aber und dem Glauben, in dem das Himmlische Jerusalem auf Erden Wirklichkeit wird, besteht ein himmelweiter Unterschied! Übrigens spricht unser Text selber von der Notwendigkeit des Handelns in zwei Mahnungen, die er an uns richtet: Nachdem es geheißen hat, »alles ist geschehen«, fügt er hinzu: »Dem Durstigen . . .«, und damit zeigt sich der Gegensatz zwischen dem, der Durst hat (und das Leben empfängt), und all den anderen, die keinen Durst haben, die ihre Befriedigung und Erfüllung in menschlichen Aktivitäten und Erfolgen schon gefunden haben. Hier geht es nicht um ein Problem des moralischen Verhaltens, sondern um dasjenige der spirituellen Sehnsucht, um das Sehnen nach Liebe. Alle diejenigen sind hier gemeint, die Gott nicht geliebt haben, die nicht auf seine Liebe gehofft haben (und es muß ja wohl nicht daran erinnert werden, daß die Liebe Gottes in der Nächstenliebe, in allem Bemühen um Gerechtigkeit und Freiheit konkret zum Ausdruck kommt). Im selben Abschnitt heißt es: »wer siegt« (21,7) – offensichtlich ist da ein Kampf durchzustehen. Täuschen wir uns aber nicht: Für die Apokalypse ist das nicht zuerst ein politischer oder wissenschaftlicher oder auch sozialer Kampf, vielmehr geht es um den Kampf des Glaubens. Gerade nicht um den Kampf des Menschenstolzes, der den Anspruch erhebt, *seine* Geschichte, *seine* Wissenschaft, *seine* Gesellschaft selbst zu bauen . . . Freilich vollzieht sich der Kampf des Glaubens niemals im Abstrakten. Er ist kein Kampf im Innern, in der Seele, er ist auch keine Auseinandersetzung verschiedener Ideen: Vielmehr ein Kampf, der sich nicht nur im Zeugnis, sondern in meinem ganzen Menschsein ausdrückt, wobei die politischen und alle anderen Wirklichkeiten eingeschlossen sind. Damit aber stehen wir zwischen zwei Gefahren: zwischen der einen, gar nichts zu tun, und der anderen, an »das zu glauben, was man tut«, unseren Glauben in unsere Werke zu setzen . . .

Eine Warnung

Darum müssen wir noch ein Wort über das Gericht sagen. Nichts von all dem, was die Verderbnis des Menschen ausmacht, findet in das Neue Gottes Eingang. Das liegt auf der Hand. Hier wird nun aber außerdem gesagt, daß die Feigen (also die Lauen, die nichts tun), die Ungläubigen, die Greuelbefleckten, die Mörder, Magier, Hurer, Götzendiener und Lügner dem zweiten Tod verfallen sind (21,8). Widerspricht das nicht völlig dem, was wir weiter oben über das Gericht gesagt haben, das lediglich über die Mächte, nicht aber über die Menschen ergeht? Nur zwei Dinge möchte ich hervorheben: Erstens, daß hier nicht die Verurteilung selbst ausgesprochen wird, sondern die *Warnung* vor der Möglichkeit eines solchen Endes: »Seht euch vor!« – Das scheint mir der Sinn dieses Wortes zu sein. Freilich, dieses Wort gilt nur für diejenigen, an die es gerichtet ist. Es ist keineswegs objektive Darstellung einer abstrakten, allgemein gültigen Wahrheit. Mit anderen Worten will es also sagen: Liebe Christen, an die dies Wort ergeht, seht euch vor. Denn dies geht euch an, euch allein – nur ihr wißt, was das Neue Gottes ist, nur ihr kennt seine Verheißung und den Preis, den Gott selbst dafür bezahlt hat! – Das Gericht wird hier tatsächlich nicht über ein moralisches Verhalten gesprochen, sondern über einen Mangel an Glauben, über

Magie und Götzendienst usw., also über alle Verfälschung der Offenbarung Gottes[5].

Der zweite Gedanke (der allerdings nicht in direktem Zusammenhang mit diesem Vers steht) ist der, daß ich davon überzeugt bin, daß auch hier die Werke verurteilt werden, nicht das Wesen selbst, daß also alles verkehrte Wirken dem Menschen entrissen und zerstört wird, daß all dies nicht in das Himmlische Jerusalem Eingang finden kann, daß aber der Mensch selber – ohne all seine menschlichen Taten – »wie durchs Feuer hindurch« (1Kor 3,15) gerettet werden wird. Das wäre nichts anderes als das Gegenstück zur besonderen Bedeutung, die das Menschenwerk für Gott im Blick auf das Kommen des Himmlischen Jerusalem hat.

Der Engel mit der Schale

Von großer Bedeutung ist, daß derjenige, der am Anfang dieses Abschnitts steht und dem Seher die Braut des Lammes zeigt, einer der sieben Engel ist[6], die die Zornesschalen halten, die voll der sieben Plagen sind (21,9): Zunächst wird damit deutlich gemacht, daß jegliche zeitliche Abfolge hier fehlt (die sieben Schalen sind *immer noch* voll). Wir lesen die einzelnen Abschnitte des Textes in zeitlicher Abfolge und schließen daraus auf die zeitliche Aneinanderreihung der geschilderten Erscheinungen. Die Vision aber meint diese Abfolge keineswegs. In ihr gibt es kein Vorher oder Nachher; erst Zornschalen, die geleert werden, dann die Vision vom Himmlischen Jerusalem. Wie auf einem Altarbild ist vielmehr alles gleichzeitig sichtbar. Das ermöglicht zwar das Schauen, nicht aber den Bericht über das Geschaute. Der Bericht muß Einschübe, Rückblenden usw. zu Hilfe nehmen (die von oberflächlichen oder wissenschaftlichen Auslegern dann als Nachlässigkeiten angesehen werden. Eigentlich sollte es schon genügen, daß man sich klar vor Augen hält, was der Unterschied zwischen einer Vision, einer Schau – und einem Bericht ist!).
Der gleiche Engel löst also die Plagen aus und zeigt das Himmlische Jerusalem. Noch klarer kann es wirklich nicht mehr zum Ausdruck gebracht werden, daß die Plagen nicht etwa Verurteilung oder Verdammung oder Ver-

---

5 Zwangsläufig erscheinen hier auch die sexuellen ›Sünden‹, die (weil die Geschlechtlichkeit in der Welt des Sakralen ihren festen Platz hatte) hier nicht als moralische, sondern als spirituelle Entgleisungen Erwähnung finden.
6 Fast möchte ich in diesem letzten Abschnitt noch eine Siebenerperiode aufweisen, die im Text nicht ausführlich hervorgehoben wird, aber doch festzustellen ist, die Siebenerperiode vom göttlichen Neuen:
1. Die Auferstehung (20,12–13)
2. Die Erscheinung des Neuen Himmels und der Neuen Erde (21,1)
3. Die Erscheinung der Wohnung Gottes bei den Menschen (21,3)
4. Die symbolische Beschreibung des Himmlischen Jerusalem (21,10–23)
5. Der Beitrag menschlichen Handelns zum Himmlischen Jerusalem (21,24–26)
6. Der Strom des Lebenswassers (22,1)
7. Der Baum des Lebens (22,2)
Es ist ohne Frage eine Siebenerperiode, in der die *Gesamtheit* der neuen Schöpfung umschlossen ist.

werfung der Menschheit (oder auch nur eines Teils der Menschheit) bedeuten, sondern nur die Kehrseite dieses Jerusalems, das für die Menschen gemacht ist, das Gott allen Menschen schenken will. Die Kontinuität der Gegenwart dieses Engels bezeichnet auf vollkommene Weise die Kontinuität, mehr noch: die Untrennbarkeit von Strafe und Herrlichkeit[7].

Die himmlische Stadt

Bei der neuen Schöpfung handelt es sich also um das ›Himmlische Jerusalem‹ (21,2). Die historisch-kritische Exegese macht hier geltend, daß damit zwei Themen des Alten Testamentes in einem Symbol vereinigt sind, nämlich einerseits das Ideal eines eschatologischen Jerusalem (Jes 60; 62 u. 65,18–25), für das das (für Jesaja zeitgenössische) historische Jerusalem nur eine Prophetie war; andererseits die Vorstellung vom Bestehen himmlischer Urbilder für alle Zeichen der Gegenwart Gottes unter den Menschen (etwa Ex 25,9)[8]. Beide Themen werden in der Apokalypse aufgenommen und ineinander verschmolzen, womit zum Ausdruck kommt, daß sich hier der Übergang von der Prophetie (denn auch die Zusage eines himmlischen Modells ist noch Prophetie) zur apokalyptischen Erfüllung dieser Prophetie vollzieht. Mit dieser Aussage, die ohne Zweifel richtig ist und verschiedene damals gültige Vorstellungen vom Wesen der Offenbarung erhellt, wird aber noch nichts davon erklärt, was die Tatsache *bedeutet*, daß es sich um Jerusalem handelt, daß Jerusalem himmlisch ist, daß gerade diese Stadt die Erfüllung bedeutet. Für gewisse Theologen hat das gar keinen besonderen Sinn. Es geht einfach um den Himmel, um das Reich Gottes, das Paradies, das ewige Leben, die himmlische Seligkeit usw., und so werden alle diese Begriffe durcheinandergebracht, ohne daß man dem einzelnen einen spezifischen Wert beimessen würde. Bestenfalls wird dann noch gesagt, daß von Jerusalem hier einzig aus dem Grund geredet würde, weil das einer gewissen apokalyptischen Mode der Abfassungszeit entsprach, vielleicht um die ›Idee‹ des Verfassers an einem gängigen Bild, an Jerusalem, aufzuhängen, oder auch, um die Verwirklichung der Prophetie zu bestätigen. Andere wiederum sehen darin sowohl den Hinweis auf die Kontinuität im Blick auf Israel als auch die Überlegenheit des Christentums gegenüber den Juden: Das ganze jüdische Erbe wird aufgenommen und durchdrungen. Jerusalem wird den Juden weggenommen und wird christlich umgeprägt, und was die Juden von Jerusalem gekannt haben, erweist sich hier lediglich als ein schwaches Abbild der endgültigen Erfüllung[9]. Wieder andere meinen schließlich, es

---

7   Es läßt sich hier offensichtlich eine Parallele zu Kap. 6–7 aufweisen: Dort werden durch die sieben Siegel Plagen ausgelöst, die innerhalb der Geschichte die Aussonderung des Gottesvolkes begleiten (vgl. Kapitel IV dieser Arbeit). Ebenso begleiten die durch die Zornschalen ausgelösten Plagen die Erscheinung der Neuschöpfung Gottes.
8   Vgl. die Fußnote der T.O.B. zur Stelle (21,2).
9   Ich teile keineswegs die Auffassung von M. Rissi (Die Zukunft der Welt, Basel 1966), das Neue Jerusalem beziehe sich ausschließlich auf das Jerusalem des Alten Testamentes und auf die Prophetien der Restaurationszeit, die die Beziehung zwischen dem geschichtlichen und dem Himmlischen Jerusalem im Auge hatten. Vgl. meine Arbeit über die »Theologie der Stadt«.

handle sich um »eine Darstellung der Kirche, die in der herrlichen, idealen Wirklichkeit der Parusie gesehen wird. Sie darf Jerusalem heißen, weil sie Sammelort des Heiligen Volkes ist«[10]. Das ist nicht falsch, scheint mir aber doch recht wenig Gewicht zu haben und nicht viel auszusagen, und bringt gegenüber zahlreichen anderen biblischen Texten nichts grundlegend Neues. Das gilt allerdings für viele derartige Auslegungen, weil sie das entscheidende Faktum außer acht lassen: daß nämlich Jerusalem eine *Stadt* ist. Bevor wir dies nun näher untersuchen, unterstreichen wir noch einmal, daß diese Stadt vom Himmel kommt. Es ist keine Konstruktion von Menschenhand – also das genaue Gegenteil von Babel, dessen Turm von der Erde zum Himmel aufstieg. Was hier zur Darstellung gelangt, ist in der Tat der radikale Gegensatz zwischen der religiösen oder prometheischen Bewegung des Menschen, die von der Erde zu Gott hin geht, und der Bewegung der biblischen Offenbarung, die vom Himmel zur Erde herabkommt, die ein absolutes *Geschenk* Gottes ist, die radikale Neuschöpfung Gottes. Sie *kommt* zur Erde (genau nach derselben Vorstellung, nach der das Eschaton auf unsere Gegenwart zukommt). Sie kommt herein in den Lebensbereich der Menschen, aber *vom Himmel aus,* in dem sie gegründet, gestaltet und gebaut worden ist, freilich nicht, ohne daß dem gesamten Menschenwerk Rechnung getragen wurde – wir wir gleich noch sehen werden. Jedenfalls bezeichnet die Stadt als menschliche Ansiedlung hier eine Gemeinschaft, die Gott selbst gegründet hat und bewohnt.

Vom Garten zur Stadt
Was bedeutet es nun im wesentlichen, daß es sich um eine Stadt handelt? Wir haben hier eine ganze Reihe von Bedeutungsinhalten. Der erste ist der grundlegende Gegensatz zwischen der ersten und der zweiten Schöpfung. In der ersten Schöpfung hat Gott für den Menschen einen Garten geschaffen. Der Mensch lebt in der ›Natur‹[11]. In der zweiten Schöpfung hat er seinen Lebensraum in der Stadt.

Nicht Rückkehr, sondern Vollendung
Wir erleben also gerade *keine* Rückkehr zum Ursprung; der anfängliche Plan wird nicht um jeden Preis aufrechterhalten. Der Gott der Bibel ist nicht jener abstrakte Gott, der seine Schöpfungsvorstellung vom Anfang her gegen alle Widerstände und Entwicklungen beibehalten will, um dann wieder einen Garten zu erstellen, weil das eben von Anfang an sein Plan war[12].

10 T.O.B., Fußnote zu Offb 21,2 (a.a.O., S. 807).
11 Diesen Gedanken habe ich erstmals in einem Artikel in »Foi et Vie« 1948 dargelegt, auch in einer Arbeit in »Dieu vivant« Nr. 16, 1950.
12 In dieser Stadt gibt es keine Spur von ›wilder‹ Natur, nur den Baum. Die ›Natur‹ ist verschwunden. Genau gesehen ist sie zugunsten des kulturellen Schaffens des Menschen ausgeschaltet. Der Gott Israels vollendet darin endgültig seine Offenbarung: Von allem Anfang war er nicht der Gott der Natur, der Gott der Naturgewalten, der Berge und der Wasser; Gott verbindet sich vielmehr in letztgültiger Weise dem Wirken des Menschen, um in dieser letzten Offenbarung zu bezeugen, was er von Anfang an gewesen ist.

Damit stehen wir freilich im Gegensatz zu allen anderen Religionen: Für alle, die eine Vision von der Zukunft haben, eine Vorstellung vom Paradies, von einem ›nach dem Tod‹, gibt es allein die Rückkehr zu einem ursprünglichen, verlorengegangenen Goldenen Zeitalter. Hier nun verhält es sich gerade umgekehrt. Was hat das aber zu bedeuten? Nichts anderes als dies, daß Gott die Geschichte und das Schaffen des Menschen nicht annulliert, sondern im Gegenteil aufnimmt und vollendet. Die Stadt ist, wie wir bereits gesehen haben, das große Werk des Menschen. Sie wird uns als Gipfelpunkt seiner Kultur, seines Geistes beschrieben, sie ist seine Schöpfung. Die Stadt ist das Symbol der menschlichen Geschichte, denn in der Stadt bleiben die aufeinanderfolgenden Schichten der Geschichtsepochen und Kulturen bewahrt. Gott nimmt also die Gesamtheit der Menschheitsgeschichte wieder auf und bringt sie in der absoluten Stadt zur Synthese. Das Symbol Jerusalem ist das deutlichste nur denkbare Zeichen dafür, daß der Gott der Bibel den Menschen durch seine Geschichte hindurch begleitet. Gott verfolgt nicht einfach unbeeinflußt seinen großen Plan, er verfolgt seinen Heilsplan vielmehr in und mit der Geschichte der Menschen. Und was die Menschen aus eigenem Antrieb, frei geschaffen haben, das werden sie im Himmlischen Jerusalem wiederfinden. Wir werden darauf noch zurückkommen. Hier nun ergibt sich die bemerkenswerte doppelte Aussage: Einerseits ist dies Himmlische Jerusalem die Schöpfung des absolut Neuen durch Gott, unvergleichlich gegenüber allem, was bisher dagewesen ist, andererseits aber ist es die von Gott gewirkte Synthese aller Geschichte, aller Lebenswirklichkeit der Menschheit, all ihres Schaffens und Wirkens, all ihres Erlebens: die Rekapitulation.

Das Ziel der Geschichte
Damit ist die Geschichte der Menschheit nicht vergebens, sie wird nicht mit einem Federstrich ausgemerzt, als ob nichts von unserem Bemühen und Leiden und von unserer Hoffnung je bestanden hätte: Im Gegenteil, *alles* wird gesammelt. Der Mensch wird *mit seinen Werken* gerettet. Das Paradies ist nicht jene formlose Wolke, jener nebulöse, rosa-blaue ›Nicht-Ort‹, es ist vielmehr eine gute Stadt, ein fester Ort, an dem alles Schaffen des Menschen neugeschaffen wird. So zerstört Gott im Gericht die Geschichte, ohne allerdings etwas von ihr zu verlieren, und bringt diese selbe Geschichte neu zur Synthese. Er richtet die Werke und bringt sie geläutert zur Absolutheit in Größe und Vollkommenheit. Vollkommen wird sie und ist doch dieselbe Geschichte – ebenso, wie *derselbe* Mensch auferstehen wird! Allerdings steckt darin noch ein zweiter Gedanke, der um nichts weniger wichtig ist. Durch die ganze Bibel hindurch (noch einmal muß ich auf das verweisen, was ich in meiner »Theologie der Stadt« ausführlich dargelegt habe) ist die Stadt das Instrument der Empörung des Menschen gegen Gott. Sie ist einerseits die Welt des Menschen, in der er sich wie in einer Gegen-Schöpfung etablieren wollte, mit der klaren Absicht, Gott auszuschalten, andererseits ist sie der Kristallisationspunkt allen Stolzes und aller Macht

des Menschen. Die Stadt ist der Widerspruch des Menschen gegen die Allmacht Gottes, sie ist der Ort, an dem sich der Mensch gegen alle Beziehung mit dem Schöpfer abkapselt. Biblisch gesprochen ist sie der gnadenlose Ort des Fluchs, der Ort des Krieges und der Unterdrückung, Ort des Reichtums und der Sklaverei . . . Und genau darauf antwortet das Gericht. Was als Verkörperung der Mächte verurteilt wird, das ist Babylon, also *auch* eine Stadt. Das ist die Entscheidung Gottes. Und das doppelte Bild: ›Gericht über Babylon – Neuschöpfung der Stadt Jerusalem‹ zeigt deutlich, wie sehr hier das Symbol der Stadt von zentraler Bedeutung ist. Diese neue Schöpfung bedeutet doch, daß Gott das, was Werkzeug der Auflehnung war, *umkehrt*, um daraus das Werk der Versöhnung zu machen. Das ist der Sinn des Gerichtes! Keineswegs Vernichtung, nach der dann Gott etwas anderes macht. Genau gesehen geht es um Sinnzerstörung und die Schaffung eines neuen *Sinns*. Das Sinnbild der Verneinung, mit der sich der Mensch gegen Gott gewendet hat, wird nun seinerseits verneint und wird so zur Eröffnung der Identität Gottes mit uns. Der Mensch wollte Böses schaffen, ein Werk der Auflehnung, des Bruches mit Gott; Gott aber läßt dieses Vorhaben in sein Gegenteil umschlagen. Nicht allerdings durch das In-Erscheinung-Treten seiner alles umstürzenden Übermacht: Nirgends wird hier ein Machtkampf sichtbar. Gott will durch die apokalyptischen Ereignisse keineswegs beweisen, daß er der Stärkere ist – ein solches Bemühen wäre denkbar unangemessen, völlig absurd beim Gott Jesu Christi! Dagegen umgibt er das Werk des Menschen mit seiner Liebe. Welchen größeren Liebeserweis könnte man sich denken als den, daß die Kriegswaffe des Feindes genommen wird, um aus ihr das Werkzeug der absoluten, grenzenlosen Versöhnung zu machen? Gott gibt der Stadt die Grundmacht der Liebe. Und indem er das tut, führt er das Werk des Menschen zu seiner Vollendung. Jerusalem ist so vollkommen, wie es keine menschliche Stadt jemals hat sein können. Außerdem aber erhört er zugleich die ursprüngliche Absicht des Menschen. Denn obwohl der Mensch beim Bau der Stadt einerseits ein Werk gegen Gott schaffen wollte, so hatte er andererseits doch auch die Absicht, sie zum Ort vollkommener Gemeinschaft, Verständigung und Vereinigung zu machen. Genau das schafft nun Gott mit dem Himmlischen Jerusalem. Niemals hätte der Mensch das fertiggebracht, denn bei ihm führte jeder Versuch ins Scheitern und in Mißerfolg, und die ungeheure Problematik unserer heutigen Städte bezeugt dies in unübersehbarer Weise. Der große Mißerfolg in der Geschichte des Menschen wird nun zum triumphalen Erfolg: endlich gibt es Gemeinschaft, endlich wird Gemeinsamkeit möglich (und zwar nicht nur innerhalb einer Generation, sondern zwischen allen Generationen!). So bringt Gott im Himmlischen Jerusalem den Plan, das eigentliche Ziel des Menschen zur Erfüllung, auch das, was er geduldig durch alle Kulturen und Epochen suchte und anstrebte, was seine Hoffnung und Erwartung war. Gott schafft nicht irgendeinen neuen, abstrakten Plan, der ohne Beziehung zu den Menschen wäre, er ist nicht paternalistisch-autoritär. Gott bringt die Absicht, die den Menschen beim Bau von Babel beseelte, zur Erfüllung: »sich einen Namen zu machen« (Gen 11,4), Gott gibt ihm einen neuen Namen; der Mensch wollte den Ort menschlicher Gemeinschaft bauen, und Gott schafft vollkommene Gemeinschaft. Die Stadt war der Ort der Auflösung aller besonderen Prägungen, der Ort der Begegnung und Vermischung aller Ideen, Werte und Rassen, aller sozialen Schichten: nun kommt sie zu ihrer endgültigen Erfüllung. Denn im Neuen Jerusalem begegnen sich alle Rassen, Stämme, Völker und Nationen. Während bisher aber die Tendenz zur Einheit mit der Unterdrückung von Vielschichtigkeit und Verschiedenartigkeit bezahlt werden mußte, erscheint nun die Einheit (in Gott) in der Gemeinschaft weiterbestehender Verschiedenheiten, die menschliche Pluralität bleibt erhalten. Bereits verschiedentlich ist uns in der Apokalypse diese harmonische Beziehung zwischen Einheit und Vielheit begegnet. Das Neue Jerusalem gleicht Babylon, ohne daß es die Korruption und den Machtwillen von Babylon aufweist. Zugleich umfaßt diese neue Stadt die Sinnganzheit: »Die wahre Stadt sucht ihren Sinn nicht außerhalb ihrer selbst – sie dient niemandem und hat keinen Zweck. Sie ist das Werk des Menschen. Ihre Beziehung zu Gott ist keine Beziehung des Dienens, sondern der Liebe – wie sie den Sohn mit dem Vater oder Eheleute untereinander verbindet. Gott erwartet von ihr einzig, daß sie da ist. Ebenso, wie ein Vater von seinem Sohn nicht erwartet, daß er ihm zu Diensten ist, sondern daß er lebt . . .«[13]. Mit der Stadt wird zugleich auch dies verdeutlicht, daß die Begegnung mit Gott nicht dadurch zustande kommt, daß der Mensch aus sich selbst heraustritt, daß gleichsam die Seele aus dem Leib flieht: Genau umgekehrt ist es Gott, der herabkommt, das Schaffen der Menschen auf sich nimmt und im vollendeten Menschenwerk gegenwärtig wird. Ein Aufstieg zum Himmel findet nicht statt. Die Apokalypse des Johannes ist also deutlich antignostisch ausgerichtet.

In der Stadt werden die Menschen Gott von Angesicht zu Angesicht schauen (21,4). Vielleicht ist die Formel heidnischen Ursprungs[14], sie markiert aber einen unvorstellbaren Schritt: Im Alten Testament hat kein Mensch jemals Gott von Angesicht zu Angesicht gesehen (Sir 43,31). Gott zeigte sich auch nicht im Tempel. Er war im Leeren, im Dunkel gegenwärtig. Es gab keine Theophanie. Nur der Name Gottes war bekannt. So handelt es sich im Alten Testament immer um das *Wort*, niemals um Schau oder Begegnung. Nun aber kommt die Schau zum Wort hinzu. Wie die Wirklichkeit, die Wahrheit. Gott ist dem ganzen Menschen gegenwärtig, und so hat diese Begegnung von Angesicht zu Angesicht nichts mit einer heidnischen Liturgie zu tun, die aufgrund des Abstandes zum Ursprung der Offenbarung hier Eingang gefunden haben könnte. Vielmehr kann gesagt werden, Gott hat hier in der Tat seine Allmacht in den Dienst menschlichen Planens gestellt. Um die Allmacht zur Entfaltung zu bringen, bedient sich Gott dessen, was der

---

13 Comblin, Théologie de la Ville, Paris 1968.
14 Vgl. W. Graf Baudissin, Gott schauen in der alttestamentlichen Religion, in: Archiv für Religionswissenschaft XVIII – 1915.

Mensch selbst getan hat. So hören wir es doppelt (21,24): »Die Könige werden ihre Pracht in sie hineinbringen« (also das, was diese Pracht zum Ausdruck bringt, ihr eigentliches Lebenswerk), und dann: »Man bringt die Pracht und die Ehre der Nationen in sie hinein«[15]. Das bedeutet aber doch, daß sogar dasjenige, was im Mittelpunkt des Gerichtes gestanden war, die Könige und die Nationen, die als Verkörperungen der Macht zerstört worden sind, in dies Jerusalem wieder aufgenommen wird, auch all das, was Kultur und Wissenschaft, Technik, Ästhetik und intellektuelles Bemühen hervorgebracht haben, alle Musik und bildende Kunst, alle Dichtung und Mathematik, alle Philosophie und alle noch so verschiedenartigen Erkenntnisse – das alles findet Eingang in dieses Jerusalem und dient Gott dazu, dieses vollkommene Werk schließlich aufzurichten. Vergessen wir dabei auch das nicht, was wir bereits gesehen haben: daß es sich um eine in permanenter Bewegung befindliche Schöpfung handelt. Da ersteht also nicht irgendein Museum, sondern die Verschmelzung zu einem lebendigen Ganzen, eine Neuschöpfung, die auf Entwicklung hin angelegt ist. Alles ist hier nämlich *lebendig*, nicht abgeschlossen oder konserviert. Was der Mensch als *seine* auf ihn allein bezogene Schöpfung angesehen hat, das ist jetzt für die Ewigkeit neugeschaffen, in Spiel und Freiheit.

Fundament und Tore
Nach dieser Erläuterung des grundlegenden Sinnzusammenhanges sollten doch noch einige Bilder aus dieser Darstellung näher beleuchtet werden[16]. Es handelt sich hier nicht direkt um Symbole, ebensowenig kann aber behauptet werden, wir hätten stereotype Begriffe ohne Bedeutung vor uns oder nichts weiter als recht allgemeine oder vordergründige Bilder, die lediglich zum Ausdruck bringen sollen, daß Jerusalem vollkommen, daß alles dort Licht ist. Die Beschreibung ist aber doch sehr viel genauer, und jedes Detail hat seine besondere Bedeutung (21,11.18.19). Daß sein Glanz wie funkelnder Jaspis, der Unterbau seiner Mauer und der Grundstein der Mauer aus Jaspis besteht, muß nicht überraschen: Traditionellerweise ist der Jaspis, der ganz verschiedene Farben haben kann (die bekannteste aller Jaspisarten ist der Opal), der Stein Gottes. Daß er hier in dieser Weise vor-

---

15 Joseph Comblin hat sicher recht, wenn er (a.a.O.) die Vision von der Versammlung der Nationen mit einem Wallfahrtsfest in Verbindung bringt und hier die Bedeutung des festlichen Elements (Licht, Gabe, Konsum, der die Produktion übersteigt) hervorhebt. Auch die Analyse Comblins vom Gegensatz zwischen dem heidnischen und dem jüdischen Fest ist sehr hilfreich. Von besonderer Bedeutung ist der Bezug auf das Laubhüttenfest, das Fest des Wassers und des Lichtes, dessen Festbräuche eschatologischen Sinngehalt hatten. Im absoluten Licht Gottes findet das Laubhüttenfest seine Erfüllung, in diesem Licht der Stadt, im Strom des Lebens. Hierzu sei auf die Arbeit von Comblin verwiesen. Das endzeitliche Fest bedeutet nicht Bruch mit dem Alltag und Übergang in eine Scheinwelt, es ist im Gegenteil dasjenige Fest, in dem das Alltägliche in die vollkommene Versöhnung des Menschen mit sich selber und mit Gott einbezogen wird.
16 Auch hier erlaube ich mir, auf meine eingehenderen Ausführungen in der ›Theologie der Stadt‹ zu verweisen.

kommt, bringt einfach zum Ausdruck, daß die Herrlichkeit Gottes den Glanz dieser Stadt ausmacht, daß Gott ihr Unterbau und ihr Grundstein ist. Die zwölf Tore tragen die Namen der zwölf Stämme Israels (21,12), sie bezeichnen also sicher nicht die Kirche. Die Christen sollen nicht immer meinen, alles müsse sich auf die Kirche beziehen. Hier gibt es keine Kirche mehr, denn Gott ist alles in allem. Die Symbolik Israels allerdings wird beibehalten: durch Israel wird der Zugang zur Stadt Gottes eröffnet. Dagegen tragen die Ecksteine, auf denen die Mauer ruht, die Namen der zwölf Apostel (21,14). Damit haben wir die genaue Verbindung zwischen dem *Fundament* Jerusalems und dem *Zugang* zur Stadt durch Israel. In beiden Fällen geht es um diejenigen, die als erste das Zeugnis vom Wort in die Welt getragen haben.

Die Maße der Stadt

Die Stadt ist quadratisch, kubisch sogar (21,16). Es wurde bereits die These vertreten, es handle sich nicht um einen Kubus, sondern um eine Zikkurat. Diese Annahme ist aber durch nichts zu belegen[17]. Der Text ist zwar mehrdeutig, aber der Kubus ist das Bild für Solidität, für das Unerschütterliche, Fertige (nicht für das zum Himmel Aufsteigende, wie es die Zikkurat darstellt). Die Abmessungen sind 12 mal 12, also die Vollkommenheit in der *völligen Einheit* Gottes mit seiner Schöpfung. Die ideale Vollendung. Was das »Maß der Engel, das auch Menschenmaß ist« (21,17), angeht, so meine ich, daß es vor allem anzeigen soll, daß alles hier Dargestellte (einschließlich der Maße) einen spirituellen Sinn hat und daß hier darum nicht nach menschlichen Größenordnungen gesucht werden soll. Wie aber steht es mit den zwölf Steinen, die das Fundament der Stadt bilden (21,19)? Diese Steine, bei denen übrigens die Übersetzung teilweise nicht ganz einwandfrei gesichert ist, sind höchstwahrscheinlich diejenigen, die sich auf dem Brustschild des Hohenpriesters (Ex 39,8–14) befinden. Selbstverständlich haben sie symbolische Bedeutung. In der Überlieferung wurde die Brusttasche des Hohenpriesters folgendermaßen verstanden (wobei die Reihen der Steine von unten nach oben und von rechts nach links betrachtet wurden): Sühne, Furcht und der zerbrochene Mensch, dann der Preis, den Gott gezahlt hat, die Seligkeit in Gott und die Liebe, und in der dritten Reihe die Kraft, die Schrift der Worte Gottes und die Einheit mit Gott, schließlich die Wahrheit, die Liebe Gottes und der Mensch, wie ihn Gott haben will. Der Zusammenhang mit unseren Steinen hier ist offensichtlich; es wird von hier aus auch

---

17 M. Rissi (Zukunft der Welt) vertritt die These von der kubischen Stadt und erinnert in diesem Zusammenhang an das Allerheiligste im Salomonischen Tempel. Zugunsten der Zikkurat wird vor allem das Gegenüber Jerusalem/Babylon angeführt. Ich halte dies allerdings für einen Irrtum, weil mit der Zikkurat ja gerade die Bewegung des Aufstieges zu Gott im Blick ist, die hier ausdrücklich abgelehnt wird. Außerdem trägt die Zikkurat einen Tempel, während es im Himmlischen Jerusalem, das ausschließlich Wohnstätte ist, gar keinen Tempel mehr gibt. Ein Übergang von der Zikkurat, dem Denkmal, zur Stadt, dem Wohn- und Lebensraum des Menschen (nicht der Götter!), scheint mir undenkbar.

einsichtig, daß die zwölf Steine, die die zwölf Fundamente der Stadt darstellen, in symbolischer Form die ganze Offenbarung zusammenfassen. Das soll nun aber nicht heißen, daß dies die einzige Möglichkeit wäre, diese Steine zu deuten. Freilich ist es erforderlich, sich bei der Bemühung um ein Verständnis dessen, was hier zur Darstellung gelangt, nicht auf eine oberflächliche Betrachtungsweise zu beschränken (»es gibt Steine aller Farben usw.«), vielmehr muß man sich klar darüber sein, daß die ›Sprache‹ dieser Steine damals allgemein verstanden wurde. Aber es ist problematisch, ›magische‹ Texte oder solche aus der Kabbala beizuziehen und ihre traditionelle, vor allem eine übereinstimmende Bedeutung anzugeben. Darum kann ich hier nur eine Hypothese vorlegen[18].

Es ist von ziemlicher Bedeutung und übrigens völlig einleuchtend, daß es in dieser Stadt keinen Tempel mehr gibt und daß sie zu ihrer Beleuchtung keine Sonne mehr braucht (21,22). Das kann nichts anderes bedeuten als dies, daß es nun keines besonderen Ortes mehr bedarf, um eine sakrale Präsenz auszugrenzen oder darzustellen oder um zur Anbetung Gottes zu kommen. Die Verbindung mit Gott dem Herrn ist unmittelbar. Gott der Herr selbst ist der Tempel. Und zwar ohne alle Vermittlung: darum ist das Lamm mit dem Allmächtigen in diesem letzten Abschnitt der Apokalypse völlig eins geworden. Das Lamm ist hier nicht mehr Mittler, es ist vielmehr selber der Tempel und der Herr.

Unmittelbarkeit

Es gibt keinen Tempel mehr. Und zwar in Übereinstimmung mit dem Wort Jesu von der Zerstörung des Tempels (Mt 24,2). Damit wird noch ein weiteres Mal der Unterschied zwischen dieser»Stadt der Erlösung« und den meisten anderen endzeitlichen Voraussagen sichtbar. Wenn kein Tempel mehr da ist, dann gibt es auch – wie viele Autoren bereits betont haben – kein Priestertum, keine Religion, keine Opfer mehr, auch nicht mehr die Unterscheidung zwischen Heiligem und Profanem. Man kann nicht einmal sagen, dann sei alles heilig – denn dann ist ja Gott alles in allem. Das Heilige aber existiert nur in Beziehung zu einem Profanen (und umgekehrt). Nein – es gibt auch kein Heiliges mehr. Wir sind in einem neuen Universum (im mittelalterlichen Sinne: Uni-versum, das Ganze zur Einheit, zur Synthese hingewendet), das eine völlig andere Struktur hat, das keine Beziehungen mehr zu unseren religiösen Kategorien aufweist. Darum können sich hier auch keine Mittler (etwa Priester) mehr finden: Vermittlung ist unnötig geworden, denn alles vollzieht sich unmittelbar. Der Mensch steht unmittelbar

18 Gewiß muß – abgesehen von aller symbolischen Bedeutung, von allem Sinn und Nutzen – auch die Herrlichkeit der Stadt und ihrer Steine in ihrem ästhetischen Wert berücksichtigt werden, wie das von zahlreichen Kommentatoren hervorgehoben wird. »Die Materie ist zum Schmuck geworden, alle Nützlichkeit ist überholt. Die Materie ist zur Schönheit geworden, und als solche ist sie Offenbarung Gottes, Offenbarung dessen, was Gott von sich selbst sichtbar werden läßt in seinem Geschenk an die Schöpfung . . .« (Comblin, a.a.O.).

dem Menschen gegenüber, ebenso wie Gott dem Menschen unmittelbar gegenübersteht[19].

Liebe und Leben

Ebenso wie es keine Religion mehr gibt, wie die Macht vernichtet ist, genauso gibt es im Himmlischen Jerusalem auch keine politischen Strukturen mehr. Es existiert keine Autorität außer derjenigen, die sich in der Spontaneität aller gegenüber allen äußert; nicht einmal die Unterordnung unter das Gemeinwohl kann es geben, denn es gibt keine Unterordnung mehr. Es gibt kein ›Gemeinwesen‹, im Gegenteil ist jeder vollkommen individualisiert, ohne allen äußeren oder ontologischen Zusammenhang. Das Himmlische Jerusalem ist weder Bienenkorb noch ›Organismus‹, es fehlt auch jede Führungsautorität[20]. Allein und ausschließlich die Liebe bleibt. Weil jeder mit jedem und mit allen in einer vollkommenen Liebesbeziehung steht, ist aller Zwang, aller ›Anlaß‹ zur Verbundenheit vernichtet. Es braucht keine Ursache, keinen Anlaß mehr, denn sie ist einfach da, das ist alles. Und es gibt auch keine ewige Wiederkehr, denn Liebe heißt fortwährendes Neuersinnen; es gibt keine Grenze der Freiheit, denn die Liebe *ist* Freiheit; Freiheit ist nur in der Liebe möglich[21]. Und obwohl die Sonne verschwunden ist (21,23), bleibt doch das Licht erhalten (wie beim Schöpfungsbericht, in dem zuerst das Licht erscheint und später dann erst die Sonne; Gen 1,3.16); das Licht Gottes selber, das Licht des Heiligen Geistes (um nicht von spirituellem Licht zu reden, da dieser Begriff allzu leicht verschiedene Mißverständ-

---

19 Allerdings muß hier eine wichtige Bemerkung von Comblin angefügt werden: »Indem Johannes die Säkularisation für die Zeit nach der Auferstehung vorbehält, leugnet er sie für die Gegenwart: Wir haben das Heidentum noch nicht überwunden . . . Wir können es im voraus absehen, daß jeder Versuch in der Gegenwart, diesen Dualismus (Heiliges – Profanes) zu überwinden, zu nichts anderem als einem Rückfall ins Heidentum führen kann« (Comblin, a.a.O.).
Die Wiedergeburt des Heiligen, der säkularen Religionen usw. in einer Welt, die sich Gottes und der Religion zu entledigen sucht, habe ich in »Les Nouveaux Possédés« darzustellen versucht.
20 Diese Ausschaltung aller politischen Macht scheint mir selbstverständlich; darum habe ich nie verstanden, wie Karl Barth zu der Auffassung gelangen konnte, im Himmlischen Jerusalem bleibe, auch wenn es dort keine Kirche mehr gäbe, doch die *Exusia* der politischen Macht bestehen. Davon kann ich hier keine Spur erkennen. Im Gegenteil, alles, was politische Macht war, ist verschwunden. Comblin bietet dagegen folgenden interessanten Gedanken: Insofern das Verschwinden aller politischen Macht ausschließlich für das Himmlische Jerusalem verheißen wird, muß sie doch wohl auf der Erde in der einen oder anderen Form bis zum Ende gegenwärtig bleiben. Eine anarchistische Gesellschaft ist auf Erden nicht realisierbar (Comblin, a.a.O.).
21 Das Nichtvorhandensein von Macht und Kirche darf nicht mit den modernen Begriffen ›Laientum‹ und ›Demokratie‹ interpretiert werden, wie das Comblin (a.a.O.) tut. Darin liegt ein gefährlicher, fast demagogischer Irrtum, weil diese Begriffe eine affektive Ladung und eine Bedeutung aufweisen, die in der Apokalypse fehlt. ›Laientum‹ kann es nicht geben, wenn das Sakrale überwunden ist. ›Demokratie‹ ist unmöglich, wenn es überhaupt keine politische Macht mehr gibt. Demokratie bedeutet nicht Herrschaft der Liebe, sondern sie ist eine Verfassungsform des Staates!

nisse im Gefolge haben könnte) ersetzt alles natürlichen Lichtquellen entstammende Licht. Die Energie ist nicht mehr die gleiche wie jetzt, sie ist die unmittelbare Kraft Gottes. Als fortwährend schöpferisch wirkende Kraft ist das Licht der unentwegte, unversiegbare Strom der Erneuerung, des immer neuen Werdens. Ebenso ist auch das Leben nun als Strom dargestellt (22,1), auch hier geht es um die grundlegende Erneuerung unseres Seins. Die Aussage, das Leben fließe dahin wie ein Strom, ist eine Binsenweisheit (»alles fließt«). Das will die Apokalypse hier keineswegs zum Ausdruck bringen: Ein Strom lebenden Wassers, ein Strom des Lebens entspringt aus dem Thron Gottes und des Lammes (die noch einmal ineins gesehen werden). Nicht das Leben fließt (und verschwindet) wie ein Strom, vielmehr wird von dem Strom, der diesem Thron entspringt, ständig Leben geschaffen und gemehrt: Das Leben selber entspringt hier. Das Leben kommt also unmittelbar von Gott (auch hier ist alle Mittelbarkeit überwunden) zu seiner ganzen Schöpfung und zu jeder Kreatur, und zwar in einem unaufhörlichen Lebensstrom: unmißverständliches Symbol für die unmittelbare Verbindung »Gottes mit den Menschen« (21,3). In alledem werden verschiedene traditionelle Bilder herangezogen: Der Strom scheint derselbe zu sein, der auch in der Schöpfungsgeschichte vorkommt (Gen 2,10), wenn er hier auch nur noch zwei, keine vier (Zahl der Schöpfung!) Arme hat. Auch der Baum des Lebens (22,2) findet sich hier wieder, nun aber in der Mitte der Stadt (nicht mehr in der Mitte des Gartens), und es ist dem Menschen nicht mehr verwehrt, seine Frucht zu ernten, im Gegenteil: die Frucht ist nun für den Menschen da – wir werden noch zu sehen haben, wozu. Ein weiteres Bild, das sich hier aus alten Überlieferungen durchgehalten hat, ist dies, daß die Stadt nach Ezechiel (40,2) möglicherweise auf einem Berge liegt. Damit aber kommt zum Ausdruck, daß das Neue Jerusalem nicht die ganze Welt ist. Auch außerhalb der Stadt gibt es Welt, Jerusalem allerdings ist der Ort der Gemeinschaft Gottes mit den Menschen. Die Stadt ist der Ort des Menschen, der Mensch aber ist keineswegs alles. Sie ist der Gipfel der Schöpfung Gottes, aber doch nicht für sich allein die Ganzheit der neuen Schöpfung. Insofern sie die Lade ist, ihr Tempel Gott der Herr und das Lamm, ist die Stadt der Ort der völligen Versöhnung der Schöpfung mit dem Schöpfer, der Schöpfung gegenüber aber ist sie genau das, was der Tempel für Jerusalem ist. Der unaufhörlich fließende Fluß, der aus diesem Tempel kommt, bringt der ganzen übrigen Schöpfung, den zahllosen Galaxien das Leben selber. Das Mysterium aber, das sich auf dem Gipfel, im Herzen des Ganzen befindet, ist die Einheit Gottes mit dem Menschen, der endlich wahres Ebenbild Gottes, wahrer Schlüssel der Schöpfung geworden ist: In ihm ist alles versöhnt, und alles ist darum in Zukunft wahrhaft lebendig.

Das Ende der Endlichkeit

Ein letztes Problem gilt es nun noch zu bearbeiten, und zwar das der Heilung durch die Blätter vom Baum des Lebens (22,2). Es bietet keinerlei Schwierigkeit, diesen Lebensbaum als das Gegenstück zum Baum der

Schöpfungsgeschichte zu erkennen, auch seine zwölf Ernten im Jahr (Zeichen unendlicher Fruchtbarkeit und Fülle) sind kein Problem. Aber es ist von der Heilung der Nationen die Rede. Was soll das heißen, nachdem nichts Böses mehr geschehen kann und zudem der Tod vernichtet ist? Mir scheint, hier wird noch einmal die Umwandlung der Situation von Eden deutlich gemacht. Dort, so sagten wir, war der Mensch als Kreatur ganz an die Endlichkeit gebunden; sein Leben war schon vor dem ›Fall‹ eingegrenzt in die Bedingtheit von Raum und Zeit – der Mensch wird dadurch deutlich vom Schöpfer unterschieden. Mit dem Fall bekam dann der Tod eine aggressive, vernichtende Bedeutung, er wurde durch ihn zum Bild der Angst; darum ist der Tod nicht sosehr Zeichen der Schöpfung als vielmehr des Verfalls, Symbol für Verlust, Trennung, Bruch und Verdammnis. Als solches Zeichen der Verneinung hat er nun kein Existenzrecht mehr. In der Vollendung darf der Tod nicht wiedererstehen. Die Macht der Verneinung gegenüber Gott, das Dämonische schlechthin kann nicht ›entdämonisiert‹ werden. Die Heilung, die hier angesprochen wird, muß darum die Entbindung von der Endlichkeit sein. Der Mensch ist immer noch nicht (hier genausowenig wie in der Schöpfungsgeschichte) Gott gleich oder gar mit Gott identisch. »Gott bei den Menschen« heißt bei weitem noch nicht, der Mensch wäre nun vergöttlicht. Das ist der erschreckende Irrtum gewisser Theologien (in denen von »Christuswerdung des Menschen« gesprochen wird oder davon, daß »Gott Mensch wird, damit der Mensch Gott werde« usw.), der von diesem kleinen Vers hier radikal in die Schranken verwiesen wird. Der Mensch bleibt (auch in der Auferstehung, auch im Lichte dieser Verherrlichung) doch immer Schöpfung. Und auch wenn Gott bei ihm ist, so bleibt doch ein unendlicher Unterschied zwischen dem Schöpfer und dem auferstandenen Menschen. Völlig einbezogen in den Leib Christi (22,4), ist er doch noch nicht Christus selber. Er kann Gott von Angesicht zu Angesicht schauen, er trägt den Namen Gottes auf der Stirn, er herrscht *mit* Gott dem Herrn. Aber er hat ein Gegenüber (er schaut nicht sich selber an), er *wird* erhellt (von einem Licht, das außerhalb seiner selbst ist), *ein anderer* hat seinen Namen auf seine Stirn geschrieben, er herrscht nicht allein, sondern *mit* . . . Und das Zeichen dieses unendlichen Unterschiedes ist nichts anderes als die Endlichkeit. Jenseits des Todes kann es sie aber nicht mehr geben. Der Tod selber ist nicht mehr, wie in dem unmittelbar auf die Aussage von der Heilung durch die Blätter folgenden Vers noch einmal ausdrücklich bestätigt wird: »Keine Verdammung wird es mehr geben« (22,3) – wir haben es hier also mit einer Schöpfung zu tun, die *endlich* ist, aber die nur darum, weil sie das Leben von Gott selbst empfängt, nicht im Tode enden kann: Die Heilung, die die Blätter vom Baum des Lebens bringen, ist die *immer neue* Bewahrung vor der Endlichkeit. Der Mensch hat das Leben nicht in sich oder aus sich selber, er *ist nicht* das Leben, er selbst hat keinen Geist, der Leben schaffen oder hervorrufen könnte: Er empfängt vielmehr das Leben von dem Lebendigen. Allein Gott ist der Lebendige, der Ewige, der »Ich Bin«, das Sein, der Geber allen Lebens oder wie immer wir ihn in diesem Sinne benennen mögen. Gott allein: darin liegt der ganze Unterschied. Allerdings, dieser Mensch, der immer durch seine Endlichkeit gezeichnet bleibt, muß doch nicht sterben, stirbt nicht mehr. Sein Leben hat nun auch Teil an der Ewigkeit (anders als in der Schöpfungsgeschichte: Damit ist ein deutlicher ›Fortschritt‹ festzustellen, alles andere als eine Wiederkehr ins Paradies. Durch das doppelte Ereignis der Menschheitsgeschichte und der Begleitung des Menschen durch Gott erfolgt eine Verwandlung des Menschen selber gegenüber seiner ursprünglichen Geschöpflichkeit).

Freilich, die Ewigkeit, die er lebt, ist eine immer nur empfangene, geschenkte, gewährte Ewigkeit, die immer unter dem Zeichen der Endlichkeit steht. Wenn das Unmögliche Ereignis würde und das Geschenk des Lebens nicht mehr käme, so wäre der Mensch in der Tat erledigt. Aber die Gabe des Lebens hört nicht mehr auf: zwölfmal im Jahr werden die Früchte zur Ernte reif (22,2). Auch wenn der Mensch durch die Endlichkeit, die in ihm ist, immerfort verwundet und bedroht wird, so wird er doch zugleich immerfort belebt und geheilt in Ewigkeit. Damit wird ihm kein Status der Minderwertigkeit auferlegt, vielmehr ist das ganz einfach die Situation, die sich aus der Liebesbeziehung und durch den Triumph der Gnade ergibt. Denn auch jetzt noch ist alles nur *Gnade*. Und der Mensch lebt in Ewigkeit von Gnade zu Gnade, die ihm zuteil wird, er lebt von derjenigen Gnade, die er ›umsonst‹ empfängt (22,17). Die Liebesbeziehung zwischen Gott und Mensch bedeutet nun aber auch umgekehrt, daß der Mensch, das Geschöpf, für Gott so unentbehrlich ist, daß Gott etwas Unersetzliches verlorengehen würde, wenn der Mensch verlorenginge (Gott könnte nicht mehr er selber sein, denn er wäre dann ja nicht mehr Liebe, – seine Liebe wäre ins totale Scheitern geraten), weil Gott kein Gegenüber und keine Wahrheit mehr hätte, sobald er für kein ›Ich‹ mehr das ›Du‹ wäre[22].

22 Dies bedeutet der kleine Satz am Ende dieses Abschnittes: »Und sie werden ihm dienen«. Zunächst erscheint das Auftauchen eines neuen (Gottes-)Dienstes im Himmlischen Jerusalem ja unverständlich, nachdem es dort keinen Tempel mehr gibt und die vollkommene Verbindung zwischen Gott und Mensch hergestellt ist (22,3).
»Das Ziel der Vision vom Neuen Jerusalem liegt nicht darin, daß ein spekulatives Wissen über das Jenseits vermittelt werden soll, vielmehr in der Offenbarung der Dynamik, in die die Menschheit einbezogen ist. Die Vision vom Neuen Jerusalem ist eine Projektion der Bewegung, die die Menschheit mit sich fortreißt . . ., sie wird darum schon in der Bewegung unserer Gegenwart sichtbar, zumindest für den, der mit ihrem Geheimnis vertraut ist. Die Offenbarung des Johannes macht also nichts anderes als das Ziel sichtbar, das heute schon unser In-Bewegung-Sein bestimmt . . .« (Comblin, a.a.O.). Damit wird freilich deutlich, daß die Johannesoffenbarung nicht mit irgendwelchen Utopien auf eine Stufe gestellt werden darf. Diese enthalten in der Regel Pläne von Idealstädten, die dann dazu dienen, soziale oder politische Ideen vorzulegen. »Utopien wachsen auf dem Boden der Einsicht, daß zwischen Moral und Wirklichkeit ein unüberbrückbarer Graben besteht«, sagt Comblin treffend, wie seiner ganzen Analyse des Gegensatzes von Utopie und Apokalypse zuzustimmen ist (vgl. dazu seine Ausführungen a.a.O.). Comblin unterstreicht nachdrücklich, daß es sich bei der Apokalypse nicht um einen aus dem Bewußtsein kommenden Protest handelt, sondern vielmehr um ein Zeugnis, das ganz auf das Handeln Gottes konzentriert ist. Nicht irgendwelche menschlichen Gerechtigkeitsvorstellungen sind hier im Blick, auch nicht der Versuch, eine auf Gerechtigkeit gründende Gesellschaft aufzubauen, sondern die Vision einer anderen Welt, in der alle augenblicklichen Bedingtheiten endgültig überwunden sind.

Kapitel VIII

Hymnen und Doxologien

Offb 1,5–6; 4,1–11; 5,8–14; 7,11–17; 12,10–12; 15,1–5; 19,1–8; 22,6–21

1 5 . . . und von Jesus Christus, dem getreuen Zeugen,
      dem Erstgeborenen von den Toten
      und Herrscher über die Könige der Erde.
      Ihm, der uns liebt und uns erlöst hat
      aus unseren Sünden durch sein Blut,
  6 und uns zu seinem Königreich gemacht hat,
      zu Priestern für Gott, seinen Vater:
      Sein ist die Herrlichkeit und die Herrschaftsgewalt
      für alle Zeiten. Amen.

4 1 Danach schaute ich, und siehe: Eine Tür war geöffnet im Himmel, und die Stimme, die ich zuvor wie eine Posaune zu mir hatte reden hören, die sprach: »Komm herauf, so will ich dir zeigen, was danach geschehen soll.«

  2 Augenblicklich kam der Geist über mich, und siehe: Ein Thron stand da im Himmel, und auf dem Thron saß einer.

  3 Und der da saß, war anzusehen wie Jaspis und Karneol; und ein Regenbogen war rings um den Thron gleich einem Smaragd.

  4 Und rings um den Thron standen vierundzwanzig Throne, und auf den Thronen saßen vierundzwanzig Älteste, angetan mit weißen Kleidern, und auf ihren Häuptern goldene Siegeskränze.

  5 Und aus dem Thron fuhren Blitze heraus mit Getöse und Donner. Und sieben Feuerflammen brannten vor dem Thron, das sind die sieben Geister Gottes.

  6 Und vor dem Thron war etwas wie ein gläsernes Meer gleich Kristall. Und in der Mitte, an jeder Seite rings um den Thron, standen vier Wesen, voller Augen vorn und hinten:

  7 Das erste Wesen gleich einem Löwen, das zweite gleich einem Stier, das dritte hatte ein Gesicht wie ein Menschenantlitz, und das vierte war gleich einem fliegenden Adler.

  8 Und die vier Wesen hatten je sechs Flügel, die waren ringsherum und innen voller Augen. Und ohne Ruhe rufen sie Tag und Nacht:
     »Heilig, heilig, heilig ist der Herr,
     Gott der Allmächtige,
     der da war und der da ist und der da kommt.«

  9 Und immer, wenn die Wesen Herrlichkeit, Ehre und Dank darbringen dem, der auf dem Thron sitzt, der da lebt in alle Zeiten,

 10 werfen sich die vierundzwanzig Ältesten nieder vor dem, der auf dem Thron

sitz, und huldigen ihm, der da lebt in alle Zeiten, legen ihre Siegeskränze nieder
vor seinem Thron und sprechen:

11 »Würdig bist du, unser Herr und unser Gott,
zu empfangen Herrlichkeit, Ehre und Macht.
Denn das All hast du erschaffen,
durch deinen Willen stand es da, erschaffen von dir.«

8 Und wie es das Buch empfangen hatte, warfen sich die vier Wesen und die vier- 5
undzwanzig Ältesten nieder vor dem Lamm; und jeder von ihnen hatte eine Zither in der Hand und goldene Schalen, mit Rauchwerk gefüllt, das sind die Gebete der Heiligen.

9 Und sie singen ein neues Lied mit den Worten:
»Würdig bist du, das Buch zu empfangen
und seine Siegel zu öffnen.
Denn du bist geschlachtet
und hast durch dein Blut
aus allen Volksstämmen und Sprachen, Völkern und Nationen
Menschen für Gott losgekauft

10 und hast sie unserem Gott zu einem Königreich
und zu Priestern gemacht,
und Herrscher sollen sie sein auf Erden.«

11 Und ich sah und hörte eine Stimme von vielen Engeln rings um den Thron, um
die Wesen und Ältesten, ihre Zahl war zehntausend mal zehntausend und tausend mal tausend;

12 die singen in gewaltigem Chor:
»Würdig ist das Lamm, das geschlachtet ist,
zu empfangen Macht und Fülle
und Weisheit und Kraft
und Ehre und Herrlichkeit und Lobpreis.«

13 Und alle Schöpfungswerke im Himmel und auf Erden und unter der Erde
und auf dem Meer, und alles, was darinnen ist, hörte ich sagen:
»Dem, der auf dem Thron sitzt, und dem Lamm
Lobpreis und Ehre, Herrlichkeit und Herrschaftsgewalt
für alle Zeiten.«

14 Und die vier Wesen sagten: »Amen!« Und die Ältesten warfen sich zu Boden und
beteten an.

11 Und alle Engel rings um den Thron, die Ältesten und die vier Wesen warfen sich 7
vor dem Thron auf ihr Angesicht und beteten Gott an

12 und sprachen:
»Amen, Lobpreis und Herrlichkeit, Weisheit und Dank
und Ehre und Macht und Kraft
unserem Gott in alle Zeiten. Amen.«

13 Und einer der Ältesten hob an und sprach zu mir: »Die Weißgekleideten hier,
wer sind sie, und woher sind sie gekommen?«

14 Ich sagte zu ihm: »Mein Herr, du weißt es!« Er erwiderte: »Das sind die, die aus
der großen Drangsal kommen und haben ihre Kleider gewaschen
und weiß gemacht im Blute des Lammes.

15 Darum sind sie hier vor Gottes Thron und dienen ihm Tag und Nacht in seinem

Tempel. Und der auf dem Thron sitzt, wird über ihnen zelten.

16 Sie werden nicht mehr hungern noch dürsten, weder Sonne noch Gluthitze wird über sie fallen:

17 Denn das Lamm, das inmitten des Thrones steht, wird ihr Hirte sein und sie führen zu den Wasserquellen des Lebens. Und Gott wird alle Tränen abwischen von ihren Augen.«

12 10 Und ich hörte eine gewaltige Stimme im Himmel rufen:
»Jetzt ist das Heil angebrochen,
die Macht und Herrschaft unseres Gottes
und die Gewalt seines Christus!
Denn gestürzt ist der Ankläger unserer Brüder,
der sie anklagte vor unserem Gott Tag und Nacht.

11 Sie haben den Sieg über ihn errungen
durch das Blut des Lammes
und durch die Verkündigung dessen,
was sie zu bezeugen hatten:
Und sie haben ihr Leben nicht geliebt, bis zum Tode:

12 Darum jauchzet, ihr Himmel,
und alle, die darin wohnen!
Wehe über Erde und Meer:
Denn zu euch ist der Teufel hinabgestürzt,
voll gewaltigen Grimmes,
weil er weiß, daß er nur noch kurze Frist hat.«

15 1 Und ich sah ein anderes Zeichen am Himmel, groß und wunderbar: Sieben Engel mit den sieben Plagen, den letzten, denn mit ihnen wurde das Zorngericht Gottes vollendet.

2 Und ich sah etwas wie ein gläsernes Meer, von Feuer durchglüht, darauf standen die, die dem Tier und seinem Abbild und der Zahl seines Namens als Sieger entkommen sind, Zithern Gottes in ihren Händen.

3 Und sie singen das Lied Moses, des Sklaven Gottes, und das Lied des Lammes:
»Groß und wunderbar sind deine Werke,
Herr Gott, du Allmächtiger!
Gerecht und wahrhaftig sind deine Wege,
du König der Nationen!

4 Wer sollte dich nicht fürchten, Herr,
und deinen Namen verherrlichen?
Denn du allein bist heilig.
Ja alle Nationen werden kommen
und niederfallen vor dir,
weil die Taten deiner Gerechtigkeit
offenbar geworden sind.«

5 Und danach schaute ich: Da wurde der Tempel aufgetan, das Zelt des Zeugnisses im Himmel . . .

19 1 Danach hörte ich etwas, wie die gewaltige Stimme einer großen Menge im Himmel:
»Halleluja!

Das Heil und die Herrlichkeit und die Macht
gehören unserem Gott!
2 Denn wahrhaftig und gerecht sind seine Gerichte.
Er hat Gericht gehalten über die große Hure,
die die Erde mit ihrer Hurerei verdorben hatte,
und hat das Blut seiner Sklaven von ihrer Hand gerächt.«
3 Und zum zweiten Mal sangen sie:
»Halleluja!«
Und der Rauch von ihrem Brand steigt auf
für alle Zeiten.
4 Und die vierundzwanzig Ältesten und die vier Wesen warfen sich nieder und
huldigten Gott, der auf dem Thron sitzt, und riefen:
»Amen, Halleluja!«
5 Und eine Stimme vom Thron her sprach:
»Preist unseren Gott, alle seine Sklaven,
die ihn fürchten, kleine und große!«
6 Und ich hörte es wie die Stimme einer zahllosen Menge, wie das Brausen vieler
Wassermassen und wie das Dröhnen starker Donner:
»Halleluja!
Denn König war der Herr, unser Gott, der Allmächtige!
7 Laßt uns jubeln und jauchzen und ihm die Herrlichkeit zuerkennen!
Denn die Hochzeit des Lammes ist gekommen,
und seine Braut hat sich bereitgemacht;
8 und eine glänzend reine Leinwand ist ihr gegeben,
mit der sie sich kleiden darf.«
Die Leinwand nämlich, das sind die Gerechtigkeitswerke der Heiligen.

6 Und er (der Engel) sprach zu mir: »Diese Worte sind treu und wahrhaftig. Gott, **22**
der Herr der Propheten, hat seinen Engel gesandt, um seinen Sklaven zu zeigen,
was bald geschehen soll.
7 Siehe, ich komme bald! Selig, wer die Worte der Weissagung in diesem Buch
bewahrt!«
8 Ich, Johannes, bin es, der dies gehört und geschaut hat. Und als ich es vernahm
und sah, warf ich mich zu Boden, um dem Engel zu huldigen, der es mir zeigte.
9 Doch der sprach zu mir: »Nicht doch! Ich bin dein Mitsklave und der deiner Brüder, der Propheten und derer, die die Worte dieses Buches bewahren! Gott sollst
du huldigen!«
10 Und er befahl mir: »Versiegle die Worte der Weissagung in diesem Buche nicht!
Denn die Zeit ist nahe.
11 Wer frevelt, frevle jetzt nur weiter. Wer schmutzig ist, beschmutze sich weiter.
Wer gerecht ist, tue weiter, was recht ist; und wer heilig ist, halte sich weiterhin
heilig!
12 Siehe, ich komme bald und bringe meinen Lohn mit, um jedem zu geben nach
seinem Werk.
13 Ich bin das A und das O,
der Erste und der Letzte,
der Anfang und das Ende.
14 Selig sind, die ihre Kleider waschen,
damit sie Anrecht bekommen an dem Baum des Lebens

und durch die Tore in die Stadt eingehen dürfen!

15 Draußen bleiben die Hunde und die Giftmischer, die Huren,
Mörder und Götzendiener und alle, die die Lüge lieben und tun!

16 Ich, Jesus, habe meinen Engel gesandt, um euch dies für eure Gemeindeversammlungen zu bezeugen.
Ich bin die Wurzel Davids und sein Geschlecht,
der hell strahlende Morgenstern.«

17 Und der Geist und die Braut sagen: »Komm!«, und wer es hört, der sage:
»Komm!« – Wer durstig ist, der komme! Wer will, der empfange Wasser des Lebens umsonst!

18 Ich bezeuge es jedem, der die Worte der Weissagung in diesem Buche hört: Wer
etwas hinzusetzt, dem wird Gott mit den Plagen zusetzen, die in diesem Buche
geschrieben sind!

19 Und wer von den Worten dieses Weissagungsbuches etwas wegläßt, dem wird
Gott seinen Anteil am Baume des Lebens wegnehmen und an der Heiligen Stadt,
von denen in diesem Buche geschrieben ist!

20 Der das bezeugt, sagt:
»Ja, ich komme bald!«
Amen, ja komm, Herr Jesus!

21 Die Gnade des Herrn Jesus sei mit allen.

Hymnen als Gliederungselemente
Die fünf Hauptteile der Apokalypse werden von Abschnitten umrahmt und
eingeleitet, die man als liturgische Texte bezeichnen kann. Es begegnet in
ihnen ein bestimmtes Zeremoniell der Anbetung Gottes; Hymnen oder Gebete werden in ihnen wiedergegeben.
Der erste Hauptteil (der der Kirche gewidmet ist) beginnt mit dem Zeugnis
des Johannes und seiner theologischen Aussage über den, der ihn gesandt
hat (1,5–6), und er schließt mit der großen Vision von der Anbetung Gottes, des Vaters und des Schöpfers (4,1–11).
Der zweite Teil (in dem es um die Geschichte geht) beginnt mit einem
Hymnus an das Opferlamm (5,8–14), in dem (mit einigen bezeichnenden
Abweichungen) der Hymnus an Gott den Vater und Schöpfer wieder aufgenommen wird; und er schließt mit dem Gesang der Kirche vor dem Thron
Gottes (7,11–17), in dem das Ende der Geschichte bezeugt wird.
Der dritte Teil, der von den anderen deutlich unterschieden ist und den wir
als den Schlußstein des Ganzen angesehen haben, bietet keinen derartigen
liturgischen Rahmen, bei ihm findet sich die Doxologie genau in der Mitte
(12,10–12), nach der Enthüllung des Mysteriums der Inkarnation und vor
der Enthüllung des Drachen und der Tiere: Hier ist der Höhepunkt des göttlichen Handelns erreicht.
Der vierte Teil (über das Gericht) steht zwischen dem Gesang der ›Sieger‹,
die das Zelt des Zeugnisses ankündigen (15,1–5), und nach dem Gericht
über Babylon, aber vor demjenigen über die Tiere, den Drachen und den
Tod, und dem Gesang des gewaltigen Chores (19,1–8).
Lediglich der fünfte Abschnitt ist nicht in dieser Weise eingerahmt. Zwischen der Zerstörung des Todes und der Auferstehung, mit der die neue

Schöpfung einsetzt, gibt es keinen Bruch. Darum hat der Gesang des gewaltigen Chores zwei Teile: Der eine schließt den vierten Hauptteil ab, und der zweite eröffnet den fünften. Und dieser letzte Hauptteil nun schließt mit einem erneuten Zeugnis des Sehers, das seiner einleitenden Erklärung parallel gegenübersteht[1].

Diese Texte sind nun nicht einfach hohle Formeln, dichterische Rahmenkompositionen; sie sind aber auch nicht bloß geschichtliche Dokumente, die wir dazu nutzen können, um diese oder jene liturgische Form kennenzulernen[2]. Diese hymnischen Stücke, die (wie bereits erwähnt) den ganzen Gedankengang der Apokalypse außerordentlich präzise gliedern und akzentuieren, sind mindestens ebenso wichtig, was ihren Inhalt und die Verschiedenartigkeit ihrer Aussagen angeht.

Eine Vorbemerkung können wir hierzu bereits machen: In den beiden ersten Hauptabschnitten sind diejenigen, die lobsingen und sich an Gott wenden, geheimnisvolle »himmlische« Gestalten, die vier Wesen, die 24 Ältesten, die Engel – nur einmal beiläufig die ganze Schöpfung. Angesichts der Offenbarung des Mysteriums Christi mit der Kirche und der Geschichte kommen die himmlischen Gestalten zu Wort.

Im dritten Teil bleiben wir im Inkognito Gottes: Die Doxologie wird von niemand Erkennbarem verkündet (12,10): »Ich hörte eine laute Stimme im Himmel rufen . . .«. Hier begegnet der tiefste Urgrund des Geheimnisses der Menschwerdung, eine konkrete Vision dessen, der hier ruft, ist darum unmöglich. Gott ist in Gott verborgen.

In den beiden letzten Hauptteilen aber sind es erstaunlicherweise nicht mehr die himmlischen Wesen (obwohl sie noch da sind, etwa 19,4!), die Lob und Herrlichkeit Gottes verkündigen, sondern die *Menschen*, die geschichtlichen Überwinder des Tieres (15,3), also (da sie das Moselied singen) diejenigen, die das Gottesvolk in die Befreiung führten, und schließlich die zahllose Menge (19,1), das heißt die Gesamtzahl der Menschheit, die gerettet, befreit, auferweckt ist. Lob und Freude bleiben damit nicht mehr an der

---

1 Paul Le Guillou (a.a.O.) formuliert den Sinn dieser Doxologien folgendermaßen: »Wir wollen treu versuchen, Rechenschaft von der *Gegenwart des Wesens* abzulegen, das der Welt *Sinn gibt*. Dann betrachten wir auf einem mehr theologischen Interpretationsniveau die *Eschatologie des Sinnes*, die im Osterereignis Christi liegt. Schließlich möchten wir zeigen, wie die Offenbarung des *Namens des Vaters* durch den Sohn (die Verherrlichung) – ob der Mensch sie annimmt oder verwirft – in einer *Ordnung, die grundlegend Offenbarung* ist, über Sinn oder Unsinn der Welt, des Menschen und seines Schicksals entscheidet«.

2 Freilich wird man mit großem Gewinn etwa die Arbeiten von Prigent über die Elemente urkirchlicher Liturgie, wie sie uns die Apokalypse vor Augen führt, lesen, insbesondere sein Buch (Apocalypse et Liturgie), in dem er aufzuzeigen versucht, daß in den Briefen an die sieben Gemeinden liturgische Texte aus dem Geschehen von Abendmahl und Taufe vorkommen, die ursprünglich wohl mit einer Osterliturgie in Verbindung standen. Das ist durchaus möglich. Nirgends habe ich geleugnet, daß der Verfasser der Apokalypse Anleihen gemacht und vorgeformte Texte übernommen haben kann. Weniger einsichtig erscheint mir allerdings, daß die Kapitel 4 und 5 Teil einer christlichen Osterliturgie sein sollen, die aus jüdischen Quellen übernommen wäre, ich vertraue mich hier allerdings Prigents profunder Sachkenntnis in diesen Dingen an.

Bruchstelle zwischen Mensch und Gott – oder, wenn man so sagen darf, in der Einsamkeit Gottes in seinem Himmel, sondern vielmehr in der vollkommenen Versöhnung, die auch dann fröhlich und freudenvoll ist, wenn es sich um das Gericht handelt. Und die zahllose Menge (nämlich alle Menschen, von allem Anfang an) bildet mit ihrem Gesang so etwas wie »das Dröhnen eines starken Donners« (19,6): Das hat seine ganz besondere Bedeutung, denn bekanntlich ist der Donner das geläufige Bild für die Stimme Gottes. Allein damit schon wird sichtbar, daß diese Doxologien ganz bewußt im Blick auf den Inhalt jedes der Hauptteile ausgewählt sind.

Die Heilstat Christi (1,5–6)
Der erste Hymnus ist sehr kurz. Er stellt zur Eröffnung der ganzen folgenden, ungeheuer komplexen Bewegung die einfache Erklärung des Johannes dar, die er als der Zeuge an die Gemeinden richtet und die nicht einfach nur Zielangabe, sondern sehr viel grundlegender *Doxologie* ist: »Dem, der uns liebt und uns erlöst (oder befreit, oder reingewaschen) hat aus unseren Sünden durch sein Blut und uns zu seinem Königreich gemacht hat, zu Priestern für Gott, seinen Vater: Sein ist die Herrlichkeit und die Macht für alle Zeiten.«
Diese auf Christus zielende Erklärung überrascht keineswegs. Sie stellt dar, was die Urgemeinde theologisch immer festgehalten hat (und übrigens nicht allein Paulus, wie gewisse Historiker hartnäckig behaupten, die davon ausgehen, Paulus habe Jesus verraten, indem er ein *Evangelium von Christus* an die Stelle des *Evangeliums Christi* gestellt hätte!): Christus liebt uns, er befreit uns, indem er den Tod an unserer Statt auf sich nimmt (das Gericht, die Verdammung; er hat den Preis bezahlt usw.). Infolge dieser Heilstat sind wir bereits in ein ›Reich‹ verwandelt (inmitten der Geschichte dieser Welt gibt es bereits ein schon gegenwärtiges Himmelreich!) und zu Priestern für Gott gemacht: Inmitten der gefallenen Schöpfung gibt es einen Punkt der Erneuerung; inmitten des Bruchs einen Punkt der Versöhnung, und im Entferntsein von Gottes Nähe einen Ort der Anbetung: dieses Volk, das ein Volk von Hohenpriestern ist (also nicht *ein* Priester, sondern ein Volk von Priestern!). Damit erscheint vor unseren Augen die Heilstat Christi, die als solche dargestellt wird und die vollendet ist, noch ehe von der Kirche auch nur die Rede ist.

Herrlichkeit und Herrschaftsgewalt
Bei zwei Begriffen müssen wir allerdings innehalten, gerade darum, weil sie uns in der Regel wie Alltäglichkeiten von der Zunge gehen und kaum unsere Aufmerksamkeit auf sich ziehen: Herrlichkeit und Herrschaftsgewalt (gr. δόξα und κράτος 1,6). Christus *hat* Herrlichkeit und Herrschaftsgewalt. Herrlichkeit ist im Sprachgebrauch der Bibel kein leeres Wort, es hat auch nichts mit dem zu tun, was wir Herrlichkeit und Glanz der Geschichte oder der Welt nennen (Ruhm, sozialer Aufstieg, Einfluß auf bestimmte Ereignisse, oder von der Gunst des Augenblicks umschmeichelt zu werden usw.)

– Herrlichkeit ist das Geschehen von Offenbarung. Verherrlichen bedeutet offenbar machen, wer der ist, den man verherrlicht. Darum verherrlicht Jesus nie sich selbst, vielmehr verherrlicht er seinen Vater, er offenbart ihn *als* den Vater (Joh 17,1). Und Gott verherrlicht seinen Sohn: Er offenbart, wer er ist. Diese beiden Vollzüge sind unlösbar ineinander verschränkt (»Vater, verherrliche deinen Sohn, damit der Sohn dich verherrliche«). Der Mensch kann Gott verherrlichen, indem er durch sein Leben, durch sein Sein sichtbar werden läßt, wer dieser Gott ist, den er anbetet. Und in entscheidender Weise geschah das durch den, der uns allein hat wissen lassen, wer Gott ist, – der das sichtbar machte, indem er dem Menschen in der Tat die volle Wahrheit Gottes – nicht nur ein äußeres Bild von ihr – vermittelt hat (Gott liebt so sehr, daß er seinen eigenen Sohn hingibt), durch Jesus Christus nämlich, und darum wird Christus von allem Anfang der göttlichen Offenbarung an so tituliert: Ihm gehört die Herrlichkeit (nicht daß er verherrlicht wird; es heißt nicht: »Er werde verherrlicht«!). Damit kommt zum Ausdruck: Er allein ist das wahrhafte Bild, die einzige Offenbarung des unergründlichen Geheimnisses Gottes.

Die zweite Qualitas, die ihm vom Zeugen zuerkannt wird, ist die ›Herrschaftsgewalt‹. Hier muß zwischen Macht und Herrschaftsgewalt (gr. δύναμις und κράτος) differenziert werden: Macht ist die Bedingung der Möglichkeit, etwas zu tun, vielleicht auch die Entfesselung einer Energie, eine Gewalt wie Donner oder Sturm, das Toben des Meeres etwa. Der All-Mächtige vermag alles; niemand kann ihn anhalten oder bremsen. Herrschaftsgewalt hingegen ist nicht allein der Sieg, der Triumph über einen Feind, sie bezeichnet zugleich ein Ordnungsgefüge, das durch eine Art Gesetz, durch anerkannte Verfügungen gewährleistet ist: Herrschaftsgewalt bezeichnet Herrschaft (und darum erscheint das griechische Wort κράτος in Verbindungen wie Demo-kratie, Auto-kratie usw.). Jesus wird von allem Anfang an dieser Triumph, diese Herrschaft zuerkannt. Nicht die schöpferische Allmacht, die unbestritten von allem Anfang an am Werk ist, vielmehr der Sieg, die Friedensordnung ist in seiner Hand. Das bringt diese vom Menschen gesprochene Doxologie zum Ausdruck. Der Mensch verkörpert hier die Kirche vor Gottes Angesicht. Er ist der Zeuge, der das *gesehen* hat, was in der Folge die ganze Offenbarung bestimmen wird.

Der Thron der Herrlichkeit (4,1–11)
Der Text, der die Offenbarung über die Kirche abschließt, ist sehr viel komplexer. Er besteht aus zwei deutlich voneinander abgehobenen Texten: Zunächst haben wir eine Vision, dann zwei Doxologien. Johannes wird vom Geist ergriffen und mit in den ›Himmel‹ genommen. Ein Thron, und auf ihm sitzt einer. Über diesen selber kann nichts ausgemacht werden außer dem Licht, dem smaragdenen Regenbogen, der von ihm ausgeht, der um ihn leuchtet, dem vielfältigen und unergründlichen Lichtschein des Jaspis, vermutlich des Opal, des eigenartigen Farbspiels, das dieser geheimnisvollste aller Edelsteine aufweist, das wie eine doppelte Lichtbrechung wirkt.

Man sieht etwas, sichtbar ist aber nicht die Oberfläche, das Licht scheint vielmehr im Innern des Steines zu wohnen, es ist fast so etwas wie eine Wand zwischen dem Betrachter und diesem Farbenspiel im Innern, an der Oberfläche des Steins. Das wird vom Seher berichtet. Die Bezugnahme auf das Licht, auf die *Edelsteine,* macht die unüberbrückbare Entfernung deutlich, die Unmöglichkeit, die Fülle des Geschauten wiederzugeben. Da ist einer, aber in unserer Erfahrungswelt ist er bestenfalls noch mit dem geheimnisvollen Lichtglanz des Opals oder des Smaragds zu vergleichen.

Die symbolische Umgebung dieses ›Jemand‹ bilden die vierundzwanzig Ältesten, die vier Wesen und die sieben Lichtflammen. Was sie betrifft, so stellt sich kein großes Interpretationsproblem: Der Text sagt ja selber, es seien die sieben Geister Gottes, also der Geist Gottes in seiner Fülle – wobei daran erinnert werden muß, daß der Geist die Kommunikation Gottes ist. Und der Geist ist *vor* dem Thron. Er ist nicht etwa selber das abstrakte, schillernde Licht. Gott selbst gibt vielmehr das Wort Gottes weiter. Allerdings ist Gott weder genannt noch beschrieben. Wir finden nicht den geringsten Ansatz zu einer anthropomorphen Vorstellung. Nur der Thron ist – getreu jüdischer Überlieferung – der Ort, auf dem die Herrlichkeit (hebr. כָּבוֹד) ruht. Gott herrscht allein[3].

Die vierundzwanzig Ältesten (4,4)

Die vierundzwanzig Ältesten und die vier Wesen haben gewaltige Ströme von Tinte fließen lassen. Was sie zunächst unbestreitbar deutlich machen, ist dies, daß Gott nicht in der Unendlichkeit isoliert ist wie der Gott der Philosophen. Er ist umgeben, freilich nicht zuerst vom himmlischen Heer (den Engeln), vielmehr habe ich den Eindruck, wir hätten es hier mit dem Symbol seiner Schöpfung zu tun. Natürlich gibt es ungezählte Interpretationen für diese vierundzwanzig Ältesten. Es sind keine irdischen Geschöpfe, die ihren Platz im Himmel gefunden haben (etwa die zwölf Propheten und die zwölf Apostel, oder auch Engel) – angetan mit weißen Kleidern, spiegeln sie die Herrlichkeit Gottes wider. Sie haben Siegeskränze und Throne: Zeichen der Autorität, die die Herrschaft Gottes zur Darstellung bringt? Das scheint doch wohl nicht ihr Sinn zu sein, insofern sie zu Gott in einer Beziehung stehen, die man als ›äußerlich‹ bezeichnen muß. Andere Ausleger sehen, daß die den vierundzwanzig Ältesten beigegebenen Symbole (weiße Kleider, Throne, Siegeskränze) genau diejenigen sind, die später im Text den Christen verheißen werden, insbesondere in allen Sendschreiben. Dann stellen sie also die himmlische Gemeinde dar, das Gottesvolk, das an seiner Herrlichkeit teilhat und das einen Gottesdienst der Anbetung und der Danksagung vollzieht. Diese Erklärung hat wenig Wahrscheinlichkeit für sich, da

---

3 Freilich muß mit den anderen Kommentatoren unterstrichen werden, daß eine enge Nachbarschaft zwischen dieser Vision und der in Ezechiel 1 besteht; es erhebt sich aber die Frage, ob der Seher einfach alte Stereotypen aufgreift oder ob wir hier nicht vielmehr eine Bestätigung der Vision des Alten Testamentes durch die Neue Wirklichkeit Gottes, die in Christus erschienen ist, vor uns haben.

die Kirche später ja in ganz anderer Weise zur Darstellung gelangt und das Gottesvolk sich erst nach und nach im Laufe des Berichts herausbildet. Nun wird gern betont, daß sie den Titel »Älteste« tragen: genau wie die Leiter der Synagogen und der Gemeinden. – Es gibt auch Exegeten, für die sie gar keine Bedeutung haben, einfach darum, weil die summarische Beschreibung gar nicht erlaubt, sich irgendetwas Genaueres vorzustellen. Das allerdings ist unzutreffend, denn wir dürfen sicher sein, daß alles, was hier zur Darstellung kommt, ohne Zweifel einen bestimmten Sinn zum Ausdruck bringen soll. Mir scheint (aber das ist nicht mehr als eine Hypothese), die vierundzwanzig Ältesten sind in ganz allgemeiner Weise zu verstehen, sicher in gewisser Parallelität zu den vier Wesen. So sehe ich in ihnen die Gesamtheit der Menschheitsgeschichte vor Gott repräsentiert, die Zeit der Geschichte (genauso, meine ich, muß der Alte in Dan 7 verstanden werden). Die Symbolzahl 24 hat recht häufig mit dem Ablauf der Zeit zu tun. Und daß es sich um Älteste handelt, ist ja leicht durchschaubar . . . Freilich, sie könnten auch den zwölf Aposteln und Propheten entsprechen, dann aber nicht als Einzelpersönlichkeiten, sondern als ›pars pro toto‹, als Verkörperung von ganz Israel und der ganzen Kirche, genauer der Geschichte Israels und der der Kirche, also der Heilsgeschichte im Gesamtablauf der Menschheitsgeschichte. Ihr Handeln, ihr Sich-Niederwerfen und das Ablegen der Siegeskränze bringt also ein Handeln der gesamten Menschheit zum Ausdruck. Die Ältesten vermitteln den Menschen (durch Blitz und Donner) eine gewisse Einsicht in die geschichtlichen Geschehensabläufe, sie bringen die Gebete der Heiligen vor Gott (5,8) und erbitten die Erfüllung der Geschichte. So könnte man sagen, daß sie gewissermaßen die Gesamtheit der Menschheit in ihrer geschichtlichen Wirklichkeit, in der gesamten Erstreckung der Weltzeit vor Gottes Angesicht darstellen.

Die vier Wesen

Die andere Gruppe, die der vier Wesen, ist etwas weniger rätselhaft. Höchstwahrscheinlich sollen es nicht die vier wichtigsten Tierarten (Vögel, wilde, zahme Tiere, Menschen – wie ein Kommentator meint) sein. Eine alte Tradition hat in ihnen die vier Evangelisten gesehen, was nicht leicht einzusehen ist, weil diese vier Wesen genau den vier Gestalten in Ezechiel 1 (6–12) entsprechen. Vermutlich treffen wir den Kern der Sache eher, wenn wir sie als Zeichen des Tierkreises verstehen (also mit Raum und Zeit in Verbindung bringen). Daneben ist die Zahl Vier bekanntlich die Zahl der Schöpfung, des wahrnehmbaren Universums. Und was die Wahl der Wesen anbelangt: Der Adler ist ein Symbol der Ewigkeit, der Löwe der Herrschaft, der Stier der Macht, der Mensch der Weisheit. Damit wäre einerseits die ganze Schöpfung vor Gottes Angesicht gestellt, zugleich wäre damit aber auch alles Handeln Gottes gegenüber seiner Schöpfung zur Darstellung gebracht.

In die vier Himmelsrichtungen ausgerichtet, sind sie gewissermaßen die ausführenden Organe des Willens Gottes. Ihre Augen und ihre Flügel stellen ihre Allgegenwart dar. Vielleicht sind ihre zahllosen Augen auch Ausdruck ihrer Verbundenheit mit dem Allwissen Gottes. Gerne würde ich behaupten (aber leider steht diese Hypothese auf recht schwachen Füßen), diese beiden Gruppen stellten die Weltgeschichte und die Schöpfung dar, die Beziehung zwischen Gott und dem Universum wie auch der Menschheit in ihren beiden Dimensionen. Um nun die Unmittelbarkeit dieser Verbindung zum Ausdruck zu bringen, sind sie gleichzeitig mitten auf dem Thron und rund um ihn her versammelt.

Heilig, Heilig, Heilig

Die vier Wesen verkünden das »Heilig« Gottes (4,8), die erste Aussage, die sich konkret auf den ›Jemand‹ bezieht. Damit haben sie die Funktion der Schöpfung selbst vor dem ›Fall‹. Die Heiligkeit Gottes ausrufen bedeutet, ihn als den ›Anderen‹, als den von aller Schöpfung ›Getrennten‹ bezeichnen. Gott ist *immer* anders, als wir ihn glauben, denken, uns vorstellen können. Die Schöpfung anerkennt in diesem Hymnus vor Gott, daß sie nicht selber Gott ist, daß Gott auch nicht in ihr ist, daß Gott vielmehr der ist, den die Schöpfung (und damit auch der Mensch) zwar *erkennen* kann, den sie aber doch immer als den *Ganz Anderen* bedenken muß (als den Heiligen). Das bedeutet, daß sich die Schöpfung selbst als Schöpfung erkennt und darum auf die Vorstellung verzichtet, sie bestünde aus sich selbst heraus, daß sie im Gegenteil ihre Abhängigkeit bekennt. Es sollte deutlich sein, daß wir, in knappster Form zusammengefaßt, dies bekennen, wenn wir sagen, daß Gott heilig ist!

Weiter wird in ihrem Gesang die Aussage von der Macht wiederholt, zusammen mit der Bezeichnung »der da *war*, der da *ist* und der da *kommt*«. Diese Formel taucht in der Apokalypse mehrfach und in verschiedener Form auf. So geht es im Eröffnungszeugnis des Johannes um den, »der da *ist*, der da *war* und der da *kommt*«, also um »Gott in Christus«: Darum wird er zunächst im Präsens gesehen, in der *Gegenwärtigkeit* Christi, um dann von diesem gegenwärtigen Christus auszusagen, daß er *war*, vor allem Anbeginn der Welt, und daß er der ist, der *kommt* (in der Parusie). Noch einmal sei auf die Genauigkeit des Begriffes hingewiesen: Er ist nicht der, der *sein wird*, auch nicht der, der *wiederkommen wird*, vielmehr der, der *jetzt* kommt, der in jedem Augenblick der Kommende ist.

Hier allerdings, im Blick auf Gott den Vater, liegt das Gewicht der Aussage auf der Überzeitlichkeit, der *Dauer*. Daher kommt die Vergangenheit vor dem Präsens. Aber auch er kommt: Gott und Christus sind also eins, sie sind die beiden Personen, die von Ewigkeit her als Einheit auf die Gegenwart, auf das Jetzt des Menschen zukommen.

Danksagung

Mit der Verherrlichung verbinden die vier Wesen den Dank (4,9), denn da sie die ganze Schöpfung darstellen, sind sie die Zeugen der Liebe Gottes und wissen, daß Gott rettet. Indem sich die Schöpfung so vor Gott darstellt,

handeln die vierundzwanzig Ältesten als Zeugen dessen, was die Menschheitsgeschichte sein sollte oder hätte sein sollen: Sie vollziehen die Anbetung, die Teil des menschlichen Handelns ist, die nämlich zum Auftrag der
Schöpfung, zur Verherrlichung (dazu, Gott erfahrbar zu machen) gehört.
Die Schöpfung wurde ins Sein gerufen, damit sie die Heiligkeit Gottes bezeuge, damit sie ihn verherrliche. Das Werk des Menschen in der Geschichte stand unter der Erwartung, daß der Mensch aus freien Stücken alle
Macht opfern und dahingeben würde: das würde für ihn die Freiheit bedeuten. Die Funktion des Menschenwerkes ist also mit der Berufung der Schöpfung zur Verherrlichung verknüpft. »Wenn diese schweigen, werden die
Steine schreien!« (Lk 19,40). Was die politische Seite dieses Handelns betrifft, so richtet sich die Darstellung eher gegen die Seleukidenherrscher als
gegen den römischen Kaiser (diese Frontstellung, die in zahlreichen biblischen Texten vorliegt, wird in der Regel allzu leicht vergessen). Die beiden
Formen der Ehrbezeugung (sich niederwerfen und Kronen ablegen 4,10)
scheinen ebenso wie der Beginn der doxologischen Formel dem von Alexan-
der begründeten Ritual zu entsprechen, in dem die Könige seine Oberherr-
schaft (durch die *Proskynese*) bestätigten; und dieses Ritual wurde von den
Seleukiden in Verbindung mit den Hoheitstiteln σωτήρ (Retter) und εὐερ-
γέτης (Wohltäter) wieder aufgenommen. Überdies wurde der Kuß auf den
kaiserlichen Mantelsaum hinzugefügt. Unser Text spricht also Gott alles
das zu, was der (seleukidische) König für sich beansprucht. Für unseren Autor ist freilich Kaiser gleich Kaiser; ob es sich um Könige Kleinasiens oder
um den Herrscher Roms handelt, ist dabei einerlei: keiner ist da dem anderen vorzuziehen! Darin erscheint (wie wir schon gesehen haben) in gewisser
Weise bereits eine Kriegserklärung gegen die politische Gewalt: Die Kirche
erklärt damit, daß Gott über die Kaiser Meister ist und daß sie allein Gott zu
gehorchen bereit ist, daß außerdem die Kaiser Geschöpfe Gottes sind (»du
hast das All erschaffen . . .« 4,11 mitten in der Nachbildung der *Proskynese*!). Zugleich wird damit ausgesagt, daß vor Gott alle Menschen gleich
sind, daß es also keine Hierarchie geben kann, keine besonderen Würden,
denn Gott allein gebührt alle Ehrbezeugung und alle Macht der Welt. Ganz
hart ist hier der Schöpfer dem *Euergetes* gegenübergestellt.

Der Hymnus für das Lamm (5,8–14)

Bei der dritten Doxologie, die die Vision von der Geschichte eröffnet, finden
wir dieselben handelnden Personen wie in Kapitel vier, zusätzlich noch die
Engel und die Menschen. Dieser Hymnus richtet sich nicht wie die vorhergehenden an Gott den Schöpfer, sondern an Christus, den Herrn der Geschichte, an den geopferten Gottesknecht. Die Doxologie hat entsprechend
den drei Gruppen, die sie vorbringen, drei Teile. Zunächst kommt die
Gruppe der Ältesten und der Wesen: sie musizieren, und ohne Zweifel entspricht diese Musik dem ›Seufzen der ganzen Kreatur‹ (Röm 8,22), während
das duftende Rauchwerk, das aus ihren Schalen aufsteigt, das Gebet der
Heiligen darstellt. Musik und Rauchwerk sind die Einheit von Natur und

Glaube, die hier wiederhergestellt wird – einzig und allein hier, in den Händen derer, die vor Gottes Angesicht stehen. Sie singen »ein neues Lied« (Ps 33,3). Viele vertreten die Auffassung, damit sei auf eine jüdische Zeremonie angespielt: Die Rabbinen sangen die שירות, die Lieder der Erwartung des Kommens des Messias, um dann bei seinem Erscheinen den שיר anstimmen zu können, das neue Lied der messianischen Erfüllung. Mit dem neuen Lied wird also bereits aus jüdischer Sicht das Kommen des Messias angekündigt. Vielleicht brauchen wir aber gar nicht so weit entfernt zu suchen: Was die Ältesten und die Wesen hier singen, das ist auch im inneren Zusammenhang des Textes ein neues Lied, denn es richtet sich an das Lamm und unterscheidet sich von dem Gesang, den sie vorher Gott gewidmet hatten. Sie verkünden feierlich, daß einzig das Lamm das Buch der Geschichte (die Herrschaft) empfangen und enthüllen, offenbaren kann. Weil es allein (innerhalb der Geschichte) vollkommene Treue gegenüber Gott gelebt hat und aufgrund dieser Haltung gekreuzigt wurde. Außerdem darum, weil es Gott im Laufe der Menschheitsgeschichte ein besonderes Volk erworben hat, das aus allen Rassen, allen Nationen kommt und das wie ein roter Faden durch alle Ereignisse und Mächte, durch alle Wirren und Strukturen hindurchführen wird: Von nun an wird es in aller Geschichte ein Königreich und Priester geben, die die Gegenwart Gottes unter allen Menschen bezeugen werden (nicht nur den *Gedanken,* nicht nur die *Verheißung* dieser Gegenwart!). Die Heilsgeschichte ist also ein für allemal mit der Menschheitsgeschichte verbunden, wobei sich diese nicht einfach mit naturgesetzartiger Zwangsläufigkeit vollzieht, genausowenig aber marionettenhaft einer abstrakten Lenkung Gottes folgen muß. Die Menschheitsgeschichte ist vielmehr in jedem Volksstamm, jeder Sprache und Nation durch das besondere Volk Gottes in ihm geprägt. Dann wird von der Engelschar die Göttlichkeit Jesu Christi verkündet (5,11.12): Er ist nicht nur würdig, das Buch der Geschichte zu öffnen, sondern auch, die sieben Eigenschaften Gottes zu empfangen, Macht, Fülle, Weisheit, Kraft, Ehre, Ruhm und Lobpreis. Damit wird übrigens gleichzeitig all das, was der Mensch dauernd für sich selbst beansprucht, Christus zuerkannt, – alles das, was im Grunde die Herrlichkeit des Menschen ausmacht.

Abschließend (5,13) erfolgt die Verkündigung der Schöpfungswerke, die im Himmel, auf Erde und Meer und unter der Erde sind.

Verschiedene Ausleger meinen, hier sei der Mensch nicht erwähnt, die Natur gehe dem Menschen also in der Anbetung voraus, indem sie jetzt schon das Lamm erkennt und preist. Ich bin demgegenüber der Ansicht, daß die Nennung *aller* Schöpfungswerke den Menschen ganz offensichtlich einbegreift. Freilich wird hier seine Verschiedenheit von der übrigen Schöpfung nicht zum Ausdruck gebracht. Er ist hier nicht das besonders erwählte Schöpfungswerk: Das Heil, das Christus erworben hat, gilt aller Kreatur, nicht allein dem Menschen, der sich so gern für den Beherrscher der Schöpfung hält. Ich bin sogar im Gegenteil der Überzeugung, daß er wegen seiner Haltung der Schöpfung gegenüber, wegen seines Mißbrauches, seiner erbarmungslosen Ausbeutung der Dinge und der Lebewesen vor Gott nicht mehr der Herrscher über der Schöpfung ist, einfach darum nicht, weil er ja den Auftrag von Genesis 1,27ff und 2,18ff und von Psalm 8 in seiner Geschichte keineswegs erfüllt. Der Mensch ist also ein abgesetzter Herrscher, der mit allen anderen Geschöpfen auf einer Stufe steht, und sein Gotteslob ist nicht anders oder besser als das des letzten Lebewesens. Alle Kreatur verbindet also ihr Lob ›de profundis‹ mit dem der Engel »in excelsis«, denn da das Lamm Gottes gekommen ist, kann das Lob Gottes in der ganzen Schöpfung neu erstehen. Freilich muß der Unterschied zwischen den vier Wesen und der ganzen übrigen Kreatur erfaßt werden: Die vier Wesen stellen in beständiger Gegenwart vor Gottes Angesicht symbolisch die Schöpfungswelt dar, sie sind, kurz gesagt, die abstrakte Schöpfung, die – sei sie nun gefallen oder gerettet – im Angesicht Gottes, in seiner Herrlichkeit nicht fehlen darf. Die Schöpfungswerke dagegen sind die Gesamtheit aller Kreatur (nicht nur ihr Symbol) in ihrer konkreten, leiblichen, lebendigen und dem Sterben unterworfenen Wirklichkeit. Alle Schöpfungswerke können danksagen und preisen, seit das Lamm erschienen ist, nicht vorher: von dem Augenblick an, da das Lamm, das zugleich getötet und auferweckt ist, die Geschichte in die Hand nimmt. Übrigens ist der Lobpreis der Schöpfung von dem der Engel unterschieden. Der erste wies sieben Begriffe auf, der zweite hat nur noch vier (die Zahl der Schöpfung!): Lobpreis und Ehre, Herrlichkeit und Gewalt. Die Schöpfung *spiegelt* den Schöpfer in seiner äußeren Erscheinung und Schöpferkraft *wider*; darum fehlen jene drei Elemente, die die Schöpfung selber nicht zum Ausdruck bringen kann (Weisheit, Macht und Fülle), diese nämlich vermag allein die Offenbarung Gottes zur Darstellung zu bringen.

So zeigt sich uns in dieser dreifachen Doxologie zuerst die Fülle des Handelns Gottes in Jesus Christus, dann aber auch dies, daß dieser Lobpreis nicht nur die Geschichte durchschaubar werden läßt, sondern zugleich alle Geschöpfe (also auch den Menschen) mit dem Lobpreis der Engel und der Symbole der göttlichen Welt zu verbinden vermag.

Der Dank an Gott (7,11–17)

Der Abschluß der Einheit, in der es um die Geschichte geht, ist ein wenig anders. Nach der Vision vom Gottesvolk als Faktor der Geschichte (7,1–10), unmittelbar im Anschluß daran, daß der Seher die dem Lamm huldigende Menge in weißen Kleidern hat sehen können, finden wir wieder eine kurze Doxologie, zu der die Engelschar, die vierundzwanzig Ältesten und die vier Wesen versammelt sind. Dabei macht sich unter ihnen kein Unterschied bemerkbar: alle bringen dieselbe Freude, denselben Lobpreis zum Ausdruck. Wieder handeln dieselben Gestalten wie bei der Szene am Ende des Abschnitts von der Kirche und zu Beginn desjenigen über die Geschichte, ihre Funktionen sind nun aber nicht mehr unterschieden. Alle vollziehen sie die Anbetung. Denn endlich ist die Geschichte enthüllt, endlich wissen wir, daß sie nicht nur Lärm und Schrecken ist, die wilde Jagd der entfesselten

Mächte (was sie ja doch *auch* ist), endlich wissen wir, daß sie noch etwas anderes, noch mehr enthält: daß nämlich die Vision von der Geschichte nicht mit der Katastrophe, sondern mit der Versammlung des Gottesvolkes abschließt. Wir erfassen also, daß die Geschichte eine Ausrichtung und eine Bedeutung hat: Sie ist nicht einfach Spielfeld sich endlos erneuernder Mächte, sondern enthält auch das Zeugnis von der Liebe Gottes, von seiner Gegenwart, die durch sein Volk vermittelt wird; es ist sichtbar geworden, daß es eine Heilsgeschichte gibt, die in der umfassenden Geschichte verborgen ist und die diese Geschichte trägt und mit Sinn erfüllt.

Die Doxologie ist an Gott gerichtet, der (wie wir schon sahen) hier vom Lamm unterschieden ist. Es fällt aber auf, daß die hier erscheinenden sieben Begriffe bis auf einen mit denjenigen identisch sind, die im Hymnus an das Lamm im Eingangsteil dieses Abschnittes vorkamen. Beim Lamm hatten wir Fülle (πλοῦτος), hier stattdessen Dank (εὐχαριστία). Die sechs anderen Begriffe sind gleich. Nun ist es von einiger Bedeutung, daß wir erkennen, daß hier in der Tat dieselbe Doxologie zuerst an das Lamm gerichtet wird, das würdig ist, das Buch zu empfangen und zu öffnen, und dann an Gott den Vater, der das Heilswerk des Lammes ermöglicht hat (und dem darum Dank ausgesprochen wird). Nun steht dieser Hymnus genau zwischen der Vision (von den weißgekleideten Menschen) und ihrer Deutung. Das heißt: Gottes Werk *besteht*. Es hängt nicht von irgendwelchen Erklärungen oder vom Verstehen des Menschen ab, von irgendwelchem Glauben oder einer sonstwie gearteten menschlichen Einstellung. Es besteht aus sich selbst. Und *darin* hat der an Gott ergehende Dank seinen Grund. Es gibt das Wunder des Bestehens dieses Volkes Gottes, das überraschendste aller nur denkbaren Mysterien, das dem Menschen letztlich unfaßbar bleibt. An diesem Mysterium selbst aber kann sich nichts ändern, ob der Mensch es weiß und annimmt oder nicht. Die Gegenwart des Gottesvolkes inmitten der Geschichte besteht, ohne daß jemand sie wird aufheben können. Und diese Gegenwart ist der Beginn des Gottesreiches. Jetzt schon Gottesreich, auch wenn das noch so fremd und unglaublich erscheinen mag. *Nachdem* der Lobpreis an Gott ergangen ist, ausgeführt von denjenigen, die allein die Tiefe des Geheimnisses Gottes ergründen können, erst dann wird das Geschaute dem Seher, dem Zeugen *erklärt*. Er erfährt, wer diese geheimnisvolle Menge ist und wie diese Menschen mit dem Opferlamm verbunden sind (»sie haben ihre Kleider im Blut des Lammes gewaschen und weiß gemacht« 7,14). Er erfährt, daß sie die große Drangsal durchgemacht haben. Diese ›große Drangsal‹ ist ebenfalls eine ›crux‹ für die Ausleger. Bei der Annahme eines historischen Verstehenshorizontes müßte man sagen, es handle sich um eine Anspielung auf Verfolgungen. Wieso aber sollten die paar wenigen Märtyrer der ersten und zweiten Verfolgungswelle als zahllose Volksmenge bezeichnet werden können? Wie sollten diesen Märtyrern die 144000 aus den Stämmen Israels und die übrigen aus allen Nationen gleichgestellt werden? Wenn man eine eschatologische Auslegung des fünften Siegels voraussetzt, könnte man sagen, es sei die Menge derer, die die eschatologische Drangsal überstanden haben . . . Dafür müßte dann allerdings erst die Siebenereinheit der Siegel aufgebrochen werden: Vier Siegel, die sich auf die vier Pferde beziehen, und drei andere, die überhaupt keinen inneren Zusammenhang untereinander haben, eines über Katastrophen, eines über die Kirche, ein drittes . . . Auf diesem Wege wäre es unmöglich, die Beziehung zwischen dieser Sicht der Kirche und den Katastrophen zu erklären, es sei denn, man hielte diese bereits für ein Gericht. Dann allerdings kommt man notwendigerweise zu der Aussage, es gäbe zwei, drei oder vier einander wiederholende Darstellungen des Gerichts, der endzeitlichen Drangsal usw., was mir wenig überzeugend erscheint. Schließlich ist es so auch nicht möglich, zu erklären, wie das ganze Gottesvolk aus denen zusammengesetzt sein kann, die die endzeitliche Drangsal durchgemacht haben, denn die Kirche ist ja gar nicht immer in solcher Prüfungssituation. Darum scheint mir die einzig sinnvolle Erklärung die folgende zu sein: Das hier versammelte Volk ist die Menge derer, die die (furchtbare!) Drangsal der Geschichte als solcher durchgemacht haben. Es ist eben das verborgene Volk, das immerzu von allen wirtschaftlichen, politischen, gesellschaftlichen und auch spirituellen Kräften der Geschichte bedroht wird. Es wird *als* Volk bedroht und in Frage gestellt: Das ist die eigentliche Drangsal, daß das Gottesvolk der Zeit der Selbstverherrlichung und des Ungehorsams des Menschen, seiner Autonomie – der Zeit des Bruchs mit Gott – unterworfen ist. Das Gottesvolk ist die Hefe, die vom Teig erstickt zu werden, das Licht, das unter den Scheffel gestellt zu werden droht: Das Gottesvolk zieht durch die Drangsal der Geschichte, wie Israel durch das Meer gezogen ist – wobei dieser Durchzug es übrigens in den Raum der Geschichte hineingeführt hat. Schließlich bietet die Erklärung, die der Älteste dem Seher gibt, einen Hinweis auf die Zukunft dieses Volkes, das das Gottesreich, das Himmlische Jerusalem bilden wird. Diese nüchternen Verse (7,16.17), die in der Vision vom Neuen Jerusalem wieder anklingen, sind ein weiteres Beispiel für die ›vorbereitende Andeutung‹, für die Ankündigung, an die später dann die endgültige Darstellung anknüpfen kann, hier in den Verbindungsversen zwischen zwei Hauptteilen unseres Textes.

Die Folge der Inkarnation (12,10–12)

Bei der fünften Doxologie gilt es zunächst noch einmal vor Augen zu haben, daß sie in der Mitte der Offenbarung des Geheimnisses der Inkarnation steht[4]. Der Text umfaßt vier klare Aussagen: den Lobpreis an Gott und Christus, den Sturz Satans, den Sieg des Gottesvolkes und die Freude im Himmel. Das Ganze wird eingeleitet mit »Jetzt hat es angefangen« oder »Jetzt ist das Heil angebrochen«, was im Urtext mit dem Verb γίγνομαι –

---

4 Man kann sich übrigens den Spaß machen, festzustellen, daß diese Verse *genau* in der Mitte der Apokalypse stehen: 205 Verse gehen voraus, 207 folgen danach. Dieser Hymnus ist also das Zentrum des gesamten Textes. Freilich dürfen daraus keine allzu weitreichenden Schlüsse gezogen werden.

entstehen, geboren werden ausgedrückt wird. Und nun kommt dieser Abschnitt unmittelbar nach dem Bericht von der Vision, in der die Frau das kleine Kind gebiert (12,1.2). Unübersehbar ist die Geburt des Kindes derjenige Augenblick, von dem im Hymnus die Rede ist. Im Augenblick der Geburt des Kindes, also Jesu, an Weihnachten verkündet die ›gewaltige Stimme‹ (12,10), die im Himmel erschallt, aber aus niemandes Mund kommt, daß das Jetzt ist: sowohl der Augenblick des Heils, der Macht und Herrschaft Gottes, als auch der Augenblick der Autorität Christi. Schon im Weihnachtsgeschehen ist also das Heil durch Gott entschieden und vollbracht. Es ist Ausdruck der Macht Gottes (die insofern *wahrhafte* Macht ist, als sie bereit ist, zur ›Ohnmacht‹ zu werden) und seiner Herrschaft: Allein der Allherrscher, der unerreichbar und der ganz Andere ist, allein der total Jenseitige konnte diesen Weg wählen.

Zugleich ist Weihnachten aber auch der Augenblick, in dem Christus die *Exusia* übernimmt, in dem alles, was diesen Namen trägt, alle *Exusiai* im Himmel und auf Erden, die Autorität beansprucht haben, gestürzt werden. Christus empfängt im Augenblick der Fleischwerdung alle Autorität (nicht erst nach der Kreuzigung!). Zeichen dieser Wende ist die Tatsache, daß nun kein Ankläger mehr da ist, daß es vor Gott keine Anklage mehr geben kann. Damit eröffnet sich uns eine unglaublich tiefe Vision: Der Ankläger existierte, solange Gott als der Allmächtige thronte, solange er eine Art Richter über das objektiv Gute oder Böse war; solange das Schicksal des Menschen von einem Wort aus seinem Munde abhing und solange Gott als derjenige Richter erscheinen konnte, der dem, was er zu richten hat, objektiv unbeteiligt gegenübersteht. Seit aber Gott den Weg der Entäußerung von seiner Allmacht gewählt hat, ist die Anklage sinnlos geworden. Da Gott für den Menschen Partei ergriffen und einen so tiefgreifenden Bund geschlossen hat, den Bund des Seins selber, der durch nichts mehr gebrochen werden kann, kann der Ankläger nichts mehr anklagen, seine Anklage ist sinnlos geworden, sie kann nicht mehr gehört werden und fällt ins Leere. Es kann keine Anklage gegen den Menschen mehr geben, und darum ist der Ankläger vor Gott gestürzt. Dabei darf nicht vergessen werden, daß die Zeit der Inkarnation fortdauert. Und wenn nun Gott auf der Seite der Menschen ist, dann folgt der Ankläger Gott gewissermaßen und befindet sich nun mitten unter den Menschen – als Haß, gegenseitige Anklage, Selbstrechtfertigung . . . Angesichts dieser Gefahr erinnert uns die Doxologie an die Bedeutung der Kirche, des Gottesvolkes: Es allein ist fähig, die Anklage des Anklägers in der Welt und unter den Menschen zu überwinden. Das ist die wunderbare Berufung der Christen, das ist die Aufgabe der Kirche: nicht, sich zu organisieren oder Dogmen aufzustellen oder gar ›in Politik zu machen‹, sondern einzig dies, den Mechanismus von Anklage und Rechtfertigung (der der berühmten Dialektik von Hammer und Amboß entspricht) zu besiegen, Satans Werk unter den Menschen. Dieser Sieg (der Versöhnung) kann niemals das Ergebnis einer Einsicht, einer Taktik, einer wohlgezielten Psychologie sein, auch nicht die Frucht irgendwelcher Methoden – noch weniger von Sentimentalität, Frömmigkeit, Moral oder Politik. Unser Text ist in diesem Punkt eindeutig: Den Sieg hat das Blut Jesu errungen, das Zeugnis seines Wortes, die Nachfolge Jesu (12,11). Es gibt keinen anderen Weg zu diesem Sieg. Die Versöhnung, das Gegenstück zum Wirken Satans, wird durch das Blut Jesu erreicht, wird in jedem einzelnen durch das im Zeugnis verkündete Schöpferwort gewirkt. Allerdings geht es hier nun (weil Satan mitten unter den Menschen ist) und auch in Zukunft (weil die Versöhnung mit Gott ein für allemal am Kreuz gewirkt worden ist) nicht um die Versöhnung mit Gott, sondern um diejenige mit und unter den Menschen. Dabei ist freilich zu beachten, daß diese Versöhnung einzig in der Nachfolge Christi erfahren werden kann: »Und sie haben ihr Leben nicht geliebt, bis zum Tode«. Dieser Satz, der uns unmittelbar an das »Wer sein Leben retten will, der wird es verlieren . . .« (Mt 16,25) erinnert, bezieht sich in unserem Zusammenhang hier gerade nicht auf die Frage nach dem persönlichen Heil, sondern auf die nach dem Zeugnis gegenüber den anderen: Er soll zum Ausdruck bringen, daß sie *nach dem Urbild* Christi ein Zeugnis gelebt haben, indem sie nämlich Versöhnung stifteten zwischen Feinden und zwischen solchen, die man für Feinde halten konnte. Was uns also hier vor Augen tritt, ist das genaue Gegenteil eines politischen Standpunktes, der etwa die Verdammung der Unterdrücker, Ausbeuter usw. verlangt, und damit ständig verstärkten Kampf gegen sie!

Hier ist von Versöhnung die Rede! Jedes politische Handeln ist in dieser Perspektive notwendig satanisch, insofern es mit Gegnern rechnet und anklagt.

Die letzte Aussage der Doxologie (12,12) schließlich bezieht sich auf die Freude im Himmel (eine Anspielung auf den Hymnus der Engel in der Weihnacht Lk 2,14; wir haben bereits darauf aufmerksam gemacht, wie selten im Neuen Testament von dieser Freude im Himmel die Rede ist!) und gleichzeitig im Gegensatz hierzu auf das Wehe über die Erde und das Meer. Nun ist hier allerdings Vorsicht am Platze: wieder einmal ist das Meer das Symbol des aggressiven Nichts; die Erde ist das Symbol für das ›Irdische‹, das dem ›Himmlischen‹ gegenübersteht und der ›Welt‹ (in ihrem negativen Sinne) entspricht, dem ›Fleisch‹. Mit diesem Satz ist also keineswegs in einer höchst vordergründigen Weise gemeint: Im Himmel ist man den Teufel nun losgeworden, er wurde zu den anderen gejagt, und nun müssen es die Menschen ausbaden und die Zeche zahlen. Das ist gerade nicht der Sinn dieser Worte. Vielmehr geht es darum, daß nun die Macht der Trennung, der Zerstörung, der Verdammnis zurückgedrängt ist *in* die Welt der Verneinung und des Irdischen. Nur dort kann sie noch wirken. Was beschrieben wird, ist also nichts anderes als das Reich, das gegen sich selbst entzweit ist (Mk 3,24), der Beginn der ›Zerstörung der Zerstörung‹ (die Negation der Negation!) durch Satan selber.

Das Befreiungslied (15,1–5)

Die sechste Doxologie steht am Beginn des vierten Hauptteils, vor den sie-

ben Zornschalen. Sie hängt mit dem zusammen, was bisher von dem zahllosen Volk der Erwählten gesagt worden ist: Sie werden nun als die Sieger
über das Tier, sein Abbild und seine Zahl bezeichnet, und sie singen das Lied
Moses, des Befreiers. Drei Beobachtungen drängen sich im Blick auf diese
Verse auf. Zunächst geht es um eine Verkündigung der ›Taten‹, die Gott
gewirkt hat (15,3). Die Werke des Herrn sind groß und wunderbar: Weil
das Volk Gottes gerettet und versöhnt ist, weil es (zuvor) die Zusage der
Liebe Gottes empfangen hat, darum kann es bezeugen, daß Gott der Allmächtige ist, daß seine Werke wunderbar und herrlich sind. Noch einmal
freilich wird hier deutlich, daß sich der Gott der Bibel nicht zuerst als der
Allmächtige offenbart. *Er ist es* vielmehr *für diejenigen*, die, weil sie ihn als
Retter erfahren haben, *nun* sein Handeln erkennen können und sehen, wie
wunderbar und außerordentlich seine Werke sind. Außerhalb der Erfahrung des Glaubens ist das freilich nicht zu erkennen; die objektive Betrachtung dieses oder jenes Schöpfungswerkes kann uns die entscheidende Einsicht niemals vermitteln, denn was wir da bestenfalls erkennen können, ist
ein Gott, der an und für sich der Allmächtige ist, also furchtbar, unzugänglich – und das wäre alles andere als der Gott Jesu Christi. Das ist der Grund,
weshalb unser Text beim Hinweis darauf, daß es sich hier um das Moselied
handelt, sogleich hinzufügt, es sei zugleich auch das Lied des Lammes.
Zweitens erfolgt unmittelbar nach den ›Werken‹ eine Aussage über die
›Wege‹ des Herrn. Natürlich können diese Verse als völlig bedeutungslos
angesehen werden, wenn man davon ausgeht, daß hier nichts weiter als eine
poetische Verdoppelung der Aussage vorliegt, wie sie in Israel gang und
gäbe war, ein Gedicht über Gottes Werke und Wege . . . Aber selbst wenn
man die Richtigkeit dieser formalen Analyse anerkennt, muß man doch sehen, daß mit ihr noch nichts erklärt und daß mit dem Hinweis auf das Vor-
handensein dieser Verdoppelung die Frage nach dem Sinn noch nicht beantwortet ist. Dieser Sinn scheint mir allerdings ziemlich klar auf der Hand
zu liegen: Zunächst gelangen die Werke (die bereits erfüllt sind, die erreich-
ten Ziele also) zur Darstellung, dann die *Mittel:* Die Wege (gr. ὁδοί) müssen im Sinne von ›Mittel und Wege‹ des Vorgehens verstanden werden. Die
Methode des Vorgehens Gottes ist »gerecht und wahrhaftig« (15,3): Gottes
Handeln widerstreitet niemals der Gerechtigkeit und der Wahrhaftigkeit.
Das ist von grundlegender Bedeutung. Wieder begegnet uns die Bedeutsamkeit der Mittel, der Methoden. Es gibt keinen Zweck, der die Mittel heiligt. Vielmehr müssen diese (genau wie diejenigen, die Gott selbst anwen-
det) in sich selbst gerecht und wahrhaftig sein. Nun wissen wir natürlich,
was die Gerechtigkeit Gottes ist; wir wissen, daß sie die Wahrheit Gottes ist.
An diesem Maßstab, an keinem anderen sonst haben wir unsere eigenen
Mittel und Wege zu messen. Und dieser Hymnus verkündet nun, daß in
dieser *Größe* des Werkes, das durch die *Gerechtigkeit* der Mittel geschaffen
worden ist, die Herrlichkeit des Herrn und seine Heiligkeit besteht. Nur
darin!
Das wird uns nun am Anfang, zur Eröffnung der Reihe der Gerichte und

Verurteilungen in aller Deutlichkeit mitgeteilt. Die dritte Beobachtung schließlich, die sich hier ergibt, ist die, daß »alle Nationen kommen und niederfallen vor dir, *weil* die Taten deiner Gerechtigkeit offenbar geworden sind« (15,4). Auch hier liegt eine ›vorbereitende Andeutung‹ vor, denn diese Aussage darf nicht zu vordergründig so verstanden werden, als wären die Gerichte Gottes schrecklich, die Menschen würden ordentlich Angst bekommen und darum dann vor Gott niederfallen, Buße tun usw. Hier ist leider mit keinem Wort von Buße die Rede, auch nicht von der Schrecklichkeit des Gerichts und genausowenig davon, daß die Nationen von Schrecken befallen werden. Im Gegenteil. Der Text setzt ein mit »Ja, alle Nationen *werden kommen*« (aus eigenem Antrieb). Und unmittelbar im Anschluß daran heißt es dann, daß der Seher das Zelt des Bundes schaut. Hier liegt also keineswegs in erster Linie eine Vision vom Zorn Gottes vor. Vielmehr dient dieser Vers als Anknüpfungspunkt für die später folgende Darstellung: Über den ganzen Abschnitt mit den Gerichten und Verurteilungen hinweg wird jetzt schon die Verbindung zum Himmlischen Jerusalem hergestellt, in das (wie wir bereits gesehen haben) die Nationen kommen werden, um ihre Herrlichkeit darzubringen, und wo sie selber im Lichte des Herrn wandeln werden. Es ist nicht ohne Belang, daß hier in der Tat der Begriff der Nationen (gr. ἔθνη) auftaucht. Sie, die dem Gericht unterworfen werden, kommen hernach . . . Damit ist das Gericht eindeutig derjenige Prozeß, durch den die Nationen aus der Knechtschaft befreit werden, die sie daran hinderte, zu Gott zu kommen, und die sie in der Folge unfähig machte, Gott als Gott zu erkennen. »Alle Nationen werden kommen, weil die Taten deiner Gerechtigkeit offenbar geworden sind.« Das Gericht zerstört alle Mächte, die die Nationen von Gott entfernt gehalten haben, und damit finden sie ihn, sobald sie die Freiheit erlangt haben: Dieser Weg wird uns hier in zwei Versen angekündigt und in dem ganzen folgenden Abschnitt dann ausführlich beschrieben, bevor er in den letzten Abschnitt ausmündet, in den von der Neuen Schöpfung.

Der Augenblick der Wahrheit (19,1–8)

Die letzte Doxologie schließlich ist nach den Gerichten über die Menschen und nach den Verurteilungen im Blick auf die geschichtlichen Verkörperungen der Mächte angeordnet, vor der Zerstörung der Mächte selbst, die untrennbar mit der Neuen Schöpfung verbunden ist. Dieser Hymnus ist der vielschichtigste von allen bisher betrachteten, obwohl er sich darauf beschränkt, all das noch einmal aufzunehmen und zusammenzufassen, was uns bisher begegnet ist.
Drei Gruppen bringen diese Doxologie vor: eine riesige Menge (die zweimal spricht), die Ältesten und die Wesen, die lediglich durch »Amen, Halleluja« bekräftigen, was die Menge vorbringt; wobei bereits auf die darin zum Ausdruck kommende entscheidende Gewichtsverlagerung hingewiesen wurde, daß die Doxologie am Anfang von den himmlischen Geschöpfen dargebracht wird, am Ende aber von der Menge. Schließlich wird noch einmal die

geheimnisvolle ›Stimme‹ (19,6b) hörbar, die früher schon einmal erschienen war (12,10), die vom Thron ausgeht, aber nicht etwa die Stimme Gottes selber ist, denn sie ruft ja dazu auf, »*unseren* Gott« zu preisen.

Die riesige Menge kommt hier zweimal zu Wort, am Anfang (19,1–2) und am Ende des Hymnus (19,6–8). Ihre beiden Aussagen, die durch den Chor der himmlischen Gestalten und die Stimme voneinander getrennt sind, bilden bei näherem Zusehen genau den Übergang von einem Abschnitt zum anderen (zwischen denen sie stehen), nämlich vom Abschluß der Darstellung der Gerichte zum Beginn des Abschnitts von der Neuen Schöpfung. Im Grunde könnte man die Verse 6–8 als Eingangsdoxologie für den letzten Teil ansehen, denn das sind sie in der Tat. Allerdings ist es unmöglich, die vorliegende Einheit auseinanderzureißen, sie muß als Ganzes betrachtet werden. In den Eingangssätzen finden wir die zentrale Aussage von 12,10 wieder: »Jetzt ist das Heil angebrochen, die Macht und Herrschaft unseres Gottes.« Nun aber, nach Abschluß der Gerichte, heißt es: »Das Heil und die Herrlichkeit und die Kraft gehören unserem Gott.« Was zuerst nur die geheimnisvolle Stimme sprach, das wird nun als Preis der Herrlichkeit *von der zahllosen Menge der Menschen* aufgenommen. Dabei muß betont werden, daß dies nach den Gerichten erfolgt, während die erste Verkündigung im Augenblick der Fleischwerdung geschah: Deutlicher kann es gar nicht mehr in Erinnerung gerufen werden, daß das entscheidende Gericht auf Jesus Christus selbst fällt. Es muß wohl nicht noch einmal eigens darauf hingewiesen werden, in welchem Maße der Autor der Apokalypse sich die wesentlichen theologischen Grundlinien der Evangelien und des Apostels Paulus zu eigen gemacht hat.

Die Huldigung der Menschenmenge bezeugt, daß die Gerichte Gottes wahrhaftig und gerecht sind. Der Begriff, der hier mit ›Gericht‹ wiedergegeben wird, ist im Griechischen ›κρίσις‹. Das bestätigt die Richtigkeit der Interpretation des Gerichtes als Trennung. Nun, da die Menschen von den Mächten, die sie blendeten, getrennt sind, nun, da sie sehen, was in Wahrheit die Gerichte Gottes sind, nun wird ihnen bewußt, was sie vorher niemals erkannt hatten, daß sie nämlich wirklich voller Wahrheit und voller Gerechtigkeit sind, ohne alle Willkür, ohne Haß, Negativität oder Gewaltherrschaft – wie es ein Beurteilungsstandpunkt außerhalb der Gnade, außerhalb der Einheit mit Christus immer wieder zu sehen meint. Was dem Gericht verfallen ist, das ist einzig das, was die Erde verdorben hat, was aus dieser Schöpfung ›Weltliches‹ gemacht hat, also einzig und allein Gewalt und Haß gegen all das, was von der Liebe zeugte, was sich in der Schwachheit des Lammes darstellte: Wenn man erkannt hat, daß dies der einzige Sinn der Gerichte ist, dann kann man sich dem Lobpreis der unzählbaren Menge anschließen, auch wenn die zeitliche Prüfung, der man unterworfen ist, im Augenblick noch so schrecklich erscheinen mag.

Auch hier können wir nicht anders, als die Präzision dieser Komposition zu bewundern: In der unmittelbar auf die Inkarnation folgenden Doxologie (12,10) finden wir die Aussage: »Jetzt ist das Heil angebrochen . . ., denn gestürzt ist der Satan«, dann in derjenigen, die die Gerichte eröffnet (15,3) »gerecht und wahrhaftig sind deine Wege«, und hier nun (*nach* dem irdischen Gericht über die Mächte) die genaue Kombination dieser beiden Formeln: Die Gerichte sind die ›Wege‹ (die Mittel) des Herrn, und das Heil gehört Gott, weil seine Gerichte wahrhaftig und gerecht sind . . . (19,2). Betrachten wir noch die zahllose Menge, deren Stimme ist wie das Brausen des unendlichen Meeres und seiner ewig flutenden Brandung in Ruhe und Sturmestoben, in seiner grenzenlosen Majestät, oder auch wie das Dröhnen machtvollen Donners (19,6): Diese Stimme macht sich offensichtlich zum Echo der Stimme dessen, der wie die sieben Donner spricht (10,3), damit aber vereint diese Stimme der Menschen, die vor Gott versammelt sind, die Tiefe des Abgrunds mit der unzugänglichen himmlischen Höhe zu einem unfaßbaren Bild dessen, was die Menschheit in der letzten Versöhnung mit Gott zu werden bestimmt ist; die zahllose Menge singt *mit dieser Stimme* den Hymnus zur Hochzeit des Lammes. Die Worte scheinen überholt und bedeutungslos (»die Hochzeit des Lammes ist gekommen, und seine Braut hat sich bereitgemacht, eine glänzend reine Leinwand ist ihr gegeben . . .« 19,7); wir müssen uns aber klarmachen, daß sie *von dieser Stimme* vorgebracht werden. Die an kulturellen Spezialfragen Interessierten werden wissen, daß die Hochzeit in der griechisch-römischen Welt keine besonders festliche Angelegenheit war. Sie verlief in der Regel ohne alle Pauken und Trompeten. Damit wird allerdings eine Transposition sichtbar: Die Hochzeit des Lammes ist nicht einfach ein aus der umgebenden Kultur aufgegriffenes geläufiges Bild. Die Tatsache, daß diese Hochzeit *so angekündigt wird,* transponiert das Bild von der Hochzeit auf eine neue Ebene: Was hier nämlich angekündigt wird, ist die *Hochzeit eines Königs* (die tatsächlich in großer Feierlichkeit vollzogen wurde). Hier heiratet der *König.* Allerdings begegnet uns hier (19,6b) ein Übersetzungsproblem. Der griechische Text sagt nichts anderes als »König war der Herr unser Gott, der Allmächtige«. Diese Formel scheint den Übersetzern unmöglich. Alle sind nämlich der Überzeugung, Gott herrsche ja noch immer, was ja auch offensichtlich der Fall ist. So wird der Text also abgewandelt in »er hat die Herrschaft angetreten«[5], »ist König geworden«[6], »hat das Reich eingenommen«[7], indem etwas hinzugefügt wird, was im Text selbst gar nicht steht, oder es wird gar zum Ausdruck gebracht, daß jetzt erst einsetzt (»nun ist alle Macht in der Hand des Herrn«[8]), was in der Vergangenheit schon bestanden hat. Mir scheint der Sinn dieses Verses indessen ganz klar zu sein: Der Allmächtige (als solcher) *hat* seine Königsherrschaft *abgeschlossen.* Diese Herrschaft, so haben wir ja gerade gesehen, vollzieht sich im Gericht und in der Verurteilung der geschichtlichen Mächte. In diesem Prozeß ist die Herrschaft als Königsherrschaft angebrochen und Wirklichkeit geworden. Und

5   Zürcher Bibel, Offb 19,6; so auch Herders Bibelkommentar.
6   Ulrich Wilckens' Übersetzung des NT in Offb 19,6.
7   Revidierte Lutherbibel Offb 19,6.
8   Das NT, übertragen von Jörg Zink, Offb 19,6.

nun *tritt etwas Neues an die Stelle* der Herrschaft, nämlich die Hochzeit. Es ergibt sich eine andere, eine radikal neue Beziehung: der Herr hat als der Allmächtige geherrscht, und nun wird er der Bräutigam. Das bedeutet nicht einfach das Erscheinen einer neuen Weise der Nähe Gottes gegenüber dem Menschen. Er war der Vater, er war von Jesus als der Vater bezeichnet worden, und nun wird er der Sohn, der Bräutigam der Kirche (so die traditionelle Auslegung). Das wohlbekannte Thema von Bräutigam und Braut will ich nicht näher ausführen. Gott wurde als der Bräutigam gesehen (etwa bei Jesaja 54,6 oder bei Hosea 2). Paulus (Eph 5,23) nahm den Begriff auf, um die Beziehung zwischen Jesus und der Kirche darzustellen. Die Konsequenzen aus diesem Bild möchte ich hier nicht ziehen, zahlreiche andere haben diese Frage ausführlich reflektiert. Ich möchte mich darauf beschränken, hier lediglich darauf hinzuweisen, daß wir an dieser Stelle nun höchstwahrscheinlich eine Weiterführung dieses Gedankens vor uns haben. Mehrfach schon sahen wir, wie in der Apokalypse das Alte Testament und das, was später als das Neue Testament in Erscheinung treten wird, *miteinander* zur Erfüllung kommen. Gott als der Bräutigam Israels und Jesus als der Bräutigam der Kirche werden also in der hier vorgestellten Hochzeit zur Synthese gebracht, wobei es sich hier nicht um eine Wiederholung der paulinischen Aussage handelt, sondern um den Vollzug der Hochzeit zwischen Gott und dem ganzen Gottesvolk, das (wie wir bereits gesehen haben) im Grunde die ganze Menschheit ist. Das aber bedeutet nun, daß die Inkarnation nicht einfach ein flüchtiger Augenblick im Laufe der Geschichte war, sondern vielmehr das ›Von nun an‹ für alle. Diese Interpretation wird durch den eigenartigen Schlußsatz gestützt (von dem im übrigen durchaus zugestanden werden kann, daß er eine erläuternde Glosse zum eigentlichen Hymnus ist): Die glänzende und reine Leinwand, »das sind die Gerechtigkeitstaten der Heiligen« (19,8b): Wenn das Gottesvolk nur aus der Kirche bestünde, dann hätte es nicht nötig, mit den Gerechtigkeitstaten *der Heiligen* bekleidet zu werden, denn die Heiligen sind ja die Kirche. Nun wird aber tatsächlich das unermeßliche Gottesvolk mit den (in Wirklichkeit von Christus geheiligten und darum nun heiligen) Werken der Kirche bekleidet, und das bedeutet das Ende der Trennung zwischen der Kirche und allen übrigen Völkern, den Ungläubigen, den abgefallenen, den unwissenden und allen anderen Menschen. Wie die Kirche von ihrem Herrn in weißes Leinen gekleidet wird (sie haben ihre Kleider gewaschen und weiß gemacht im Blut des Lammes 7,14), genauso wird nun die Menschheit durch die Kirche in weißes Leinen gekleidet! Und dies geschieht in der Tat zum Abschluß der Befreiung von den Mächten und *vor* der endgültigen Auferstehung, bei der ja unterschieden wird zwischen der Auferstehung der Kirche (20,4), also der Heiligen, die nicht das Mal des Tieres angenommen haben, und der dann folgenden Auferstehung aller (20,5). So schließt der Hymnus, die siebente und letzte Doxologie der Apokalypse. Die *siebente.* Wir wollen die Dinge nicht allzu eng nehmen, vielleicht hat es gar nichts besonderes zu sagen, daß es gerade sieben Doxologien sind. Immerhin darf aber die Hypothese, daß es sich dabei um eine bewußte Absicht des Redaktors handelt, nicht einfach beiseite geschoben werden: damit würde jedenfalls noch einmal bestätigt, mit welcher Sorgfalt dieser Text komponiert worden ist.

Der Ruf (22,6–21)

Es bleiben uns nun noch die letzten – bewegenden und beunruhigenden – Verse dieser Offenbarung. Das letzte Wort ist das des Anrufs, der Begegnung: »Komm«. Ein Anruf von beiden Seiten, denn der Geist und die Braut rufen den Menschen, die ganze Menschheit: Komm, komme bald! Das Tor zum Himmel ist offen (22,14). Adam kann nun zurückkehren. Die Kerubim (Gen 3,24) bewachen das Tor nicht mehr, denn der Himmel und Eden sind nicht mehr. Das Werk des Menschen erwartet nun, da es vollendet, verherrlicht, transzendiert ist (nichts in der Geschichte des Menschen ist von wirklicher Bedeutung, wenn es keine Transzendenz gibt!), nur noch den Menschen selbst zu seiner Erfüllung. Und der Zeuge, der diesen Anruf des Herrn hört, wiederholt seinerseits: »Komm«. Er ruft dies in Aufnahme des Wortes des Herrn der Menschheit zu, gibt es zugleich aber auch als Antwort dem Herrn zurück: »Komme bald«, komme, um zu erfüllen, was wir nun gesehen haben, um es zu verwirklichen, um es *wirklich* zu machen, nachdem es als *wahr* offenbart worden ist. »Komm« sagt Gott zum Menschen, und »komm« antwortet der Mensch Gott[9]. Beide Rufe freilich sind nicht mehr wie der tragische ›Schrei‹ von Edvard Munch, der ins Leere geht und niemanden erreicht. Dieser doppelte Ruf hier überkreuzt und begegnet sich, der Hörer empfängt ihn. Und der Zeuge öffnet weit die Wege der Ankunft, die Wege der Wiederkunft: Es genügt, Durst zu haben (21,17), es genügt, zu den Mühseligen und Beladenen zu gehören (Mt 11,28), zu denen, die am Rande stehen und ausgeschlossen sind (und zwar nicht darum, weil dieser Situation eine besondere moralische Qualität zukäme, sondern weil das die einzigen sind, die wahrhaft Durst haben. Nur wer wirklich hungert, der »hungert und dürstet nach Gerechtigkeit«! Mt 5,6). Das ist die einzige Bedingung, sie allerdings ist unerläßlich. Alle, die im Mangel leben (und wie sollte man beim Gedanken an Durst und Mangel nicht auch besonders an die armen Drogen- und Alkoholkranken denken, die besser als jeder andere die Grauen des Mangels kennen: Wie haben sie Durst, wie haben sie

---

9 Mit vielen Auslegern kann man die Auffassung teilen, das »Komm« sei jedesmal ein Gebet, das an Gott den Vater gerichtet ist. Dann ergäbe sich nur eine einzige Richtung des Anrufes. Der Geist bittet den Vater um die Wiederkunft Jesu, die Kirche bittet um dasselbe, und wer es hört, sagt »Komm«. Vers 20 würde dann auf alle diese Rufe antworten, indem Jesus auf sie eingeht und zusagt: »Ja, ich komme bald«. Dann würde allerdings Vers 17b völlig unverständlich: »Wer durstig ist, der komme«. Das hat dann keinen Sinn. Darum muß mit zwei ›über Kreuz‹ laufenden Rufen gerechnet werden: Der Geist richtet sich nicht an Gott (er ist ja selbst Gott, auch wenn er unsere Gebete vor Gott bringt), sondern an den Menschen. Die Braut kehrt sich an Gott. Was den Zeugen angeht, den Hörenden, so ist er natürlich derjenige, der einerseits vor den Menschen Zeugnis ablegt und sie ruft, andererseits aber auch zu Gott betet und ihn um die Wiederkunft des Sohnes bittet. Damit bestehen also die beiden Rufrichtungen von Vers 17b und Vers 20a.

dasjenige nötig, was ein für allemal ihren grauenhaften Mangel stillt!).
Auch alle die, die unterdrückt werden und den Freiheitsdurst kennen. Auch
alle, die in der Trennung leben (und zwar in innerer Spaltung, oder im Ge-
trenntsein von den anderen, oder in unergründlichem Leid) und den Durst
nach Einheit und Gemeinschaft kennen. Auch alle diejenigen, die in Ungewißheit und Zweifel leben, die tragischen Agnostiker, die ruhelosen Wissenschaftler, die den Durst nach Wahrheit kennen. Es genügt, Durst zu haben. Es genügt, das Wasser des Lebens haben zu wollen, um darin umsonst
all das zu finden, was Antwort und Maß, Aufblühen und Erfüllung bedeutet, ganz entsprechend dem Durst, den ein jeder hat.

Die Weitergabe (22,18)
Allerdings muß der Ruf, den Gott ergehen läßt, muß das prophetische Wort
weitergegeben werden. Hier geht es nun nicht mehr darum, streng wissenschaftlich zwischen Apokalypse und Prophetie zu unterscheiden. Das Wort
ist hier prophetisch, weil es *umfassende* Verkündigung des Wortes Gottes
ist, weil es existentiell trifft, weil es die totale Erfüllung des Willens Gottes
offenbart. Der Zeuge, der all dies gesehen hat, Johannes, garantiert persönlich für die Authentizität dieser Offenbarung[10]. Seine Mahnung bedeutet
natürlich nicht, daß man nicht das Recht hätte, über das Buch der Offenbarung nachzudenken, es auszulegen, sondern vielmehr dies, daß man niemals den Anspruch erheben kann, dem Werk Gottes in Jesus Christus etwas
hinzuzufügen[11]. Auch nur die kleinste Kleinigkeit hinzufügen zu wollen –
heißt das Ganze leugnen. Ebenso kann man auch nichts wegnehmen. Was
auch immer gestrichen wird – alles wird damit zerstört. Das Werk Gottes,
des Vaters, das in Jesus Christus zur Erfüllung gekommen ist, ist unendlich

10 Es gibt den Zeugen von Vers 18a und den von Vers 20a. Bemerkenswerterweise hat ein
Kommentator zum ersten festgestellt: »offensichtlich spricht hier Jesus, wie V. 20a zeigt«. Solchen Offensichtlichkeiten gegenüber ist Mißtrauen am Platze. Wenn wir den Text genau betrachten, so fällt der Wechsel von ›ich‹ zu ›der‹ auf. Mit dem »Ich bezeuge es« geht nicht einfach
die in Vers 16 einsetzende Aussage Jesu in der ersten Person weiter, diese wird durch V. 17 abgeschlossen. Hier nimmt Johannes wieder das Wort, der Zeuge des Ganzen, und zwar entsprechend dem ausdrücklichen Einleitungswort von 1,1.2 (wobei die Mahnung 1,3 genau parallel
zu 21,18 steht). Im Anschluß an das Wort des Zeugen folgt derjenige, der dieses Zeugnis bekräftigt und bestätigt. Der Text ist in seiner Darstellung des Geschehensablaufes sehr genau,
man muß nur lesen, was dasteht. Zugleich ist es vorteilhaft, sich daran zu erinnern, daß (ein
kleines kulturgeschichtliches Detail) der Vorgang der Bekräftigung der Aussage eines Zeugen
minderen Gewichts durch das zweite Zeugnis eines Zeugen, der von seiner Persönlichkeit mehr
Einfluß und Größe hatte, in der römischen Rechtspraxis von wesentlicher Bedeutung ist; dieses Vorgehen wurde in der Zeit der Abfassung der Apokalypse im ganzen Römischen Reich ge-
pflegt (als Mechanismus der Auctoritas).
11 Wie Roland de Pury einmal sagte: »Sobald man zu Jesus Christus ›und‹ hinzufügt, ist
Christus nicht mehr.« Christus *und* die Moral oder die Politik, oder Gerechtigkeit, Heimat,
Sozialismus, Revolution, Zen oder irgendwelche Werte, von Geld oder Arbeit gar nicht erst zu
reden. Das ist es, was unter dieses Urteil fällt. Oder aber das Werk Gottes unter Abzug, Weg-
lassung von etwas: Wenn etwa die Auferstehung zum Mythos erklärt wird, wenn vom Tod
Gottes oder vom Verschwinden des Vaters gesprochen wird oder wenn man Gott nur noch als
das Sein anerkennt usw. – All dies fällt unter diese Drohung des Ausschlusses vom Leben.

einfach. Was gibt es einfacheres als den doppelten Ruf »Komm«, der sich überkreuzt, oder als die Vollendung der Hochzeit zwischen Gott und Mensch? Unendlich unfaßbar und vollkommen. Welche Vollendung will man noch suchen über die Fleischwerdung und die Erfüllung allen Menschenwerkes im Himmlischen Jerusalem hinaus? Nun muß allerdings diese ernste Mahnung weitergegeben werden, und zwar durch den Zeugen selber, durch den, der die Vision vermittelt hat. Es ist ein prophetisches Menschenwort, das von Mensch zu Mensch gehört werden muß. Wer der Inkarnation etwas hinzufügen oder ihr etwas abstreichen will, der beweist damit, daß er nicht wirklich Durst hat. Er ist mit all den Getränken der Welt noch ganz zufrieden, vielleicht sucht er lediglich ein Cocktail aus Transzendenz und Kultur. Er ist noch nicht bis zu diesem einzigen und letzten Gebet gedrängt worden: »Amen, ja komm, Herr Jesus!« (22,20). Wenn allerdings dies Gebet gesprochen ist, in aller Einfalt des Herzens, im völligem Sich-Einlassen auf das Mysterium, das in der Absolutheit dieses Durstes offenbart ist (die Offenbarung selbst ist freilich Mysterium, und sie wird als Mysterium offenbart), dann antwortet der Herr wirklich »Ja, ich komme bald«. Und wenn er so antwortet, erklärt er sich selbst zum Zeugen: Jesus, der treue und wahrhaftige Zeuge. Er kommt, zunächst um zu bezeugen, was sein Prophet gesagt hat. Er bestätigt, daß dieser Zeuge wahr gesprochen hat und daß er recht hatte, den Anruf und die Mahnung zu verkünden. Auf das Zeugnis des Menschen antwortet das Zeugnis des Sohnes, der das Menschenwort bestätigt (es wahr macht: denn er allein macht das Wort wahr, nicht etwa die Linguistik!), und seinerseits zum Zeugen wird, zum Zeugen des Vaters und für den Vater, mit der ganzen Tiefe, die wir im Zeugnis erkannt haben. »Ich komme bald«: Dieses ›Bald‹ umfaßt alle zeitlichen Dimensionen, nicht nur die Zukunft, sondern auch die Gegenwart; nicht nur die Dimensionen des Spirituellen, sondern auch die des Existentiellen; nicht nur die individuelle, sondern auch die galaktische; nicht nur die der Wahrheit, sondern auch die der Realität. Und wenn wir dies auch nur zu einem winzigen Bruchteil einmal erkannt haben, dann können wir doch gar nicht anders als einstimmen in den Ruf »Komm, Herr Jesus«. – Dieses Wort ist dann lediglich die Antwort, die Aufnahme, das Nachsprechen der Verheißung selber. Und wenn wir das beten können, heute noch, nach zweitausend Jahren der Ferne und der Leere, wie sollten wir nicht allein darin schon erkennen, daß es wahr ist, Amen, daß das gilt, weil die Gnade bereits die Erfüllung der Verheißung ist. »Die Gnade des Herrn Jesus sei mit allen« (22,21). Denn alles ist Gnade[12]. Das ist die zentrale Botschaft der Apokalypse des Johannes.

---

12 Der Begriff Gnade leitet sich im lateinisch-romanischen Sprachbereich von gratia (gratis – umsonst!) her. Wer Gnade will, empfange sie umsonst (22,17). Damit ist nicht nur der klassische Gegensatz zwischen den Werken oder dem Gesetz und der Gnade angesprochen (wobei klar sein sollte, daß die Gnade, die zum Glauben führt, gar nicht anders kann, als dann auch ihren Ausdruck, ihren Niederschlag in Werken zu finden), sondern (auch wenn das weniger

theologisch, dafür aber meines Erachtens von sehr viel größerer Bedeutung ist) vor allem der Gegensatz zwischen der Welt des Umsonst (gr. der χάρις) und der der Buchhaltung, des Zahlens, von Soll und Haben: Die Welt der Unentgeltlichkeit, der Gratuität ist das Gegenüber zur Welt des Messens und des Abrechnens (des Geldes und der Technik, könnte ich in äußerster Zuspitzung sagen).

256

Literaturverzeichnis

Im folgenden werden nur diejenigen bei Abfassung und Übersetzung der vorliegenden Arbeit verwendeten Werke aufgeführt, die für den deutschen Leser greifbar und von Interesse sind. Besonders verwiesen sei auf die umfassende Bibliographie zur Apokalypse, die Otto Böcher in seinem Forschungsbericht »Die Johannesapokalypse« zusammengestellt hat.

Ernest-Bernard Allo, Saint Jean, L'Apocalypse, Paris 1921
Charles Baudelaire, Die Blumen des Bösen, Frankfurt 1962
Otto Böcher, Die Johannesapokalypse, Darmstadt 1975
Marie-Emile Boismard, Die Apokalypse, in: A. Robert und A. Feuillet (Hg.), Einleitung in die Heilige Schrift II, Wien/Freiburg/Basel 1964, S. 635–663
Wilhelm Bousset, Die Offenbarung Johannis, Göttingen 1966 = 1906²
Charles Brütsch, Die Offenbarung Jesu Christi, Zürich 1955
Hans Heinrich Brunner, Apokalyptik. Einige Überlegungen zu einem oft vergessenen Aspekt der Zukunft, Reformatio 1972, S. 627–630
Joseph Comblin, Théologie de la Ville, Paris 1968
Jacques Ellul, Le Livre de Jonas, Paris 1951
– Leben als moderner Mensch, Zürich 1958
– Politique de Dieu, politique des hommes, Paris 1966
– Les nouveaux possédés, Paris 1973
– Les chrétiens et l'Etat, Paris 1973
– Ethique de la Liberté (2 Bde), Genf 1975
– The Meaning of the City, Eerdmans (USA) 1970
   Französisch: Sans feu ni lieu, Paris 1975
– L'Espérance oubliée, Paris 1972
André Feuillet, L'Apocalypse. Etat de la question, Paris/Bruges 1963
Paul Le Guillou, Le Mystère du Père, Paris 1973
Marc Grant, La Gnose et les origines chrétiennes, Paris 1964
Wilhelm Hadorn, Die Offenbarung des Johannes, Leipzig 1928
Rudolf Halver, Der Mythos im letzten Buch der Bibel, Hamburg 1964
Léo Hamon, Acteurs et données de l'Histoire (2 Bde), Paris 1970
Gerhard Iber (Hg.), Das Buch der Bücher, Neues Testament, München 1972
Ernst Lohmeyer, Die Offenbarung des Johannes, Tübingen 1926
Jürgen Moltmann, Theologie der Hoffnung, München 1964

- Umkehr zur Zukunft, München 1970
- Aktionen der Hoffnung, München 1971
Pierre Prigent, Apocalypse et Liturgie, Paris 1964
Jean Claude Renard, Notes sur la foi, Paris 1973
Matthias Rissi, Die Zukunft der Welt, Basel 1966
Henri Stierlin, Die Visionen der Apokalypse, Zürich/Freiburg 1978
Traduction Oecuménique de la Bible (T.O.B.) (2 Bde), Paris 1975
Ulrich Wilckens, Das Neue Testament, Köln/Zürich 1970

Register

1. Text

Die Textübersetzung ist abschnittsweise jeweils dem Kapitel vorangestellt, in dem sich die entsprechenden Erläuterungen befinden. Einige Abschnitte sind mehrfach wiedergegeben.

2. Bibelstellen

Die durch halbfetten Druck hervorgehobenen Seitenzahlen geben Stellen an, die zum angeführten Text ausführliche Erörterungen bringen.

Altes Testament

263